बाल विकास एवं शिक्षा शास्त्र

CTET/STETs एवं
अन्य शिक्षक भर्ती परीक्षा हेतु

B.Ed, B.El.Ed एवं JBT/NTT
प्रवेश परीक्षा के लिए भी उपयोगी

रमेश पब्लिशिंग हाउस, नई दिल्ली

प्रकाशक

ओ॰पी॰ गुप्ता, **रमेश पब्लिशिंग हाउस**

प्रशासनिक कार्यालय

12-H, न्यू दरियागंज रोड, ऑफिसर्स मेस के सामने, नई दिल्ली-110002 ☏ 23261567, 23275224, 23275124

E-mail: info@rameshpublishinghouse.com
Website: www.rameshpublishinghouse.com

विक्रय केन्द्र

● बालाजी मार्किट, नई सड़क, दिल्ली-6 ☏ 23253720, 23282525
● 4457, नई सड़क, दिल्ली-6, ☏ 23918938

Book Code: R-1537

ISBN: 978-93-5012-310-2

HSN Code: 49011010

14th Edition: 1802

अनुक्रमणिका

बाल विकास एवं शिक्षा शास्त्र

बाल विकास एवं शिक्षा शास्त्र

1. विकास एवं अधिगम में परस्परसंबद्धता

विकास एक गतिमान प्रक्रिया है। इसकी प्रकृति प्रवाहमान जल के समान है। इसमें बालक का चहुँमुखी विकास विभिन्न कारकों के सहयोग से संपन्न होता है। विकास की इस प्रक्रिया में रूचि, आदत, दृष्टिकोण, जीवन-मूल्य, स्वभाव, व्यक्तित्व, व्यवहार आदि सकारात्मक प्रभाव डालते हैं।

बाल विकास के संकल्पनात्मक मुद्दे

(i) जन्म से पूर्व एवं जन्म के बाद से परिपक्व होने तक बालक में होने वाले परिवर्तन की प्रकृति क्या है?

(ii) बालक में होने वाले परिवर्तनों का उसकी आयु के साथ किस प्रकार का संबंध होता है?

(iii) आयु के साथ होने वाले परिवर्तनों की प्रकृति क्या है?

(iv) बालकों में उपर्युक्त वर्णित परिवर्तनों के लिए कौन-कौन से कारक जिम्मेदार होते हैं?

(v) समय-समय पर बालकों में होने वाले उपर्युक्त परिवर्तन उसके व्यक्तित्व एवं व्यवहार को किस प्रकार प्रभावित करते हैं?

(vi) बालक की आदत, रूचि, दृष्टिकोण, जीवन मूल्य, स्वभाव तथा उच्च व्यक्तित्व एवं व्यवहार आदि में जन्म के समय से ही सदैव परिवर्तन आते रहते हैं। उनका विभिन्न आयु वर्ग एवं अवस्था में क्या स्वरूप होता है तथा उस परिवर्तन की प्रक्रिया की प्रकृति क्या होती है?

विकास एवं वृद्धि में तुलनात्मक अंतर

विकास

(i) विकास शब्द का प्रयोग व्यापक रूप में होता है। वृद्धि इसी का भाग है।

(ii) विकास एक निरंतर चलने वाली प्रक्रिया है तथा यह बालक के परिपक्व होने के बाद भी चलती रहती है।

(iii) विकास शब्द का प्रयोग परिणामात्मक परिवर्तनों के साथ-साथ व्यावहारिक परिवर्तनों के लिए भी होता है।

वृद्धि

(i) वृद्धि विकास की प्रक्रिया का एक चरण होता है। इसका क्षेत्र सीमित होता है

(ii) वृद्धि की प्रक्रिया आजीवन नहीं चलती, बालक के परिपक्व होने के साथ ही यह रूक जाती है।

(iii) वृद्धि शब्द का प्रयोग केवल परिमाणात्मक परिवर्तनों के लिए होता है।

मानव विकास की विभिन्न अवस्थाएं

मानव विकास की अवस्थाओं का वर्गीकरण प्रमुखतः परंपरागत एवं आधुनिक विचारधारा के आधार पर किया गया है। इन दोनों विचारधाराओं के तहत मानव विकास की अवस्था का अलग-अलग प्रकार से कालचक्र का वर्णन मिलता है। वर्तमान में विद्वानों द्वारा मानव विकास अवस्था के कालचक्र का वर्णन निम्न प्रकार से किया गया है—

अवस्था	कालचक्र
1. शैशवावस्था	— जन्म से 6 वर्ष तक।
2. बाल्यावस्था	— 6 से 12 वर्ष तक।
3. किशोरावस्था	— 12 से 18 वर्ष तक।
4. वयस्कावस्था	— 18 वर्ष से मृत्युपर्यंत

शैशवावस्था की विशेषताएं

जन्म से 6 वर्ष तक की अवस्था को शैशवावस्था कहते हैं। यह मानव विकास की दूसरी अवस्था है। पहली अवस्था गर्भकाल है जिसमें शरीर पूर्णतः बनता है और शैशवावस्था में उसका विकास होता है। शैशवावस्था की मुख्य विशेषताएं निम्न प्रकार से हैं—

● शैशवावस्था के प्रथम तीन वर्षों में शिशु का शारीरिक विकास काफी तीव्रता से होता है। उसके भार और लंबाई में वृद्धि होती है। तीन वर्षों के बाद विकास की गति धीमी हो जाती है। उसकी इंद्रियों, आंतरिक अंगों, मांशपेशियों आदि का क्रमिक विकास होता है।

● शिशु की मानसिक क्रियाओं, यथा—ध्यान, स्मृति, कल्पना, संवेदना और प्रत्यक्षीकरण आदि के विकास में पर्याप्त तीव्रता होती है। तीन वर्ष की आयु तक शिशु की लगभग सभी मानसिक शक्तियां कार्य करने लगती है।

● शिशु में जिज्ञासा की प्रवृत्ति पर्याप्त मात्रा में होती है। वह अपने खिलौने का विभिन्न प्रकार से प्रयोग करता है। वह उसे फर्श पर फेंकता है और उसके भागों को अलग-अलग करता है। वह ऐसा करके खिलौने को भली-भांति जानना चाहता है। इसके अतिरिक्त वह विभिन्न बातों और वस्तुओं के बारे में क्यों और कैसे के प्रश्न पूछता है।

● शिशु के सीखने की प्रक्रिया में बहुत तीव्रता होती है और वह अनेक आवश्यक बातों को सीख लेता है। *गेसल* के अनुसार, ''बालक प्रथम 6 वर्षों में बाद के 12 वर्षों से दूना सीख लेता है।''

● शिशु में अच्छी और बुरी, उचित और अनुचित बातों का ज्ञान नहीं होता। वह उन्हीं कार्यों को करना चाहता है जिनमें उसको आनंद आता है, भले ही वह अवांछनीय हों। इस प्रकार नैतिकता का पूर्ण अभाव होता है।

● शिशु में अनुकरण द्वारा सीखने की प्रवृत्ति होती है। वह अपने माता-पिता एवं भाई-बहन आदि के कार्यों और व्यवहार का अनुकरण करता है। यदि वह ऐसा नहीं कर पाता है, तो रोकर या चिल्लाकर अपनी असमर्थता प्रकट करता है। अनुकरण द्वारा सीखने की यह प्रवृत्ति उसे अपना विकास करने में सहायता देती है।

● शैशवावस्था के अंतिम वर्षों में शिशु में सामाजिक भावना का विकास हो जाता है। *वैलेन्टाइन* के अनुसार—''चार या पांच वर्ष के बालक में अपने छोटे, भाइयों, बहनों या साथियों की रक्षा करने की प्रवृत्ति होती है। वह 2 से 5 वर्ष तक बच्चों के साथ खेलना पसंद करता है। वह अपनी वस्तुओं में दूसरों को साझीदार बनाता है। वह दूसरे बच्चों के अधिकारों की रक्षा करता है और दुःख में उनको सांत्वना देने का प्रयास करता है।''

शैशवावस्था में शिक्षा का स्वरूप

शैशवावस्था में शिक्षा का आयोजन निम्नांकित तरह से किया जाना चाहिए—

● शिशु अपने विकास के लिए शांत, स्वस्थ और सुरक्षित वातावरण चाहता है। अतः घर और विद्यालय में उसे उचित प्रकार का वातावरण प्रदान किया जाना चाहिए।

● शैशवावस्था के अंतिम भाग में शिशु दूसरे बालकों के साथ मिलना-जुलना और खेलना पंसद करता है। अतः उन्हें इन बातों का अवसर दिया जाना चाहिए, ताकि उसमें सामाजिक भावना का विकास हो।

● शिशु में आत्म-प्रदर्शन की भावना होती है। अतः उसे ऐसे कार्य करने के अवसर दिए जाने चाहिए जिनके द्वारा वह अपनी इस भावना को व्यक्त कर सके।

● शिशु अपनी आवश्यकताओं की पूर्ति के लिए दूसरों पर निर्भर रहता है। उसके माता-पिता और शिक्षक को उसकी इस असहाय स्थिति से लाभ नहीं उठाना चाहिए। अतः उन्हें डांटना या पीटना नहीं चाहिए और न उसे भय या क्रोध दिखाना चाहिए। इसके विपरीत, उनके प्रति सदैव प्रेम, शिष्टता और सहानुभूति का व्यवहार करना चाहिए।

● शिशु के व्यवहार का आधार उसकी मूल प्रवृत्तियां होती हैं। अतः उनका दमन न करके सभी संभव विधियों से प्रोत्साहन दिया जाना चाहिए। इसका कारण यह है कि दमन करने से शिशु का विकास अवरूद्ध हो जाता है।

- शिशुओं में मानसिक क्रियाओं की तीव्रता होती है। अतः उसे सोचने-विचारने के अधिक से अधिक अवसर दिए जाने चाहिए।
- शिशु कल्पना जगत में विचरण करता है और उसी को वास्तविक संसार समझता है। अतः उसे ऐसे विषयों की शिक्षा दी जानी चाहिए जो उसे वास्तविकता के निकट लाए। मॉण्टेसरी पद्धति में परियों की कहानियों को इसलिए स्थान नहीं दिया गया है क्योंकि वे बालक को वास्तविकता से दूर ले जाती हैं।
- शिशु की शिक्षा में कहानियों और सचित्र पुस्तकों का विशिष्ट स्थान होना चाहिए। इसकी उपयोगिता के संबंध में *क्रो* एवं *क्रो* ने कहा है- ''पांच वर्ष का शिशु कहानी सुनते समय उससे संबंधित चित्रों को पुस्तक में देखना पसंद करता है।''
- शिशु को खेल द्वारा शिक्षा दी जानी चाहिए। इस संबंध में *स्ट्रेंग* ने लिखा है कि- ''शिशु अपने एवं अपने संसार के बारे में अधिकांश बातें खेल के माध्यम से सीखता है।''

बाल्यावस्था की विशेषताएं

बाल्यावस्था को मुख्यतः दो चरणों में बांटा जा सकता है- प्रथम चरण 6 से 9 वर्ष तक और द्वितीय चरण 9 से 12 वर्ष तक। प्रथम चरण में बालक की लंबाई एवं भार दोनों बढ़ते हैं। इस चरण में बच्चों में चिंतन एवं तर्क शक्तियों का विकास हो जाता है। द्वितीय चरण में बच्चे पढ़ाई में रुचि लेने लगते हैं। बाल्यावस्था की मुख्य विशेषताएं निम्न हैं–

- इस अवस्था में बालक शैशवावस्था के काल्पनिक जगत से वास्तविक जगत में प्रवेश करता है। वह वास्तविक जगत की प्रत्येक वस्तु से आकर्षित होकर उसका ज्ञान प्राप्त करना चाहता है।
- इस अवस्था में बालक की रुचियों में निरंतर परिवर्तन होता रहता है। वे स्थायी रूप धारण न करके वातावरण में परिवर्तन के साथ परिवर्तित होती रहती है।
- बाल्यावस्था में जिज्ञासा की प्रवृत्ति होती है। वह जिन वस्तुओं के संपर्क में आता है उनके बारे में प्रश्न पूछकर हर तरह की जानकारी प्राप्त करना चाहता है। उसके ये प्रश्न शैशवावस्था के साधारण प्रश्नों से भिन्न होते हैं। यथा-'यह क्या है?' इसके विपरीत वह पूछता है-'यह ऐसा क्यों है?' 'यह ऐसा कैसे हुआ है?

- बालक अपने संवेगों पर अधिकार रखना एवं अच्छी और बुरी भावनाओं में अंतर करना जान जाता है। वह उन भावनाओं का दमन करता है, जिनको उसके माता-पिता और बड़े लोग पसंद नहीं करते हैं।
- इस अवस्था में बालकों में बिना उद्देश्य के उधर-उधर घूमने की प्रवृत्ति बहुत अधिक होती है।

इस अवस्था में बालकों की सामूहिक खेलों के प्रति अत्यधिक रुचि होती है। वह 6 या 7 वर्ष की आयु में छोटे समूहों में और बहुत अधिक समय तक खेलता है। खेल के समय बालिकाओं की अपेक्षा बालकों में झगड़े अधिक होते हैं। 11 या 12 वर्ष की आयु में बालक दलीय खेलों में भाग लेने लगता है।

- बाल्यावस्था में बालकों और बालिकाओं में संग्रह करने की प्रवृत्ति बहुत ज्यादा पाई जाती है। बालक विशेष रूप से कांच की गोलियों, टिकटों, मशीनों के भाग और पत्थर के टुकड़ों का संचय करते हैं। बालिकाओं में चित्रों, खिलौनों, गुड़ियों और कपड़ों के टुकड़ों को संग्रह करने की प्रवृत्ति पाई जाती है।
- शैशवावस्था में बालक का व्यक्तित्व अंतर्मुखी होता है, क्योंकि वह एकांतप्रिय और केवल अपने में रुचि लेने वाला होता है। इसके विपरीत, बाल्यावस्था में उसका व्यक्तित्व बहिर्मुखी हो जाता है, क्योंकि बाह्य जगत् में उसकी रुचि उत्पन्न हो जाती है। अतः वह अन्य व्यक्तियों, वस्तुओं और कार्यों का अधिक से अधिक परिचय प्राप्त करना चाहता है।
- इस अवस्था में बालकों को रचनात्मक कार्यों में विशेष आनंद आता है। वह साधारणतः घर से बाहर किसी प्रकार कार्य करना चाहता है, यथा-बागवानी या औजारों से लकड़ी की वस्तुएं बनाना आदि। ठीक इसके विपरीत बालिकाएं घर में ही कोई न कोई कार्य करना चाहती हैं, यथा-सिलाई, कढ़ाई एवं बुनाई आदि।

बाल्यावस्था में शिक्षा का स्वरूप

बाल्यावस्था में बालक की शिक्षा का स्वरूप निश्चित करते समय निम्नांकित बातों को ध्यान में रखना चाहिए-

- इस अवस्था में बालक की रुचियों में निरंतर परिवर्तन होता रहता है। अतः पाठ्य-विषय और शिक्षण-विधि में उसकी रुचियों के अनुसार परिवर्तन किया जाना आवश्यक है। ऐसा करने से उसमें शिक्षण के प्रति आकर्षण तो बना

ही रहता है। साथ ही उसकी मानसिक प्रगति भी गतिमान रहती है।

- बालक के लिए कुछ ऐसे विषयों का अध्ययन आवश्यक है, जो उसकी आवश्यकताओं की पूर्ति कर सके और उसके लिए लाभप्रद भी हों। इस उद्देश्य की पूर्ति के लिए कुछ विशेष विषयों, यथा-भाषा, अंकगणित, विज्ञान, सामाजिक अध्ययन, ड्राइंग, चित्रकला, सुलेख, पत्र लेखन और निबंध रचना आदि का चुनाव करना चाहिए।

- बालक कठोर अनुशासन पसंद नहीं करता है। वह शारीरिक दंड, बल-प्रयोग और डांट-डपट से घृणा करता है। वह उपदेश नहीं सुनना चाहता है। वह धमकियों की चिंता नहीं करता है। अतः उसकी शिक्षा प्रेम तथा सौहार्द और सहानुभूति पर आधारित होनी चाहिए।

- *कोल* एवं *ब्रूस* ने बाल्यावस्था को संवेगात्मक विकास का अनोखा काल माना है। यह विकास तभी संभव है, जब बालक के संवेगों का दमन न किया जाए, क्योंकि ऐसा करने से उसमें हीन भावना-ग्रंथियों का निर्माण हो जाता है।

- *स्ट्रैंग* के अनुसार, ''इस अवस्था में बालकों की भाषा में बहुत रूचि होती है।'' अतः इस बात पर बल दिया जाना आवश्यक है कि बालक भाषा का अधिक से अधिक ज्ञान प्राप्त करे।

- बालकों में जिज्ञासा की प्रवृत्ति होती है। अतः उन्हें दी जाने वाली शिक्षा का स्वरूप ऐसा होना चाहिए, जिससे उसकी इस प्रवृत्ति की तुष्टि हो।

- *किर्कपैट्रिक* ने बाल्यावस्था को 'प्रतिद्वन्द्वात्मक समाजीकरण' का काल माना है। अतः विद्यालय में ऐसी क्रियाओं का अनिवार्य रूप से संगठन किया जाना चाहिए, जिनमें भाग लेकर बालक में अनुशासन, आत्म-नियंत्रण, सहानुभूति, प्रतिस्पर्द्धा, सहयोग आदि सामाजिक गुणों का अधिकतम विकास हो।

किशोरावस्था की विशेषताएं

बाल्यावस्था के समापन के पश्चात् 13 वें वर्ष से किशोरावस्था की शुरूआत होती है। इस अवस्था में बालकों और बालिकाओं में क्रांतिकारी मानसिक, शारीरिक, सामाजिक एवं संवेगात्मक परिवर्तन होते हैं। इसलिए इस काल को जीवन के तूफान का काल भी कहा जाता है। इस अवस्था की मुख्य विशेषताएं निम्न हैं–

किशोरावस्था को शारीरिक विकास का काल माना जाता है। इस काल में किशोर के शरीर में अनेक महत्वपूर्ण परिवर्तन होते हैं, जैसे-भार और लंबाई में तीव्र वृद्धि, मांशपेशियों और शारीरिक ढांचे में दृढ़ता, किशोर में दाढ़ी और मूंछ की रोमावालियों एवं किशोरियों में प्रथम मासिक स्राव के दर्शन।

- इस अवस्था में किशोर के मस्तिष्क का लगभग सभी दिशाओं में विकास होता है। किशोरों में इस अवस्था में पाए जाने वाले मानसिक विकास के प्रमुख गुण हैं-कल्पना एवं दिवास्वप्नों की बहुलता, बुद्धि का अधिकतम विकास सोचने समझने और तर्क करने की शक्ति में वृद्धि, विरोधी मानसिक दशाएं।

- किशोर जिस समूह का सदस्य होता है, उसको वह अपने परिवार और विद्यालय से अधिक महत्वपूर्ण समझता है। यदि उसके माता-पिता और समूह के दृष्टिकोणों में अंतर होता है, तो वह समूह के ही दृष्टिकोणों को श्रेष्ठतर समझता है और उन्हीं के अनुसार अपने व्यवहार, रूचियों, इच्छाओं आदि में परिवर्तन करता है।

- किशोरों में आवेगों और संवेगों की बहुत प्रबलता होती है। यही कारण है कि उनका विभिन्न अवसरों पर विभिन्न प्रकार का व्यवहार होता है। उदाहरणार्थ-किसी समय वह अत्यधिक क्रियाशील होता है और किसी समय अत्यधिक मंद, किसी परिस्थिति में साधारण रूप से उत्साहपूर्ण और किसी में असाधारण रूप से उत्साहहीन।

- किशोरावस्था में बालक नैतिक एवं अनैतिक बातों पर विचार करने लगता है, परिणामस्वरूप अपने जीवन दर्शन का निर्माण करता है। वह ऐसे सिद्धांतों का निर्माण करना चाहता है जिनकी सहायता से वह अपने जीवन में कुछ बातों का निर्माण कर सके। उसे इस कार्य में सहायता देने के उद्देश्य से ही आधुनिक युग में युवा आंदोलनों को संगठित किया गया है।

- किशोर में महत्वपूर्ण व्यक्ति बनने और प्रौढ़ों के समान निश्चित स्थिति प्राप्त करने की अत्यधिक अभिलाषा होती है। *क्लेयर, जोन्स* एवं *सिम्पसन* के शब्दों में-''किशोर का महत्वपूर्ण बनना, अपने समूह में स्थिति प्राप्त करना और श्रेष्ठ व्यक्ति के रूप में स्वीकार किया जाना चाहता है।''

- किशोरावस्था के आरंभ में बालकों को धर्म और ईश्वर में आस्था नहीं होती है। इनके संबंध में उनमें इतनी शंकाएं उत्पन्न होती हैं कि वे उनका समाधान नहीं कर पाते हैं, पर धीरे-धीरे उनमें धर्म में विश्वास उत्पन्न हो जाता है और वे ईश्वर की सत्ता को स्वीकार करने लगते हैं।

किशोरावस्था में शिक्षा का स्वरूप

किशोरावस्था में शिक्षा का स्वरूप निम्न प्रकार से होना चाहिए-

- किशोरों की मानसिक शक्तियों के सर्वोत्तम और अधिकतम विकास के लिए शिक्षा का स्वरूप उसकी रूचियों, रूझानों, दृष्टिकोणों और योग्यताओं के अनुरूप होना चाहिए।

- किशोर अपने समूह को अत्यधिक महत्व देता है और उसमें आचार-व्यवहार की अनेक बातें सीखता है। अतः विद्यालय में ऐसे समूहों का संगठन किया जाना चाहिए, जिनकी सदस्यता ग्रहण करके किशोर उत्तम सामाजिक व्यवहार और संबंधों के पाठ को सीख सके। इस दिशा में सामूहिक क्रियाएं, सामूहिक खेल और स्काउटिंग अत्यधिक उपयोगी सिद्ध हो सकते हैं।

- किशोर में उचित महत्व और उचित स्थिति प्राप्त करने की प्रबल इच्छा होती है। उसकी इस इच्छा को पूर्ण करने के लिए उसे उत्तरदायित्व के कार्य दिए जाने चाहिए। इस उद्देश्य से सामाजिक क्रियाओं, छात्र-स्वशासन और युवक-गोष्ठियों का संगठन किया जाना चाहिए।

- बालक और बालिकाओं में विभिन्नता होनी अति आवश्यक है। इसका कारण यह है कि लिंग भेद के कारण और इस विचार से कि बालक और बालिकाओं को भावी जीवन में विभिन्न कार्य करने हैं, दोनों के पाठ्यक्रमों में विभिन्नता होनी चाहिए।

- किशोर अपने जीवन-दर्शन का निर्माण करना चाहता है, पर उचित पथ-प्रदर्शन के अभाव में वह ऐसा करने में असमर्थ रहता है। इस कार्य का उत्तरदायित्व विद्यालय पर है कि वह उचित मार्गदर्शन दे।

- किशोर अनेक प्रकार के संवेगों से संघर्ष करता है। इन संवेगों में से कुछ उत्कृष्ट और कुछ निकृष्ट होते हैं। अतः शिक्षा में इस प्रकार के विषयों और पाठ्यक्रम में सहयोगी क्रियाओं को स्थान दिया जाना चाहिए, जो निकृष्ट संवेगों का दमन कर उत्कृष्ट संवेगों का विकास कर सके। इस उद्देश्य से कला, विज्ञान, साहित्य, संगीत, सांस्कृतिक कार्यक्रम आदि की सुन्दर व्यवस्था की जानी चाहिए।

- किशोर में व्यक्तिगत विभिन्नताओं और आवश्यकताओं को सभी शिक्षाविदों ने स्वीकार किया है। अतः विद्यालयों में विभिन्न पाठ्यक्रमों की व्यवस्था की जानी चाहिए जिसमें किशोरों की व्यक्तिगत मांगों को पूर्ण किया जा सके।

- किशोर के मस्तिष्क में विरोधी विचारों में निरंतर द्वंद्व होता रहता है। फलतः वह उचित व्यवहार के संबंध में किसी निश्चित निष्कर्ष पर नहीं पहुंच पाता है। अतः उसे उदार धार्मिक और नैतिक शिक्षा दी जानी चाहिए ताकि वह उचित और अनुचित में अंतर करके अपने व्यवहार को समाज के नैतिक मूल्यों के अनुकूल बना सके।

- किशोर में अपराध करने की प्रवृत्ति का मुख्य कारण है निराशा। इस कारण को दूर करके उसकी अपराध प्रवृत्ति पर अंकुश लगाया जा सकता है। विद्यालय उसको अपनी उपयोगिता का अनुभव कराके उसकी निराशा को कम कर सकता है और इस प्रकार अपराध-प्रवृत्ति को कम किया जा सकता है।

---

2. बाल विकास के सिद्धांत

आयु के अनुसार बालकों में होने वाले शारीरिक एवं मानसिक विकास कुछ विशेष प्रकार के सिद्धांतों पर आधारित होते हैं। ये सिद्धांत बाल-विकास के सिद्धांत कहलाते हैं। बाल विकास से संबद्ध महत्वपूर्ण सिद्धांत निम्न हैं–

(i) परस्पर संबद्धता का सिद्धांतः बाल विकास से संबद्ध विभिन्न तत्व यथा-सामाजिक, शारीरिक, मानसिक एवं संवेगात्मक आदि परस्पर संबद्ध हैं। इनमें से किसी एक में होने वाला विकास सभी तत्वों में होने वाले विकास को पूरी तरह से प्रभावित करने की क्षमता रखता है।

(ii) पूर्वानुमान का सिद्धांतः एक बालक की बुद्धि और विकास की गति को देखते हुए उसके आगे बढ़ने की दिशा एवं स्वरूप के विषय में पूर्वानुमान किया जा सकता है। इसी प्रकार बालक की मानसिक योग्यताओं के ज्ञान के सहारे उसके आगे के मानसिक विकास के बारे में पूर्वानुमान लगाया जा सकता है।

(iii) विकास का सामान्य से विशेष की ओर का सिद्धांतः विकास की प्रक्रिया में सबसे पहले सामान्य क्रियाओं के दर्शन होते हैं उसके बाद विशिष्ट क्रियाओं का स्थान आता है। उदाहरणार्थ-प्रारंभ में एक नवजात शिशु के रोने और चिल्लाने में उसके सभी अंग-प्रत्यंग भाग लेते हैं,

परन्तु बाद में वृद्धि और विकास की प्रक्रिया के परिणाम स्वरूप ये क्रियाएं उसकी आंखों और वाक्तंत्र तक सीमित हो जाती हैं। भाषा विकास के क्रम में बालक सबसे पहले सामान्य शब्द सीखता है इसके बाद ही वह विशेष शब्द सीखता है।

(iv) विकास की दिशा का सिद्धांतः इस सिद्धांत के अनुसार विकास की प्रक्रिया की दिशा व्यक्ति के वंशानुगत एवं वातावरण जन्य कारकों से प्रभावित होती है। इसके अनुसार बालक सबसे पहले अपने सिर और भुजाओं की गति पर नियंत्रण करना सीखाता है और उसके बाद फिर टांगों को। उसके बाद ही वह अच्छी तरह बिना सहारे के खड़ा होना और चलना सीखता है।

(v) वैयक्तिक भिन्नता का सिद्धांतः इस सिद्धांत के अनुसार बालकों का विकास और वृद्धि उनकी अपनी वैयक्तिकता के अनुरूप होती है। वे अपनी स्वाभाविक गति से ही वृद्धि और विकास के विभिन्न क्षेत्रों में आगे बढ़ते हैं और इसी कारण उनमें पर्याप्त विभिन्नताएं देखने को मिलती हैं। कोई भी एक बालक वृद्धि एवं विकास की दृष्टि से किसी अन्य बालक के समरूप नहीं होता। विकास के इस सिद्धांत के कारण ही कोई बालक अत्यंत मेधावी, कोई बालक सामान्य तथा कोई बालक पिछड़ा या मंद होता है।

(vi) एकीकरण का सिद्धांतः विकास की प्रक्रिया एकीकरण के सिद्धांत का अनुसरण करती है। इस सिद्धांत के अनुसार बालक पहले संपूर्ण अंग को फिर अंग के भागों को चलाना सीखता है। इसके बाद वह उन भागों को एकीकृत करना सीखता है। सामान्य से विशेष की ओर बढ़ते हुए विशेष प्रतिक्रियाओं तथा चेष्टाओं को इकट्ठे रूप में प्रयोग में लाना सीखता है। उदाहरणार्थ-एक बालक पहले पूरे हाथ को, फिर अंगुलियों को एक साथ चलाना सीखता है।

(vii) वृद्धि एवं विकास का सिद्धांतः इस सिद्धांत के अनुसार वृद्धि और विकास की क्रिया वंशानुक्रम और वातावरण का संयुक्त परिणाम है। अतः वृद्धि और विकास की प्रक्रियाओं में इन दोनों को समान रूप से महत्त्व दिया जाना आवश्यक हो जाता है।

(viii) वृद्धि एवं विकास की गति की दर में असमरूपता का सिद्धांतः विकास की प्रक्रिया जीवनपर्यंत चलती रहती है, किंतु इस प्रक्रिया में विकास की गति सदैव एक समान नहीं होती। शैशवावस्था के शुरू के वर्षों में यह गति कुछ तीव्र होती है परन्तु बाद के वर्षों में यह मंद पड़ जाती है। पुनः किशोरावस्था के प्रारंभ में इस गति में तेजी से वृद्धि होती है परन्तु यह अधिक समय तक नहीं बनी रहती है। इस प्रकार स्पष्ट है कि वृद्धि और विकास की गति में उतार-चढ़ाव आते ही रहते हैं। किसी भी अवस्था में यह एक जैसी नहीं रह जाती।

3. वंशानुक्रम एवं वातावरण का प्रभाव

बालक के विकास की प्रक्रिया में विभिन्न बाह्य और आंतरिक कारकों का महत्वपूर्ण योगदान होता है। बालक के विकास को प्रभावित करने वाले प्रमुख बाह्य कारक हैं-सामाजिक-आर्थिक स्थिति विशेषक एवं वातावरण जन्य विशेषक आदि। जबकि बालक के विकास को प्रभावित करने वाले प्रमुख आंतरिक कारक हैं–शारीरिक विशेषक, बौद्धिक विशेषक, संवेगात्मक विशेषक, सामाजिक विशेषक, वंशानुगत विशेषक आदि।

वंशानुक्रम का प्रभाव

वंशानुक्रम माता-पिता से संतान को प्राप्त होने वाले गुणों का नाम है। वंशानुक्रम का बालक पर निम्न रूप से प्रभाव पड़ता है –

(i) शारीरिक विशेषकः इसके अंतर्गत मनुष्य का शरीर, उसके अंगों का आनुपातिक गठन, स्वास्थ्य, रूप-रंग, ज्ञानेन्द्रियों का दिखाई देने वाला रूप तथा कर्मेंद्रियों का गठन आदि सब आ जाते हैं। इनमें से अलग-अलग व्यक्ति अलग-अलग बातों को देखकर प्रभावित होते हैं।

बालक के रंग रूप, आकार, शारीरिक गठन, ऊंचाई इत्यादि के निर्धारण में उसके आनुवांशिक गुणों का महत्वपूर्ण हाथ होता है। बालक के आनुवांशिक गुण उसकी वृद्धि एवं विकास को भी प्रभावित करते हैं। बालक के शारीरिक रंग पर उनके माता-पिता के रंग का प्रभाव सहज में देखने में आता है। इसी तरह से माता-पिता के अन्य गुण भी बच्चे में आनुवांशिक रूप से पाए जाते हैं। इसके कारण कोई बच्चा अति प्रतिभाशाली एवं सुंदर हो सकता है एवं कोई अन्य बच्चा शारीरिक एवं मानसिक रूप से कमजोर।

प्रायः यह भी देखा जाता है कि जो बालक जन्म से ही दुबले-पतले, कमजोर, बीमार तथा किसी शारीरिक बाधा से पीड़ित रहते हैं, उसकी तुलना में सामान्य एवं स्वस्थ बच्चे का विकास अधिक होता है। शारीरिक कमियों का स्वास्थ्य ही नहीं वृद्धि एवं विकास पर भी प्रतिकूल प्रभाव पड़ता है।

(ii) बौद्धिक विशेषकः इसके अंतर्गत बालक की योग्यता, कल्पनाशक्ति, विचारशक्ति एवं तर्कशक्ति, किसी समस्या के समाधान हेतु निर्णयात्मक बुद्धि, बदलती हुए परिस्थितियों में समायोजनात्मक निर्णय, आदि सभी कुछ आ जाते हैं।

बौद्धिक विशेषक को सीखने की योग्यता, समायोजन योग्यता, निर्णय लेने की क्षमता आदि के रूप में भी परिभाषित किया जाता है। जिस बालक के सीखने की गति अधिक होती है, उसका मानसिक विकास भी तीव्रता से होता है। बालक अपने परिवार समाज एवं विद्यालय में अपने आपको किस तरह समायोजित करता है यह उसकी बुद्धि पर निर्भर करता है।

गोहर्ड जैसे विचारकों का मत है कि मंद-बुद्धि माता-पिता की संतान मंद-बुद्धि और तीव्र-बुद्धि माता-पिता की संतान तीव्र-बुद्धि वाली होती है। मानसिक क्षमता के अनुकूल ही बालक में संवेगात्मक क्षमता का विकास होता है। बालक में जिस तरह के संवेगों का जिस रूप में विकास होता है वह उसके सामाजिक, मानसिक, नैतिक, शारीरिक तथा भाषा संबंधी विकास को पूरी तरह प्रभावित करने की क्षमता रखता है। यदि बालक अत्यधिक क्रोधित या भयभीत रहता है अथवा यदि उसमें ईर्ष्या एवं वैमनस्य की भावना अधिक होती है तो उसके विकास की प्रक्रिया पर इन सबका प्रतिकूल प्रभाव पड़ना स्वाभाविक ही है। संवेगात्मक रूप से असंतुलित बालक पढ़ाई में या किसी अन्य गंभीर कार्यों में ध्यान नहीं दे पाते, फलतः उनका मानसिक विकास भी प्रभावित होता है। बुद्धि की श्रेष्ठता प्रजाति के कारण भी होती है।

(iii) नैतिक/चारित्रिक विशेषकः नैतिकता के तहत वे सभी गुण आ जाते हैं, जो स्वार्थ को छोड़कर दूसरों की भलाई का भी ध्यान रखते हैं। इनमें सच बोलना, हिंसा न करना, भ्रष्टाचार से दूर रहना, दूसरों पर दया करना आदि सभी गुण आ जाते हैं। यदि गहराई से विचार किया जाए तो मनुष्य के बाह्य रूप का दूसरों पर इतना प्रभाव नहीं

पड़ता है, जितना कि उसके आंतरिक गुणों का और विशेषकर उसकी नैतिक विचारधारा का।

डग्डेल नामक एक मनोवैज्ञानिक ने अपने प्रयोगों के आधार पर यह बताया है कि माता-पिता के चरित्र का प्रभाव भी उसके बच्चे पर पड़ता है। इस तरह व्यक्ति के चरित्र में उसके वंशानुगत कारकों का प्रभाव स्पष्ट तौर पर देखा जा सकता है।

वातावरण का प्रभाव

वातावरण में शामिल प्रत्येक घटक व्यक्ति के जीवन को आरंभ से ही प्रभावित करते हैं। गर्भावस्था के दौरान एक स्त्री को मानसिक एवं शारीरिक स्वास्थ्य को बनाए रखने के लिए इसीलिए सलाह दी जाती है कि उससे न केवल गर्भ के अंदर बालक के विकास पर असर पड़ता है बल्कि आगे के विकास की बुनियाद भी मजबूत होती है। यदि माता का स्वास्थ्य अच्छा न हो तो उसके बच्चे के अच्छे स्वास्थ्य की आशा कैसे की जा सकती है। यदि बच्चे का स्वास्थ्य अच्छा न होगा तो उसके विकास पर प्रतिकूल असर पड़ना स्वाभाविक है।

बालक के विकास पर उसके सामाजिक एवं आर्थिक कारकों का भी प्रभाव पड़ता है। गरीब परिवार के बच्चों को विकास के लिए सीमित अवसर ही उपलब्ध हो पाते हैं। उनकी आर्थिक दुर्बलता उन्हें अच्छी शिक्षा और अच्छे परिवेश से वंचित करती हैं। ऐसे में उनका संतुलित विकास नहीं हो पाता है। दूसरी ओर सामाजिक एवं आर्थिक संसाधनों की प्रचुरता के कारण शहरी बच्चों का सर्वांगीण विकास संतुलित रूप से होता है।

व्यक्ति के व्यक्तित्व के समग्र क्षेत्रों पर वातावरण के पड़ने वाले कुछ महत्वपूर्ण प्रभावों का संक्षिप्त विवरण निम्न है—

(i) शारीरिक संरचनाः व्यक्ति की शारीरिक संरचना पर वंशानुक्रम का तो प्रभाव पड़ता ही है किन्तु इस पर वातावरण के प्रभाव को भी स्पष्ट रूप से देखा जा सकता है। पहाड़ी क्षेत्र के लोगों का कद प्रायः छोटा होता है जबकि मैदानी क्षेत्र के लोगों का शरीर लंबा एवं गठीला होता है। इतना ही नहीं पीढ़ी दर पीढ़ी से निवास स्थलों में परिवर्तन करने वाले पहाड़ी एवं मैदानी क्षेत्र के लोगों के कद एवं रंग में अंतर भी देखने को मिलती है। यह अंतर वातावरण के प्रभाव के कारण होता है।

(ii) प्रजातीय श्रेष्ठताः कभी-कभी ऐसा देखा जाता है कि कुछ प्रजातियों में बौद्धिक श्रेष्ठता वंशानुगत न होकर वातावरण

से प्रभावित होता है। ऐसा इसलिए होता है कि उनके पास श्रेष्ठ सामाजिक, शैक्षिक एवं सांस्कृतिक वातावरण उपलब्ध है। यदि किसी विद्वान एवं महान व्यक्ति के बच्चे को ऐसी जगह छोड़ दिया जाए जहां का शैक्षिक, सांस्कृतिक एवं सामाजिक वातावरण उचित न हो तो उसका अपने पिता की तरह महान बनना बहुत ही कठिन हो सकता है।

(iii) व्यक्तित्व विकासः किसी भी व्यक्ति के व्यक्तित्व निर्माण में वंशानुक्रम की अपेक्षा वातावरण का अधिक प्रभाव पड़ता है। कोई भी व्यक्ति उपयुक्त वातावरण में रहकर अपने व्यक्तित्व का निर्माण करके आगे बढ़ सकता है और महान बन सकता है।

(iv) बालक का सर्वांगीण विकासः बालक के सर्वांगीण विकास में वातावरण का काफी योगदान होता है। बालक के शारीरिक, मानसिक, सामाजिक एवं संवेगात्मक विकास आदि पर वातावरण का सकारात्मक प्रभाव देखने को मिलता है।

(v) मानसिक विकासः *गॉर्डन* नामक मनोवैज्ञानिक के अनुसार उचित सामाजिक और सांस्कृतिक वातावरण न मिलने पर मानसिक विकास की गति धीमी हो जाती है। यह बात उसने नदियों के किनारे रहने वाले बच्चों का अध्ययन करके सिद्ध की। इन बच्चों का वातावरण गंदा और समाज के अच्छे प्रभावों से दूर था। अतः अध्ययन में यह बात सामने आई कि गंदे एवं समाज के अच्छे प्रभावों से दूर रहने के कारण बच्चों के मानसिक विकास पर प्रतिकूल असर पड़ा।

उपर्युक्त वर्णन से स्पष्ट है कि वंशानुक्रम एवं वातावरण एक दूसरे के पूरक एवं सहायक हैं। इन बातों से यह भी स्पष्ट हुआ कि शिक्षा की किसी योजना में वंशानुक्रम और वातावरण को ठीक उसी तरह पृथक नहीं किया जा सकता जिस तरह कि आत्मा एवं शरीर को। इस प्रकार स्पष्ट है कि बालक के सम्यक एवं संतुलित विकास के लिए वंशानुक्रम एवं वातावरण दोनों का संयोग अनिवार्य है।

4. समाजीकरण की प्रक्रिया

समाजीकरण का अर्थ उस प्रक्रिया से है जिसके द्वारा व्यक्ति अन्य व्यक्तियों से अंतः क्रिया करता हुआ सामाजिक आदतों, विश्वासों, रीति रिवाजों तथा परंपराओं एवं अभिवृत्तियों(Attitude) को सीखता है। इस क्रिया के द्वारा व्यक्ति जन कल्याण की भावना से प्रेरित होते हुए अपने आपको अपने परिवार, पड़ोस तथा अन्य सामाजिक वर्गों के अनुकूल बनाने का प्रयास करता है जिससे वह समाज का एक श्रेष्ठ, उपयोगी तथा उत्तरदायी सदस्य बन जाए तथा उक्त सभी सामाजिक संस्थाएं तथा वर्ग उसकी प्रशंसा करते रहें।

समाजीकरण की परिभाषा

कुछ चुनिंदा विद्वानों ने समाजीकरण की निम्न परिभाषाएं दी हैं-

- **ड्रेवर (Drever):** ''यह वह प्रक्रिया है जिसके द्वारा व्यक्ति अपने सामाजिक वातावरण से समायोजन करता है और सामाजिक मान्यता प्राप्त करके वह समाज का मान्य, सहयोगी तथा कुशल सदस्य बनता है।''

- **वाटसन (Watson):** ''समाजीकरण एक सामाजिक तथा मनोवैज्ञानिक प्रक्रिया है।''

- **रास (Ross):** ''समाजीकरण सहयोग करने वाले व्यक्तियों में सामूहिक भावना का विकास करता है और उनमें एक साथ कार्य करने की इच्छा तथा क्षमता में वृद्धि करता है।''

- **सोरोकिन (Sorokin):** समाजीकरण सांस्कृतिक तथा वैचारिक कारकों के अंतरीकरण की प्रक्रिया है।''

समाजीकरण की प्रक्रिया

बालक के समाजीकरण की प्रक्रिया जन्म के कुछ दिन बाद से ही प्रारंभ हो जाती है। बालक के समाजीकरण की प्रक्रिया परिवार से प्रारंभ होती है। परिवार के सदस्य के रूप में बालक परिवार के अन्य सदस्यों से अंतः क्रियात्मक संबंध स्थापित करता है और उनके व्यवहारों का अनुकरण करता है। इस प्रकार अनुकरण करते हुए जाने अनजाने बालक परिवार के अन्य सदस्यों की भूमिका भी अदा करने लगता है। अनुकरण के आधार पर ही वह माता-पिता, भाई-बहन आदि की भूमिकाओं को सीखता है। उसके ये व्यवहार धीरे-धीरे स्थिर हो जाते हैं। धीरे-धीरे बालक अपने तथा पिता और अपने तथा माता के मध्य के अंतर को समझने लगता है कि वह स्वयं क्या है? इस प्रकार स्वयं (Self) का विकास होता है जो समाजीकरण का एक आवश्यक तत्व है।

बालक के समाजीकरण करने वाले कारक

बालक जन्म के समय कोरा पशु होता है। जैसे-जैसे वह समाज के अन्य व्यक्तियों तथा सामाजिक संस्थाओं के संपर्क में आकर विभिन्न प्रकार की सामाजिक क्रियाओं में भाग लेता रहता है वैसे-वैसे वह अपनी पाशिवक प्रवृत्तियों को नियंत्रित करते हुए सामाजिक आदर्शों तथा मूल्यों को सीखता रहता है। बालक के समाजीकरण की प्रक्रिया निरंतर चलती रहती है। बालक के समाजीकरण में सहायक मुख्य कारक अथवा तत्व निम्नांकित हैं-

1. परिवार
2. आयु समूह
3. पड़ोस
4. नातेदारी समूह
5. स्कूल
6. खेलकूद
7. जाति
8. समाज
9. भाषा समूह
10. राजनैतिक संस्थाएं और
11. धार्मिक संस्थाएं।

बालक के समाजीकरण में बाधक तत्त्व

मैस्लो और मिटिलमैन (Maslow and Mittlemen) जैसे विचारकों के अनुसार बालकों के समाजीकरण में बाधा पहुंचाने वाले तत्व इस प्रकार हैं-

1. **सांस्कृतिक परिस्थितियां:** जैसे जाति, धर्म, वर्ग आदि से संबद्ध पूर्व धारणाएं आदि।

2. **बाल्यकालीन परिस्थितियां:** जैसे माता-पिता का प्यार न मिलना, माता-पिता में सदैव कलह, विधवा मां, पक्षपात, एकाकीपन तथा अनुचित दंड आदि।

3. **तात्कालिक परिस्थितियां:** जैसे निराशा, अपमान, अभ्यास अनियमितता, कठोरता, परिहास और भाई-बहन, मित्र, पड़ोसी आदि की ईर्ष्या।

4. **अन्य परिस्थितियां:** जैसे शारीरिक हीनता, निर्धनता, असफलता, शिक्षा की कमी, आत्म विश्वास का अभाव तथा आत्म-निर्भरता की कमी आदि।

समाजीकरण की प्रक्रिया में शिक्षक की भूमिका

बालक के समाजीकरण की प्रक्रिया में परिवार के बाद स्कूल और स्कूल में विशेष रूप से शिक्षक आता है। प्रत्येक समाज के कुछ विश्वास, दृष्टिकोण, मान्यताएं, कुशलताएं और परंपराएं होती हैं। जिनको 'संस्कृति' के नाम से पुकारा जाता है। यह संस्कृति एक पीढ़ी से दूसरी पीढ़ी को हस्तांतरित की जाती है और समाज के लोगों के आचरण को प्रभावित करती है। शिक्षक का सर्वश्रेष्ठ कार्य है इस संस्कृति को बालक को प्रदान करना। यदि वह यह कार्य नहीं करता है तो बालक का समाजीकरण नहीं कर सकता है। शिक्षक, माता-पिता के साथ बालक के चरित्र और व्यक्तित्व का विकास करने में अति महत्वपूर्ण कार्य करता है।

कक्षा में, खेल के मैदान में, साहित्यिक और सांस्कृतिक क्रियाओं में शिक्षक सामाजिक व्यवहार के आदर्श प्रस्तुत करता है। बालक अपनी अनुकरण की मूल प्रवृत्ति के कारण शिक्षक के ढंगों, कार्यों, आदतों और नीतियों का अनुकरण करता है। अतः शिक्षक को सदैव सतर्क रहना चाहिए, उसे कोई ऐसा अनुचित कार्य या व्यवहार नहीं करना चाहिए, जिसका बालक के ऊपर गलत प्रभाव पड़े। अतः बालक के समाजीकरण की प्रक्रिया को तीव्र गति प्रदान करने के लिए शिक्षक को मुख्यतः निम्न बातों को ध्यान में रखना चाहिए-

(i) सामाजिक आदर्श: शिक्षक को चाहिए कि वह कक्षा तथा खेल के मैदानों एवं सांस्कृतिक और साहित्यिक क्रियाओं में बालक के सामने सामाजिक आदर्शों को प्रस्तुत करे। इन आदर्शों का अनुकरण करके बालक का धीरे-धीरे समाजीकरण हो जाएगा।

(ii) स्वस्थ प्रतियोगिता की भावनाः बालक के समाजीकरण में प्रतियोगिता का महत्वपूर्ण स्थान होता है। पर ध्यान देने की बात है कि बालक के समाजीकरण के लिए स्वस्थ प्रतियोगिता का होना ही अच्छा है। अतः शिक्षक को बालक में स्वस्थ प्रतियोगिता की भावना विकसित करनी चाहिए।

(iii) अभिभावक शिक्षक सहयोग: समाजीकरण की प्रक्रिया को तीव्र गति प्रदान करने के लिए शिक्षक का सर्वप्रथम कार्य यह है कि वह बालक के माता-पिता से संपर्क स्थापित करके उसकी रुचियों तथा मनोवृत्तियों के विषय में ज्ञान प्राप्त करे एवं उन्हीं के अनुसार उसे विकसित होने के अवसर प्रदान करे।

(iv) स्कूल की परंपराएं: स्कूल की परंपराओं का बालक के समाजीकरण पर गहरा प्रभाव पड़ता है। अतः शिक्षक को चाहिए कि वह बालक का स्कूल की परंपराओं में विश्वास उत्पन्न करे तथा उसे इन्हीं के अनुसार कार्य करने के लिए प्रोत्साहित करे।

(v) सामूहिक कार्य को प्रोत्साहनः शिक्षक को चाहिए कि वह स्कूल में विभिन्न सामाजिक योजनाओं के द्वारा बालकों को सामूहिक क्रियाओं में सक्रिय रूप से भाग लेने के अवसर प्रदान करे। इन क्रियाओं में भाग लेने से उसका समाजीकरण स्वतः ही हो जाएगा।

उपर्युक्त बातों से स्पष्ट है कि शिक्षक बालक के समाजीकरण को प्रभावित करता है। शिक्षक के स्नेह, पक्षपात, बुरे व्यवहार, दण्ड आदि का बालकों पर कुछ न कुछ प्रभाव पड़ता है और उसका सामाजिक विकास उत्तम या विकृत हो जाता है। यदि शिक्षक, मित्रता और सहयोग में विश्वास करता है तो बच्चों में भी इन गुणों का विकास होता है। यदि शिक्षक छोटी-छोटी बातों पर बच्चों को दंड देता है, तो उनके समाजीकरण में संकीर्णता आ जाती है। यदि शिक्षक अपने छात्रों के प्रति सहानुभूति रखता है, तो छात्रों का समाजीकरण सामान्य रूप से होता है।

5. प्याजे, कोहलबर्ग एवं व्योट्स्की के सिद्धांत

विकास की विभिन्न अवस्था में बालकों में विशेष प्रकार के गुण एवं विशेषताएं देखने को मिलती है। इस संदर्भ में विभिन्न मनोवैज्ञानिकों ने विकास की विभिन्न अवस्थाओं के संबंध में अलग-अलग प्रकार के सिद्धांतों का प्रतिपादन किया है। विकास की विभिन्न अवस्थाओं से संबद्ध सिद्धांतों में जीन प्याजे (Jean piaget), लॉरेंस कोहलबर्ग (Lawrence kohlberg) एवं लेव व्योट्स्की (Lev Vygotsky) द्वारा प्रतिपादित सिद्धांत विशेष रूप से उल्लेखनीय हैं।

जीन प्याजे का मानसिक विकास अवस्था से संबद्ध सिद्धांत

स्विट्जरलैंड निवासी प्याजे के अनुसार ज्ञानात्मक विकास की अवस्थाओं में एक क्रम होता है। हम बाद की अवस्थाओं की योग्यता समय से पूर्व प्राप्त नहीं कर सकते। उन्होंने विकास के पांच चरणों की अवस्थाओं का उल्लेख किया है जो निम्नवत् है-

(i) इंद्रिय गामक आग्रहण की अवस्था (0 - 2 वर्ष): यह अवस्था शिशु की उल्टी-सीधी हरकतों से आरंभ होती है और फिर बच्चा अभ्यास एवं संयोजन (इंद्रियजनित गामक अंगों–Sensori motor organ) द्वारा इस अवस्था तक आता है। दो वर्ष की समाप्ति पर जब बच्चा विभिन्न वस्तुओं के बीच में संयोजन करना सीख लेता है तो आरंभिक प्रत्यय का विकास होता है।

(ii) सांकेतिक एवं पूर्व प्रत्ययी विचारों की अवस्था (2-4 वर्ष): इस अवस्था में बच्चे के मस्तिष्क में विचार आने लगते हैं और चौथे वर्ष के अंत तक वह संकेतों का प्रयोग करने लगता है।

(iii) स्वजनित विचारों की अवस्था (4-8 वर्ष): इस अवधि में बालक विभिन्न संकल्पनाओं को विभिन्न परिस्थितियों में प्रयोग कर सकता है अर्थात् उसके अंदर सामान्यीकरण की क्षमता आ जाती है।

(iv) मूर्त क्रिया की अवस्था (8-12 वर्ष): इस अवधि में बालक अपना ध्यान रुकी हुई अवस्था से हटा सकता है अर्थात् वह अपने वर्तमान अनुभवों के आधार पर अपने भविष्य को पहचान सकता है।

लॉरेंस कोहलबर्ग का नैतिक विकास अवस्था से संबद्ध सिद्धांत

बालक में चरित्र निर्माण या नैतिक विकास के संदर्भ में लॉरेंस कोहलबर्ग ने अपने खोज एवं अनुसंधान के आधार पर यह निष्कर्ष निकाला है कि बालकों में नैतिकता के विकास की कुछ निश्चित एवं सार्वभौमिक अवस्थाएं पाई जाती हैं। कोहलबर्ग द्वारा प्रतिपादित अवस्थाओं को विस्तृत रूप से पांच वर्गों में रखा जाता है–

(i) पूर्व नैतिक अवस्था: यह अवस्था जन्म से लेकर दो वर्ष की आयु तक विद्यमान रहती है। इस अवस्था में उसे अपनी इच्छाओं, भावनाओं एवं संवेगों पर नियंत्रण करना नहीं आता और परिणामस्वरूप वह अपनी मर्जी के अनुसार इच्छित व्यवहार करता है। इस अवस्था में बालक से नैतिकता एवं चारित्रिक मूल्यों से संबद्ध बातों की आशा करना बेमानी है।

(ii) स्वकेंद्रित अवस्था: यह अवस्था 3 से 6 वर्ष तक होती है। इस अवस्था में बालक की सभी व्यावहारिक क्रियाएं अपनी वैयक्तिक आवश्यकताओं और इच्छाओं की पूर्ति के चारों ओर केंद्रित रहती है। उसके लिए नैतिकता का मानदंड उसके अपने कल्याण से जुड़ा होता है।

(iii) परंपराओं को धारण करने की अवस्था: यह अवस्था सात वर्ष से किशोरावस्था के आरंभिक काल तक होती है। इस अवस्था का बालक सामाजिकता के गुणों को धारण करता है। ऐसे में उसमें समाज निर्मित नियमों एवं परंपराओं के धारण करने संबंधी नैतिकता का विकास

होता है। इस अवस्था में उसे अच्छाई बुराई का ज्ञान हो जाता है तथा वह यह समझने लगता है कि किस तरह के व्यवहार से दूसरे को हानि तथा ठेस पहुंच सकती है।

(iv) आधारहीन आत्म चेतनावस्थाः यह अवस्था किशोरावस्था से जुड़ी हुई है। इस अवस्था में बालकों का सामाजिक, शारीरिक तथा मानसिक विकास अपनी चरम पर होता है तथा उसमें आत्म-चिंतन का प्रादुर्भाव होता है। इस अवस्था में उसमें 'मैं' भावना अर्थात् मैं ऐसा व्यवहार करता हूं, यह मेरा आचरण है आदि की उसे अनुभूति होने लगती है। साथ ही उसमें अपने आचरण, व्यवहार एवं व्यक्तिगत गुणों अवगुणों के प्रति आलोचनात्मक प्रवृत्ति का भी विकास होता है। पूर्णता की चाह उसमें स्वयं से असंतुष्ट रहने का मार्ग प्रशस्त करती है। यह असंतुष्टि ही उसे समाज में होने वाली गलत कार्यों के प्रति विद्रोही रूख अपनाने के लिए प्रेरित करती है।

(v) आधारयुक्त आत्मचेतनाः यह नैतिक विकास की चरम अवस्था है। इसका विकास बालक की भली भांति परिपक्वता ग्रहण करने के बाद होता है। इस अवस्था में जिस प्रकार के नैतिक आचरण और चारित्रिक मूल्यों की बात व्यक्ति विशेष से की जाती है उसके पीछे केवल उसकी भावनाओं का प्रवाह मात्र ही नहीं होता बल्कि वह अपनी मानसिक शक्तियों का उचित प्रयोग करते हुए अच्छी तरह सोच समझकर किसी व्यवहार या आचरण विशेष को अपने व्यक्तिगत गुणों में शामिल करता है।

लेव व्यगोट्स्की का सामाजिक विकास से संबद्ध सिद्धांत

सोवियत रूस निवासी लेव व्यगोट्स्की द्वारा प्रतिपादित इस सिद्धांत में यह बताया गया है कि बालक के सभी प्रकार के विकास में उसके सामाजिक परिवेश का विशेष योगदान होता है। समाज में उसे जिस तरह की सुविधाएं उपलब्ध होंगी उसका विकास भी उसी प्रकार का होगा। सभी प्रकार की सुविधाओं की अनुपलब्धता की स्थिति में उसके विकास पर प्रतिकूल असर पड़ेगा। जन्म के समय शिशु का व्यवहार सामाजिकता से काफी दूर होता है। वह अत्यधिक स्वार्थी होता है। उसे केवल अपनी शारीरिक आवश्यकताओं की पूर्ति करने की चाहत होती है। वह दूसरों की आवश्यकताओं और हित चिंतन के विषय में एकदम नहीं सोचता है। उस आयु में वह निर्जीव तथा सजीव पदार्थों में अंतर नहीं समझ पाता। अतः सामाजिक विकास के दृष्टिकोण से उससे बहुत आशा नहीं की जा सकती।

जब बालक बाल्यावस्था से किशोरावस्था में प्रवेश करता है तो उसमें लिंग संबंधी चेतना तीव्र हो जाती है। इस आयु में अधिकतर किशोर-किशोरियां अपने वय-समूह के सक्रिय सदस्य होते हैं। किशोरों में समूह के प्रति यह भावना अब केवल टोली या गिरोह विशेष तक ही सीमित नहीं रहती बल्कि यह विद्यालय, समुदाय, प्रांत और राष्ट्र तक व्यापक बन जाती है। इस अवस्था में सहानुभूति, सहयोग, सद्भावना, परोपकार और त्याग में अच्छा सामंजस्य देखने को मिलता है। वैयक्तिक विशेषताओं के अतिरिक्त सांस्कृतिक, परिवार की सामाजिक और आर्थिक स्थिति, यौन संबंधी स्वतंत्रता और जानकारी आदि सामाजिक रूचियों और सामाजिक संबंधों को प्रभावित करती है।

---

6. बाल केंद्रित शिक्षा एवं प्रगतिशील शिक्षा की अवधारणा

बालकेंद्रित शिक्षा

बालक के मनोविज्ञान को समझते हुए शिक्षा की व्यवस्था करना एवं उसकी कठिनाइयों को दूर करना ही बालकेंद्रित शिक्षा है। विभिन्न कालों में शिक्षा का स्वरूप भिन्न-भिन्न रहा है। प्राचीन काल में जहां शिक्षा का उद्देश्य बालकों के मस्तिष्क में मात्र कुछ जानकारी भरना समझा जाता था वहीं आधुनिक काल में बालक का सर्वांगीण विकास शिक्षक का परम उद्देश्य बताया गया है। इस कार्य के लिए शिक्षक को बाल मनोविज्ञान की जानकारी जरूर होनी चाहिए। शिक्षक के लिए बाल मनोविज्ञान की उपयोगिता इसलिए भी जरूरी है ताकि वह इसका प्रयोग शिक्षा

संबंधी विभिन्न क्षेत्रों यथा– अनुशासन, व्यवहार, जागरूकता आदि के क्षेत्र में कर सके। इससे यह स्पष्ट होता है कि एक शिक्षक को शिक्षा तथा छात्रों के प्रति क्या अभिवृति (Attitude) होनी चाहिए।

बाल-केंद्रित शिक्षा की मुख्य विशेषताएं

बाल-केंद्रित शिक्षा की प्रकृति के भिन्नता के कारण इसकी कुछ अलग प्रकार की विशेषताएं हैं। इसकी मुख्य विशेषताएं निम्नवत् हैं–

1. बालकों को ठीक से समझनाः जब से मनोविज्ञान ने शिक्षा के क्षेत्र में प्रवेश किया है, शिक्षा का स्वरूप

बाल-केंद्रित हो गया है। अब प्रत्येक बालक की ओर व्यक्तिगत रूप से अध्ययन-अध्यापन प्रक्रिया में ध्यान दिया जाता है। आज शिक्षा का उद्देश्य बालक के ऊपर ज्ञान थोपना नहीं वरन् उसका एकमात्र उद्देश्य बालक में निहित शक्तियों का विकास करना है। इस तरह बालक के व्यक्तित्व का सर्वांगीण विकास करना ही आज की शिक्षा का अंतिम उद्देश्य है।

ऐसे में इस बात की आवश्यकता है कि शिक्षक को बालकों के मनोविज्ञान की जानकारी हो, अन्यथा वह उन्हें क्या सिखाएगा कहना बहुत मुश्किल है। अतः शिक्षक को बालक के व्यवहार के मूलाधारों, आवश्यकताओं, मानसिक स्तर, रुचियों, योग्यताओं, व्यक्तित्व आदि का विस्तृत ज्ञान होना चाहिए। व्यवहार के मूलाधारों का ज्ञान तो सबसे अधिक आवश्यक है, क्योंकि शिक्षा का उद्देश्य ही बालक के व्यवहार को परिमार्जित करना है। अतः शिक्षा बालक की प्रेरणाओं, संवेगों एवं मूल प्रवृत्तियों पर आधारित होनी चाहिए।

मनोविज्ञान के ज्ञान के अभाव में शिक्षक मारपीट द्वारा बच्चों के उन दोषों को दूर करने का प्रयत्न करता है, परंतु बालकों को समझने वाला शिक्षक यह जानता है कि इन दोषों का मूल उनकी शारीरिक, सामाजिक अथवा मनोवैज्ञानिक आवश्यकताओं में ही कहीं न कहीं है।

2. **शिक्षण पद्धतिः** शिक्षा शास्त्र शिक्षक को यह बताता है कि बालकों को क्या पढ़ाया जाए, परंतु असली समस्या यह है कि किस प्रकार पढ़ाया जाए। इस समस्या के समाधान में बाल मनोविज्ञान ही वह माध्यम है जो शिक्षक को सहायता करता है। बाल मनोविज्ञान सीखने की प्रक्रिया, विधियों, महत्त्वपूर्ण कारकों, लाभदायक और हानिकारक दशाओं, रुकावटों के जानने का कारण तथा प्रशिक्षण संक्रमण आदि जैसे विभिन्न तत्त्वों से परिचित कराता है। इनसे प्राप्त ज्ञान से शिक्षक बालकों को सीखने में सहायता कर सकता है। शिक्षा मनोविज्ञान शिक्षण की विधियों का भी मनोवैज्ञानिक विश्लेषण करता है और उनमें सुधार के उपाय बतलाता है। बाल-केंद्रित शिक्षा में शिक्षण विधि को प्रयोग में लाते समय बाल-मनोविज्ञान को ही आधार बनाया जाता है।

3. **मूल्यांकन एवं परीक्षण विधिः** शिक्षण से ही शिक्षक की समस्या हल नहीं हो जाती। उसे बालकों के ज्ञान और विकास का मूल्यांकन और परीक्षण करना होता है।

मूल्यांकन से परीक्षार्थी की उन्नति का पता चलता है। शिक्षा की प्रक्रिया में शिक्षक और शिक्षार्थी बराबर यह जानना चाहते हैं कि वे कहां प्रगति कर रहे हैं और यदि उनको सफलता अथवा असफलता मिली है तो क्यों और उसमें क्या परिवर्तन किए जा सकते हैं।

4. **पाठ्यक्रम की प्रकृतिः** समाज और व्यक्ति की आवश्यकताओं की पूर्ति को ध्यान में रखते हुए स्कूल के पाठ्यक्रम की प्रकृति व्यक्तिगत विभिन्नताओं, प्रेरणाओं, मूल्यों और सीखने के सिद्धांतों के मनोवैज्ञानिक ज्ञान पर आधारित होनी चाहिए। बालकेंद्रित शिक्षा में इस बात का विशेष ध्यान रखा जाता है कि पाठ्यक्रम की प्रकृति का विकास बालक की आवश्यकताओं, उसकी आयु एवं विशेष अवस्थाओं आदि जैसे उसके विशेष गुणों के अनुरूप ही हो।

5. **व्यवस्थापन एवं अनुशासन का प्रयोगः** बालकेंद्रित शिक्षा में कक्षा एवं विद्यालय में अनुशासन एवं व्यवस्था बनाए रखने के लिए भी बाल मनोविज्ञान सहायक के रूप में कार्य करता है।

प्रगतिशील शिक्षा

प्रगतिशील शिक्षा में मुख्य जोर शिक्षण विधि की व्यावहारिकता पर दिया जाता है। इस शिक्षण विधि में बालक के स्वयं करके सीखने की प्रक्रिया पर जोर दिया जाता है। इस शिक्षण विधा में बालक के जीवन, क्रियाओं और विषयों में एकता स्थापित की जाती है। यह बालक के जीवन की क्रियाओं को समग्र रूप से विकसित करने पर जोर देता है।

इस शिक्षा पद्धति में बालक की रुचि को महत्त्व दिया जाता है। *जॉन डीवी* ने प्रगतिशील शिक्षा के तहत शिक्षा में दो तत्त्वों को विशेष रूप से महत्त्वपूर्ण माना है— **प्रथम** रुचि एवं **द्वितीय** प्रयास। शिक्षक को बालक की स्वाभाविक रुचियों को समझकर उसके लिए उपयोगी कार्यों की व्यवस्था करनी चाहिए। बालक को स्वयं कार्यक्रम बनाने का अवसर दिया जाना चाहिए। ताकि वे अपनी रुचियों के अनुसार कार्यक्रम बना सकें। ऐसा करने से उनमें किसी तरह का भय या दबाव नहीं रहेगा और वे कार्यक्रम को रुचि के अनुसार बना सकेंगे। फलतः स्कूल क्रिया आत्म-क्रिया बन सकेगी। जॉन डीवी के शिक्षा संबंधी इन विचारों के आधार पर ही आगे चलकर प्रोजेक्ट-प्रणाली का जन्म हुआ। प्रोजेक्ट-प्रणाली में यह उल्लेख किया गया कि बालक को ऐसे

काम दिए जाने चाहिए कि उनमें स्फूर्ति, आत्म-विश्वास, आत्म-निर्भरता और मौलिकता का विकास हो सके।

प्रगतिशील शिक्षा में शिक्षक को सम्मानजनक और महत्त्वपूर्ण स्थान दिया गया है तथा इस बात का उल्लेख किया गया है कि शिक्षक समाज का सेवक है। इस शिक्षा पद्धति में शिक्षक से यह आशा की गई है कि वह विद्यालय में ऐसे वातावरण का निर्माण करे कि उसमें पल-बढ़कर बालक का सामाजिक व्यक्तित्व विकसित हो सके और वह लोकतंत्र का एक सफल एवं योग्य नागरिक बन सके।

प्रगतिशील शिक्षा में अनुशासन का भी महत्त्वपूर्ण स्थान है लेकिन अनुशासन के नाम पर बालक की स्वाभाविक प्रवृत्तियों को कुंठित करने के प्रयास को अनुचित माना गया है।

सच्चा अनुशासन एक प्रकार से सामाजिक अनुशासन है और यह बालक के विद्यालय के सामूहिक कार्यों में भाग लेने से उत्पन्न होता है। विद्यालय में ऐसे वातावरण का निर्माण किया जाना चाहिए ताकि बालक परस्पर सहयोग से रहने का अभ्यास कर सकें। विद्यालय में एक से उद्देश्य लेकर शारीरिक, सामाजिक,

बौद्धिक एवं नैतिक कार्यों में एक साथ भाग लेने से बालकों में अनुशासन का भाव उत्पन्न होता है और उनमें नियमित रूप से कार्य करने की आदत विकसित होती है। विद्यालयों में होने वाले कार्यक्रमों में बालक के चरित्र-निर्माण में महत्त्वपूर्ण योगदान है। बालक को प्रत्यक्ष रूप से उपदेश न देकर उसे सामाजिक परिवेश उपलब्ध कराया जाना चाहिए और उसके सामने ऐसे उदाहरण प्रस्तुत किए जाने चाहिए ताकि उसमें आत्मानुशासन उत्पन्न हो और वह सही अर्थों में सामाजिक प्राणी बन सके।

वर्तमान में शिक्षा को अनिवार्य और सार्वभौमिक बनाने पर जो जोर दिया जा रहा है वह मुख्यतः प्रगतिशील शिक्षा के सिद्धांतों के ही समान है। शिक्षा का लक्ष्य व्यक्तित्व का विकास है और प्रत्येक व्यक्ति को उसके व्यक्तित्व का विकास करने के लिए शिक्षा प्राप्त करने का अवसर दिया जाना चाहिए। आधुनिक शिक्षा में वैज्ञानिक और सामाजिक प्रवृत्ति के जो तत्त्व विद्यमान हैं उनमें प्रगतिशील शिक्षा का योगदान है। इसके अनुसार शिक्षा एक सामाजिक आवश्यकता है। इसका लक्ष्य व्यक्ति और समाज दोनों का विकास है। इससे व्यक्ति का बौद्धिक, नैतिक, सामाजिक और शारीरिक विकास होता है।

7. बुद्धि निर्माण का समालोचनात्मक विचार

आमतौर पर बुद्धि का प्रयोग प्रज्ञा, प्रतिभा, ज्ञान एवं समझ इत्यादि जैसे अनेक अर्थों में किया जाता है। यह वह शक्ति है, जो हमें समस्याओं का समाधान करने एवं उद्देश्यों को प्राप्त करने में सक्षम बनाती है।

बुद्धि की परिभाषा को उसके लक्षणों के आधार पर मुख्यतः पांच वर्गों में बांटा गया है–

1. सीखने की योग्यता।
2. समन्वय की योग्यता।
3. समस्या समाधान की योग्यता।
4. अमूर्त चिंतन की योग्यता।
5. समायोजन की योग्यता।

1. सीखने की योग्यता

प्रमुख परिभाषाएं: सीखने की योग्यता के आधार पर निम्न विद्वानों ने बुद्धि की परिभाषा इस प्रकार से दी है–

(*i*) **बकिंघम** के अनुसार, ''सीखने की योग्यता बुद्धि है।''

(*ii*) **मैक्डूगल** के अनुसार, ''बुद्धि जन्मजात प्रवृति को अतीत के अनुभव के प्रकाश में सुधारने की योग्यता है।''

(*iii*) **डियर बोर्न** के अनुसार, ''बुद्धि सीखने या अनुभव का लाभ उठाने की योग्यता है।''

2. समन्वय की योग्यता

प्रमुख परिभाषाएं: समन्वय की योग्यता के आधार पर निम्न विद्वानों ने बुद्धि की परिभाषा इस प्रकार से दी है–

(*i*) **रेक्सनाइट** के अनुसार, ''बुद्धि वह मानसिक योग्यता है जिसके द्वारा हम किसी उद्देश्य की पूर्ति या किसी समस्या का समाधान करने के लिए संबंधित वस्तुओं एवं विचारों को सोचते हैं।''

(*ii*) **वेक्सलर** के अनुसार, ''बुद्धि व्यक्ति की संपूर्ण शक्तियों का भोग या सार्वभौमिक योग्यता है जिसके द्वारा वह उद्देश्यपूर्ण कार्य करता है, तर्कपूर्ण ढंग से सोचता है तथा प्रभावपूर्ण ढंग से वातावरण के साथ संपर्क स्थापित करता है।''

3. समस्या समाधान की योग्यता

प्रमुख परिभाषाएं: समस्या समाधान की योग्यता के आधार पर निम्न विद्वानों ने बुद्धि की परिभाषा इस प्रकार से दी है—

- (*i*) **रेक्सनाइट** के अनुसार, ''बुद्धि वह योग्यता है जो लक्ष्य की पूर्ति तथा समस्या समाधान के निमित्त हमारे मन में विचारों को जाग्रत करती है।''
- (*ii*) **बर्ट** के अनुसार, ''बुद्धि में अच्छी तरह निर्णय करने, समझने तथा तर्क करने की योग्यता है।''

4. अमूर्त चिंतन की योग्यता

प्रमुख परिभाषाएं: अमूर्त चिंतन की योग्यता के आधार पर निम्न विद्वानों ने बुद्धि की परिभाषा इस प्रकार से दी है—

- (*i*) **स्पीयरमैन** के अनुसार, ''बुद्धि सामवर्धिक चिंतन है।''
- (*ii*) **विने** के अनुसार, ''किसी समस्या को समझना, उसके विषय में तर्क करना तथा किसी निश्चित निर्णय पर पहुंचना बुद्धि की आवश्यक क्रियाएं हैं।''
- (*iii*) **टरमन** के अनुसार, ''एक व्यक्ति उसी अनुपात में बुद्धिमान है जिसमें वह अमूर्त चिंतन करने की योग्यता रखता है।''

5. समायोजन की योग्यता

प्रमुख परिभाषाएं: समायोजन की योग्यता के आधार पर निम्न विद्वानों ने बुद्धि की परिभाषा इस प्रकार दी है—

- (*i*) **कालविन** के अनुसार, ''एक व्यक्ति उसी अनुपात में बुद्धि प्रकट करता है जिस अनुपात में वह अपने नए वातावरण में समायोजित होने की क्रिया सीख चुका है या सीख सकता है।''
- (*ii*) **स्टर्न** के अनुसार, ''नवीन परिस्थितियों में अपने विचारों को समायोजित करने की क्षमता बुद्धि है।''
- (*iii*) **क्रूज** के अनुसार, ''बुद्धि नवीन एवं विभिन्न परिस्थितियों में अच्छी तरह से समायोजन करने की योग्यता है।''
- (*iv*) **बर्ट** के अनुसार, ''सापेक्षतया नवीन परिस्थितियों में समायोजन करने की योग्यता को बुद्धि कहते हैं।''

बुद्धि के सिद्धांत

बुद्धि से संबद्ध विभिन्न पक्षों, यथा—बुद्धि क्या है और इसका निर्माण कैसे हुआ है? आदि प्रश्नों का उत्तर मनोवैज्ञानिक खोजने के लिए सदैव तत्पर रहे हैं। फलतः बुद्धि के उन्होंने अनेक सिद्धांत प्रतिपादित किए जो बुद्धि के स्वरूप का पर्याप्त विवरण देते हैं। इनमें से कुछ प्रमुख सिद्धांत निम्न प्रकार से हैं—

1. एक खंड का सिद्धांत।
2. दो खंड का सिद्धांत।
3. तीन खंड का सिद्धांत।
4. बहुखंड का सिद्धांत।
5. मात्रा सिद्धांत।

1. एक खंड का सिद्धांत : इस सिद्धांत के प्रतिपादक टर्मन और स्टर्नने हैं। इनके अनुसार बुद्धि एक अखंड और अविभाज्य है। इस प्रकार इन्होंने बुद्धि को एक अखंड और अविभाज्य इकाई माना है।

2. दो खंड का सिद्धांत : इस सिद्धांत के प्रतिपादक स्पीयरमैन हैं। उनके अनुसार, प्रत्येक व्यक्ति में दो तरह की बुद्धि होती है—सामान्य और विशिष्ट।

- (*i*) **सामान्य योग्यता:** स्पीयरमैन के अनुसार, ''सामान्य योग्यता सब व्यक्तियों में कम या अधिक मात्रा में मिलती है।'' इसकी मुख्य विशेषताएं हैं—
  - यह प्रत्येक व्यक्ति में भिन्न होती है।
  - यह उसके सभी मानसिक कार्यों में प्रयोग की जाती है।
  - यह भाषा, विज्ञान, दर्शन आदि में सामान्य सफलता प्रदान करती है।
  - यह योग्यता व्यक्ति में जन्मजात होती है।
  - यह उसमें सदैव एक-सी रहती है।
  - यह जिस व्यक्ति में जितनी अधिक होती है उतना ही वह अधिक सफल होता है।
- (*ii*) **विशिष्ट योग्यता:** इन योग्यताओं का संबंध व्यक्ति के विशिष्ट कार्यों से होता है। इनकी मुख्य विशेषताएं हैं:
  - ये योग्यताएं विभिन्न व्यक्तियों में विभिन्न और अलग-अलग मात्रा में होती है।
  - जिस व्यक्ति में जो योग्यता अधिक होती है उसी से संबंधित कुशलता में वह विशेष अर्जित करता है।
  - योग्यताएं अनेक और एक-दूसरे से स्वतंत्र होती हैं।
  - ये योग्यताएं भाषा, विज्ञान, दर्शन आदि में विशेष सफलता प्रदान करती हैं।
  - विभिन्न योग्यताओं का संबंध विभिन्न कुशल कार्यों में होता है।
  - ये योग्यताएं अर्जित की जा सकती हैं।

3. तीन खंड का सिद्धांत : दो खंड का सिद्धांत प्रतिपादित करने के बाद स्पीयरमैन ने बुद्धि का एक खंड और बताया तथा उसने इसका नाम सामूहिक खंड या तत्त्व रखा। उसने इस खंड में ऐसी योग्यताओं को स्थान दिया जो सामान्य योग्यता से श्रेष्ठ और विशिष्ट योग्यताओं से निम्न होने के कारण उनके मध्य का स्थान ग्रहण करती हैं।

4. बहुखंड का सिद्धांत : स्पीयरमैन के बुद्धि के सिद्धांत पर आगे कार्य करके मनोवैज्ञानिकों ने 'बहुखंड का सिद्धांत' प्रतिपादित किया।

कैली ने अपनी पुस्तक में बुद्धि को निम्नलिखित खण्डों या योग्यताओं का समूह बताया है:

- शारीरिक योग्यता
- सामाजिक योग्यता
- शाब्दिक योग्यता
- संगीतात्मक योग्यता
- यांत्रिक योग्यता
- सांख्यिकीय योग्यता
- गामक योग्यता
- स्थान एवं विचार संबंधी योग्यता
- रुचि संबंधी योग्यता

5. मात्रा सिद्धांत : इस सिद्धांत के प्रतिपादक **थॉर्नडाइक** हैं। वह सामान्य मानसिक योग्यता के समान किसी तत्त्व को स्वीकार नहीं करते। उनके अनुसार मस्तिष्क का गुण स्नायु तंतुओं की मात्रा पर निर्भर करता है। इसका अभिप्राय है कि बुद्धि उतनी ही अच्छी होती है जितने अधिक मस्तिष्क और स्नायुमंडल के संबंध होते हैं।

आधुनिक विचारधारा को व्यक्त करने हेतु **हिवटमर** ने कहा है कि "यह कहने के बजाय कि व्यक्ति में बुद्धि है यह कहना अधिक उपयुक्त है कि वह अधिक बुद्धिमत्तापूर्ण व्यवहार करता है।"

बुद्धि के प्रकार

कुछ विद्वानों ने (विशेषतः थॉर्नडाइक एवं गैरिट) बुद्धि का वर्गीकरण निम्न प्रकार से किया है–

थॉर्नडाइक के अनुसार बुद्धि का वर्गीकरण

(i) **अमूर्त बुद्धिः** अमूर्त बुद्धि ज्ञानोपार्जन के लिए प्रयोग की जाती है। शब्दों, प्रतीकों, समस्या-समाधान आदि के रूप में अमूर्त रूप में अमूर्त बुद्धि का प्रयोग किया जाता है।

(ii) **मूर्त/यांत्रिक बुद्धिः** इस बुद्धि की सहायता से व्यक्ति यंत्रों तथा भौतिक वस्तुओं का परिचालन करता है। ऐसे व्यक्ति इंजीनियर, मैकेनिक, तकनीशियन आदि होते हैं।

(iii) **सामाजिक बुद्धिः** इस बुद्धि के द्वारा व्यक्ति समाज में समायोजन करता है। विभिन्न व्यवसायों में सफलता प्राप्त करता है।

गैरिट के अनुसार बुद्धि का वर्गीकरण

(i) **मूर्त/यांत्रिक बुद्धिः** इस बुद्धि का संबंध यंत्रों और मशीनों से होता है। जिस व्यक्ति में यह बुद्धि होती है वह यंत्रों और मशीनों के कार्य में विशेष रुचि लेता है। अतः इस बुद्धि के व्यक्ति अच्छे कारीगर मैकेनिक, इंजीनियर, औद्योगिक कार्यकर्त्ता आदि होते हैं।

(ii) **अमूर्त बुद्धिः** इस बुद्धि का संबंध पुस्तकीय ज्ञान से होता है। जिस व्यक्ति में यह बुद्धि होती है, वह ज्ञान का अर्जन करने में विशेष रुचि लेता है। अतः इस बुद्धि के व्यक्ति अच्छे वकील, डॉक्टर, दार्शनिक, चित्रकार, साहित्यकार आदि होते हैं।

(iii) **सामाजिक बुद्धिः** इस बुद्धि का संबंध व्यक्तिगत और सामाजिक कार्यों से होता है। जिस व्यक्ति में यह बुद्धि होती है, वह मिलनसार, सामाजिक कार्यों में रुचि लेने वाला और मानव-संबंध के ज्ञान से परिपूर्ण होता है। अतः इस बुद्धि के व्यक्ति अच्छे मंत्री, व्यवसायी, कूटनीतिज्ञ और सामाजिक कार्यकर्त्ता होते हैं।

बुद्धि-लब्धि

बुद्धि-लब्धि से बालक या व्यक्ति की सामान्य योग्यता के विकास की गति मालूम पड़ती है।

कोल एवं **ब्रूस** के अनुसार, "बुद्धि-लब्धि से यह ज्ञात होता है कि बालक या व्यक्ति की सामान्य योग्यता के विकास की गति कैसी है।"

कोल एवं **ब्रूस** के अनुसार, "बुद्धि-लब्धि से यह ज्ञात होता है कि बालक की मानसिक योग्यता में किस गति से विकास हो रहा है।"

मानसिक आयु ज्ञात करने के विचार का प्रतिपादन का श्रेय **बिने** को है। **टर्मन** ने बिने के विचार को स्वीकार कर परीक्षण किया और इस निष्कर्ष पर पहुंचा कि मानसिक आयु बालक के मानसिक विकास की बुद्धि के बारे में नहीं बता सकती। इस गति को मालूम करने के लिए टर्मन ने बुद्धि-लब्धि निकालने का सूत्र दिया :

$$\text{बुद्धि-लब्धि} = \frac{\text{मानसिक आयु}}{\text{वास्तविक आयु}} \times 100$$

उदाहरण– यदि बालक की मानसिक आयु 20 वर्ष तथा वास्तविक आयु 16 वर्ष है तो उसकी बुद्धि-लब्धि 125 होगी, जैसे–

$$\text{बुद्धि-लब्धि} = \frac{20}{16} \times 100 = 125$$

मानसिक आयु

मानसिक आयु व्यक्ति की मानसिक परिपक्वता की ओर संकेत करती है। एक व्यक्ति की मानसिक आयु जितनी अधिक होती है तो यह माना जाता है कि उसकी विभिन्न मानसिक योग्यताओं का विकास उतना ही अधिक हुआ है अथवा परिपक्व है। उदाहरणार्थ– यदि 7 वर्ष का बच्चा 12 वर्ष के बच्चे के लिए निर्मित बुद्धि परीक्षण उतनी ही कुशलता से करता है जितना 12 वर्ष का बच्चा करता है तो 7 वर्ष के बच्चे की मानसिक आयु 12 वर्ष होगी और यदि 12 वर्ष का बच्चा 7 वर्ष के बच्चे के लिए निर्धारित परीक्षण को कर पाता है परंतु 12 वर्ष के बच्चों के लिए निर्धारित परीक्षण को नहीं कर पाता तो उसकी आयु 7 वर्ष होगी। इस प्रकार मानसिक आयु व्यक्ति के द्वारा प्राप्त विकास की सीमा की वह अभिव्यक्ति है जो एक आयु-विशेष में प्रत्याशित उसके कार्य-निष्पादन के रूप में किया जाता है।

बुद्धि परीक्षाओं का वर्गीकरण

बुद्धि परीक्षाओं को सामान्य रूप से दो वर्गों में विभाजित किया जाता है :

1. **वैयक्तिक बुद्धि परीक्षाः** यह परीक्षा एक समय में एक व्यक्ति की ली जाती है।

2. **सामूहिक बुद्धि परीक्षाः** यह परीक्षा एक समय में अनेक व्यक्तियों की ली जाती है।

बहुआयामी बुद्धि

केली एवं थर्सटन नामक मनोवैज्ञानिकों ने बताया कि बुद्धि का निर्माण प्राथमिक, मानसिक योग्यताओं के द्वारा होता है। केली के अनुसार, बुद्धि का निर्माण इन योग्यताओं से होता है–वाचिक योग्यता, गामक योग्यता, सांख्यिक योग्यता, यांत्रिक योग्यता, सामाजिक योग्यता, संगीतात्मक योग्यता, स्थानिक संबंधों के साथ उचित ढंग से व्यवहार करने की योग्यता, रुचि और शारीरिक योग्यता। थर्सटन का मत है कि बुद्धि इन प्राथमिक मानसिक योग्यताओं का समूह होता है–प्रत्यक्षीकरण संबंधी योग्यता, तार्किक व वाचिक योग्यता, सांख्यिकी योग्यता, स्थानिक या दृश्य योग्यता, समस्या समाधान की योग्यता, स्मृति संबंधी योग्यता, आगमनात्मक योग्यता और निगमनात्मक योग्यता। वैसे तो अधिकतर मनोवैज्ञानिकों ने केली एवं थर्सटन की बुद्धि के सिद्धांतों की आलोचना की, किंतु अधिकतर मनोवैज्ञानिकों ने यह भी माना कि बुद्धि का बहुआयामी होना निश्चित तौर पर संभव है। बहुआयामी बुद्धि होने के कारण ही कुछ लोग कई प्रकार के कौशलों में निपुण होते हैं।

8. भाषा और विचार

भाषा

भाषा व्यक्ति के भावों को अभिव्यक्त करने का माध्यम है। मनुष्य पशु से श्रेष्ठ इसलिए है, क्योंकि उसके पास एक भाषा है जिसे लोग समझ सकते हैं। पशु-पक्षियों की भी भाषा होती है किंतु उसे कोई समझ नहीं पाता। गूंगे-बहरे लोग भी अपने भावों को समझाने के लिए शरीर के अंगों का सहारा लेते हैं जिसे उसकी शरीर की भाषा कहा जाता है। भाषा एक ऐसा माध्यम है जिससे मनुष्य समाज में अपना एक पृथक स्थान बनाता है जो उसके व्यक्तित्त्व के निर्माण में महत्त्वपूर्ण भूमिका निभाती है। इस तरह स्पष्ट है कि भाषा जन्म के साथ उत्पन्न होती है। बच्चा जन्म के बाद रोता है जो उसकी प्रथम भाषा है। सही अर्थों में भाषा भावों के संप्रेषण का एक माध्यम है। भाषा बौद्धिक क्षमता को भी अभिव्यक्त करती है।

प्रायः हम लोग वाणी एवं भाषा दोनों को एक-दूसरे का पर्यायवाची समझते हैं उसका और प्रयोग करते हैं किंतु दोनों में बहुत अंतर होता है। भाषा एवं वाणी को हरलॉक ने निम्न रूप में स्पष्ट किया है–

''भाषा में संप्रेषण के वे सभी साधन आते हैं जिसमें विचारों और भावों को प्रतीकात्मक बना दिया जाता है जिससे कि अपने विचारों और भावों को एक-दूसरे से अर्थपूर्ण ढंग से कहा जा सके।''

''वाणी भाषा का एक स्वरूप है जिसमें अर्थ को दूसरों को व्यक्त करने के लिए कुछ ध्वनियों या शब्द उच्चारित किए जाते हैं।''

इस तरह कहा जा सकता है कि वाणी भाषा का एक विशिष्ट ढंग है। यह मनोक्रियात्मक कौशल है। वाणी केवल मांसपेशियों तथा वाचिक तंत्र में सहायक ही नहीं है अपितु इसका मानसिक पात है–जिसमें कुछ अर्थ जुड़ा रहता है। सभी बच्चों की आवाज वाणी नहीं है, वाणी वह होती है जिसमें पर्याप्त नियंत्रण होता है।

भाषा का महत्त्व

भाषा से ही व्यक्ति को समाज में सम्मान और अपमान मिलता है। इस तरह भाषा में आकर्षण एवं विकर्षण दोनों गुण होते हैं। भाषा के महत्त्व को निम्न प्रकार से स्पष्ट किया जा सकता हैः

1. **शैक्षिक उपलब्धि के महत्त्वः** कक्षा में जिन बालकों की भाषा एवं उच्चारण जितनी अच्छी होती है उनकी शैक्षिक उपलब्धि भी उतनी ही अच्छी होती है। भाषा के माध्यम से ही एक छात्र अपनी कक्षा से संबद्ध समस्याओं को छात्रों एवं अध्यापकों के सामने स्पष्टता से रखकर उसे समझ सकता है लेकिन जिसकी भाषा कम प्रभावशाली है उस पर कोई ध्यान नहीं देता है। प्रायः देखा जाता है कि जिसकी भाषा और लिखावट कमजोर है वे कक्षा में अन्य छात्रों से कम अंक प्राप्त करते हैं। यद्यपि उनकी बौद्धिक क्षमता में कोई कमी नहीं होती है।

2. **सामाजिक मूल्यांकन में सहजताः** बालक समाज में क्या बोलता है? कैसे बोलता है? इसका मूल्यांकन समाज के लोग सामाजिक पृष्ठभूमि में करते हैं। उसकी भाषा ही उसकी योग्यता स्तर तथा यौन उपयुक्तता का मानदण्ड होती है। इससे बालक के भावों एवं विचारों का मूल्यांकन होता है।

3. **इच्छाओं और आवश्यकताओं की पूर्ति में सहायकः** भाषा व्यक्ति को अपनी आवश्यकता, इच्छा, पीड़ा अथवा मनोभाव दूसरे के समक्ष व्यक्त करने की क्षमता प्रदान करती है जिससे दूसरा व्यक्ति सरलता से उसकी आवश्यकता को समझ कर तत्संबंधी समाधान प्रदान करता है। उदाहरणार्थ–एक बालक यदि केवल रोता है अपने मनोभावों तथा आवश्यकताओं (भूख) को दूसरे के सामने व्यक्त नहीं कर पाता है तो माता-पिता को उसे समझने में कठिनाई होती है। लेकिन वही जब अपनी जुबान से बोल कर दूध या भोजन की मांग करता है तो तुरन्त इसकी पूर्ति हो जाती है और उसे संतुष्टि मिलती है।

4. **दूसरे के विचारों को प्रभावित करने में सहायकः** जिन बच्चों की भाषा प्रिय, मधुर एवं ओजस्वी होती है वे अपने समूह, परिवार अथवा समाज के व्यक्तियों को प्रभावित करते हैं। लोग उन्हीं को अधिक महत्त्व देते हैं जिनका व्यवहार प्रभावपूर्ण होता है।

5. **ध्यान आकर्षित करने में उपयोगीः** सभी बालक चाहते हैं कि लोग उनकी ओर ध्यान दें इसलिए वे अभिभावकों से प्रश्न पूछकर, कोई समस्या प्रस्तुत करके तथा विभिन्न तरीकों का प्रयोग कर उनका ध्यान अपनी ओर खींचते हैं। जो बच्चे चुपचाप रहते हैं या बोलते नहीं उनकी कभी-कभी उपेक्षा हो जाती है।

6. **आत्म-मूल्यांकन में महत्त्वः** बालक जब समाज में बोलता है तो उसके सुनने वालों की उसके प्रति क्या प्रतिक्रिया होती है, दूसरे लोग उसके विषय में क्या समझते हैं उनकी भाषा को सुनकर बालक स्वयं का मूल्यांकन करता है कि लोग उससे प्रभावित हैं या नहीं। समाज का दृष्टिकोण उसके प्रति किस प्रकार का है।

7. **सामाजिक संबंध के लिए महत्त्वः** वाणी से अपने भावों को बालक समाज में अभिव्यक्त करता है जिससे उसके विचारों, भावों को लोग समझते हैं। इससे समाज के बीच आपसी ताल-मेल विकसित होता है। जो बच्चे खुलकर अपने विचारों एवं भावों को दूसरों के सामने रखते हैं उन्हें समाज में सबसे अधिक स्वीकृति मिलती है। दूसरे बालक उसी बालक के साथ उठना-बैठना, खेलना तथा मित्रता करना पसंद करते हैं जिनकी अभिव्यक्ति होती है। जो बालक अंतर्मुखी होते हैं उनके मित्र भी नहीं होते हैं। बालक अपनी भाषा के द्वारा ही समाज में अच्छा संबंध बनाता है। इसी के द्वारा वैयक्तिक एवं सामाजिक समायोजन होता है।

भाषा के विकास के मुख्य सिद्धांत

मनुष्य की भाषा किस प्रकार विकसित होती है? उसकी प्रक्रिया क्या है? शब्दों का अर्थों में किस प्रकार समावेश होता है इसको जानने के लिए भाषा विकास के सिद्धांतों को समझना आवश्यक है। मनुष्य बोलने की योग्यता किस प्रकार अर्जित करता है। इस विषय पर विद्वानों ने अपने अध्ययन के आधार पर निम्न सिद्धांतों का प्रतिपादन किया है–

1. **अनुबंधन का सिद्धांत :** भाषा विकास में अनुबंधन या साहचर्य का बहुत योगदान है। शैशवावस्था में जब बच्चे शब्द सीखते हैं तो सीखना अमूर्त नहीं होता है। वरन किसी मूर्त वस्तु से जोड़कर उन्हें शब्दों की जानकारी दी जाती है। उदाहरण पेंसिल कहने के साथ उन्हें पेंसिल दिखाया जाता है, पानी या दूध कहने पर उन्हें पानी या दूध दिखाया जाता है, चाचा या ताऊ के संकेत के सहारे प्रत्यक्ष रूप से बताया जाता है। इससे बच्चे उस विशिष्ट वस्तु या व्यक्ति से साहचर्य स्थापित कर लेते हैं और अभ्यास हो जाने पर संबंधित वस्तु या व्यक्ति की उपस्थित पर संबंधित शब्द से संबोधित करते हैं। उद्दीपक और प्रतिक्रिया के बीच संबंध स्थापित होने को ही अनुबंधन कहा जाता है। इसलिए छोटी कक्षाओं में लिखवाने के लिए शिक्षा उपकरणों का प्रयोग किया जाता है। स्किनर का कहना है कि अनुबंधन द्वारा भाषा विकास की प्रक्रिया को सरल बनाया जा सकता है।

2. **चोमस्की का भाषा अर्जित करने का सिद्धांत :** चोमस्की का कहना है कि बच्चे शब्दों की निश्चित संख्या से कुछ निश्चित नियमों का अनुकरण करते हुए वाक्यों का निर्माण करना सीख जाते हैं। इन शब्दों से नए-नए वाक्यों एवं शब्दों का निर्माण होता है। इन वाक्यों का निर्माण बच्चे जिन नियमों के अंतर्गत करते हैं, उन्हें चोमस्की ने जेनेरेटिव की संज्ञा प्रदान की है।

3. **परिपक्वता का सिद्धांत :** परिपक्वता से तात्पर्य है भाषा अवयवों एवं स्वरों पर नियंत्रण होना। बोलने में जिह्वा, गला, तालू, होंठ, दांत तथा स्वर यंत्र आदि जिम्मेदार होते हैं। इनमें किसी भी प्रकार की कमजोरी या कमी वाणी को प्रभावित करती है। इन सभी अंगों में जब परिपक्वता होती है तो भाषा पर नियंत्रण होता है और अभिव्यक्ति अच्छी होती है। विद्वानों के मतानुसार भाषा का विकास स्वरयंत्र की परिपक्वता पर निर्भर करती है, जिनकी स्वरयंत्र में परिपक्वता नहीं होती है, वे शब्दों का उच्चारण नहीं कर पाते हैं। गूंगे व्यक्तियों में स्वर यंत्रों का विकास नहीं होता इसलिए उनमें बोलने की क्षमता नहीं होती है।

4. **अनुकरण का सिद्धांत :** शर्ली, कर्टी, चैपिनीज तथा वैलेन्टाइन आदि मनोवैज्ञानिकों ने अनुकरण के द्वारा भाषा सीखने का अध्ययन किया है। इनका विचार है कि बालक अपने परिवारजनों तथा साथियों की भाषा का अनुसरण करके सीखता है जैसी भाषा जिस समाज या परिवार या समूह में बोली जाती है बच्चे उसी भाषा को सीखते हैं। यदि भाषा में किसी प्रकार का दोष है तो अनुकरण से बच्चे वह भी सीख लेते हैं। अतः इस बात का ध्यान रखना चाहिए कि बच्चे दोषपूर्ण भाषा न सीखने पाएं। बच्चे शिष्टाचार के साथ अश्लील एवं अशिष्ट शब्दों का भी अनुकरण कर लेते हैं। इसे सामाजिक अधिगम भी कहा जाता है। बालक समाज से ही विशाल शब्दों का भंडार सीखता है। साथ ही बोलने के तौर-तरीके भी वह समाज से ही सीखता है।

भाषा के विकास की मुख्य अवस्थाएं

भाषा के विकास की अवस्थाओं को मुख्यतः दो वर्गों में बांटा गया है–

(i) भाषा का प्रारंभिक रूप–रोना, बलबलाना, हाव-भाव या संकेत आदि।

(ii) वास्तविक भाषा की अभिव्यक्ति–आकलन या बोध शक्ति, शब्द भंडार, वाक्य निर्माण, शुद्ध उच्चारण आदि।

भाषा के विकास को प्रभावित करने वाले मुख्य कारक

सभी बालकों में भाषायी विकास एक समान नहीं होता है। किसी में भाषायी विकास तीव्रता से तो किसी में मंदता से होता है। भाषायी विकास पर कुछ तत्त्वों का प्रभाव पड़ता है, इनमें प्रमुख तत्त्व निम्नलिखित हैं–

(1) **व्यक्तित्व :** कुछ अध्ययनों में यह पाया गया है कि जो बच्चे उत्साही होते हैं उनमें भाषायी विकास शांत स्वभाव के बच्चों से अधिक होता है। फुर्तीले, चुस्त एवं बहिर्मुखी स्वभाव वाले बच्चों का भाषा विकास तीव्र होता है।

(ii) परिपक्वता : आवश्यक परिपक्वता के अभाव में भी भाषा का विकास प्रभावित होता है। हरलॉक का कहना है कि भाषा का प्रशिक्षण देते समय इस बात का ध्यान रखना चाहिए कि बच्चों में आवश्यक परिपक्वता आ चुकी है या नहीं। भाषा विकास में फेफड़े, स्वरयंत्रों, जीभ, दांत, तालू, होठ तथा वाणी केंद्र (मस्तिष्क में स्थित होता है) का परिपक्व होना आवश्यक है। ये अंग जितने अधिक परिपक्व होते हैं भाषा विकास उतना ही अधिक होता है।

(iii) सामाजिक-आर्थिक स्तर : प्रायः ऐसा देखा जाता है कि जिन बालकों को सामाजिक-आर्थिक स्तर निम्न होता है वे देर में बोलना सीखते हैं। जरसील्ड एवं गैसिल आदि जैसे मनोवैज्ञानिकों के अध्ययन से इस बात की पुष्टि हुई कि उच्च वर्ग के शिशु जल्दी बोलना सीखते हैं, अधिक बोलते हैं तथा उनका उच्चारण भी शुद्ध होता है। डेविस, आल्सटाईन, स्कील्स आदि जैसे मनोवैज्ञानिकों ने अनाथ बच्चों के अध्ययन से पाया कि इन बच्चों में भाषायी विकास कम होता है। इनका शब्द भंडार भी कम होता है। प्रायः यह भी देखा जाता है कि ग्रामीण क्षेत्र में पढ़ने वाले बच्चों की शाब्दिक क्षमता शहरी या अन्य पब्लिक स्कूल में पढ़ने वाले बच्चों से कम होती है।

(iv) स्वास्थ्य : जिन बच्चों का स्वास्थ्य जितना अच्छा होता है उनमें भाषा विकास की गति उतनी तीव्र होती है क्योंकि सामाजिक समूहों से उन्हें अच्छी प्रेरणा मिलती है, वे बच्चे अपने समूह के साथ खेलते हैं, अंतःक्रिया करते हैं, लेकिन बीमार बच्चे समूह में खेल नहीं पाते। शारीरिक अवयवों का भी विकास बाधित होता है। स्मिथ ने बच्चों की भाषा पर बीमारी के प्रभावों का अध्ययन करके निष्कर्ष निकाला कि बीमार बच्चों में भाषायी विकास की गति धीमी होती है। इसी प्रकार का अध्ययन लॉवेल और मारकेल ने भी किया और पाया कि जो बच्चे लंबी अवधि तक बीमार रहते हैं उनमें भाषायी विकास कमजोर होता है।

(v) प्रशिक्षण की विधियाँ : अधिनायकवादी प्रशिक्षण जिसमें बच्चों की भावनाओं का ख्याल नहीं रखा जाता है एवं किसी चीज को डांट कर सिखाया जाता है तो ऐसे प्रशिक्षण में भाषा का विकास नहीं होता। जिस परिवार या विद्यालय में लोकतांत्रिक विधियों का प्रयोग होता है, बालक को स्वतंत्रता होती है, उसमें भाषा का विकास तीव्रता से होता है। भाषा सिखाने के लिए मूर्त से अमूर्त, सरल से कठिन, ज्ञात से अज्ञात की ओर चलने के सिद्धांतों का पालन करना चाहिए। उदाहरणार्थ—मातृभाषा से अंग्रेजी सिखाई जाए तो आसान होता है। एक साथ एक भाषा का प्रशिक्षण हो लेकिन यह देखा जा रहा है कि भारतवर्ष के आधुनिक पब्लिक स्कूलों में शिशुओं को एक साथ दो से अधिक भाषाएं सिखाई जाती हैं जो उचित नहीं हैं। मातृभाषा का पूर्ण ज्ञान हो जाए तो उस भाषा की सहायता से दूसरी भाषा सिखाना उचित होता है।

(vi) द्वि-भाषावाद : यदि कोई द्विभाषा-भाषी परिवार है, उदाहरणार्थ—पिता हिन्दी बोलने वाला और माता शुद्ध बांग्ला बोलने वाली हो तो ऐसे में बच्चों का भाषा विकास प्रभावित होता है क्योंकि बच्चे भ्रमित हो जाते हैं कि वे कौन-सी भाषा सीखें। वर्तमान समय में यह देखा जा रहा है कि बच्चों की भाषा क्षमता क्षीण होती जा रही है तथा उसका बड़ा ही स्पष्ट कारण है कि हिन्दी भाषा-भाषी परिवार में उत्पन्न हुए बच्चों का 3 वर्ष की आयु में अंग्रेजी स्कूलों में प्रवेश करा दिया जाता है। इन स्कूलों में अंग्रेजी के अतिरिक्त दूसरी भाषा बोली ही नहीं जाती है और जैसे ही बालक स्कूल से घर में कदम रखता है वहां हिन्दी और भोजपुरी के अतिरिक्त अंग्रेजी की पृष्ठभूमि ही नहीं है। ऐसी स्थिति में बालक कौन-सी भाषा सीखे यह उसके सामने दुविधा होती है। अंग्रेजी भाषा का विकास हिन्दी पृष्ठभूमि में नहीं हो सकता। अतः भाषा विकास अवरुद्ध हो जाता है या इसमें अपेक्षित सफलता नहीं मिलती।

(vii) बहुजन्मता : किए गए एक अध्ययन में यह पाया गया है कि यदि एक साथ अधिक संतानें उत्पन्न होती हैं तो उनमें भाषायी विकास विलंब से होता है। इसका कारण है कि बच्चे एक-दूसरे का अनुकरण करते हैं और दोनों ही अपरिपक्व होते हैं। उनमें उपयुक्त प्रतिमान नहीं मिल पाता। उदाहरणार्थ—यदि एक बच्चा गलत उच्चारण करता है तो उसकी नकल करके दूसरा भी वेसा ही उच्चारण करेगा।

(viii) लिंगीय भिन्नता : वाणी विकास में लिंग का प्रभाव भी स्पष्ट दृष्टिगोचर होता है। इरविन और चेन ने लिंगीय भेद का अध्ययन करके निष्कर्ष निकाला कि प्रथम वर्ष में बालक एवं बालिकाओं की भाषा में अंतर नहीं होता लेकिन दूसरे वर्ष से बालिकाओं की क्षमता बालकों से अधिक हो गई। बालिकाओं का भाषा प्रवाह बालकों से अच्छा रहा। बालिकाएं जल्दी बोलना भी सीखती हैं, जहां बालक छोटे-छोटे वाक्य बोलते हैं वहीं लड़कियां बड़े वाक्यों को बोलने में सक्षम हो जाती हैं। बालिकाएं बालकों की अपेक्षा शुद्ध उच्चारण करती हैं।

(ix) बुद्धि : हरलॉक के अनुसार, जिन बच्चों की बुद्धि-लब्धि (I.Q.) उच्च होती है उनमें भाषा विकास अपेक्षाकृत कम बुद्धि वालों से अच्छा होता है। इरविन और स्पाईकर के मतानुसार बुद्धि-लब्धि और भाषा संबंधी योग्यता में घनिष्ठ संबंध है। टरमैन, फिशर और यम्बा का मानना है कि तीव्र बुद्धि बालकों का उच्चारण और शब्द भंडार अधिक होता है। प्रायः देखा जाता है कि प्रतिभाशाली बालक अपनी अवस्था के बालकों से पहले बोलना सीख लेते हैं, उनके शब्द भंडार की क्षमता भी सामान्य बालकों से अधिक होती है तथा वे बहुत स्पष्ट और शुद्ध उच्चारण भी करते हैं।

(x) परिवार का आकार : अकेला बालक या छोटे परिवार में बालक की भाषा शक्ति का विकास बड़े आकार के परिवार से अच्छा होता है क्योंकि छोटे परिवार में माता-पिता बच्चे के प्रशिक्षण उनसे वार्तालाप पर अधिक ध्यान दे पाते हैं जबकि बड़े परिवार में समय कम मिलता है।

(xi) संवेगात्मक तनाव : जिन बच्चों के संवेगों का कठोरता से दमन कर दिया जाता है ऐसे बच्चों में भाषा विकास देर से होता है। उदाहरणार्थ—यदि एक वर्ष के शिशु को सौतेली मां कटु या कठोर स्वभाव की मिल जाए और बात-बात पर उसे झिड़कती, डांटती, पीटती तथा उपेक्षित करती रहे तो बालक का विकास प्रभावित हो जाता है तथा वह देर में एवं अस्पष्ट बोलता है।

भाषा दोष एवं उसके प्रकार

यदि बालक अपने स्वर यंत्रों पर नियंत्रण नहीं कर पाता है तो उसमें भाषा दोष उत्पन्न हो जाता है। इस भाषा दोष का प्रभाव बालक के जीवन के अन्य क्षेत्रों पर भी पड़ता है तथा उनकी शैक्षिक उपलब्धि भी प्रभावित होती है। इन बालकों को पिछड़ा बालक कहा जाता है। भाषा दोष के मुख्य प्रकार निम्नवत् हैं–

1. अस्पष्ट उच्चारण,   2. ध्वनि परिवर्तन,
3. तीव्र अस्पष्ट,   4. हकलाना, और
5. तुतलाना।

चिंतन/विचार

चिंतन विचार करने की वह मानसिक प्रक्रिया है, जो किसी समस्या के कारण आरंभ होती है और उसके अंत तक चलती रहती है। कुछ विद्वानों द्वारा चिंतन की परिभाषा निम्न प्रकार से दी गई है–

रॉस के अनुसार, "चिंतन, मानसिक क्रिया का ज्ञानात्मक पहलू है या मन की बातों से संबंधित मानसिक क्रिया है।"

रायबर्न के अनुसार, "चिंतन, इच्छा-संबंधी प्रक्रिया है, जो किसी असंतोष के कारण आरंभ होती है और प्रयास एवं त्रुटि के आधार पर चलती हुई उस अंतिम स्थिति पर पहुंच जाती है, जो इच्छा को संतुष्ट करती है।"

वेलेण्टाइन के अनुसार, "चिंतन शब्द का प्रयोग उस क्रिया के लिए किया जाता है, जिसमें श्रृंखलाबद्ध विचार किसी लक्ष्य या उद्देश्य की ओर अविराम गति से प्रवाहित होते हैं।"

उपर्युक्त दी गई परिभाषाओं से स्पष्ट है कि चिंतन मानसिक क्रिया का ज्ञानात्मक पथ है। चिंतन की प्रक्रिया किसी विशेष उद्देश्य की ओर परिलक्षित होती है। इसमें इच्छा तथा असंतोष अत्यंत महत्त्वपूर्ण हैं क्योंकि इच्छा तथा असंतोष मनुष्य को चिंतन के लिए बाध्य करते हैं।

चिंतन के प्रकार

चिंतन के मुख्यतः चार प्रकार हैं–

1. कल्पनात्मक चिंतन : इस चिंतन का संबंध पूर्व-अनुभवों पर आधारित भविष्य से होता है। जब माता-पिता बाजार जाते हैं तब बालक कल्पना करता है कि वे वहां से लौटने पर उसके लिए टॉफी लाएंगे। इस चिंतन में भाषा और नाम का प्रयोग नहीं किया जाता है।

2. तार्किक चिंतन : अमेरिकी मनोवैज्ञानिक जॉन डीवी ने तार्किक चिंतन को विचारात्मक चिंतन की संज्ञा दी है। यह सबसे उच्च प्रकार का चिंतन है। इसका संबंध किसी समस्या के समाधान से होता है।

3. प्रत्ययात्मक चिंतन : इस चिंतन का संबंध पूर्व-निर्मित प्रत्ययों से होता है, जिनकी सहायता से भविष्य के किसी निश्चय पर पहुंचा जाता है। कुत्ते को देखकर बालक अपने मन में प्रत्यय का निर्माण कर लेता है। अतः जब वह भविष्य में कुत्ते को फिर देखता है तब वह उसकी ओर संकेत करते हुए कहता है–'कुत्ता'। इस चिंतन में भाषा और नाम का प्रयोग किया जाता है।

4. प्रत्यक्षात्मक चिंतन : यह निम्न स्तरीय चिंतन है। अतः यह विशेष रूप से पशुओं और बालकों में पाया जाता है। इस चिंतन का संबंध पूर्व अनुभवों पर आधारित वर्तमान की वस्तुओं से होता है। माता-पिता के बाजार से लौटने पर यदि बालक को उनसे काफी दिनों तक टॉफी मिलती रहती है तो जब भी वे बाजार से लौटते हैं, तभी टॉफी का विचार उसके मस्तिष्क में आ जाता है और वह दौड़ता हुआ उनके पास जाता है।

चिंतन तथा कल्पना में अन्तर

चिंतन	कल्पना
1. इसकी सहायता से बालक समस्या के विभिन्न पहलुओं को समझने की कोशिश करता है, क्योंकि इन पहलुओं को समझे बिना समस्या का समाधान संभव नहीं हो सकता।	1. इसमें समस्या के समाधान की परिस्थिति को नए-नए रूपों में देखा जाता है।
2. इसमें तर्क की प्रधानता होती है। समस्या समाधान में तर्क की सहायता से सूक्ष्म पहलुओं को जाना जाता है।	2. इसमें तर्क का अभाव होता है।
3. बालक में चिंतन बहुधा समस्या की उपस्थिति पर आरंभ होता है। अर्थात् जब बालक के सामने कोई समस्या आती है तभी उसमें चिंतन की प्रक्रिया होती है, व्यर्थ में बालक चिंता नहीं करता है।	3. कल्पना के लिए परिस्थिति या समस्या की विशेष आवश्यकता नहीं होती है।
4. चिंतन में समस्या समाधान में प्रयत्न और भूल की क्रिया रहती है।	4. कल्पना में प्रयत्न और भूल का अभाव होता है।
5. यह वास्तविकता से संबंधित होता है।	5. कल्पना का संबंध वास्तविकता से भी हो सकता है और नहीं भी।

चिंतन तथा भाषा

चिंतन प्रक्रिया प्रतीक और चिन्हों के आधार पर चलती है। प्रतीक और चिन्हों का आधार भाषा होती है। चिंतन के समय बालक के अंदर आंतरिक भाषण होता है। कई बार चिंतन करते समय बालक बोलने लगता है। कुछ अध्ययनों में यह देखा गया है कि जिस बालक में भाषा की योग्यता जितनी अधिक होती है उसमें चिंतन की योग्यता भी उसी रूप में उतनी अधिक होती है क्योंकि भाषा-वृद्धि के साथ-साथ बालकों में ज्ञान-वृद्धि होती है और ज्ञान-वृद्धि से चिंतन शक्ति का भी विकास होता है। भाषा के द्वारा बालक चिंतन को व्यक्त भी कर सकता है। बालक भाषा के द्वारा अपने अथवा दूसरों के चिंतन को रेकार्ड कर सकता है। इस प्रकार वह अपने चिंतन का दूसरों को लाभ दे सकता है तथा दूसरों के चिंतन का स्वयं लाभ उठा सकता है। अतः कहा जा सकता है कि चिंतन के लिए भाषा आवश्यक ही नहीं अपितु उसे व्यक्त करने का साधन भी है। भाषा के अभाव में चिंतन को व्यक्त करना कठिन है। जहां भाषा से चिंतन का विकास होता है वहां चिंतन भाषा को भी विकसित करता है। अतः कहा जा सकता है कि चिंतन और भाषा दोनों में घनिष्ठ संबंध है।

चिंतन का विकास

चिंतन का विकास भाषा के विकास के कुछ समय बाद प्रारंभ हो जाता है। लगभग एक-दो वर्ष की अवस्था में बालक में चिंतन का विकास प्रारंभ हो जाता है। बालक में सर्वप्रथम प्रत्यक्षात्मक चिंतन का विकास प्रारंभ होता है। बालक के चारो ओर जो मूर्त वस्तुएं और उत्तेजनाएं होती है, सर्वप्रथम वह उनके संबंध में चिंतन प्रारंभ करता है। पियाजे का विचार है कि लगभग सात वर्ष की अवस्था तक बालक की प्रवृत्ति आत्मकेंद्रित प्रकार की होती है। अतः बालक अपने स्वयं के संबंध में ही चिंतन अधिक करता है। उसमें इस अवस्था के चिंतन में तार्किकता का अभाव होता है। लगभग पांच-छः वर्ष की अवस्था से बालक में कल्पनात्मक तथा प्रत्ययात्मक चिंतन प्रारंभ हो जाती है। वुडवर्थ ने इन दोनों प्रकार के चिंतनों को विचारात्मक चिंतन कहा है। बालक में इस अवस्था में प्रतीकों के माध्यम से भी चिंतन का अभाव होता है। लगभग सात वर्ष की अवस्था से लगभग पंद्रह वर्ष की

अवस्था तक चिंतन का तीव्र गति से विकास होता है। आयु बढ़ने के साथ-साथ चिंतन में तर्क की प्रधानता भी बढ़ती जाती है।

3 से 7 वर्ष की अवस्था के बालकों के चिंतन में पियाजे ने निम्नलिखित विशेषताएं बताई हैं—

(*i*) इस समय उनके चिंतन का स्तर निम्न होता है। वे अधिकतर जीवन से संबंधित बातों पर चिंतन करते हैं।

(*ii*) उनके चिंतन में तार्किक संगति का अभाव पाया जाता है। इस आयु के बालकों में कार्य-कारण संबंध नहीं दिखाई देता है।

(*iii*) एक ही घटना के आधार पर सामान्यीकरण करना। अन्य शब्दों में, इस आयु के बालक एक घटना के आधार पर ही निष्कर्ष निकालते हैं। वह पूर्ण घटनाओं-अनुभवों का लाभ नहीं उठा पाते हैं।

(*iv*) इस आयु वर्ग के बालकों के चिंतन की प्रवृत्ति आत्म-केंद्रित प्रकार की होती है। अन्य शब्दों में, उनके चिंतन का विषय स्वयं के संबंध में होता है।

(*v*) इस आयु वर्ग का बालक अपने वातावरण के चारो ओर स्थित वस्तुओं को चाहे वह सजीव हो या निर्जीव सभी को चेतनामय या सजीव समझता है। अन्य शब्दों में, उसके चिंतन में जीववाद पाया जाता है।

क्रो और **क्रो** के अनुसार, चिंतन की योग्यता सफल जीवन के लिए आवश्यक है। चिंतन की योग्यता के विकास में निम्नलिखित उपाय सहायक हैं—

(*i*) बालकों को चिंतन के लिए प्रोत्साहित और प्रेरित करना चाहिए। बालकों के भाषा ज्ञान को उच्च करने के उपाय करने चाहिए जिससे वह समय-समय पर अपने विचारों की अभिव्यक्ति कर सके।

(*ii*) बालकों की रुचियों के विकास पर ध्यान देना चाहिए। रुचियों के अभाव में चिंतन योग्यता कठिनाई से विकसित हो पाती है।

(*iii*) शिक्षक और माता-पिता को बालकों को नवीन बातों की समय-समय पर अर्थात् उनकी आयु के अनुसार जानकारी देनी चाहिए जिससे उनमें चिंतन का विकास सुचारु रूप से चल सके।

(*iv*) बालकों को उनकी आयु के अनुसार समस्या का समाधान करना भी सिखलाना चाहिए क्योंकि समस्या समाधान से भी चिंतन विकसित होता है।

(*v*) तर्क एवं वाद-विवाद की भी चिंतन योग्यता के विकास में महत्त्वपूर्ण भूमिका है, इनको भी सिखाने के अवसर देने चाहिए।

9. समाज निर्माण में लिंग की भूमिका

व्यक्ति एवं व्यक्ति, समुदाय एवं समुदाय, जाति एवं जाति के बीच पाई जाने वाली भिन्नता एक वैश्विक घटना है। ऐसे में एक प्रश्न उठता है कि आखिर ये भेद क्यों है एवं इसके लक्षण क्या हैं? इस प्रकार के भेदों का मापन शारीरिक तथा मनोवैज्ञानिक आधार पर किस प्रकार किया जाए?

लिंग और उसकी भूमिका

वर्तमान परिदृश्य में समानता की मांग सामयिक मुद्दा है। इस समानता का तात्पर्य नकारात्मक न होकर सकारात्मक है। यहां समानता का तात्पर्य समान शैक्षिक योग्यता, समान क्षमता, समान अधिकार, समान कुशलता तथा पढ़ाई एवं कार्य के समान अवसर से है। अन्य शब्दों में कहा जा सकता है कि हम स्त्री-पुरुष में वर्ग के आधार पर लिंग भेद को मान्यता नहीं देते हैं। लिंग भेद का सिद्धांत मूलतः भेद पर ही आधारित है, अर्थात् स्त्री तथा पुरुष में कुछ भेद पाए जाते हैं भले ही हम कहें कि इनके बीच सामाजिक तथा शैक्षिक आधार पर कोई भेद नहीं है। इस भेद से एक महत्त्वपूर्ण प्रश्न उत्पन्न होता है कि क्या महिलाएं शारीरिक लक्षण, कौशल, जीवन मूल्य, दक्षता के आधार पर पुरुषों से कुछ भिन्न हैं अथवा नहीं? यदि इस आधार पर इनमें कोई भिन्नता नहीं पाई जाती है तो इस बात की जांच-पड़ताल आवश्यक है कि क्यों इनके साथ कुछ क्षेत्रों में भेद-भाव किया जाता है?

लैंगिक भेद-भाव

मनोविज्ञान के अध्ययन के क्षेत्र में लिंग भेद पर आधारित विषय अन्य विषयों की तुलना में काफी रुचिकर विषय है। शिक्षा,

वैवाहिक संबंधों की सफलता, रहन-सहन तथा कार्यक्षेत्र संबंधी अनेक सामाजिक समस्याओं का संबंध इनकी सफलता से संबद्ध है। अनेक शिक्षाविदों तथा शिक्षा मनोवैज्ञानिकों ने महिला तथा पुरुषों की उपलब्धि की तुलना को अपने अनुसंधान का विषय-वस्तु बनाया है। इन्होंने अपने नमूनों (samples) को दो भागों–महिला और पुरुष में बांटा है। इन शोधों से प्राप्त तथ्यों के अनुसार सामाजिक तथा शारीरिक आधार पर महिला और पुरुष में भिन्नता है। इस अनुसंधान का मुख्य लक्ष्य था महिला और पुरुष के भेद को लिंग व्यवहार के आधार पर समुचित रूप से समझना। इस अनुसंधान का आधार सामान्यतः मनोवैज्ञानिक ही था। ये तथ्य इस अवधारणा की पुष्टि करते हैं कि शारीरिक बनावट के अनुसार स्त्री-पुरुष के संवेगों में भी अंतर होता है। हालांकि इस भेद का आधार सामाजिक न होकर लक्षण विशेष पर आधारित अनुसंधान है जिसमें बाह्य कारकों तथा अन्य लक्षणों के अंतःसंबंधों के परस्पर संबंधों को भी जानने एवं समझने का प्रयत्न किया गया है।

इन वर्ग भेदों में कौन-से मुख्य हैं और कौन-से गौण यह कहना बहुत मुश्किल है। जहां तक सामान्य बुद्धि की बात है वहां महिला और पुरुष वर्गों में समानता देखने को मिलती है। इनमें भेद कुछ विशेष योग्यताओं या लक्षणों को लेकर है। सामान्यतः पुरुषों में महिलाओं की तुलना में तर्क करने, वस्तुओं में समानता संबंधी खोज करने तथा सामान्य ज्ञान के क्षेत्र में कुछ श्रेष्ठता के संकेत पाए जाते हैं। पुरुष जहां स्थानिक संबंध की दृष्टि से भेद की सूक्ष्मता को पहचानने में अधिक सक्षम है वहां शाब्दिक अभिक्षमता तथा स्मरण शक्ति के क्षेत्र में महिलाएं अधिक सक्षम हैं। अनुसंधानों से यह बात भी सामने आयी है कि छात्राओं का भाषायी विकास छात्रों की तुलना में अल्पायु से ही अधिक होता है। अनुसंधानों से इस बात की भी पुष्टि हुई है कि विद्यालयपूर्व आयु वर्ग की बालिकाओं की शब्दावली इस आयुवर्ग के बालकों की तुलना में अधिक सक्षम होती है। इतना ही नहीं छात्राओं की पठन गति भी छात्रों से अधिक होती है। सामान्यतः दोनों वर्गों की बुद्धि अथवा शैक्षिक क्षमता में इतना भेद नहीं होता है कि वे किसी प्रदत्त कार्य को न्यूनाधिक क्षमता से सम्पन्न न करें। इन तथ्यों के आधार पर यही निष्कर्ष निकलता है कि शैक्षिक कार्यक्रम तथा पाठ्यक्रम के समायोजन के समय छात्र-छात्राओं में कोई भेदभाव नहीं बरतना चाहिए।

छात्र-छात्राओं की पाठ्यचर्या में अंतर जन्मजात बौद्धिक स्तर के कारण नहीं होता है। उनमें अंतर का मुख्य कारण भावी जीवन की आवश्यकताओं के अनुसार निर्धारित होता है।

शैक्षिक अभ्यास

वर्तमान सामाजिक ढांचे में भी लड़की एवं लड़के में भिन्नता देखने को मिलती है। समाज लड़की को लड़के से कमतर आंकता है तथा उसे निश्चित रूढ़िगत कामों में लगा देता है। शिक्षण के दौरान शिक्षक भी लड़कियों पर अवांछित टिप्पणी करते हैं जो शिक्षण की नीति के प्रतिकूल है। ऐसे शिक्षकों में प्रायः यह धारणा होती है कि लड़कियों के लिए ऐसी शिक्षा व्यवस्था होनी चाहिए जो उन्हें सद्गृहिणी तथा आदर्श माता बनने के लिए प्रेरक का कार्य करे। इस प्रकार का विचार न केवल व्यक्तित्त्व की भिन्नता संबंधी गुणों की अवहेलना करता है अपितु इस तथ्य की भी उपेक्षा करता है कि बालक-बालिकाओं को कुछ समान कौशल सिखाने की भी आवश्यकता है। जैसा कि पहले भी बताया जा चुका है कि बालक तथा बालिकाएं कुछ क्षेत्रों या योग्यताओं में अवश्य भिन्न हैं और इन क्षेत्रों में ये एक-दूसरे से आगे भी निकल जाते हैं। इसी आधार पर जन्मजात योग्यताओं के अधिकतम विकास के लिए विशेष शिक्षण रीति-नीति अपनाने की आवश्यकता है तथा अभाव के क्षेत्र को भी प्रबल करने के लिए विशेष पद्धतियों का आश्रय लेने की आवश्यकता है। एक अध्यापक को अध्यापक के नाते लिंग भेद आधारित भावना के विरुद्ध साहसिक कदम उठाना चाहिए। इसके साथ-साथ लड़के-लड़कियों के बीच पाए जाने वाले वास्तविक भेदों को भी पहचानना तथा उन्हें स्वीकार करना चाहिए। साथ ही साथ अध्ययन के समय उसी प्रकार की रीति-नीति का उपयोग करना चाहिए।

आज भी लड़कियों के प्रति सामाजिक दृष्टिकोण परंपरागत ही है। इसका महत्त्वपूर्ण प्रमाण उनके प्रति अपनाए जाने वाले व्यवहार और उनकी शिक्षा-दीक्षा के संबंध में देखने को मिलता है। यद्यपि ये बातें सभी जगह लागू नहीं होती किंतु यह प्रायः देखा जाता है। इस संबंध में भी वर्ग भेद पर्याप्त रूप से देखने को मिलता है। समाज के उच्च वर्ग की अपेक्षा निम्न वर्ग से आने वाली लड़कियों के संदर्भ में इस स्तर पर और भी भेद पाया जाता है। समाज के निचले पायदान तथा अन्य अभावग्रस्त

व सुविधाविहीन सामाजिक स्तर से आने वाली लड़कियों को कुछ अन्य टिप्पणियों से भी दो-चार होना पड़ता है, जैसे- यह कि ये अभावग्रस्त परिवारों से हैं तथा यह कि ये आर्थिक दृष्टि से पिछड़े तथा दलित हैं। ऐसे में ये बातें उन्हें शैक्षिक तथा सामाजिक दृष्टिकोण से विकसित बनने में बाधा उत्पन्न करता है। इतना ही नहीं इस समुदाय के लोग यह भी सोचते हैं कि लड़कियों की पढ़ाई पर किए जाने वाले खर्च को यदि उनके विवाह पर खर्च किया जाए तो वह अधिक लाभप्रद और उपयोगी होगा। हालांकि वर्तमान में कई राज्य सरकारों ने लड़कियों की शिक्षा के लिए अनेक कल्याणकारी योजनाओं का शुभारंभ किया है फिर भी लड़कियों की एक बड़ी आबादी अभी भी विद्यालय तक नहीं पहुंच पाई है। ऐसे में लड़कियों की शिक्षा से संबंधित विभिन्न पहलुओं, यथा–सामाजिक, शैक्षिक एवं आर्थिक पर चिंतन करना शिक्षक का महत्त्वपूर्ण दायित्व बन जाता है।

10. सीखने के लिए एवं सीखने का मूल्यांकन

चूंकि शिक्षा का संबंध बच्चे के सर्वांगीण विकास (शारीरिक, सामाजिक, बौद्धिक एवं भावनात्मक आदि) से है। इसलिए बच्चे के विकास के सभी पहलुओं को आंके जाने की आवश्यकता है। वर्तमान समय में हम बच्चे को पूरे रूप में नहीं आंकते, बल्कि विशिष्ट क्षेत्रों में केवल उसकी शैक्षिक उपलब्धियों का मूल्यांकन करते हैं। हम शिक्षार्थी का मूल्यांकन बुनियादी रूप से उसके परीक्षा परिणामों के आधार पर करते हैं।

विद्यालय आधारित मूल्यांकन

विद्यालय आधारित मूल्यांकन विद्यालय शिक्षा बोर्डों द्वारा ली जाने वाली परीक्षाओं के विपरीत, स्कूल स्तर पर किया जाता है। यह मूल्यांकन विद्यालय द्वारा विकसित अनुसूची और बोर्ड द्वारा जारी किए गए मार्ग-निर्देशों के अनुसार अध्यापकों द्वारा किया जाता है। यद्यपि यह मूल्यांकन हमेशा विद्यालय के स्तर पर किया जाता रहा है, किंतु इस प्रणाली में कुछ त्रुटियां उत्पन्न हो गई हैं। इन त्रुटियों के मुख्य कारण निम्न हो सकते हैं:

(i) मूल्यांकन के स्थान एवं शिक्षा की प्रक्रिया में इसके महत्त्व के बारे में अध्यापकों की गलत धारणा।

(ii) बाह्य परीक्षा की प्रथा का अनुकरण जो सामान्य रूप से सत्र के अंत में ली जाती है।

वर्तमान दौर में मूल्यांकन की विद्यालय-आधारित प्रणाली में, मूल्यांकन के प्रयोजन का केंद्र-बिंदु बदल गया है। अब इसमें तत्परता परीक्षण, विकास की जांच परख, संज्ञानात्मक, भावात्मक और मनोप्रेरक क्षेत्रों में कार्य निष्पादन का बार-बार सुनियोजित और प्रभावकारी तरीके से मूल्यांकन किया जाना शामिल है।

अन्य शब्दों में, विद्यालय-आधारित मूल्यांकन बाल-केंद्रित, विद्यालय-केंद्रित और बहुआयामी मूल्यांकन होता है। यह सही मायने में शिक्षार्थी के सर्वतोमुखी विकास का सूत्रपात करता है। यह विद्यालय के अंदर और विद्यालय के बाहर दोनों जगहों पर जीवन में सभी प्रकार की शिक्षा प्राप्ति को प्रोत्साहित करता है। यह बाल-केंद्रित होता है, क्योंकि यह विकास के वैयक्तिक स्वरूप की दृष्टि से विद्यार्थी को एक अद्वितीय अस्तित्व मानता है। यह अपनी शिक्षा के पहले से निर्धारित लक्ष्यों और उद्देश्यों को प्राप्त करने के लिए शिक्षार्थी का एक अलग व्यक्तित्व के रूप में, अन्य शिक्षार्थियों की तुलना में केवल उसकी स्थिति के रूप में नहीं बल्कि प्रत्येक बच्चे की अपनी वैयक्तिक योग्यताओं, प्रगति और विकास के आधार पर निर्माण करता है।

विद्यालय आधारित मूल्यांकन की विशेषताएं

I. विद्यार्थी से संबद्ध विशेषताएं

(i) यह पारंपरिक प्रणाली से अधिक विस्तृत, अधिक व्यापक और सतत होता है।

(ii) इसका मुख्य लक्ष्य शिक्षार्थी को सुनियोजित अधिगम और विकास की ओर उन्मुख करने में सहायता देना होता है।

(iii) यह भविष्य के जिम्मेदार नागरिक के रूप में शिक्षार्थी की आवश्यकताओं का ध्यान रखता है।

(*iv*) यह अधिक पारदर्शी, भविष्यात्मक और शिक्षार्थियों, अध्यापकों और माता-पिता के बीच सहयोजन की अधिक गुंजाइश मुहैया करानेवाला होता है।

(*v*) यह शिक्षार्थी को अपनी क्षमता का बेहतर तरीके से उपयोग करने में सहायता देता है।

II. अध्यापक से संबद्ध विशेषताएं

विद्यालय आधारित प्रणाली में अध्यापकों को अपने विद्यार्थियों के बारे में निम्नलिखित बातें जानने का अवसर मिलता है—

(*i*) बच्चे क्या सोचते हैं?

(*ii*) बच्चे क्या महसूस करते हैं?

(*iii*) उनकी रुचियां और प्रवृत्तियां क्या हैं?

(*iv*) इकट्ठा सीखने में बच्चों को किस प्रकार की कठिनाइयों अथवा सीमाओं का सामना करना पड़ता है?

(*v*) यह विद्या अध्यापकों को ऐसे तरीकों को ढूंढने के लिए पैनी दृष्टि प्रदान करता है, जो अलग-अलग शिक्षार्थियों के लिए अपनी समस्याओं और कठिनाइयों के समाधान में सहायक सिद्ध हो सकते हैं।

सतत् और व्यापक मूल्यांकन (CCE)

सतत् और व्यापक मूल्यांकन का तात्पर्य विद्यार्थियों के विद्यालय आधारित मूल्यांकन की उस प्रणाली के बारे में है, जिसमें विद्यार्थियों के विकास के सभी पहलुओं की ओर ध्यान दिया जाता है।

'सतत्' शब्द का उद्देश्य इस बात पर बल देना है कि बच्चों की 'संवृद्धि और विकास' के अभिज्ञात पहलुओं का मूल्यांकन एक घटना होने के बजाए एक सतत् प्रक्रिया है, जो अध्यापन-शिक्षा-प्राप्ति की संपूर्ण प्रक्रिया के अंदर निर्मित है और शैक्षिक सत्र की समूची अवधि में फैली होती है।

'व्यापक' का अर्थ है कि यह योजना विद्यार्थियों की संवृद्धि और विकास के शैक्षिक और सह-शैक्षिक दोनों क्षेत्रों को समाहित करने का प्रयास करती है। चूंकि योग्यताएं, अभिवृत्तियां और अभिरुचियां अपने आपको लिखित शब्दों से भिन्न अन्य रूपों में प्रकट करती हैं, इसलिए इस शब्द में विभिन्न प्रकार के साधनों और तकनीकों (परीक्षण और गैर-परीक्षण) के उपयोग और शिक्षा-प्राप्ति के क्षेत्रों में शिक्षार्थियों

के विकास को आंकने के लक्ष्यों का उल्लेख किया गया है, यथा—

(*i*) ज्ञान, (*iv*) विश्लेषण,

(*ii*) समझना/बोध, (*v*) मूल्यांकन और

(*iii*) अनुप्रयोग, (*vi*) सृजन।

इस प्रकार स्पष्ट है कि सतत एवं व्यापक मूल्यांकन एक पाठ्यचर्या संबंधी पहल है, जिसमें परीक्षण के स्थान पर संपूर्णवादी शिक्षा प्राप्ति पर जोर दिए जाने का प्रयास किया जाता है। इसका लक्ष्य अच्छे स्वास्थ्य, उपयुक्त कौशलों और वांछनीय गुणवत्ता वाले और इसके अलावा शैक्षिक उत्कृष्टता वाले अच्छे नागरिकों का निर्माण करना है।

सतत एवं व्यापक मूल्यांकन का उद्देश्य

(*i*) संज्ञानात्मक, मनोप्रेरक (साइकोमोटर) और प्रभावकारी कौशलों का विकास करने में सहायता देना।

(*ii*) चिंतन की प्रक्रिया पर जोर देना और कंठस्थ करने पर बल न देना।

(*iii*) मूल्यांकन को अध्यापन-शिक्षा-प्राप्ति की प्रक्रिया का अभिन्न अंग बनाना।

(*iv*) मूल्यांकन का उपयोग नियमित निदान और उसके बाद उपचारात्मक अनुदेश के आधार पर विद्यार्थियों की उपलब्धियों और अध्यापन-शिक्षा-प्राप्ति की कार्यनीतियों में सुधार करने के लिए करना।

(*v*) कार्य-निष्पादन का वांछित स्तर बनाए रखने के लिए मूल्यांकन का उपयोग एक गुणवत्ता नियंत्रण साधन के रूप में करना।

अधिगम का मूल्यांकन

अधिगम के मूल्यांकन में उपलब्ध प्रमाणों के साथ कार्य करना शामिल है, जो स्टाफ और व्यापक मूल्यांकन समुदाय को विद्यार्थियों की प्रगति की जांच करने और इस सूचना का अनेक तरीकों से इस्तेमाल करने में समर्थ बनाता है। मूल्यांकन के दो स्तर हैं— (*i*) रचनात्मक मूल्यांकन (Formative Assessment) एवं (*ii*) सारांशात्मक मूल्यांकन (Summative Assessment)।

(*i*) **रचनात्मक मूल्यांकन** : इस मूल्यांकन को सीखने/अधिगम का मूल्यांकन भी कहा जाता है। इसका उपयोग अध्यापक द्वारा विद्यार्थी की प्रगति को एक ऐसे

वातावरण में मॉनीटर करने के लिए किया जाता है, जो घबराहट पैदा करने वाला न हो और प्रोत्साहन देने वाला हो। इसमें विद्यार्थी को नियमित प्रत्युत्तर मुहैया कराना और उसे अपने कार्य-निष्पादन पर विचार करने, सलाह प्राप्त करने और उसमें सुधार करने का अवसर प्रदान करना शामिल है। इसमें विद्यार्थियों को स्व-मूल्यांकन करने अथवा अपने समकक्षों का मूल्यांकन करने की कसौटियां तय करने के एक आवश्यक भाग के रूप में शामिल किया जाता है। यदि इसे प्रभावकारी रूप से उपयोग में लाया जाए तो यह बच्चे के आत्म-सम्मान को बढ़ाते हुए और अध्यापक के कार्य भार को घटाकर, विद्यार्थी के कार्य निष्पादन में जबरदस्त सुधार कर सकता है।

रचनात्मक मूल्यांकन की विशेषताएं :

(*a*) यह नैदानिक एवं उपचारात्मक है।

(*b*) यह प्रभावकारी प्रत्युत्तर की व्यवस्था करता है।

(*c*) यह विद्यार्थियों को स्वयं अपनी शिक्षा प्राप्ति में सक्रिय रूप से शामिल होने के लिए मंच उपलब्ध कराता है।

(*d*) यह अध्यापकों को मूल्यांकन के परिणाम को ध्यान में रखते हुए उन्हें अध्यापन को समायोजित करने में समर्थ बनाता है।

(*ii*) **सारांशात्मक मूल्यांकन :** यह मूल्यांकन शिक्षा पाठ्यक्रम के समाप्त होने पर किया जाता है। सारांशात्मक मूल्यांकन यह मापता है कि विद्यार्थी ने पाठ्यक्रम से क्या सीखा है। यह मुख्य रूप से एक श्रेणीकृत (Graded) परीक्षण होता है, अर्थात् इसमें एक पैमाने के अनुसार अथवा ग्रेडों के एक सेट के अनुसार अंक दिए जाते हैं।

वह मूल्यांकन, जो मुख्यतः सारांशात्मक प्रकृति का होगा, अपने आप में बच्चे की संवृद्धि और उसके विकास का कोई संगत एवं युक्तिसंगत पैमाना नहीं होगा। अधिक-से-अधिक यह एक समय-विशेष पर उपलब्धि के स्तर को प्रमाणित करता है।

सारांशात्मक मूल्यांकन की विशेषताएं :

(*a*) शिक्षा-प्राप्ति का निर्धारण।

(*b*) सामान्य रूप से विद्यार्थियों द्वारा किसी यूनिट अथवा सेमेस्टर के समाप्त होने पर उसका सारांश प्रदर्शित करने के लिए किया जाता है, जो उन्होंने सीखा हो अथवा न सीखा हो।

(*c*) इस मूल्यांकन के तरीके अधिकतर विद्यार्थियों के कार्य का मूल्यांकन करने के पारंपरिक तरीके होते हैं।

अधिगम के मूल्यांकन की विशेषताएं

(*i*) यह मूल्यांकन शिक्षा-प्राप्ति के बाद किया जाता है।

(*ii*) सूचना अध्यापक द्वारा एकत्र की जाती है।

(*iii*) सूचना को सामान्य रूप से अंकों अथवा ग्रेडों में रूपांतरित किया जाता है।

(*iv*) अन्य विद्यार्थियों के कार्य-निष्पादन के साथ तुलना की जाती है।

(*v*) इसके पहले प्राप्त की गई शिक्षा पर नजर डाला जाता है।

अधिगम के अच्छे मूल्यांकन के मानदंड

(*i*) वे युक्तिसंगत होते हैं (ठोस मानदंडों पर आधारित)।

(*ii*) वे विश्वसनीय होते हैं (मूल्यांकन और पद्धति का सही होना)।

(*iii*) वे तुलनीय होते हैं (जब उनकी तुलना अन्य विभागों अथवा विद्यालयों में हुई जांच-परख से की जाती है, तो वे ठीक पाए जाते हैं)।

अधिगम के मूल्यांकन के उद्देश्य

अधिगम के मूल्यांकन का सार यह है कि सारांशात्मक मूल्यांकन को किसी विशेष समय पर विषय-वस्तु के मानदंडों की तुलना में विद्यार्थी की शिक्षा को मापने का एक साधन समझा जाए।

सतत् और व्यापक मूल्यांकन की विशेषताएं

(*i*) सतत् और व्यापक मूल्यांकन में 'सतत्' पहलू के तहत मूल्यांकन के 'सतत्' और 'आवधिक' पहलू का ध्यान रखा जाता है।

(*ii*) निरंतरता का अर्थ है शिक्षा के प्रारंभ में विद्यार्थियों का निर्धारण या स्थापन मूल्यांकन और शिक्षण प्रक्रिया के दौरान रचनात्मक मूल्यांकन, जो मूल्यांकन की बहुविध तकनीकों का उपयोग करके अनौपचारिक रूप से किया जाता है।

(*iii*) नियतकालिकता का अर्थ है कार्य-निष्पादन का मूल्यांकन जो यूनिट/अवधि के समाप्त होने पर बार-बार किया जाता है (सारांशात्मक)।

(*iv*) सतत् और व्यापक मूल्यांकन का 'व्यापक' संघटक बच्चे के व्यक्तित्व के सर्वतोमुखी विकास के निर्धारण का ध्यान रखता है। इसमें विद्यार्थियों के विकास के शैक्षिक और इसके अलावा सह-शैक्षिक पहलुओं का निर्धारण शामिल है।

(*v*) शैक्षिक पहलुओं में पाठ्यक्रम के क्षेत्र अथवा विषय-सापेक्ष क्षेत्र शामिल होते हैं, जबकि सह-शैक्षिक पहलुओं में जीवन-कौशल, सह-पाठ्यचर्या अभिवृत्तियां और मूल्य शामिल होते हैं।

सतत् और व्यापक मूल्यांकन : विचार एवं व्यवहार

अध्यापन-शिक्षा-प्राप्ति प्रक्रिया में, मूल्यांकन से शैक्षिक और सह-शैक्षिक पहलुओं का ध्यान रखने की अपेक्षा की जाती है। यदि कोई किसी क्षेत्र में कमजोर है तो नैदानिक मूल्यांकन किया जाना चाहिए और उपचारी उपाय अपनाए जाने चाहिए। सतत् मूल्यांकन समय-समय पर बच्चे, अध्यापकों और माता-पिता को उपलब्धि के बारे में जागरूक बनाने में सहायता देता है। यदि उपलब्धि में कोई कमी हुई हो तो वे उसके संभावित कारणों की जांच कर सकते हैं और शिक्षा के उस क्षेत्र में जिसमें अधिक जोर देने की आवश्यकता हो उपचारी उपाय कर सकते हैं।

सतत् और व्यापक मूल्यांकन का मुख्य जोर विद्यार्थियों की निरंतर संवृद्धि और उनके बौद्धिक, भावनात्मक, शारीरिक, सांस्कृतिक और सामाजिक विकास सुनिश्चित करने पर होता है और इसलिए यह विद्यार्थी की केवल शैक्षिक उपलब्धियों को आंकने तक सीमित नहीं होता। इस मूल्यांकन का उपयोग शिक्षार्थियों को अन्य कार्यक्रमों के लिए अभिप्रेरित करने, सूचना प्रदान करने, प्रत्युत्तर (Feedback) की व्यवस्था करने और शिक्षा-प्राप्ति में सुधार करने के लिए अनुवर्ती कार्रवाई करने और शिक्षार्थी के विवरणों की एक व्यापक तस्वीर प्रस्तुत करने के एक साधन के रूप में किया जाता है।

सतत् और व्यापक मूल्यांकन (CCE) के महत्त्वपूर्ण कार्य

(*i*) यह अध्यापक को प्रभावकारी कार्यनीतियां आयोजित करने में सहायता देता है।

(*ii*) सतत् और व्यापक मूल्यांकन शिक्षार्थी की प्रगति की सीमा और मात्रा को नियमित रूप से आंकने में सहायता देता है (विशिष्ट शैक्षिक और सह-शैक्षिक क्षेत्रों के संदर्भ में योग्यता और उपलब्धि)।

(*iii*) सतत् और व्यापक मूल्यांकन अभिरुचियों और प्रवृत्ति वाले क्षेत्र को अभिज्ञात करता है। यह अभिवृत्तियों और मूल्य प्रणालियों में होने वाले परिवर्तनों का पता लगाने में सहायता देता है।

(*iv*) यह विषयों, पाठ्यक्रमों और जीवनवृत्तियों (Carrier) के चुनाव के बारे में, भविष्य के लिए फैसला करने में सहायता देता है।

(*v*) यह शैक्षिक और सह-शैक्षिक क्षेत्रों में विद्यार्थियों की प्रगति के बारे में सूचना/रिपोर्ट देता है और इस प्रकार शिक्षार्थी की भावी सफलताओं के बारे में पूर्वानुमान लगाने में सहायता देता है।

11. शिक्षार्थी के पढ़ाई स्तर के मूल्यांकन के लिए उचित प्रश्न-पत्र की आवश्यकता

किसी भी शिक्षार्थी के पढ़ाई के स्तर की जांच में एक अच्छे प्रश्न-पत्र की महत्त्वपूर्ण भूमिका होती है। इस प्रश्न-पत्र के माध्यम से ही शिक्षक शिक्षार्थियों के विकास का मूल्यांकन करता है। एक प्रश्न-पत्र के निम्न कार्य होते हैं–

(*i*) यह उच्च उपलब्धि प्राप्त छात्रों एवं निम्न उपलब्धि प्राप्त छात्रों के बीच अंतर स्पष्ट करता है।

(*ii*) यह प्राप्तांकों के आधार पर शिक्षार्थी के वर्गीकरण में सहायक होता है।

(*iii*) यह शिक्षार्थी के शैक्षिक-प्रारूप का संपूर्णता में मूल्यांकन करने का महत्त्वपूर्ण माध्यम है।

उपर्युक्त बातों से स्पष्ट है कि प्रश्न-पत्र एक शिक्षार्थी के मूल्यांकन प्रक्रिया का महत्त्वपूर्ण अंग है। प्रश्न-पत्र निर्माण में कुछ खास बातों का ध्यान आवश्यक है, यथा– प्रश्न-पत्र अपने पूर्व निर्धारित प्रकार्यों पर खरा उतरे एवं प्रश्न-पत्र की प्रकृति सृजनात्मक हो आदि। अतः एक निर्धारित योजना के अनुसार प्रश्नों का संकलन करना चाहिए।

परंपरागत प्रश्न-पत्र के दोष

एक अच्छे प्रश्न-पत्र का निर्माण काफी श्रम-साध्य, समयबद्ध एवं सुनियोजित प्रक्रिया है। वर्तमान में अध्यापक जो प्रश्न-पत्र तैयार करते हैं वह प्रायः पारंपरिक प्रश्नों का ही अनुसरण

करते हैं। इन पारंपरिक प्रश्नों में कमियां पाई जाती है। पारंपरिक प्रश्नों में निम्न प्रकार की कमियां पाई जाती है–

(*i*) पारंपरिक प्रश्न-पत्रों में घिसे-पिटे प्रश्नों की अधिकता रहती है। ये प्रश्न प्रायः निबंधात्मक एवं पाठ्य-पुस्तकोन्मुखी होते हैं। इस प्रकार के प्रश्न छात्रों की समस्याओं व उनकी वास्तविक क्षमताओं का मूल्यांकन करने में सक्षम साबित नहीं होते।

(*ii*) पारंपरिक प्रश्नों का प्रकार निबंधात्मक होने से प्रश्नों की संख्या कम होती है जिससे वे पाठ्यक्रम का अधिकांश भाग पूरा नहीं कर पाते।

(*iii*) कुछ प्रश्न ऐसे होते हैं जिनसे विद्यार्थियों में जानकारियों को स्मरण तथा कंठस्थ करने की प्रवृत्ति को बढ़ावा मिलता है। ऐसे प्रश्नों में पाठ्यक्रम समग्र रूप से समाहित नहीं होते। साथ ही ऐसे प्रश्न छात्रों की समझ और कौशल की जांच करने में समर्थ नहीं होते।

(*iv*) 'व्याख्या करें', 'स्पष्ट करें', 'आप क्या जानते हैं', 'संक्षिप्त टिप्पणी लिखिए', 'संक्षिप्त विवरण दें', 'विवेचना करें' आदि जैसे निर्देशक शब्द किसी भी प्रश्न-पत्र को अस्पष्ट बना देते हैं। ऐसे प्रश्नों में छात्र प्रायः यह निश्चित नहीं कर पाते कि क्या उत्तर देना है।

(*v*) पारंपरिक प्रश्नों में प्रतीकों और आकृतियों के परिकलन (Calculation) और भौतिक कौशल पर अत्यधिक बल रहता है जबकि गणितीय ज्ञान और उनके अनुप्रयोग आदि से संबद्ध प्रश्नों पर एकदम ध्यान नहीं दिया जाता है।

प्रश्न-पत्रों के दोषों को दूर करने के उपाय

(*i*) निर्देशात्मक प्रकृति के प्रश्नों में अस्पष्टता नहीं होनी चाहिए।

(*ii*) अंक देने की प्रक्रिया वस्तुनिष्ठ होनी चाहिए। इसके लिए परीक्षकों को कुंजी (Key) तथा अंक देने की योजना भी उपलब्ध कराई जानी चाहिए।

(*iii*) प्रश्न-पत्र को इस तरह से तैयार किया जाना चाहिए कि छात्रों का विभिन्न कोणों से मूल्यांकन किया जा सके।

(*iv*) प्रश्नों को तैयार करने में उसकी भाषा की सरलता तथा स्पष्टता का विशेष ध्यान रखा जाना चाहिए ताकि विद्यार्थी को यह पता चले कि प्रश्न के उत्तर में क्या लिखना है।

(*v*) प्रश्न लघु-उत्तरीय प्रकार (Short Answer Type) और अति लघु-उत्तरीय प्रकार (Very Short Answer Type) का होना चाहिए। इससे पूरे पाठ्यक्रम से प्रश्न पूछने में सहूलियत होती है और छात्रों में समग्र अध्ययन की प्रवृत्ति का विकास होता है। कुछ निबंधात्मक प्रकार (Essay Type) के प्रश्न भी पूछे जा सकते हैं।

एक अच्छे प्रश्न-पत्र की विशेषताएं/गुण

(*i*) विश्वसनीयता।　　(*ii*) वैधता।

(*iii*) प्रयोज्यता।　　(*iv*) परिणामों की व्याख्या।

(*v*) प्रारूप।

अभ्यास प्रश्न

1. एक शिक्षक अपने लोकतांत्रिक स्वभाव के कारण विद्यार्थियों को पूरी कक्षा में कहीं भी बैठने की अनुमति देता है। कुछ शिक्षार्थी एक-साथ बैठते हैं और चर्चा करते हैं या सामूहिक पठन करते हैं। कुछ चुपचाप बैठकर अपने-आप पढ़ते हैं। एक अभिभावक को यह पसंद नहीं आता। इस स्थिति से निबटने का निम्न में से कौन-सा तरीका सबसे बेहतर हो सकता है?

A. अभिभावकों को प्रधानाचार्य से अनुरोध करना चाहिए कि वे उनके बच्चे का अनुभाग बदल दें

B. अभिभावकों को शिक्षक पर विश्वास व्यक्त करना चाहिए और शिक्षक के साथ समस्या पर चर्चा करनी चाहिए

C. अभिभावकों को उस विद्यालय से अपने बच्चे को निकाल लेना चाहिए

D. अभिभावकों को प्रधानाचार्य से शिक्षक की शिकायत करनी चाहिए

2. वह अवस्था जब बच्चा तार्किक रूप से वस्तुओं व घटनाओं के विषय में चिंतन प्रारंभ करता है, है
A. औपचारिक-संक्रियात्मक अवस्था
B. पूर्व-संक्रियात्मक अवस्था
C. मूर्त-संक्रियात्मक अवस्था
D. संवेदी-प्रेरक अवस्था

3. 'मन का मानचित्रण' संबंधित है
A. साहसिक कार्यों की क्रिया-योजना से
B. मन का चित्र बनाने से
C. मन की क्रियाशीलता पर अनुसंधान से
D. बोध (समझ) बढ़ाने की तकनीक से

4. विशेष रूप से प्राथमिक स्तर पर विद्यार्थियों की सीखने सम्बन्धी समस्याओं को संबोधित करने का सबसे बेहतर तरीका है
A. महँगी और चमकदार सहायक सामग्री का प्रयोग करना
B. सरल और रोचक पाठ्य-पुस्तकों का प्रयोग करना
C. कहानी-कथन पद्धति का प्रयोग करना
D. अक्षमता के अनुरूप विभिन्न शिक्षण-पद्धतियों का प्रयोग करना

5. पियाजे के अनुसार, निम्नलिखित में से कौन-सी अवस्था में बच्चा अमूर्त संकल्पनाओं के विषय में तार्किक चिंतन करना आरंभ करता है?
A. औपचारिक-संक्रियात्मक अवस्था (11 वर्ष एवं ऊपर)
B. संवेदी-प्रेरक अवस्था (जन्म-02 वर्ष)
C. पूर्व-संक्रियात्मक अवस्था (02-07 वर्ष)
D. मूर्त-संक्रियात्मक अवस्था (07-11 वर्ष)

6. निम्न में से कौन-सा बच्चे की सामाजिक-मनोवैज्ञानिक आवश्यकताओं के साथ संबद्ध *नहीं* है?
A. संवेगात्मक सुरक्षा की आवश्यकता
B. शरीर से अपशिष्ट पदार्थों का नियमित रूप से बाहर निकलना
C. सान्निध्य (संगति) की आवश्यकता
D. सामाजिक अनुमोदन अथवा सराहना की आवश्यकता

7. वह कौन-सा कथन है जहाँ बच्चे के 'संज्ञानात्मक' विकास को सबसे बेहतर तरीके से परिभाषित किया जा सकता है?

A. विद्यालय एवं कक्षा पर्यावरण
B. सभागार
C. घर
D. खेल का मैदान

8. निम्न में से कौन-सा बुद्धिमान बच्चे का लक्षण *नहीं* है?
A. वह जो प्रवाहपूर्ण एवं उचित तरीके से संप्रेषण करने की क्षमता रखता है
B. वह जो अमूर्त रूप से सोचता रहता है
C. वह जो नए परिवेश में स्वयं को समायोजित कर सकता है
D. वह जो लंबे निबंधों को बहुत जल्दी रटने की क्षमता रखता है

9. ''बच्चे दुनिया के बारे में अपनी समझ का सृजन करते हैं।'' इसका श्रेय .... को जाता है।
A. पैवलॉव   B. कोह्लबर्ग
C. स्किनर   D. पियाजे

10. शिक्षा के क्षेत्र में 'पाठ्यचर्या' शब्दावली .... की ओर संकेत करती है।
A. विद्यालय का संपूर्ण कार्यक्रम जिसमें विद्यार्थी प्रतिदिन अनुभव प्राप्त करते हैं
B. मूल्यांकन-प्रक्रिया
C. कक्षा में प्रयुक्त की जाने वाली पाठ्य सामग्री
D. शिक्षण-पद्धति एवं पढ़ाई जाने वाली विषय-वस्तु

11. आकलन को 'उपयोगी और रोचक' प्रक्रिया बनाने के लिए .... के प्रति सचेत होना चाहिए।
A. विद्यार्थियों को बुद्धिमान या औसत शिक्षार्थी की उपाधि देना
B. शैक्षिक और सह-शैक्षिक क्षेत्रों में विद्यार्थी के सीखने के बारे में जानकारी प्राप्त करने के लिए विविध तरीकों का प्रयोग करना
C. प्रतिपुष्टि (फीडबैक) देने के लिए तकनीकी भाषा का प्रयोग करना
D. अलग-अलग विद्यार्थियों में तुलना करना

12. निम्न में किसने कहा है कि शिशु अपने एवं अपने संसार के बारे में अधिकांश बातें खेल के माध्यम से सीखता है?
A. क्रो एवं क्रो   B. स्ट्रेंग
C. जॉन डीवी   D. गेसल

13. ''विकास कभी न समाप्त होने वाली प्रक्रिया है।'' यह विचार किससे सम्बन्धित है?
   A. निरंतरता का सिद्धांत
   B. एकीकरण का सिद्धांत
   C. अंतःक्रिया का सिद्धांत
   D. अंतःसम्बन्ध का सिद्धांत

14. निम्नलिखित में से किस अवस्था में बच्चे अपने समवयस्क समूह के सक्रिय सदस्य हो जाते हैं?
   A. प्रौढ़ावस्था   B. पूर्व बाल्यावस्था
   C. बाल्यावस्था   D. किशोरावस्था

15. बच्चों के बौद्धिक विकास की चार विशिष्ट अवस्थाओं की पहचान की गई
   A. एरिकसन द्वारा   B. स्किनर द्वारा
   C. पियाजे द्वारा   D. कोहलबर्ग द्वारा

16. वह स्तर जिसमें बच्चा किसी वस्तु एवं घटना के बारे में तार्किक रूप से सोचना शुरू करता है, कहा जाता है
   A. संवेदन प्रणोद अवस्था
   B. औपचारिक क्रियात्मक अवस्था
   C. पूर्व क्रियात्मक अवस्था
   D. मूर्त क्रियात्मक अवस्था

17. बच्चों के बौद्धिक विकास के चार सुस्पष्ट स्तरों को पहचाना गया था
   A. कोहलबर्ग द्वारा   B. एरिक्सन द्वारा
   C. स्कीनर द्वारा   D. पियाजे द्वारा

18. विद्यार्थियों को विद्यालय में खेलना क्यों उचित है?
   A. यह उन्हें शारीरिक रूप से सशक्त बनाएगा
   B. यह शिक्षकों के लिए काम आसान करेगा
   C. यह समय बिताने में सहायक होगा
   D. यह सहयोग एवं शारीरिक संतुलन का विकास करेगा

19. परिवार एक साधन है
   A. अनौपचारिक शिक्षा का
   B. औपचारिक शिक्षा का
   C. गैर-औपचारिक शिक्षा का
   D. दूरस्थ शिक्षा का

20. एक शिक्षक विद्यार्थियों में सामाजिक मूल्यों को विकसित कर सकता है

   A. महान व्यक्तियों के बारे में बोलकर
   B. अनुशासन की अनुभूति को विकसित कर
   C. आदर्श रूप से बर्ताव कर
   D. उन्हें अच्छी कहानियाँ सुनाकर

21. एक शिक्षक के लिए सबसे महत्वपूर्ण क्या है?
   A. कक्षा में अनुशासन बनाए रखना
   B. कक्षा में समयानुवर्ती होना
   C. विद्यार्थियों की कठिनाइयों को दूर करना
   D. एक सुवक्ता होना

22. शिक्षा की किण्डरगार्टेन पद्धति का प्रतिपादन किया
   A. टी.पी. नन ने   B. स्पेंसर ने
   C. फ्रोबेल ने   D. माण्टेसरी ने

23. बचपन का सांप्रतिक दृष्टिकोण की मान्यता है
   A. बहुत तरीके से बच्चे प्राप्त वयस्कों के बराबर होते हैं
   B. बच्चों को युवा प्राप्तवयस्कों के रूप में सबसे अच्छा माना जाता है
   C. बचपन आधारिक रूप से 'प्रतीक्षा अवधि' है
   D. बचपन वृद्धि एवं परिवर्तन की एक अनूठी अवधि है

24. असंगठित घर से आनेवाला बच्चा सबसे अधिक कठिनाई का अनुभव करेगा
   A. सुनिर्मित पाठों में   B. स्वतंत्र अध्ययन में
   C. नियोजित निर्देश में   D. अभ्यास पुस्तिकाओं में

25. चरित्र का विकास होता है
   A. इच्छाशक्ति द्वारा
   B. बर्ताव एवं व्यवहार द्वारा
   C. नैतिकता द्वारा
   D. इनमें से सभी

26. शिक्षक का बर्ताव होना चाहिए
   A. प्रशासनात्मक   B. शिक्षाप्रद
   C. आदर्शवादी   D. निदेशात्मक

27. बालिका शिक्षा को महत्ता देना उचित है, कारण
   A. बालिकाएँ बालकों से अधिक बुद्धिमती हैं
   B. बालिकाएँ बालकों से अल्पसंख्यक हैं
   C. अतीत में बालिकाओं को बुरी तरह से विभेदित किया जाता था
   D. किसी सामाजिक परिवर्तन के नेतृत्व में केवल बालिकाएँ समर्थ हैं

28. यदि कोई विद्यार्थी आपका सम्मान नहीं करता है तो आप
A. उसकी उपेक्षा करेंगे
B. परीक्षा में कम अंक देंगे
C. उसके अभिभावकों से बात करेंगे
D. उसे डांटेंगे

29. निम्न में से किस स्तर में बच्चे अपने समकक्षी वर्ग के सक्रिय सदस्य बनते हैं?
A. किशोरावस्था
B. वयस्कावस्था
C. प्राक् बाल्यावस्था
D. बाल्यावस्था

30. एक प्रसामान्य 12 वर्ष उम्र के बच्चे में सबसे अधिक होना संभव है
A. कुल प्रेरक समन्वय में कठिनाई
B. वयस्कों को खुश करने के बारे में दुश्चिन्ता की अनुभूति
C. अब और यहाँ में उसकी रुचियों को सीमित करना
D. समकक्षी के अनुमोदन के लिए बेचैनी

31. बाल विकास की परिभाषा का अध्ययन क्षेत्र है जो
A. मानवीय सामर्थ्यों में परिवर्तन का परीक्षण करता है
B. जीवन अवधि के दौरान व्यवहार की व्याख्या ढूंढ़ेगा
C. बच्चों व वयस्क तथा वरिष्ठ नागरिकों के साथ तुलना करेगा
D. किसी बच्चे का संज्ञानात्मक, सामाजिक तथा दूसरे सामर्थ्यों का क्रमिक विकास के लिए उत्तरदायी होगा

32. प्राथमिक शिक्षक के लिए बाल मनोविज्ञान का ज्ञान आवश्यक है, क्योंकि
A. यह बच्चों को अनुशासित बनाने में सहायता करता है
B. परीक्षा के परिणाम में उन्नति होती है
C. यह बच्चों को अभिप्रेरित करने के लिए सुविधाजनक तरीका बन जाता है
D. यह बच्चों के व्यवहार को समझने में शिक्षक की सहायता करता है

33. विद्यार्थी में अवांछित व्यवहार को किंचित परिवर्तन करने में सबसे प्रभावी पद्धति है
A. विद्यार्थी को दण्ड देना
B. अभिभावकों के ध्यान में इसे लाना

C. अवांछित व्यवहार के कारणों को ढूंढ़ना एवं उपचार का प्रबंधन करना
D. इसकी उपेक्षा करना

34. किसी विद्यार्थी की सबसे महत्वपूर्ण विशेषता है
A. उत्तरदायित्व की अनुभूति
B. ईमानदारी
C. सहभागिता
D. आज्ञाकारिता

35. बुनियादी स्तर पर मातृभाषा में शिक्षा देना बेहतर है, क्योंकि यह
A. बच्चों में आत्मविश्वास का विकास करेगा
B. अधिगम को सरल बनाएगा
C. बौद्धिक विकास में सहायता करेगा
D. प्राकृतिक वातावरण में बच्चों को सीखने में सहायता करेगा

36. शिक्षा का उद्देश्य होना चाहिए
A. विद्यार्थियों में व्यावसायिक कुशलता का विकास करना
B. विद्यार्थियों में सामाजिक जागरूकता का विकास करना
C. विद्यार्थियों को परीक्षा के लिए तैयार करना
D. व्यावहारिक जीवन के लिए विद्यार्थियों को तैयार करना

37. 'खिलौनों की आयु' कहा जाता है?
A. पूर्व बाल्यावस्था को
B. उत्तर बाल्यावस्था को
C. शैशवावस्था को
D. इनमें से सभी

38. निम्न में से कौन-सी पूर्व बाल्यावस्था की विशेषता नहीं है?
A. दल/समूह में रहने की अवस्था
B. अनुकरण करने की अवस्था
C. प्रश्न करने की अवस्था
D. खेलने की अवस्था

39. उत्तर बाल्यावस्था में बालक भौतिक वस्तुओं के किस आवश्यक तत्व में परिवर्तन समझने लगते हैं?
A. द्रव्यमान
B. द्रव्यमान और संख्या
C. संख्या
D. द्रव्यमान, संख्या और क्षेत्र

40. विकास का अर्थ है :
A. परिवर्तनों की उत्तरोत्तर शृंखला
B. अभिप्रेरणा के फलस्वरूप होने वाले परिवर्तनों की उत्तरोत्तर शृंखला
C. अभिप्रेरणा एवं अनुभव के फलस्वरूप होने वाले परिवर्तनों की उत्तरोत्तर शृंखला
D. परिपक्वता एवं अनुभव के फलस्वरूप होने वाले परिवर्तनों की शृंखला।

41. विकास के सन्दर्भ में से कौन-सा कथन सत्य नहीं है?
A. विकास की प्रत्येक अवस्था के अपने खतरे हैं
B. विकास उकसाने/बढ़ावा देने से नहीं होता है
C. विकास सांस्कृतिक परिवर्तनों से प्रभावित होता है
D. विकास की प्रत्येक अवस्था की अपनी विशेषताएँ होती हैं

42. निम्न में से कौन-सा विकासात्मक कार्य उत्तर बाल्यावस्था के उपयुक्त नहीं है?
A. सामान्य खेलों के लिये आवश्यक शारीरिक कुशलताएँ सीखना
B. पुरुषोचित या स्त्रियोचित सामाजिक भूमिकाओं को प्राप्त करना
C. वैयक्तिक आत्मनिर्भरता प्राप्त करना
D. अपने हमउम्र बालकों के साथ रहना सीखना

43. सामान्य परिपक्वन से पहले प्रशिक्षित करना प्राय :
A. सामान्य कौशलों के निष्पादन के संदर्भ में बहुत लाभकारी होता है
B. कुल मिलाकर हानिकारक होता है
C. दीर्घकालिक दृष्टि से लाभकारी होता है
D. लाभकारी हो या हानिकारक, यह इस पर निर्भर करता है कि प्रशिक्षण में किस प्रकार की विधि का प्रयोग किया गया है।

44. पाँच वर्ष का राजू अपनी खिड़की के बाहर तूफान को देखता है। बिजली चमकती है और कड़कने की आवाज आती है। राजू शोर सुनकर उछलता है। बार-बार यह घटना होती है। फिर कुछ शान्ति के पश्चात् बिजली कड़कती है। राजू बिजली की गर्जना सुनकर उछलता है। राजू का उछलना सीखने के किस सिद्धान्त का उदाहरण है?
A. शास्त्रीय अनुबन्धन
B. क्रियाप्रसूत अनुबन्धन
C. प्रयत्न एवं भूल
D. इनमें से कोई नहीं

45. 6 से 10 वर्ष की अवस्था में बालक रुचि लेना प्रारम्भ करते हैं :
A. धर्म में
B. मानव शरीर में
C. यौन सम्बन्धों में
D. विद्यालय में

46. कौन सिद्धान्त व्यक्त करता है कि मानव मस्तिष्क एक बर्फ की बड़ी चट्टान के समान है जो कि अधिकांशतः छिपी रहती है एवं उसमें चेतन के तीन स्तर हैं?
A. गुण सिद्धान्त
B. प्रकार सिद्धान्त
C. मनोविश्लेषणात्मक सिद्धान्त
D. व्यवहारवाद सिद्धान्त

47. समायोजन से तात्पर्य स्वयं का विभिन्न परिस्थितियों में अनुकूलन करना है ताकि सन्तुष्ट किया जा सके
A. दूसरों को
B. प्रेरकों को
C. उद्देश्यों को
D. आवश्यकताओं को

48. विद्यार्थियों के अच्छा मानसिक स्वास्थ्य को बनाये रखने के लिए निम्न में से कौन-सा तरीका अधिक महत्वपूर्ण है?
A. सहशैक्षिक क्रियाओं का प्रावधान
B. अभिव्यक्ति की स्वतन्त्रता
C. रुचियों की भिन्नता
D. अध्यापक की भूमिका एवं विद्यालयी वातावरण

49. क्रियात्मक अनुसन्धान के सम्बन्ध में निम्न में से कौन-सा कथन सही नहीं है?
A. यह अध्यापकों एवं शिक्षा व्यवसाय से जुड़े लोगों के द्वारा किया जाता है
B. यह किसी विशिष्ट समस्या के समाधान के लिए किया जाता है
C. व्यापक स्तर पर निर्णय लेने के लिए सूचना संकलन का कार्य इसमें किया जाता है
D. स्थानीय स्तर पर रोजमर्रा की समस्याओं के समाधान के लिये क्रियात्मक अनुसन्धान किया जाता है

50. दबाव को कम करने एवं परीक्षाओं में सफलता के लिए आवश्यक है
A. कम अवधि की परीक्षाओं में अंतरण
B. विद्यालयी शिक्षा की विभिन्न चरणों में परीक्षाओं का आयोजन
C. वार्षिक एवं अर्द्धवार्षिक परीक्षायें
D. विभिन्न प्रवेश परीक्षाओं के लिए विभिन्न एजेन्सियों की स्थापना

51. मूल्यांकन का उद्देश्य है :
A. बालकों को धीमी गति से सीखने वाले एवं प्रतिभाशाली बालकों के रूप में लेबल करना
B. जिन बालकों को उपचारात्मक शिक्षा की आवश्यकता है, उनकी पहचान करना
C. अधिगम की कठिनाइयों व समस्या वाले क्षेत्रों का पता लगाना
D. उत्पादक जीवन जीने के लिए शिक्षा किस सीमा तक तैयार कर पाई है, का पुष्टिपोषण प्रदान करना

52. प्राथमिक विद्यालयों के बालकों के लिए निम्न में किसे बेहतर मानते हैं?
A. वीडियो अनुरूपण
B. प्रदर्शन
C. स्वयं के द्वारा किया गया अनुभव
D. इनमें से सभी

53. निम्न में से कौन-सा कथन विकास के बारे में सत्य नहीं है?
A. विकास अन्तःक्रिया का फल है
B. विकास एक व्यवस्थित शृंखला का अनुगामी है
C. विकास एक व्यक्तिगत प्रक्रिया है
D. विकास विशिष्ट से सामान्य की ओर होता है

54. बालकों की सोच अमूर्तता की अपेक्षा मूर्त अनुभवों एवं प्रत्ययों से होती है। यह अवस्था है :
A. 7 से 12 वर्ष तक
B. 12 से वयस्क तक
C. 2 से 7 वर्ष तक
D. जन्म से 2 वर्ष तक

55. मानव विकास किन दोनों के योगदान का परिणाम है?
A. अभिभावक एवं अध्यापक का
B. सामाजिक एवं सांस्कृतिक कारकों का
C. वंशक्रम एवं वातावरण का
D. इनमें से कोई नहीं

56. निम्न में से कौन प्याजे के अनुसार बौद्धिक विकास का निर्धारक तत्व नहीं है?
A. सामाजिक संचरण
B. अनुभव
C. सन्तुलनीकरण
D. इनमें से कोई नहीं

57. गिलफोर्ड ने 'अभिसारी चिन्तन' पद का प्रयोग किसके समान अर्थ में किया है?
A. बुद्धि
B. सृजनात्मकता
C. बुद्धि एवं सृजनात्मकता
D. इनमें से कोई नहीं

58. निम्न में से कौन-सा कथन रुचि के बारे में सत्य नहीं है?
A. रुचियाँ जन्मजात और अर्जित दोनों होती हैं
B. रुचियाँ समय के अनुसार बदलती रहती हैं
C. रुचियाँ योग्यताओं एवं अभिक्षमताओं से सम्बन्धित नहीं होती हैं
D. रुचियाँ व्यवहार में आकर्षण एवं विकर्षण के प्रतिबिम्ब नहीं हैं

59. अभिवृत्ति है
A. एक भावात्मक प्रवृत्ति जो अनुभव के द्वारा संगठित होकर किसी मनोवैज्ञानिक वस्तु के प्रति पसंदगी या नापसंदगी के रूप में प्रतिक्रिया करती है
B. एक ऐसी विशेषता जो व्यक्ति की योग्यता का परिचायक है जिसे किसी प्रदत्त क्षेत्र में विशिष्ट प्रशिक्षण, ज्ञान अथवा कौशल से सीखा जा सकता है
C. व्यक्ति की बीजभूत क्षमता जो कि विशिष्ट प्रकार की होती है
D. इनमें से कोई नहीं

60. व्यक्तित्व एवं बुद्धि में वंशानुक्रम की
A. नाममात्र की भूमिका है
B. महत्वपूर्ण भूमिका है
C. अपूर्वानुमेय भूमिका है
D. आकर्षक भूमिका है

61. जिन इच्छाओं की पूर्ति नहीं होती, उनका भण्डारगृह निम्न में से कौन-सा है?
A. इदम्
B. अहम्
C. परम अहम्
D. इदम् एवं अहम्

62. रक्षा तंत्र बहुत सहायता करता है :
A. हिंसा से निपटने में
B. दबाव से निपटने में
C. थकान से निपटने में
D. अजनबियों से निपटने में

63. बालक प्रसंगबोध परीक्षण 3 वर्ष से 10 वर्ष की आयु के बालकों के लिए बनाया गया है। इस परीक्षण में कार्ड में प्रतिस्थापित किये गये हैं?

A. सजीव वस्तुओं के स्थान पर निर्जीव वस्तुओं को

B. लोगों के स्थान पर जानवरों को

C. पुरुषों के स्थान पर महिलाओं को

D. वयस्क के स्थान पर बालकों को

64. निम्न में से कौन-सा कथन सही नहीं है?

A. आवश्यकता वंचना की शारीरिक अवस्था नहीं है

B. अन्तर्नोद आवश्यकता का मनोवैज्ञानिक परिणाम है

C. आवश्यकता एवं अन्तर्नोद समान नहीं हैं, बल्कि समानान्तर हैं

D. मूलप्रवृत्तियाँ आन्तरिक जैविक बल हैं

65. क्रियात्मक अनुसन्धान का उद्देश्य है

A. नवीन ज्ञान की खोज

B. शैक्षिक परिस्थितियों में व्यवहार विज्ञान का विकास

C. विद्यालय तथा कक्षा की शैक्षिक कार्य प्रणाली में सुधार लाना

D. इनमें से सभी

66. प्राइमरी स्तर पर छात्रों को मातृभाषा के माध्यम से पढ़ाना अच्छा होता है क्योंकिः

A. इससे बच्चों को शिक्षा स्वाभाविक वातावरण में मिलती है

B. इससे अध्यापक को अनुभवों को बांटने में सुविधा होती है

C. उपरोक्त दोनों

D. उपरोक्त में से कोई नहीं

67. छात्रों में ''श्रम का महत्त्व'' भावना का क्या अर्थ है?

A. शारीरिक श्रम करने से मान सम्मान नहीं घटता

B. कोई भी काम छोटा या बड़ा नहीं होता

C. सभी काम समान रूप से इज्जत वाले हैं

D. उपरोक्त सभी

68. शिक्षा का माध्यम ऐसी भाषा को बनाना चाहिए :

A. जिस पर जन साधारण का आधिपत्य हो

B. जो बाद में नौकरी के लिए उपयोगी हो

C. जो समृद्ध हो

D. जिसमें अच्छा सादृश्य उपलब्ध हो

69. क्या आप समझते हैं कि छात्र शिक्षक विरोधी होते हैं:

A. हां, क्योंकि शिक्षक उन्हें अनुशासित रखने का प्रयास करता है

B. नहीं, उनका विरोध मात्र उस व्यवस्था से होता है जो उनकी आवश्यकताओं की उपेक्षा करती है

C. हां, क्योंकि वे स्वतन्त्र वातावरण में जीना चाहते हैं जिसका अध्यापक अवसर नहीं देता

D. नहीं, यह सोचना ही गलत है

70. आपके विचार में शिक्षा तभी सार्थक होगी जब वह :

A. पाठ्यक्रम केन्द्रित हो   B. छात्र केन्द्रित हो

C. समाज केन्द्रित हो   D. रोजगार केन्द्रित हो

71. क्या आपके विचार में शिक्षक का व्यक्तित्व आकर्षक होना चाहिए?

A. हां, ताकि वह छात्रों को अपने व्यक्तित्व से भी प्रभावित कर सके

B. हां, ताकि लोग उससे बात करने से हिचकिचाएं

C. नहीं, इसकी कोई आवश्यकता नहीं है

D. हां, ताकि वह समाज में सबसे अलग दिखाई दे

72. खुला स्कूल व्यवस्था के सम्बन्ध में आपका क्या विचार है?

A. यह शिक्षा के प्रसार का अच्छा साधन है

B. इससे उन छात्रों को भी शिक्षा प्राप्त करने का अवसर मिल जाता है जो किसी कारणवश पढ़ना छोड़ चुके होते हैं

C. इससे घर बैठे पाठ्य सामग्री प्राप्त हो जाती है

D. (A) तथा (B) दोनों

73. स्कूल पाठ्यक्रम में जनसंख्या शिक्षा शामिल करने का लाभ यह है कि :

A. इससे छात्रों को जनसंख्या विस्फोट के कारण उपजी समस्याओं से अवगत कराया जा सकेगा

B. इससे छात्र आगे अपने परिवार को सुखी बना सकेंगे

C. इससे छात्र जनसंख्या नियन्त्रण की विधियों के विषय में जानेंगे

D. उपरोक्त सभी

74. शिक्षक की योग्यता एवं आचरण का सबसे अच्छा मूल्यांकन करते हैं :

A. उनके प्रधानाचार्य

B. विशेषज्ञ

C. उनके शिष्य

D. समाज के सम्भ्रांत लोग

75. आपके विचार में शिक्षा का उद्देश्य होना चाहिए :
A. बालकों का सर्वांगीण विकास
B. शिक्षा ग्रहण करने के बाद नौकरी
C. छात्रों को साक्षर बनाना
D. छात्रों की मानसिक योग्यता का विकास

76. भारत में विभिन्न छात्रों के बीच शिक्षा की विषमता के क्या कारण हैं ?
A. निजी और सरकारी दोनों प्रकार के स्कूलों में शिक्षा का स्तर भिन्न-भिन्न होना
B. विभिन्न राज्यों में पाठ्यक्रमों के बीच असमानता
C. देश के विभिन्न भागों में मूल्यांकन के स्तर का भिन्न-भिन्न होना
D. (A) तथा (B) दोनों

77. यदि कोई छात्र अपनी आशा से कम अंक पाता है तो उसे आप क्या कह कर सांत्वना देंगे ?
A. तुम्हें अपने परिश्रम में विश्वास रखना चाहिए
B. परीक्षा में अंक कम मिलने के पीछे परीक्षक की लापरवाही भी हो सकती है
C. हो सकता है तुम्हारे उत्तर अति विचित्र होने के कारण परीक्षक को समझ में न आये हों
D. उपरोक्त सभी

78. अच्छे पारिवारिक परिवेश वाले बच्चे ही आगे बढ़ पाते हैं इस संदर्भ में आपका मत है कि :
A. इनके बच्चों में सभी सुख-सुविधाएं मौजूद रहती हैं
B. इनके बच्चों के ऊपर कोई बोझ नहीं रहता
C. इनके बच्चे अच्छे लोगों के संपर्क में रहते हैं
D. अच्छे पारिवारिक परिवेश में क्लेश नहीं मिलता

79. किसी कार्य योजना को बनाते समय बहुत सी बातों को 'तब की तब सोची जायेगी', उक्ति पर छोड़ा जाता है इस पर आप क्या सोचते हैं?
A. एक निराशावादी विचार
B. एक आशावादी विचार
C. एक श्रेष्ठतम विचार
D. एक मूर्खतापूर्ण विचार

80. छात्रों में असामाजिक गुण विकसित होते हैं आपका विचार है :

A. विद्यालय के परिसर में
B. घर की चारदीवारी के अंदर
C. बुरी संगत में
D. शिक्षकों तथा अभिभावकों के दण्डात्मक उपचार से

81. किसी व्यक्ति का चरित्र सबसे ज्यादा प्रभावित होता है, आप क्या मानते हैं ?
A. पारिवारिक परिवेश से
B. विद्यालय परिवेश से
C. मित्रों के साथ रहने से
D. छात्रावास के परिवेश से

82. कुछ बच्चे अपने से बड़ों के प्रति आदरसूचक शब्दों का प्रयोग नहीं करते हैं तो आप :
A. मानवीय गुणों के बारे में व्याख्यान देंगे
B. उन्हें शिष्ट व्यवहार करने के लिए प्रेरित करेंगे
C. बड़ों के प्रति सम्मान व आदर करने के लिए कहेंगे
D. उन्हें डांटकर बड़ों के प्रति आदर सूचक शब्दों का प्रयोग करने को कहेंगे

83. बच्चों में सामान्य ज्ञान विकसित करने के लिए आप :
A. सामान्य ज्ञान बढ़ायेंगे
B. सामान्य ज्ञान जानने के लिए प्रेरित करेंगे
C. रोज समाचार-पत्र पढ़ने के लिए कहेंगे
D. पुस्तकालयों में जाने के लिए कहेंगे

84. विद्यालय में 'पर्यावरण शिक्षा' से आपका अभिप्राय है :
A. छात्रों में पर्यावरण का ज्ञान हो जाये
B. छात्रों का मनोरंजन हो
C. पर्यावरण को दूषित होने से बचाया जा सके
D. छात्रों पर अतिरिक्त बोझ डालना

85. सरकारी स्कूलों में शिक्षा के स्तर को ऊंचा उठाने के लिए आप का क्या सुझाव है?
A. उत्पाद की गुणवत्ता में कमी को अध्यापक की लापरवाही से जोड़ना
B. अध्यापकों पर शिकंजा कसने के लिए नए कानून बनाना।
C. मूल्यांकन प्रक्रिया में सुधार।
D. उपरोक्त सभी।

86. स्कूली शिक्षा का निजीकरण आप की दृष्टि में कैसा है?
A. उचित नहीं है
B. आवश्यक है क्योंकि सरकार शिक्षा का इतना बड़ा भार अपने कंधों पर अकेले नहीं ले सकती।

C. सरकार का अपने कंधों पर दायित्वों से भागना है।

D. उपरोक्त कोई नहीं।

87. भारत में सतत् मूल्यांकन प्रणाली स्कूलों में लागू न होने का कारण है :

A. योजनाबद्ध शिक्षण का न होना

B. सरकार की शिक्षा के प्रति उदासीनता

C. प्रधानाचार्यों का शिक्षा विभाग के बंधे टके नियमों पर चलना

D. (A) तथा (C) दोनों

88. सम्मान प्राप्त करने के लिए दूसरों को सम्मान देना अति आवश्यक है यह उक्ति लागू होती है :

A. कार्यालयों एवं कार्यस्थलों में

B. केवल सामाजिक परिस्थितियों में

C. स्कूलों सहित सभी स्थानों पर समान रूप से

D. केवल स्कूलों में

89. वर्तमान आधुनिक शिक्षा एवं उसका स्वरूप है :

A. छात्रों के लिए लगभग व्यर्थ

B. छात्रों को दिशा देने में असमर्थ

C. अत्यन्त उपयुक्त एवं भिन्नताओं पर आधारित

D. छात्रों के लिए गलत शेष सब के लिए सही

90. शिक्षा के क्षेत्र में आप उपयुक्त एवं योग्य व्यक्तियों को किस प्रकार प्रेरित करेंगे ?

A. उन्हें उपयुक्त पद देकर

B. प्रशंसा द्वारा

C. शोध, प्रोत्साहन एवं पुरस्कार देकर

D. अच्छे वेतन द्वारा

91. वर्तमान में किस प्रकार की शिक्षा छात्रों तथा समाज के लिए लाभप्रद है?

A. रोजगार परक व्यावसायिक शिक्षा

B. नैतिक मूल्यों को उजागर करने वाली धार्मिक शिक्षा

C. प्रौद्योगिक का ज्ञान देने वाली शिक्षा

D. विशेषज्ञता प्रदान करने वाली शिक्षा

92. शिक्षकों को राष्ट्रीय भावना के विकास हेतु क्या कदम उठाना चाहिए ?

A. राष्ट्रीयता के विरोधी तत्वों का दमन करना चाहिए

B. विद्यालय में ऐसे कार्यक्रमों का आयोजन करना चाहिए जिससे छात्रों में राष्ट्रीय भावना जागे

C. राष्ट्रीय भाषा का अधिकाधिक प्रयोग करना चाहिए

D. पूरे राष्ट्र के लिए एक ही जैसे विषय वस्तु की वकालत करनी चाहिए

93. एक अध्यापक के रूप में आप जाति एवं वंश के नाम पर भेदभाव को कैसा समझते हैं ?

A. इस व्यवस्था का सम्बन्ध धर्म एवं आस्था से है इसलिए इसे समाप्त नहीं किया जा सकता

B. यह अवैज्ञानिक सोच है जिसको वर्तमान समाज में कोई स्थान नहीं दिया जा सकता

C. इस भावना को समाज से अविलम्ब समाप्त होना चाहिए

D. (A) तथा (C) दोनों

94. बच्चों में मौलिक चिन्तन की शक्ति :

A. विकसित की जा सकती है

B. जन्मजात होती है

C. स्वअध्ययन से बढ़ती है

D. (A) तथा (C) दोनों

95. आपके विचार में चिन्तन शक्ति विकसित करने का क्या उपाय है?

A. छात्रों को समस्या समाधान विधि से पढ़ाया जाये

B. छात्रों को खोज एवं ब्रेन स्टार्मिंग विधि से पढ़ाया जाये

C. छात्रों में स्व-अध्ययन की आदत का विकास किया जाये

D. उपरोक्त सभी

96. किसी अनुत्तीर्ण छात्र को उत्तीर्ण करने के लिए दबाव डाला जाए तो आप :

A. परिस्थितिवश छात्र को उत्तीर्ण कर देंगे

B. छात्र को किसी दशा में उत्तीर्ण नहीं करेंगे

C. सहयोगियों से परामर्श कर कदम उठायेंगे

D. विद्यालय से अवकाश ले लेंगे

97. आप विद्यालय में नये हैं कक्षा में अध्यापन के समय छात्र और बाहर सहकर्मी आपसे सन्तुष्ट प्रतीत नहीं होते हैं आपः

A. प्रधानाचार्य से निर्देश लेंगे

B. विषय की तैयारी करके पढ़ायेंगे

C. सहकर्मियों की सन्तुष्टि को प्राथमिकता देंगे

D. सोंचगे कि शुरू में तो ऐसा होता ही है

98. बच्चों की शिक्षा में यह अधिक आवश्यक है कि :
- A. बच्चों को गलत काम करने पर दंडित किया जाये
- B. बच्चों का सर्वांगीण विकास हो
- C. बच्चों को पर्याप्त स्नेह दिया जाये
- D. बच्चों में सही आदतें डाली जायें

99. एक छात्र की दृष्टि से विद्यालय में छात्र-संघ संगठन के बारे में आपकी धारणा है :
- A. इनसे कोई लाभ नहीं है
- B. विद्यालय में दादागिरी फैलती है
- C. शिक्षकों के अन्यायों के विरुद्ध लड़ने का एक साधन है
- D. छात्रों में नेतृत्व की भावना बढ़ती है

100. छात्रों को मूल्यों की शिक्षा देना आवश्यक है, क्योंकि :
- A. इससे उनका बौद्धिक विकास बढ़ेगा
- B. माता-पिता प्रसन्न होंगे
- C. उनमें सद्गुणों के प्रति आस्था और सजगता बढ़ेगी
- D. यह भी एक शिक्षा है

101. छात्रों में श्रम के महत्त्व के विकास हेतु:
- A. शिक्षक को स्वयं श्रम करना चाहिए
- B. श्रम के महत्त्व पर भाषण देना चाहिए
- C. छात्रों को समय-समय पर श्रम करने का अवसर देना चाहिए
- D. छात्रों को श्रमजीवी लोगों के उदाहरण देने चाहिए

102. आदर्श और नैतिकता के सम्बन्ध में आपका विचार है :
- A. आदर्श और नैतिकता विद्यालय की चार दीवारी के अंदर तक ही सीमित है
- B. आदर्श और नैतिकता पुस्तकों तक ही सीमित है
- C. आदर्श और नैतिकता शिक्षकों की जबान तक ही सीमित है
- D. आदर्श और नैतिकता का अभी भी पालन हो रहा है

103. किसी छात्र में असामाजिक गुण दिखता है तो आप सोचते हैं कि ऐसा :
- A. शिक्षकों के अकुशल व्यवहार के कारण है
- B. माता-पिता के दुर्व्यवहार के कारण है
- C. असामाजिक गुणों के कारण है
- D. दूषित सामाजिक परिवेष के कारण है

104. छोटे बच्चों को शिक्षा देना जरूरी है परन्तु उनके ऊपर किस प्रकार का बोझ अपेक्षित नहीं है?
- A. लिखने का बोझ
- B. विद्यालय जाने का बोझ
- C. गृहकार्य का बोझ
- D. पढ़ने का बोझ

105. बच्चों को कहानी सुनाकर पढ़ाना चाहिए। आपका विचार है कि :
- A. कहानी विषय को रोचक बनाती है
- B. कहानी बच्चों के मस्तिष्क को केन्द्रित करती है
- C. कहानी बच्चों को सिखाने में अधिक सक्षम क्रियाकलाप है
- D. कहानी से शिक्षण कार्य नियंत्रित रहता है

106. आपके अनुसार प्रभावी संप्रेषण संभव हो सकता है :
- A. आपके उचित शब्द प्रयोग से
- B. आपके विस्तृत ज्ञान से
- C. श्रोता के स्तर को जानकर
- D. जोर से बोलकर

107. शिशु शिक्षा के संबंध में आप की राय है :
- A. स्त्रियां ही शिशुओं की अच्छी शिक्षक हो सकती हैं
- B. शिशु शिक्षा की जिम्मेदारी माँ के ऊपर होनी चाहिए
- C. शिशु शिक्षा छात्रावास में उत्तम होगी
- D. शिशु शिक्षा के लिए मनोवैज्ञानिक पद्धति उपयुक्त है

108. आप देश की दिशा बदलने में किसकी भूमिका महत्त्वपूर्ण मानते हैं ?
- A. उच्च विद्यालयों के शिक्षकों की
- B. शिक्षकों के रचनात्मक कार्यों की
- C. शिक्षक तो केवल छात्रों की दिशा बदल सकता है
- D. शिक्षक केवल पढ़ा सकता है

109. एक शिक्षक के रूप में आप किस भावना को बढ़ाने में मदद करेंगे?
- A. भेदभाव की भावना को
- B. जाति-धर्म के नाम पर कोई भेदभाव नहीं हो
- C. एक-दूसरे की मदद करने की भावना हो
- D. ईर्ष्या की भावना को

110. हमारी शिक्षा-प्रणाली तथा उसके गिरते स्तर में सुधार न होने का कारण है :
- A. शिक्षा के प्रति सरकारी तन्त्र की उदासीनता
- B. योग्य अध्यापकों का चयन न होना
- C. जवाबदेही की भावना का अभाव
- D. उपरोक्त सभी

111. विद्यालय के वार्षिक कार्यक्रमों में आपने देखा कि किसी एक अध्यापक को प्रधानाचार्य की ओर से कोई दायित्व नहीं दिया गया तो आप :

A. इस मामले को अध्यापक संघ में उठायेंगे

B. प्रधानाचार्य से जाकर बात करेंगे कि ऐसा क्यों है

C. स्वयं भी दायित्व निभाने से इनकार कर देंगे

D. इस पर कोई ध्यान नहीं देंगे

112. तीन या चार वर्ष के बालक के लिए उचित दण्ड हो सकता है :

A. उसे डण्डे से भयभीत करना

B. उसे कक्षा में खड़ा कर देना

C. उसे उसके पिता की उपेक्षा का भय दिलाना

D. उसे उसकी माता की उपेक्षा का भय दिलाना

113. आपकी नजर में कौन सबसे अच्छा अध्यापक है ?

A. जो श्यामपट्ट का अच्छा प्रयोग करता हो

B. जो सुस्पष्ट बोलता है

C. जो विद्यार्थियों को कक्षा में शोर नहीं मचाने देता

D. जो विषय वस्तु के मुश्किल पक्षों को भी आसान करके समझाता हो

114. शिक्षक छात्र के लिए :

A. पिता की स्थिति में होता है

B. माता की स्थिति में होता है

C. मित्र व हितैषी की स्थिति में होता है

D. उपरोक्त सभी

115. शिक्षक का वह गुण जो उसे अन्य व्यवसायियों से अलग करता है वह है उसकी :

A. कर्मठता

B. अध्ययनशीलता

C. भाषण देने में निपुणता

D. उपरोक्त तीनों

116. शिक्षक को शिक्षा के क्षेत्र में पाई जाने वाली समस्याओं का जानना अति आवश्यक है क्योंकि :

A. वह इनके समाधान के लिए अपनी राय दे सकता है

B. इससे अध्यापक की संवेदनशीलता बढ़ती है और वह अधिक निष्ठा से काम कर सकता है

C. वह प्रधानाचार्य को इसकी जानकारी देने के लिए उत्तरदायी है

D. उसे ही समाज को बदलना है

117. एक शिक्षक को ज्ञान के अलावा अपने विद्यार्थियों को और क्या सिखाना चाहिए?

A. समय का सदुपयोग

B. लक्ष्य प्राप्ति के लिए अथक प्रयास

C. विपरीत परिस्थितियों में भी संयम व संतुलन न खोना

D. उपरोक्त सभी

118. बच्चों के पढ़ाई के प्रति गम्भीर न होने का कारण है :

A. जीवन के स्पष्ट लक्ष्य का अभाव

B. शिक्षा के द्वारा उन्हें पुष्ट-पोषण न मिलना

C. अशिक्षित पारिवारिक परिवेश

D. (A) तथा (B) दोनों

119. शिक्षा के स्वरूप के सम्बन्ध में आपका क्या विचार है?

A. शिक्षा सभी को मिलनी चाहिए

B. शिक्षा ऐसी हो जो व्यक्ति को आगे चलकर स्वावलम्बी बनाये

C. शिक्षा ऐसी हो जो देश के सभी नागरिकों को एक सूत्र में बांध सके

D. उपरोक्त सभी

120. आप अपने बच्चे का प्रवेश ऐसी संस्था में कराने का प्रयत्न करेंगी जिसमें :

A. कठोर अनुशासन हो

B. समृद्ध व्यक्तियों के बच्चे पढ़ते हों

C. नकल करके पास होने की सुविधा हो

D. छात्र के चतुर्मुखी विकास पर ध्यान दिया जाता हो

121. किस विद्वान ने सीखने (पाठ योजना) के पांच चरण (Five steps in learning) बताए थे?

A. फ्रोबेल   B. कमीनियस

C. प्लेटो   D. हर्बर्ट

122. पाठशाला जिस समुदाय के बच्चों के लिए होती है, उसकी आवश्यकता के अनुरूप ही पाठशाला की:

A. पाठ्यचर्या (curriculum) होनी चाहिए

B. इमारत होनी चाहिए

C. शिक्षण विधि होनी चाहिए

D. शिक्षा का स्तर होना चाहिए

123. पठन-पाठन विधि के निम्नलिखित चरणों में से किस चरण पर अध्यापक को सबसे अधिक समय देना चाहिए?

A. तैयारी
B. प्रस्तुतीकरण
C. तुलना
D. सामान्यीकरण

124. किसी छात्र की उपलब्धि का मूल्यांकन किस आधार पर किया जाना चाहिए?

A. कक्षा के सबसे तेज (मेधावी) छात्र के साथ तुलना करके

B. कक्षा के सामान्य छात्र से की जाने वाली अपेक्षा के साथ तुलना करके

C. उस छात्र की इससे पहले क्या उपलब्धि थी–उसके साथ तुलना करके

D. उपरोक्त सभी के साथ तुलना करके

125. मार्गदर्शन (guidance) :

A. स्वयं को बेहतर तरीके से समझने में सहायता करता है

B. निर्णय करने में सहायता करता है

C. (क) और (ख) दोनों

D. उपरोक्त में से कोई भी नहीं

126. शिक्षा की प्रोजेक्ट विधि का आधार है:

A. कक्षा की व्यवस्था ठीक रखने का सिद्धांत

B. विद्यार्थियों की प्रतिभा का मूल्यांकन का सिद्धांत

C. करके सीखने का सिद्धांत

D. विश्लेषण क्षमता के लिए विकास का सिद्धांत

127. आप अपनी कक्षा के छोटे बच्चों को बाजार में खरीदारी करने और नकद भुगतान करने का व्यावहारिक अभ्यास कराने की दृष्टि से छोटा-बाजार लगाने का आयोजन करते हैं। आपके स्कूल के प्रधानाध्यापक आपको इस आयोजन की अनुमति नहीं देते। ऐसी स्थिति में आप क्या करेंगे?

A. प्रधानाध्यापक की अनुमति न मिलने पर भी आप आयोजन करेंगे। क्योंकि यह आयोजन बच्चों को एक नया अनुभव देने के लिए है

B. आप बच्चों को प्रधानाध्यापक के पास जाने और उनसे अनुमति मांगने के लिए उकसाएंगे

C. आप स्वयं प्रधानाध्यापक से मिलकर उन्हें इस आयोजन के महत्व के बारे में समझाकर उनकी अनुमति प्राप्त करने की कोशिश करेंगे

D. आप स्कूल के अन्य अध्यापकों को साथ लेकर शिक्षा विभाग के अफसरों से मिलेंगे और उनको बताएंगे कि प्रधानाध्यापक किस प्रकार उनके मार्ग में दिक्कतें पैदा करता है

128. कौशल के विकास (Development of skills) के सम्बन्ध में आपकी क्या राय है?

A. समान बौद्धिक आयु के बच्चे समान गति से सीखते हैं

B. हो सकता है कि समान बौद्धिक आयु के बच्चे समान गति से न सीख सकें

C. समान गति से सीखने वाले बच्चों की बौद्धिक आयु समान होती है

D. उपरोक्त तीनों

129. यदि स्कूल में पूरे समय तक बच्चों को शिक्षा कार्यक्रमों में पूरी तरह व्यस्त रखा जाए, तो आपके ख्याल से कौन-सी समस्या पैदा नहीं होगी?

A. गृह-कार्य देने की आवश्यकता नहीं पड़ेगी

B. छात्रों को स्कूल के बाद ट्यूशन पढ़ने की जरूरत नहीं होगी

C. अनुशासनहीनता नहीं पैदा होगी

D. छात्रों में पढ़ने के प्रति रुचि में कमी नहीं आएगी

130. शिक्षा के क्षेत्र में फ्राबेल का सबसे महत्वपूर्ण योगदान था:

A. पब्लिक स्कूल
B. किंडरगार्टेन
C. विकलांगों की शिक्षा
D. शिक्षा की प्रोजेक्ट विधि

131. छात्रों की पढ़ाई के सम्बन्ध में मासिक रिपोर्ट अभिभावकों को भेजने से क्या लाभ होता है?

A. कोई लाभ नहीं होता, क्योंकि अधिकांश अभिभावक उन्हें देखते ही नहीं

B. लाभ के बजाय हानि की आशंका होती है क्योंकि कुछ अभिभावक रिपोर्ट देखकर शिक्षक से लड़ने के लिए स्कूल आ सकते हैं

C. अध्यापक और अभिभावक के बीच छात्र की प्रगति के सम्बन्ध में संवाद बना रहता है

D. छात्र के प्रति शिक्षक का उत्तरदायित्व बढ़ जाता है

132. बुद्धि-लब्धि परीक्षण (I.Q. Testing) आंदोलन का अग्रदूत कौन था?

A. अल्फ्रेड बिनेट
B. राबर्ट हटचिन्स
C. मारिया मान्टेसरी
D. एडलर

133. प्रश्न पूछने की कौन-सी विधि को आप उचित समझते हैं?

A. शिक्षक को प्रश्न कम-से-कम दो बार दोहरा देना चाहिए ताकि कोई छात्र यह न कहे कि उसे प्रश्न सुनाई नहीं पड़ा

B. प्रश्न पूछने के बाद छात्र को सोचने का मौका दीजिए, उसके बाद छात्र को उत्तर देने को कहिए
C. बेहतर है कि दो सम्बन्धित प्रश्नों को एक में मिलाकर पूछा जाए
D. उपरोक्त सभी

134. निःशुल्क और अनिवार्य प्राइमरी शिक्षा लागू होने के फलस्वरूपः
A. बालकों में साक्षरता बढ़ी है
B. देश में साक्षरता बढ़ी है
C. ग्रामीण क्षेत्रों में साक्षरता बढ़ी है
D. उपरोक्त तीनों

135. भाषा सीखने का प्रभावी उपाय हैः
A. पाठ्य-पुस्तकें पढ़ना   B. सहायक पुस्तकें पढ़ना
C. अखबार पढ़ना   D. वार्तालाप करना

136. पाठशाला में नित्य सब बच्चों का एकत्रीकरण और प्रार्थना (assembly and prayer) जरूरी है क्योंकिः
A. इस समय सब बच्चे एक-दूसरे से मिलने व बातचीत करने का अवसर पाते हैं
B. इस समय प्रधानाध्यापक या अन्य अध्यापक सब बच्चों को सम्बोधित कर सकते हैं और उन्हें आवश्यक सूचना/निर्देश दे सकते हैं
C. इससे समय की पाबंदी और अनुशासनबद्ध ढंग से लाईन में खड़े होने की ट्रेनिंग मिलती है
D. इससे पता लग जाता है कि कितने छात्र उपस्थित हैं

137. कोई छात्र लगातार काफी समय तक स्कूल से अनुपस्थित रहता है तो इस पर आपकी क्या प्रतिक्रिया होगी?
A. आप जानना चाहेंगे कि वह अनुपस्थित क्यों है
B. वह किसी वजह से अनुपस्थित होगा
C. कोई प्रतिक्रिया नहीं होगी क्योंकि छात्र की उपस्थिति या अनुपस्थिति से आपको कोई लगाव नहीं
D. यह अध्यापक का काम नहीं है कि वह पता लगाये कि छात्र क्यों अनुपस्थित है

138. क्या आप इस पक्ष में हैं कि समय-समय पर स्कूलों का निरीक्षण (inspection) हो क्योंकिः
A. ऐसे अवसरों पर स्कूल में पढ़ाई की ओर ध्यान न देकर दिखावटी वातावरण बनाने की ओर ध्यान दिया जाता है जिससे सफाई हो जाती है और सब काम पूरे (up date) हो जाते हैं

B. निरीक्षण के भय से कुछ न कुछ अच्छे काम होते ही हैं
C. शिक्षा विभाग के बड़े अफसरों से चर्चा करने का अवसर मिलता है
D. उपरोक्त सभी

139. छात्र केन्द्रित शिक्षण का आशय हैः
A. प्रत्येक छात्र की आवश्यकता का ध्यान रखना
B. छात्रों को मनमानी करने की छूट देना
C. सभी छात्रों को निःशुल्क शिक्षा देना
D. शिक्षण में छात्रों का पूर्ण सहयोग लेना

140. खेल के माध्यम से शिक्षाः
A. मनोवैज्ञानिक है
B. अमनोवैज्ञानिक है
C. रचनात्मक प्रवृत्ति को दबाती है
D. समूह प्रवृत्ति (herd instinct) को दबाती है

141. शिक्षा की खेल विधि का अर्थ हैः
A. खेल क्रियाओं द्वारा शिक्षा
B. खेल क्रियाओं द्वारा मनोरंजन
C. खेल की शिक्षा
D. क्रियाशीलता पर जोर

142. कक्षा में आप कैसे प्रश्न करना पसंद करेंगे?
A. जिनका उत्तर सभी छात्र दे सकें
B. जिनका उत्तर कोई भी छात्र न दे सके
C. जिनका उत्तर शायद ही कोई छात्र दे सके
D. जिनका उत्तर देने के लिए छात्रों को कुछ सोचना पड़े

143. अभ्यास सेः
A. याद होता है
B. ज्ञानेन्द्रियों का प्रशिक्षण होता है
C. गृह-कार्य नियमित करने की आदत पड़ती है
D. ज्ञान प्राप्त होता है

144. प्रयोजनवाद ने किसे जन्म दिया?
A. बेसिक शिक्षा
B. प्रोजेक्ट विधि
C. शिक्षा की खेल विधि
D. व्यावसायिक शिक्षा

145. शिक्षा में प्रयोजनवाद की विचारधारा का प्रवर्तक कौन थाः

A. किलपैट्रिक   B. जॉन डीवी
C. विलियम जेम्स   D. पेस्टालॉजी

146. ''बच्चों के लिए सबसे उत्तम शिक्षक वह है, जो स्वयं बालक जैसा हो।'' यह कथन किसका है?
A. मेन्केन   B. जॉन लाक
C. रुसो   D. अरस्तु

147. अनौपचारिक शिक्षा (non formal education) किनके लिए है?
A. जो शिक्षा पूरी करने से पहले स्कूल छोड़ चुके हों
B. उन बच्चों के लिए जो कहीं कोई काम कर रहे हैं
C. उन बच्चों के लिए जो स्कूल नहीं जाते
D. उपरोक्त सभी

148. एक प्रभावी संसूचक के रूप में आप सबसे पहले निम्न कदमों में से किस पर विचार करेंगे?
A. संचार माध्यमों का चयन
B. संचार के उद्देश्य निर्दिष्ट करना
C. मूल्यांकन प्रक्रिया की योजना बनाना
D. उपरोक्त में से कोई नहीं

149. कक्षा के भौतिक वातावरण को बेहतर बनाने के लिए निम्न में से किसे महत्व दिया जाना चाहिए?
A. वायु प्रदूषण पर नियन्त्रण
B. ध्वनि प्रदूषण पर रोकथाम
C. उपरोक्त दोनों
D. उपरोक्त में से कोई नहीं

150. कक्षा के शोरगुल को नियंत्रित रखने के लिए सम्प्रेषण की कौन-सी पद्धति सबसे अच्छी है?
A. 'बात मत करो' बार-बार कहना
B. विद्यार्थियों की आवाज से भी ऊंची आवाज में बोलना
C. शान्त होकर एक-एक बच्चे पर नजर डालना
D. शोरगुल की परवाह किए बिना शिक्षण आरम्भ कर देना

151. बुद्धिलब्धि (I.Q.) की जांच क्यों आवश्यक है?
A. ताकि छात्रों को कक्षा में उनकी बुद्धि के आधार पर विभिन्न वर्गों में बांटा जा सके और उनकी विशेष क्षमताओं को ध्यान में रखकर शिक्षण किया जा सके

B. ताकि मानसिक रूप से अपंग छात्रों को सामान्य स्कूलों में प्रवेश से रोका जा सके
C. ताकि मेधावी छात्रों की पहचान करके उनके लिए विशेष शिक्षण का प्रबंध किया जा सके
D. A तथा C दोनों

152. जब छात्र अध्यापक द्वारा पूछे गए प्रश्नों का लिखित या मौखिक उत्तर देते हैं तो:
A. इससे छात्रों की कमजोरियों का पता चलता है
B. इससे अध्यापक की कमियों का पता चलता है
C. इससे उद्देश्य प्राप्ति करने में सहायता मिलती है
D. उपरोक्त सभी

153. कुछ अध्यापक कक्षा में अनावश्यक व्याख्या करते हैं और वही बात बार-बार दुहराते हैं, यह:
A. समय को नष्ट करना है
B. संप्रेषण सिद्धांतों को न मानना है
C. कमजोर छात्रों के लिए आवश्यक है
D. उपरोक्त सभी

154. स्कूल अनुशासन के सम्बन्ध में निम्न में कौन-सा कथन सही है?
A. अनुशासन शिक्षण अधिगम प्रक्रिया का एक अंग है
B. अनुशासन का उद्देश्य छात्रों को दण्ड देना नहीं होता बल्कि यह सुधारात्मक प्रक्रिया है
C. अनुशासन स्थापित करने के लिए छात्रों को सदैव कड़ा दंड देना चाहिए
D. उपरोक्त सभी

155. छात्रों में आपराधिक प्रवृत्ति एवं युवा अपराधिता का प्रमुख कारण है:
A. कुसमायोजन
B. आवश्यकताओं की पूर्ति न होना
C. मानसिक मन्दता
D. उपरोक्त सभी

156. कक्षा नायक का चयन करते समय अध्यापक को किस बात को ध्यान में रखना चाहिए?
A. छात्र की बौद्धिक क्षमता को
B. छात्र की अनुशासन के प्रति निष्ठा को
C. अन्य छात्रों की पसन्द को
D. छात्र की शैक्षिक उपलब्धि को

157. भारतीय समाज के परिप्रेक्ष्य में शिक्षण एक चुनौती से भी अधिक है:

A. धर्मान्धता एवं विवेकहीनता के कारण

B. जातीय विभेद के कारण

C. साम्प्रदायिक द्वेष के कारण

D. उपरोक्त सभी

158. शिक्षक आचार संहिता है:

A. शिक्षण कार्यों की सरकारी दस्तावेज

B. शिक्षकों के मानक व्यवहारों की सूचक पुस्तिका

C. शिक्षकों को नैतिकता का पाठ पढ़ाने वाली पुस्तिका

D. उपरोक्त में से कोई नहीं

159. शिक्षक की योग्यताओं, प्रयासों एवं उसके व्यवहार का सही मूल्यांकन किया जा सकता है:

A. प्रधानाचार्य द्वारा

B. विशेषज्ञों द्वारा

C. उसके छात्रों द्वारा

D. उसके साथियों द्वारा

160. छात्रों में वैज्ञानिक दृष्टिकोण उत्पन्न किया जा सकता है:

A. विज्ञान की शिक्षा के द्वारा

B. दर्शन एवं मनोविज्ञान की शिक्षा द्वारा

C. तर्क संगत विचारों के प्रस्तुतीकरण द्वारा

D. उपरोक्त सभी

161. विद्यालय के विकास हेतु क्या कदम उठाया जाना चाहिए?

A. अच्छे प्राचार्य एवं अध्यापक का चयन किया जाना चाहिए

B. भवन व वातावरण को सुन्दर बनाया जाना चाहिए

C. बच्चों व अभिभावकों को वरीयता देना

D. कर्मचारियों का विकास

162. शिक्षक के लिए बालमनोविज्ञान का ज्ञान क्यों आवश्यक है?

A. इससे अध्यापक का शिक्षण मनोवैज्ञानिक नियमों एवं सिद्धांतों के अनुरूप हो जाता है

B. इससे हमें किसी बच्चे पर शोध कार्य करने में आसानी हो जाती है

C. इससे बच्चों की जन्मजात विशेषताओं को जानने का पूरा अवसर मिलता है

D. इससे अध्यापक को छात्रों को प्रेरित करने का ढंग मालूम होता है

163. सामाजिक समायोजन का कठिन काल कहा जाता है:

A. बाल्यावस्था के बाद के चरण को

B. पूर्व किशोरावस्था को लड़कियों एवं लड़कों दोनों के संदर्भ में

C. किशोरावस्था को

D. उपरोक्त में से कोई नहीं

164. पूर्व प्राथमिक स्तर के बालकों एवं बालिकाओं मे यौन खेलों के प्रदर्शन की व्याख्या की जा सकती है:

A. एक गम्भीर समस्या जिसके दूरगामी प्रभाव हानिकारक हो सकते हैं

B. एक उत्सुकतापूर्ण सामान्य व्यवहार जो समझ आने पर अपने आप ठीक हो जाएगा

C. एक ऐसा व्यवहार जो बालक को अपने माता-पिता से जीन में मिला है

D. उपरोक्त सभी

165. स्कूल अनुशासन में निम्न में से किसे प्राथमिकता दी जाती है?

A. नापसंदीदा व्यवहारों पर अंकुश

B. सामाजिक नियमों का सहर्ष परिपालन

C. प्रधानाचार्य के आदेशों का अनुपालन

D. छात्रों का योजनाबद्ध विकास

166. कक्षा-शिक्षण को प्रभावशाली/सार्थक बनाने का एक उपाय है:

A. काफी मात्रा में गृह-कार्य देना

B. छुट्टी होने के बाद छात्रों को रोककर उनसे वार्तालाप करना

C. शिक्षण के तत्काल बाद छात्रों से उस सम्बन्ध में प्रश्न पूछना

D. बच्चों से कह देना कि यदि पाठ उनकी समझ में न आया हो, तो आप पाठ दोबारा पढ़ा देंगे

167. एक शिक्षक के रूप में आप अतिरिक्त उत्तरदायित्व लेना किसलिए स्वीकार करेंगे?

A. नए अनुभव के लिए

B. प्रधानाध्यापक को खुश करने के लिए

C. छात्रों में लोकप्रिय बनने के लिए

D. प्रशासन को सहयोग देने के लिए

168. आप आकस्मिक परीक्षा लेना उचित समझते हैं, क्योंकिः

A. इसके कारण विद्यार्थियों में भय बना रहता है

B. इसके लिए आपको घर से कोई तैयारी करके जाने
की जरूरत नहीं होती

C. आकस्मिक परीक्षा के बहाने उस दिन पढ़ाने से
मुक्ति मिल सकती है

D. उससे छात्रों की योग्यता और उनके ज्ञान का सही
अनुमान लगाया जा सकता है

169. शिक्षा के स्तर को ऊंचा उठाने के लिए निम्नलिखित
में से क्या आवश्यक है?

A. अध्यापकों का उच्च वेतन

B. छात्रों का सतत् मूल्यांकन

C. पाठ्य-पुस्तकों का सतत् मूल्यांकन

D. पाठ्यक्रम में संशोधन

170. छात्रों का विश्वास प्राप्त करने हेतु शिक्षक को उनके
साथः

A. पिता जैसा व्यवहार करना चाहिए

B. माता जैसा व्यवहार करना चाहिए

C. गुरु जैसा व्यवहार करना चाहिए

D. मित्र जैसा व्यवहार करना चाहिए

171. आजकल छात्रों में पढ़ाई की लगन नहीं देखी जाती
है। इसका कारण हैः

A. उन्हें पढ़ाई के लिए समुचित प्रेरणा नहीं मिल पाती

B. उन्हें लगता है कि पढ़ने के बाद भी उनका भविष्य
उज्जवल नहीं होगा

C. उन्हें पढ़ाई का वातावरण नहीं मिलता

D. उनका ख्याल है कि परीक्षा पास करने हेतु विशेष
लगन से पढ़ाई करने की आवश्यकता नहीं है

172. शिक्षा शास्त्री बेकन तथा जॉन डेवी दोनों का विचार
था कि शिक्षा का उद्देश्य बालक कोः

A. आदर्श नागरिक बनाना है

B. समाज के लिए उपयोगी बनाना है

C. जीविकोपार्जन हेतु सक्षम बनाना है

D. उदार बनाना है

173. शिक्षा का उद्देश्य है–बालक का सर्वोन्मुखी विकास।
इस विकास में निम्नलिखित में से कौन-सा एक शामिल
नहीं है?

A. शारीरिक विकास

B. बौद्धिक विकास

C. नैतिक और आध्यात्मिक विकास

D. आर्थिक विकास

174. बच्चों में अपसमायोजन (maladjustment) और कुंठा
(frustration) तब उत्पन्न होता है, जबः

A. उन्हें पाठशाला नहीं भेजा जाता

B. उनकी मनोवैज्ञानिक या भौतिक आवश्यकताओं की
उपेक्षा की जाती है

C. उनके मां-बाप उन्हें अत्यधिक प्यार-दुलार देते हैं

D. वे परीक्षा में पास नहीं हो पाते

175. निम्नलिखित में कौन-सा बुद्धि (intelligence) का
लक्षण नहीं है?

A. यह जन्मजात होती है

B. यह मनुष्य को सीखने में सहायता करती है

C. यह अर्जित की जा सकती है

D. ज्ञान और बुद्धि अलग-अलग हैं

176. क्या आप समझते हैं कि बालकों और बालिकाओं दोनों
के लिए समान (एक ही) पाठ्यचर्या हो?

A. जी हां, दोनों में कोई अन्तर नहीं होना चाहिए

B. जी नहीं, बालिकाओं के लिए पाठ्यचर्या उनकी
शारीरिक एवं भावनात्मक आवश्यकता के अनुरूप
होनी चाहिए

C. जी हां, रोजगार के योग्य बनाने की शिक्षा दोनों
के लिए समान जरूरी है

D. जी नहीं, दोनों की पाठ्यचर्या बिल्कुल अलग-अलग
होनी चाहिए

177. किस किस्म के प्रश्न को आप सबसे अधिक प्रबोधक
मानते हैं?

A. जो बच्चों का ध्यान आकृष्ट करे

B. जो सीधा सटीक हो

C. जो समस्या प्रधान हो और हल ढूंढने को प्रेरित करे

D. जो अगली परीक्षा में आने वाला हो

178. पाठ्यचर्या के निर्माण में मुख्य रूप से किस बात का
ध्यान रखा जाता है?

A. छात्रों के परिवेश का   B. शिक्षण विधियों का

C. शिक्षा के उद्देश्यों का   D. पाठ्य-सामग्री का

179. बाल मनोविज्ञान की सहायता से शिक्षक किस बात का
ज्ञान प्राप्त कर सकता है?

A. छात्रों की अभिरुचि

B. छात्रों का चेतन और अचेतन व्यवहार

C. छात्रों की क्षमता

D. उपरोक्त तीनों

180. बच्चों के लिए तैयार की गई पाठ्यचर्या (Curriculum):

    A. सार्थक होनी चाहिए

    B. ऐसी होनी चाहिए, जिसमें लोचशीलता हो

    C. उत्पादकता-उन्मुख होनी चाहिए

    D. उपरोक्त तीनों

181. बच्चों में अपसमायोजन (maladjustment) और कुंठा (frustration) को समझने और उनका उपचार करने हेतु शिक्षक को बड़ी सहायता मिलती है:

    A. पाठशाला के प्रधानाध्यापक से

    B. बच्चों के अभिभावकों से

    C. बाल मनोविज्ञान के अध्ययन से

    D. बच्चों के साथ मित्रवत् व्यवहार करने से

182. 'छात्रों की सहायता से पाठ का विस्तार' का क्या अर्थ है?

    A. पाठ को पढ़ाने में छात्रों की सहायता लेना

    B. पाठ के बारे में छात्रों को अधिकाधिक बताना

    C. पाठ के बारे में छात्रों से प्रश्न पूछना और उनके उत्तर देना

    D. पाठ से सम्बन्धित छात्रों की पूर्व जानकारी में नई जानकारी जोड़कर विस्तारपूर्वक शिक्षण देना

183. जीवन में सफलता प्राप्त करने के लिये आवश्यक है—

    A. भाग्यशाली होना

    B. अधिक धन होना

    C. अधिकारी के परिवार में जन्म लेना

    D. परिस्थितियों से सुन्दर समायोजन

184. शिक्षकों द्वारा शैक्षिक-क्रियात्मक अनुसंधान करने के विषय में आपका मत है कि—

    A. पठन-पाठन कार्य बाधित होता है

    B. अध्यापक पढ़ाने के लिये है न कि अनुसंधान के लिये

    C. शैक्षिक विकास में इसकी कोई उपयोगिता नहीं है

    D. यह अध्यापन कार्य को परिष्कृत करने में सहायक होता है

185. आपके कक्षा शिक्षण में एक छात्र आपसे प्रश्न पूछता है, जिसका उत्तर देने में आप अपने को असमर्थ पाते हैं, ऐसी स्थिति में आप—

    A. उस छात्र पर ध्यान नहीं देंगे

    B. प्रश्न ही गलत है कहकर छात्र को संतुष्ट करेंगे

    C. छात्र को डांटकर बैठा देंगे

    D. दूसरे दिन सही उत्तर बताने का वायदा करेंगे

186. कुछ छात्र आपसे रिक्त वादन (घण्टा) में किसी पाठ को पढ़ना चाहते हैं, ऐसी दशा में आप—

    A. कक्षा में पढ़ाने को कह देंगे

    B. कह देंगे कि थके हैं, अतः पढ़ा नहीं सकते

    C. घर आकर पढ़ने को कहेंगे

    D. यथा सामर्थ्य वहीं पढ़ा देंगे

187. जो अध्यापक अपने कर्त्तव्य की उपेक्षा करके अपने अधिकारियों को प्रसन्न करने में लगे रहते हैं, वे प्रायः लाभान्वित होते हैं और अपने साथियों से आगे बढ़ जाते हैं ऐसे परिवेश में आप—

    A. अपने अन्य साथियों का अनुसरण करेंगे

    B. अपने साथियों से ईर्ष्या करेंगे

    C. कुंठित होकर अपने कर्त्तव्य के प्रति उदासीन हो जायेंगे

    D. हानि लाभ की चिन्ता किए बिना अपने कर्त्तव्य का पालन करते रहेंगे

188. आप विद्यालय के पुस्तकालय में मनोरंजक पत्रिका पढ़ रहे हैं, कुछ समय बाद आपको कक्षा-शिक्षण भी करना है, ऐसी स्थिति में आप उस समय—

    A. कक्षा में नहीं जायेंगे

    B. पत्रिका पढ़ लेने के बाद में जायेंगे

    C. छात्रों को स्वयं पढ़ने के लिये कह देंगे

    D. कक्षा लेने के बाद पत्रिका पढ़ेंगे

189. आपकी कक्षा में छात्रों के बैठने के लिये पर्याप्त काष्ठोपकरण नहीं है, कक्षाध्यापक के रूप में आप—

    A. प्राचार्य से प्रबन्ध करने को कहेंगे

    B. शेष छात्रों को घर जाने देंगे

    C. अपने व्यक्तित्व के प्रभाव से उतने में ही समायोजित करा देंगे

    D. अभिभावकों को स्थिति से अवगत करायेंगे

190. पत्राचार द्वारा शिक्षा के बारे में आपका विचार है—

    A. शिक्षा प्रसार का अच्छा प्रयास है

    B. परीक्षा देने वालों के लिए आर्थिक लाभ का साधन है

    C. इसमें छात्रों को प्रतिदिन विद्यालय नहीं जाना पड़ता

    D. इसमें घर बैठे पाठ्य-सामग्री प्राप्त हो जाती है

191. कक्षा में छात्रों को अनुशासित करने का सबसे प्रभावी उपाय है–
  A. वांछित दण्ड   B. भरपूर मनोरंजन
  C. कुशल नियन्त्रण   D. कुशल अध्यापन

192. कक्षा में आने पर अध्यापक को सर्वप्रथम–
  A. पिछला गृह कार्य देखना चाहिए
  B. छात्रों से उसकी दिनचर्या पूछनी चाहिए
  C. अगला पाठ पढ़ाना चाहिए
  D. छात्रों की राय लेकर कार्य करना चाहिए

193. आप अनुभव करते हैं कि आज के वैज्ञानिक और कम्प्यूटर युग में छात्रों को आध्यात्मिकता के बारे में अवगत कराना–
  A. पुराना विचार है   B. आवश्यक है
  C. अनावश्यक है   D. असम्भव है

194. आप विद्यालय में छात्रों में सहयोग की भावना विकसित करने के लिये क्या करेंगे?
  A. सभी शिक्षक मिलजुल कर कार्य करेंगे
  B. इससे सम्बन्धित उदाहरण प्रस्तुत करेंगे
  C. मिलजुल कर कार्य करने के महत्त्व को बतायेंगे
  D. विद्यालय में पाठ्य सहगामी क्रियाओं का आयोजन करेंगे

195. छात्रों को यौन शिक्षा सम्बन्धी शिक्षा देने के लिए उसे पाठ्यक्रम में समावेश करने के बारे में आपका मत है कि–
  A. इससे छात्रों में गलत वातावरण का विकास होगा
  B. समाज में जागृति के लिये आवश्यक है
  C. समाज में फैली भ्रान्तियाँ दूर होंगी
  D. इससे उत्पन्न होने वाली बुराइयों से बचा जा सकता है

196. विश्वविद्यालय स्तर पर छात्रों को यौनशिक्षा देने के संदर्भ में आपका मत है कि–
  A. भारत में किसी भी स्तर पर यह उपयोगी नहीं है
  B. इससे प्रगतिशील होने का बोध होता है
  C. यौन शिक्षा से छात्र-छात्राओं में झिझक मिटती है
  D. समझ का विकास हो जाता है, इसलिए यह शिक्षा दी जा सकती है

197. छात्रों को जनसंख्या सम्बन्धी शिक्षा देने के लिये उसे पाठ्यक्रम में समावेश करने के बारे में आपका मत है कि–
  A. यह आवश्यक है
  B. यह अनावश्यक है
  C. इसे केवल प्रौढ़ शिक्षा कार्यक्रम में रखा जाना चाहिए
  D. विश्वविद्यालय स्तर पर ही रखा जाना चाहिए

198. आपके विचार से शिक्षा में हो रहे ह्रास को रोकने के लिये आवश्यक है–
  A. विद्यालय में पुलिस की व्यवस्था की जाये
  B. विद्यालय में खेल की समुचित व्यवस्था की जाये
  C. छात्र/छात्राओं में गृह कार्य के प्रति अभिभावकों की जागरुकता
  D. अध्यापकों द्वारा नियमित कक्षा-शिक्षण

199. छात्रों को गृह कार्य समय से करने के लिए आप क्या करेंगे?
  A. गृह कार्य के महत्त्व को बतायेंगे
  B. छात्र को उसकी योग्यतानुसार गृह कार्य देंगे
  C. यथासंभव छात्रों की सहायता करेंगे
  D. उनको कार्य करने की प्रेरणा देंगे

200. कक्षा में पढ़ाते समय यदि कोई छात्र अनचाहा व्यवहार करे, तो आप उसे–
  A. कक्षा छोड़कर बाहर जाने को कहेंगे
  B. समझायेंगे
  C. शारीरिक दण्ड देंगे
  D. प्रधानाचार्य के पास ले जायेंगे

201. मैं अवकाश के क्षणों का उपयोग करना पसन्द करता हूँ
  A. टी.वी. देखने में
  B. सैर-सपाटा करने में
  C. पुस्तकों के अध्ययन में
  D. मनोरंजन के अन्य साधनों में

202. आप स्वयं तम्बाकू का सेवन करते हुए छात्रों को उसकी बुराइयाँ बता रहे हैं एक छात्र आपसे प्रश्न करता है कि सर आप भी तो इसका सेवन करते हैं, तो आप–
  A. छात्र को डाँटकर बैठा देंगे
  B. छात्र को अनसुना कर देंगे
  C. इस विषय पर भविष्य में भाषण नहीं देंगे
  D. स्वयं तम्बाकू का सेवन छोड़ देंगे

203. मुझे ऐसी पुस्तकें अच्छी लगती हैं, जिनमें—
A. मनोरंजन की सामग्री हो
B. घरेलू नुस्खे लिखे हों
C. ज्ञानवर्धक मनोरंजक सामग्री हो
D. किस्से-कहानियाँ हों

204. विद्यालय की खेल टीम को आपकी सलाह होगी—
A. अपने कैप्टन की बात माने
B. खेल को टीम भावना से खेले
C. खेलते समय अपने ऊपर नियन्त्रण रखे
D. उपरोक्त सभी सुझाव

205. छात्रों में बड़ों के प्रति आदर की भावना के विकास के लिए—
A. शिक्षक को स्वयं अपने से बड़ों के प्रति आदर प्रदर्शित करना चाहिए
B. कक्षा में उपयुक्त उदाहरण देना चाहिए
C. आदर भाव के महत्व को बताना चाहिए
D. अभिभावकों को वह जिम्मेदारी स्वीकार करनी चाहिए

206. आप बहुत असमन्जस में पड़ जाते हैं जब आपसे कहा जाता है कि—
A. मंच पर खड़े होकर कुछ बोलें
B. अपरिचितों के साथ बैठें
C. जैसा दूसरे कर रहे हैं वैसा ही करें
D. सुनें और तर्क करें

207. छात्रों को प्रभावित करने का सरल उपाय है—
A. उनको भयभीत करके
B. अपनी विद्वता का प्रदर्शन करके
C. अपने आचरण को आदर्श रखकर
D. प्रधानाचार्य का सहयोग लेकर

208. 'एक अध्यापक के रूप में शिक्षक अभिभावक एसोसिएशन' में आप—
A. सक्रिय भाग लेंगे
B. प्रधानाचार्य का पक्ष प्रस्तुत करेंगे
C. स्कूल की गलत नीतियों का भण्डाफोड़ करेंगे
D. अभिभावकों को सावधान रहने के लिए कहेंगे

209. एक सफल अध्यापक के लिए आवश्यक है—
A. वह देखने में सुन्दर हो
B. मीठी भाषा बोलता हो
C. छात्रों की सभी बातें मानता हो
D. छात्रों को भली प्रकार विषय ज्ञान देता हो

210. अध्यापक को अपनी जानकारी नवीनतम बनाने के लिए—
A. दैनिक समाचार-पत्रों को नियमित पढ़ना चाहिए
B. विषय से सम्बन्धित नवीन साहित्य का अध्ययन करना चाहिए
C. शैक्षिक गोष्ठियों में भाग लेना चाहिए
D. उपरोक्त सभी कार्य करने चाहिए

211. किसी छात्र को पीट देने के बाद पता चलता है कि वह निर्दोष था, तो ऐसे में आप—
A. कोई चिंता नहीं करेंगे
B. पश्चाताप करेंगे
C. छात्र से क्षमा याचना करेंगे
D. छात्र से एकान्त में अपनी भूल प्रकट करेंगे

212. एक शिक्षक की पसन्द का वह छात्र होता है जो—
A. उच्च परिवार का हो
B. अधिक स्वस्थ हो
C. अधिक आज्ञापालक हो
D. अधिक क्रियाशील हो

213. एक प्रखर बुद्धि बालक यदि कक्षा में अनुशासनहीन हो रहा हो, तो—
A. उसकी परवाह नहीं की जानी चाहिए
B. उसे कठोर दण्ड दिया जाना चाहिए
C. उसके अभिभावक से शिकायत की जानी चाहिए
D. उसकी समस्या को समझकर प्रयास किया जाना चाहिए

214. एक छात्र कक्षा में लगातार दो वर्षों से अनुत्तीर्ण हो रहा है कक्षाध्यापक के रूप में आप—
A. उसे डांट-फटकार कर सुधारने का प्रयास करेंगे
B. उसे किसी व्यापार को अपनाने की सलाह देंगे
C. उसकी असफलता के कारणों का पता लगायेंगे
D. उसे आगे पढ़ने के लिये मनाकर देंगे

215. विद्यालय में बढ़ती अनुशासनहीनता को समाप्त किया जा सकता है—
A. नियमों का कड़ाई से पालन कराकर
B. अनुशासनहीन छात्रों को निष्कासित करके
C. अनुशासन के महत्व पर प्रार्थना स्थल पर नित्य भाषण देकर
D. शिक्षकों द्वारा अनुशासन के प्रति उदाहरण प्रस्तुत करके

216. यदि पढ़ाया गया कोई अध्याय कक्षा की छात्राओं की समझ में न आया हो, तो अध्यापिका को चाहिए कि वह–
A. उसे पुनः पढ़ाये
B. दुबारा पढ़ाने में समय बर्बाद न करे
C. छात्राओं से कहे कि कुंजी से देख लें
D. ऐसा भय दिखा दें कि छात्रायें दुबारा प्रश्न ही न पूछें

217. किसी अनुत्तीर्ण छात्र को उत्तीर्ण करने के लिये दबाव डाला जाये तो आप–
A. परिस्थितिवश छात्र को उत्तीर्ण कर देंगे
B. छात्र को किसी दशा में उत्तीर्ण नहीं करेंगे
C. सहयोगियों से परामर्श कर कदम उठायेंगे
D. विद्यालय से अवकाश ले लेंगे

218. शुभ या अशुभ अवसरों पर दूसरों के घर जाकर आप–
A. खामोश रहेंगी
B. अपनी बात कहेंगी
C. दूसरों की बात सुनेंगी
D. समय के अनुसार कुछ कहेंगी

219. आपके विद्यालय में वार्षिकोत्सव हो रहा है, उस समय आप–
A. विद्यालय आकर उत्सव देखेंगी
B. घर पर रुककर कार्य करेंगी
C. वार्षिकोत्सव में भाग लेंगी
D. धन और समय की बर्बादी मानकर आलोचना करेंगी

220. छोटे बालकों के लिये 'मध्याह्न भोजन योजना' के बारे में आपकी राय है–
A. यह एक अच्छी योजना है
B. लोगों के खाने-कमाने का धंधा है
C. छात्रों के बजाय इसका लाभ दूसरों को मिलता है
D. इसे तुरन्त बन्द कर देना चाहिए

221. विद्यालय में दण्ड दिये जाने के बारे में आपके विचार हैं–
A. कभी भी शारीरिक दण्ड नहीं दिया जाना चाहिए
B. आर्थिक दण्ड दिया जाना चाहिए
C. बिना दण्ड के कोई व्यवस्था नहीं चल सकती है
D. अपरिहार्य होने पर ही कोई दण्ड दिया जाना चाहिए

222. यदि कोई आपकी नेक सलाह नहीं मानता है, तो आप–
A. उससे नाराज होंगे
B. डांट कर भगा देंगे
C. एक बार पुनः समझाने का प्रयास करेंगे
D. शान्त हो जायेंगे

223. यदि आपको अधिकार मिल जाये तो सर्वप्रथम आप करना चाहेंगे–
A. अनिवार्य प्राथमिक शिक्षा
B. सबके लिये धन की व्यवस्था
C. सामाजिक वानिकी योजना
D. गाँव-गाँव में कुटीर उद्योग लगवाना

224. शिक्षक के कार्यों का सही मूल्यांकन होता है–
A. छात्रों द्वारा
B. अभिभावकों द्वारा
C. अधिकारियों द्वारा
D. प्रधानाचार्य द्वारा

225. एक शिक्षिका के रूप में उसी का चयन होना चाहिए जिसमें–
A. शिक्षिका बनने की शैक्षिक योग्यता हो
B. शिक्षिका बनने की रुचि हो
C. शिक्षण की अभिरुचि हो
D. बच्चों को नियन्त्रण करने की योग्यता हो

226. बच्चों में अच्छा संस्कार डालने के लिए उन्हें–
A. कान्वेन्ट स्कूल में पढ़ाना चाहिए
B. यदा-कदा दण्ड भी देना चाहिए
C. स्नेहमय व्यवहार देना चाहिए
D. अच्छा वातावरण प्रदान करना चाहिए

227. विद्यालय में शारीरिक दण्ड के सम्बन्ध में मेरा मत है कि इसे–
A. कभी नहीं दिया जाना चाहिए
B. कक्षा में दिया जाना चाहिए
C. प्रार्थना-स्थल पर दिया जाना चाहिए
D. अपरिहार्य स्थितियों में ही दिया जाना चाहिए

228. दूरदर्शन के वे कार्यक्रम मुझे अच्छे लगते हैं, जिनमें होता है–
A. हास्य प्रोग्राम
B. भक्ति सीरियल
C. रुचिकर और उपयोगी ज्ञान
D. उपरोक्त में से कोई नहीं

229. यदि मुझे किसी परीक्षा की उत्तर पुस्तिकाओं का मूल्यांकन करना हो, तो मैं—
A. सभी छात्रों को उत्तीर्ण कर दूंगा
B. उदारतापूर्वक अंक दूंगा
C. अंक देने में कड़ा रुख अपनाऊँगा
D. उत्तर के अनुरूप अंक दूंगा

230. मेरी राय में आजकल के हालातों को देखते हुए वही व्यक्ति सफल हो सकता है—
A. जिसकी ऊँची पहुँच हो
B. जिसके पास असीमित धन हो
C. जिसे अपने विवेक पर पूरा भरोसा हो
D. जिसके सिद्धान्त लचीले हों

231. आपके विचार में शिक्षा का प्रयोजन है—
A. छात्र की मानसिक योग्यता का विकास
B. छात्र को साक्षर बनाना
C. उसका सर्वांगीण विकास सुनिश्चित करना
D. उसे किसी व्यवसाय योग्य बनाना

232. आज की इस तेज गति से बदलते हुए समाज में जहाँ चारों तरफ मशीनों और औद्योगीकरण का ही महत्व है, छात्रों को मानव मूल्यों और आध्यात्मिकता के बारे में अवगत कराना—
A. असम्भव है   B. आवश्यक है
C. अनावश्यक है   D. रूढ़िवादिता का द्योतक है

233. आप जिस क्षेत्र में पढ़ाते हैं वहाँ अन्धविश्वास की कई मान्यतायें प्रचलित हैं। वहाँ के निवासी उन्हें सहज तोड़ने के लिए तैयार नहीं हैं, तो आप—
A. जितना हो सकेगा करेंगे
B. अपने लिए कोई सिरदर्द नहीं लेंगे
C. क्षेत्र के साक्षर लोगों की सहायता से उन्हें समझाने का प्रयास करेंगे
D. समाज में आगे आकर उन मान्यताओं को तोड़ेंगे

234. 'नारी स्वतन्त्रता' का अर्थ है—
A. नारी संगठनों को महत्त्व देना
B. स्त्रियों को घर के दायित्व से मुक्त करना
C. स्त्रियों को अधिक सरकारी नौकरियों में स्थान देना
D. स्त्रियों को अपनी योग्यता और रुचि के अनुसार कार्य करने की आजादी

235. उस परीक्षा भवन में जहाँ परीक्षार्थी आपका रिश्तेदार है, और आप वहाँ निरीक्षण कार्य कर रहे हैं, तो ऐसी स्थिति में आप—
A. अवसर का लाभ उठाने के लिए उस परीक्षार्थी की मदद करेंगे
B. भवन में लचीला रुख अपनायेंगे ताकि अन्य छात्र उसकी मदद कर दें
C. उसके ऊपर कड़ी निगरानी रखेंगे
D. नियमित रूप से अपना निरीक्षण कार्य करेंगे

236. विद्यालय में वाद-विवाद प्रतियोगिता के परिणामों को लेकर हंगामा हो जाता है, तो आप—
A. भविष्य में चाहेंगे कि विद्यालय में वाद-विवाद प्रतियोगिता आयोजित न की जाये
B. निर्णायकों के चयन में सभी विद्यालयों/संस्थाओं को प्रतिनिधित्व देंगे
C. आलोचना की परवाह न करते हुए अपना कार्य करेंगे
D. सोचेंगे कि जो हारता है वह ऐसा ही करता है

237. कक्षा-शिक्षण करते समय आपके छात्र प्रायः उतना ध्यान नहीं देते जितना अन्य शिक्षकों की कक्षा में देते हैं, ऐसी स्थिति में आप—
A. छात्रों से बार-बार ध्यान देने को कहेंगे
B. विषय को अधिक रोचक बनायेंगे
C. छात्रों पर क्रोध करेंगे
D. जैसा पढ़ा रहे हैं, वैसा ही पढ़ाते रहेंगे

238. अध्यापन के अतिरिक्त विद्यालय के जिन कार्यक्रमों में मैं अपने को शामिल करना चाहती हूँ, वे हैं—
A. विद्यालय की सफेदी एवं बागवानी
B. सांस्कृतिक कार्यक्रम एवं पुस्तकालय
C. सांस्कृतिक एवं लोक कल्याण कार्यक्रम
D. प्रशासनिक व्यवस्था एवं साक्षरता अभियान

239. आपके कक्षा-शिक्षण के समय में यदि एक छात्र प्रायः बैठकर गणित के पदों को हल करता है, तो आप उसे
A. कक्षा से बाहर कर देंगे
B. कक्षा में लज्जित करेंगे
C. इसका कारण ज्ञात करेंगे
D. प्रधानाचार्य के सम्मुख ले जायेंगे

240. शिक्षा का मुख्य उद्देश्य है–
A. बच्चे की अन्तर्निहित शक्तियों का विकास
B. बच्चे के विषय ज्ञान में वृद्धि
C. बच्चे को शिष्टाचार सिखाना
D. बच्चे का चारित्रिक विकास करना

241. शिक्षा का मुख्य उद्देश्य है–
A. छात्रों को ज्ञान देना
B. बालकों को नौकरी के योग्य बनाना
C. बालकों को अनुशासित बनाना
D. बालकों का सर्वांगीण विकास करना

242. विद्यालय विलम्ब से पहुँचने पर प्रधानाचार्य द्वारा उपस्थिति पंजिका पर विलम्ब चिन्ह लगा देने पर आप–
A. अपनी गलती स्वीकार कर लेंगे और दूसरे दिन से समय पर आने का प्रयास करेंगे
B. प्रधानाचार्य को देर से आने का कारण बतायेंगे
C. विलम्ब से आने वाले अन्य अध्यापकों का उदाहरण प्रस्तुत करेंगे
D. उसे गम्भीरता से नहीं लेंगे

243. यदि आपको प्रधानाचार्य का पद मिल जाये, तो आपका लक्ष्य होगा–
A. अपनी विरोधी अध्यापिकाओं को निकाल देना
B. देर से आने वाली अध्यापिकाओं का वेतन काट लेना
C. उच्च अधिकारियों से मेलजोल बढ़ाना
D. पूरी शक्ति के साथ विद्यालय की शिक्षा व्यवस्था का संचालन करना

244. श्यामपट्ट पर आपकी अपठनीय लिखावट को यदि कोई छात्र बार-बार संकेत करता है, तो ऐसी दशा में आप–
A. छात्र को डांटकर चुप कर देंगे
B. उसे स्वीकार कर लेंगे
C. दूसरे दिन सुधार के साथ तैयारी करके कक्षा में जायेंगे
D. छात्र को कक्षा के बाद मिलने को कहेंगे

245. विषय-वस्तु से सम्बन्धित पूछे गये प्रश्नों का उत्तर देना आपको रुचिकर लगता है–
A. समझा कर देने में
B. उदाहरणों की सहायता से समझाने में
C. अन्य विषयों से उलझाकर बताने में

D. उपर्युक्त सभी ढंगों में

246. आपके लेख को आपका मित्र अपने नाम से प्रकाशित करा देता है, तो आप–
A. उसके विरुद्ध लिखापढ़ी करेंगे
B. सबके सामने उसकी आलोचना करेंगे
C. भविष्य में किसी के साथ ऐसा न करने की चेतावनी देंगे
D. शान्ति से उससे बात करके उसे उसके व्यवहार का ज्ञान करायेंगे

247. आपके शहर में शिक्षा से सम्बन्धित सेमीनार हो रही है तो आप क्या करेंगे?
A. बिना प्राचार्य की अनुमति लेकर भाग लूंगा
B. प्राचार्य की अनुमति लूंगा
C. विद्यालय से अवकाश लूंगा
D. उसके प्रति कोई रुचि नहीं लूंगा

248. आपको मालूम हुआ है कि आपके प्रधानाचार्य संस्था में कुछ गलत कार्य कर रहे हैं तो आप–
A. उन्हें समझाने का प्रयास करेंगे
B. उस तरफ से अनदेखी करेंगे
C. उच्चाधिकारियों से शिकायत करेंगे
D. साथियों से परामर्श करके ही कोई निर्णय लेंगे

249. आपकी राय में शिक्षक के लिए आवश्यक है–
A. सम्पत्ति और भौतिक सुख
B. सुन्दर स्वास्थ्य और सुखी परिवार
C. आत्मबल और सुरक्षा
D. सम्मान और स्वाभिमान

250. लगातार असफल होने पर आप–
A. उसे दुबारा करने का साहस नहीं कर पाती हैं
B. असफलता के कारकों से बदला लेने का प्रयास करती हैं
C. चुनौती के रूप में दुगुने उत्साह के साथ करती हैं
D. असफलता के कारणों को भूलने का प्रयास करती हैं

251. परीक्षा समीप आने पर पाठ्यक्रम पूरा न होने की दशा में अध्यापक को चाहिए कि वह–
A. छात्रों को कहे कि वह स्वयं पाठ्यक्रम पूरा कर लें
B. कुछ चुने हुए प्रश्न हल करवा दें
C. छात्रों को घर बुलाकर पाठ्यक्रम पूरा करें
D. विद्यालय में अतिरिक्त समय देकर पाठ्यक्रम पूरा कर दें

252. आजकल समाज का कुप्रभाव विद्यालयों पर पड़ने का डर है, उसे दूर करने हेतु आपका दृष्टिकोण होगा—
A. आशावादी   B. निराशावादी
C. कोई मतलब नहीं   D. अन्य शिक्षकों की भांति

253. विद्यालय में विज्ञान की प्रयोगशालाओं में पर्याप्त उपकरण नहीं हैं ऐसे में आप छात्रों को—
A. विज्ञान न पढ़ने की सलाह देंगे
B. जैसा हो उसी से काम निकालेंगे
C. प्रधानाचार्या से कहेंगे कि बिना उपकरणों के पढ़ाई संभव नहीं है
D. छात्रों से अपनी व्यवस्था अपने आप करने को कहेंगे

254. ''विज्ञान के विकसित साधनों से शिक्षा में लाभ के स्थान पर हानि अधिक हुई है'' इस कथन से आप—
A. पूर्णतः सहमत हैं
B. अंशतः सहमत हैं
C. असहमत हैं
D. विज्ञान और शिक्षा का कोई मेल नहीं है

255. बच्चों में साहस की भावना विकसित करने हेतु शिक्षक को—
A. उपदेश देना चाहिए
B. साहस की कहानियां सुनाना चाहिए
C. लड़ाई की ट्रेनिंग देनी चाहिए
D. कुछ नहीं करना चाहिए

256. एक छात्र अपने पिता के गलत कर्मों के कारण कक्षा में हीन भावना से ग्रस्त है कक्षा में आप—
A. उससे उसके पिता के समाचार पूछते रहेंगे
B. उसे गलत कार्यों से अलग रहने की प्रेरणा देंगे
C. सामान्य छात्रों को उससे अलग रहने के लिये कहेंगे
D. उसे उसके हाल पर छोड़ देंगे

257. एक शिक्षक के पास बच्चों के सभी स्तर के अभिभावक आते हैं जो अपने बच्चों की प्रगति सुनकर प्रसन्न होते हैं उनकी प्रसन्नता और संतुष्टि के लिए आप—
A. बच्चों को होशियार बतायेंगे
B. बच्चों की तुलना होशियार व्यक्तियों से करेंगे
C. कहेंगे कि आप बहुत भाग्यशाली हैं
D. गुणों के साथ कमियां भी बतायेंगे

258. कक्षा में कुछ छात्र उद्दण्ड हैं जो सही छात्रों को पढ़ने में बाधा उत्पन्न करते हैं, आप सोचते हैं कि—

A. इस परिस्थिति की अनदेखी किया जाए
B. उद्दण्ड छात्रों से मेलजोल बढ़ाया जाए
C. उद्दण्ड छात्रों को हर कीमत पर दबाया जाए
D. पढ़ने वाले छात्रों को उनसे लड़ने के लिए प्रेरित किया जाये

259. छात्रों की विद्यालय में नियमित उपस्थिति सुनिश्चित करने के लिए—
A. विद्यालय को एक आनन्द का स्थान बनाया जाये
B. छात्रों को अधिक गृहकार्य दिया जाए
C. छात्रों को अपनी रुचि के अनुसार कार्य करने की छूट दे दी जाये
D. अभिभावकों की नियमित बैठक बुलाई जाए

260. आजकल छोटे-छोटे बच्चों पर पुस्तकों का बोझ अधिक होता है, इसके हानिकारक होने के सम्बन्ध में आपकी राय है—
A. छात्र प्रत्येक पुस्तक का अध्ययन नहीं कर सकता है
B. पुस्तकों के अनावश्यक भार से बच्चों के मस्तिष्क का विकास अवरुद्ध होता है
C. छात्र में अध्ययन के प्रति अरुचि पैदा हो जाती है
D. छात्रों के कंधे की हड्डी पर कुप्रभाव पड़ता है

261. मुझे बहुत परेशानी होती है जब मुझसे कहा जाता है—
A. छुट्टी के दिन पढ़ने को
B. किसी विषय पर बोलने को
C. नये विषय की तैयारी करने को
D. बिना तर्क दूसरे की बात स्वीकार करने को

262. अकेले बस में यात्रा करते समय मुझे घबड़ाहट होती है—
A. प्रायः   B. कभी नहीं
C. कभी-कभी   D. अनिश्चित

263. किसी अपरिचित के साथ बात करते समय मुझे घबड़ाहट होती है—
A. प्रायः   B. कभी-कभी
C. कभी नहीं   D. स्वाभाविक है

264. घर पर किसी अपरिचित मेहमान के आने पर मैं प्रायः—
A. उनका परिचय पूछती हूं
B. घर के अन्दर चली जाती हूं
C. घबरा जाती हूं
D. उसकी कोई परवाह नहीं करती हूं

265. मैं उनको मित्र बनाना पसन्द करती हूं जिनका शौक है–
A. अभिनय करना
B. रोज सिनेमा देखना
C. गप-शप मारना
D. पालतू जानवरों की देखभाल करना

266. पहली कक्षा में बच्चे शोर कर रहे हैं उन्हें शान्त करने के लिए–
A. डांट देंगे
B. मैदान में जाकर खेलने को कहेंगे
C. कहानी सुनायेंगे
D. कुछ नहीं करेंगे

267. मैं अवकाश के क्षणों का उपयोग करना चाहूंगी–
A. बागवानी करना/घर की सजावट करना/पत्रिकाएं पढ़ना
B. लेखन/चुनाव प्रचार/फिल्म देखना
C. संगीत सीखना/सोना/गपशप करना
D. चित्रकारी करना/खाना बनाना/अतिथि सत्कार

268. शिशुओं के लिए शिशुशाला में आवश्यक है–
A. भाषा पढ़ाना
B. कहानियां सुनाना
C. खेल के अवसर प्रदान करना
D. सामान्य ज्ञान देना

269. पाठ्यक्रम निर्माण में किस बात को मुख्य रूप से ध्यान में रखा जाता है?
A. शिक्षा के उद्देश्यों को   B. छात्रों को
C. पाठ्यवस्तु को   D. शिक्षण विधियों का

270. समय चक्र (Time-Table) में विषयों के वितरण का क्या आधार होना चाहिए?
A. विद्यालय की सुविधानुसार
B. छात्रों की रुचि के आधार पर
C. विषयों की कठिनाई के आधार पर
D. कोई आधार नहीं होना चाहिए

271. "तुलसी जग में दो बड़े दामोदर और दाम, दामोदर बैठे रहें दाम करे सब काम"–शिक्षा के क्षेत्र में भी यह युक्ति पूरी तरह से–
A. सत्य है   B. असत्य है
C. आंशिक रूप से सत्य है D. कटु सत्य है

272. शिक्षक को अनुसंधान की ओर अपनी रुचि रखनी चाहिए, क्योंकि इससे–
A. शिक्षक के ज्ञान का विकास होता है
B. शिक्षक अपने कार्य में व्यस्त रहता है
C. शिक्षक सदैव अध्ययनशील रहता है
D. उपरोक्त सभी कार्य संभव होते हैं

273. आपको कक्षा आठ का समय चक्र (Time-Table) बनाने के लिये कहा जाता है प्रयोगात्मक कार्य के लिये अधिक घण्टे देने के लिए आप प्रधानाचार्य को इस पक्ष में क्या दलील देंगी?
A. प्रयोगात्मक कक्षा में बच्चों को नया माहौल मिलता है
B. इससे छात्रों को वह सब करके सीखने का अवसर मिलता है, जो वे कक्षा में पढ़ते हैं
C. प्रयोगात्मक कक्षा में बच्चों को खेलने के लिये काफी समय मिल जाता है
D. प्रयोगात्मक कक्षा में अध्यापकों पर पढ़ाने की जिम्मेदारी कम हो जाती है

274. शिक्षा में गुणात्मक सुधार हेतु–
A. विद्यालयों को और अधिक धन उपलब्ध कराया जाये
B. सभी विद्यालयों को राजकीय विद्यालय बना दिया जाये
C. प्रत्येक विद्यालय हेतु उपयुक्त भौतिक संसाधन उपलब्ध कराये जायें
D. कक्षा-शिक्षण नियमित रूप से होने की व्यवस्था की जाये

275. शिक्षा में सुधार हेतु आपकी राय में महत्वपूर्ण है–
A. विद्यालय में पठन-पाठन का वातावरण बनाना
B. समाचार-पत्रों में व्यापक प्रचार करना
C. अभिभावकों की शिक्षा में रुचि सुनिश्चित करना
D. सरकार पर जोर डालना

276. बच्चों को गृह कार्य देने का उद्देश्य होता है–
A. उन्हें घर पर खेलने से रोकना
B. उन्हें अध्ययन में नियमित बनाना
C. उनके अभिभावकों को प्रभावित करना
D. विद्यालय के नाम को उठाना

277. आजकल छात्रों के मूल्यांकन हेतु विद्यालयों में निबन्धात्मक प्रश्नों के स्थान पर वस्तुनिष्ठ प्रश्नों का प्रयोग अधिक से अधिक किया जा रहा है, क्योंकि इसमें–

A. कम लिखना पड़ता है

B. जांचना आसान होता है

C. कागज कम खर्च होता है

D. ज्यादा पाठ्यक्रम कवर किया जा सकता है

278. हमारी वर्तमान शिक्षा प्रणाली शिक्षित बेरोजगार बढ़ाने वाली प्रणाली है, क्योंकि—

A. शिक्षा से मात्र सैद्धान्तिक ज्ञान ही दिया जा सकता है

B. शिक्षा लार्ड मेकाले की नीतियों पर आधारित है

C. शिक्षा व्यवसायोन्मुखी नहीं है

D. उपरोक्त सभी

279. विद्यार्थियों के सीखने की कठिनाइयों को दूर किया जा सकता है—

A. अधिक सुविधायें प्रदान करके

B. अधिक अभ्यास कराकर

C. अधिक समय देकर

D. कारणों को जानकर और उसके अनुसार योजना बनाकर

280. बाल मनोविज्ञान का ज्ञान एक प्राथमिक शिक्षक के लिए आवश्यक है क्योंकि इससे—

A. बच्चों को अनुशासित करने में सहायता मिलती है

B. परीक्षाफल में सुधार होता है

C. बच्चों को प्रेरित करने में सुविधा होती है

D. बच्चों के व्यवहार को समझने में सहायता मिलती है

281. विद्यालयों में छात्रों को अनुशासित रखने के लिए आप—

A. छात्रों को अनुशासन पर अच्छी पुस्तकें पढ़ने को कहेंगे

B. अनुशासन पर लेख लिखवायेंगे

C. अनुशासित छात्रों को पुरस्कृत करेंगे

D. स्वयं अनुशासन में रहेंगे

282. राष्ट्रीय शिक्षा नीति के अन्तर्गत नवोदय विद्यालयों की व्यवस्था क्यों की गई है?

A. इससे गांवों के बच्चों को अध्ययन करने का अवसर मिलेगा

B. शहर और गांव के अच्छी योग्यता वाले छात्र अध्ययन कर सकेंगे

C. शहर और गांव दोनों के बच्चे अध्ययन कर सकें

D. शहरी छात्रों के लिए

283. कुछ वर्षों बाद पाठ्य-पुस्तकें बदल देनी चाहिए, क्योंकि—

A. छात्रों को नई पुस्तकें अच्छी लगती हैं

B. एक पुस्तक पढ़ाते-पढ़ाते शिक्षक ऊब जाता है

C. ज्ञान में निरन्तर वृद्धि होती है

D. सरकार/प्रकाशक को आर्थिक लाभ होता है

284. आप अध्यापन व्यवसाय अपनाना चाहते हैं क्योंकि—

A. इससे अच्छा कोई दूसरा व्यवसाय आपकी नजर में नहीं है

B. आपको शिक्षक का कार्य पसन्द है

C. आपके खानदान में लोग शिक्षक रहे हैं

D. शिक्षक रहते हुए आय के अतिरिक्त कार्य किए जा सकते हैं

285. आज की शिक्षा प्रणाली शिक्षित बेरोजगारी बढ़ाने वाली प्रणाली है, क्योंकि—

A. शिक्षा से मात्र सैद्धान्तिक ज्ञान प्राप्त होता है

B. व्यावसायिक प्रशिक्षण शिक्षा का अंग नहीं है

C. शिक्षा का उद्देश्य स्पष्ट नहीं है

D. उपर्युक्त सभी

286. शिक्षक को शिक्षा के क्षेत्र में प्रचलित समस्याओं को जानना आवश्यक है, क्योंकि—

A. शिक्षक ही उसके समाधान के बारे में कुछ कर सकता है

B. वह अन्य शिक्षक को बता सकता है

C. इससे वे सरकार को उसके बारे में बता सकते हैं

D. इससे शिक्षक को शिक्षा के बारे में जानकारी हो सकती है

287. राष्ट्रीय पर्व जैसे 15 अगस्त और 26 जनवरी पर विद्यालय में उपस्थित होने के संबंध में आपका विचार है—

A. आदेश का अनुपालन है

B. मनोरंजन के साधन हैं

C. कोई लाभ नहीं है

D. राष्ट्रीय एकता और अखण्डता को सुदृढ़ करने में प्रोत्साहन मिलता है

288. अपने देश की बढ़ती हुई जनसंख्या एवं संसाधनों के अभाव में राष्ट्रीय शिक्षा नीति के अन्तर्गत शिक्षा के स्तरोन्नयन के कार्यक्रम आपके विचार में—

A. अव्यावहारिक हैं

B. साहसपूर्ण एवं प्रशंसनीय प्रयास हैं

C. परम्परागत कार्यक्रमों का एक नया रूप है

D. अध्यापकों के कार्यभार को बढ़ाना है

289. आपके विचार से सह-शिक्षा का प्रमुख उद्देश्य है—

A. शिक्षा पर होने वाले व्यय को कम करना

B. एक दूसरे को समझने का सुअवसर देना

C. बालिकाओं के लिए अलग से स्कूल न खोलना

D. बालिकाओं की हीन भावनाओं पर अंकुश लगाना

290. अपने देश की बढ़ती हुई जनसंख्या एवं संसाधनों के अभाव में प्रौढ़ शिक्षा के कार्यक्रम पर अधिक बल देना आपके विचार से—

A. मनोरंजन का साधन है

B. अव्यावहारिक है

C. साहसपूर्ण एवं प्रशंसनीय व्यवहार है

D. अध्यापकों को रोजगार के अवसर प्रदान करना है

291. छात्रों को मूल्यों की शिक्षा देना आवश्यक है, क्योंकि—

A. इससे उनका बौद्धिक विकास बढ़ेगा

B. माता-पिता प्रसन्न होंगे

C. उनमें सद्गुणों के प्रति आस्था और सजगता बढ़ेगी

D. यह भी एक शिक्षा है

292. विद्यालय में 'पर्यावरण शिक्षा' की व्यवस्था आपके विचार से—

A. छात्रों में पर्यावरण-चेतना जगाने के लिए आवश्यक है

B. छात्रों पर अतिरिक्त बोझ बढ़ाना है

C. उनके मनोरंजन का साधन है

D. अध्यापकों को कार्य देना है

293. विद्यालय में 'पर्यावरण शिक्षा' दी जा सकती है—

A. भाषण द्वारा   B. लेखों द्वारा

C. खेल-कूद द्वारा   D. स्वयं अपनाकर

294. आपके विचार से विद्यालय में नैतिक शिक्षा प्रदान करने के लिए आवश्यक है—

A. प्रतिदिन अध्यापकों द्वारा नैतिकता पर भाषण

B. नैतिक शिक्षा से सम्बन्धित साहित्य बांटना

C. समय-समय पर अभिभावकों को नैतिकता के बारे में सजग कराना

D. अध्यापक अपने आचरण को संयमित और नियमित रखे

295. अध्यापक का स्थान समाज में सम्माननीय होता है, क्योंकि—

A. अध्यापक सरलता और ज्ञान के प्रतीक होते हैं

B. बिना उनकी कृपा से कोई डाक्टर या इंजीनियर नहीं

C. वे राष्ट्र के भाग्य निर्माता होते हैं

D. वे राजनीतिज्ञों और बड़े आदमियों के गुरु होते हैं

296. समाज में व्याप्त कुरीतियों और अंधविश्वासों का कारण है—

A. धार्मिक कट्टरता

B. जातिप्रथा और वर्ग भेद

C. निर्धनता

D. जागरुकता की कमी और अशिक्षा

297. मेरी राय में प्रत्येक छात्र का प्रगति-पत्र उसके अभिभावक को अवश्य देना चाहिए, क्योंकि—

A. इससे छात्रों में डर बना रहता है

B. ट्यूशन मिलने की संभावना रहती है

C. अभिभावकों को बच्चों की प्रगति का पता चलता है

D. छात्र के प्रति हमारी जिम्मेदारी समाप्त हो जाती है

298. शिक्षा में हो रहे ह्रास को रोकने के लिए आवश्यक है—

A. शिक्षा पद्धति में सुधार की व्यवस्था

B. बालकों के गृह-कार्यों के प्रति अभिभावकों की जागरुकता

C. अध्यापकों द्वारा नियमित कक्षा-शिक्षण

D. अध्यापकों की संख्या में वृद्धि

299. अपने देश में बढ़ती हुई जनसंख्या एवं संसाधनों के अभाव में शिक्षा में गुणात्मक विकास के कार्यक्रम आपके विचार में—

A. कक्षा-शिक्षण में बाधक हैं

B. अव्यावहारिक हैं

C. साहसपूर्ण प्रयास है

D. समय की बर्बादी है

300. अध्यापक का महत्व समाज में कम होने का कारण है—

A. अध्यापक की कम आमदनी

B. अध्यापकों की राजनीति में रुचि लेना

C. अध्यापक का अपने पेशे से उदासीन होना

D. अध्यापकों का अधूरा विषय ज्ञान होना

301. आपकी राय में अच्छे माता-पिता वे हैं जो अपने बच्चों को देते हैं–

A. आवश्यकतानुसार धन और सुविधा

B. उनकी आवश्यकताओं की सभी वस्तुएं

C. अच्छा भोजन और वस्त्र

D. नियमित रूप से अपना कुछ समय और स्नेह

302. आजकल लोग जितना श्रम करते हैं, उसे अधिक पाना चाहते हैं, आपकी राय में यह–

A. बढ़ती हुई महंगाई का प्रतिफल है

B. लोक जीवन में मूल्यों के ह्रास का परिचायक है

C. श्रम के प्रति उदासीनता है

D. आर्थिक प्रगति का द्योतक है

303. सड़क पर बच्चों को आपस में झगड़ा करते देख कर आप–

A. समझा बुझा कर झगड़ा शान्त करेंगे

B. डांट कर भगा देंगे

C. लोगों से फैसला करने को कहेंगे

D. परिस्थिति को अनदेखा करके चले जायेंगे

304. समाज के प्रति छात्रों में उत्तरदायित्व की भावना के विकास करने हेतु–

A. समय-समय पर भाषण देने चाहिए

B. कक्षा में ऐसे लोगों के उदाहरण देने चाहिए

C. उत्तरदायित्व के महत्व को बताना चाहिए

D. छात्रों को समाज में ऐसे लोगों के सम्पर्क में रखना चाहिए

305. भरसक प्रयासों के बावजूद जब सफलता न मिले तो समझना चाहिए–

A. भाग्य में ऐसा ही लिखा था

B. कि बाहरी मदद नहीं मिल पाई

C. बिना असफलता के सफलता नहीं मिलती

D. प्रयासों में कहीं कोई कमी रह गई थी

306. आपकी राय में शिक्षा एक–

A. साक्षर बनाने का साधन है

B. राष्ट्रीय कर्त्तव्य है

C. व्यवसाय है

D. समाज सुधार का साधन है

307. शिक्षक संगठन का निम्नलिखित में से क्या कार्य होना चाहिए–

A. शिक्षकों की समस्याओं पर विचार करना

B. केवल अर्थ संबंधी समस्याओं पर विचार करना

C. शिक्षा और अन्य शिक्षकों की समस्याओं पर विचार करना

D. अन्य संगठनों के साथ तालमेल रखना

308. आज की बदलती परिस्थिति में सपुस्तक परीक्षा प्रणाली उपयुक्त है, क्योंकि इसमें–

A. नकल का प्रश्न नहीं उठता

B. पढ़ना नहीं पड़ता

C. छात्रों की मानसिक सक्रियता बढ़ती है

D. छात्र अनुशासित रहते हैं

309. आज विद्यालयी शिक्षा की अपेक्षा कोचिंग शिक्षा अधिक प्रभावी हो रही है, आपके विचार में इसका मुख्य कारण है–

A. शिक्षकों का कम वेतन

B. विद्यालयों में योग्य शिक्षकों की कमी

C. विद्यालयी शिक्षा के प्रति विश्वास की कमी

D. विद्यालयों में समुचित पठन-पाठन का अभाव

310. प्राथमिक स्तर पर स्त्रियों के लिए शिक्षक का कार्य करना अच्छा है, क्योंकि–

A. वे केवल छोटे बच्चों को ही पढ़ा सकती हैं

B. वे गाना गा सकती है

C. उनकी आवाज मधुर होती है

D. वे बच्चों की देख-रेख मां की तरह कर सकती है

311. अधिकांश विद्यालयों में आजकल पढ़ाई, लिखाई का उचित वातावरण नहीं है, इसके लिए मुख्य रूप से उत्तरदायी है–

A. छात्रगण   B. अध्यापकगण

C. नेतागण   D. उपर्युक्त सभी

312. यदि अपने छोटे भाई को पढ़ाते समय बार-बार किसी प्रश्न का हल बताने पर भी उसकी समझ में न आये तो आप–

A. उसे दण्ड देंगे

B. पुनः समझाने का प्रयास करेंगे

C. पढ़ाना बन्द कर देंगे

D. स्वयं पर खीजेंगे

313. यदि कोई अभिभावक अपने बच्चे के बारे में यह शिकायत करें कि उसे जान बूझ कर छमाही परीक्षा में कम अंक दिये गए हैं, तो आप–

A. प्रधानाचार्य से सम्पर्क करने की राय देंगे
B. मामले की छानबीन का आश्वासन देंगे
C. सम्बन्धित विषयाध्यापक से मिलने की सलाह देंगे
D. वार्षिक परीक्षा में मदद का आश्वासन देंगे

314. आजकल लोग जितना परिश्रम करते हैं उससे अधिक वेतन चाहते हैं, मेरी राय में यह—
A. आर्थिक प्रगति का संकेत है
B. मनुष्य का स्वभाव है
C. आर्थिक दृष्टिकोण से समय की मांग है
D. सामाजिक अन्याय है

315. निम्न में से किस कार्य में आपकी अधिक रुचि है—
A. चुनाव प्रचार करना
B. छात्र संघ का चुनाव लड़ना
C. लेख और कहानियां लिखना
D. टीवी पर मैच देखना

316. मेरी राय में धार्मिकता का आशय है—
A. नियमित रूप से पूजा-पाठ करना
B. अपने धर्म को सबसे बड़ा मानना
C. भाग्य पर पूरी तरह से निर्भर रहना
D. सबके कल्याण के लिए कार्य करना

317. धार्मिक सहिष्णुता का अर्थ होता है—
A. सभी धर्मों का आदर करना
B. सभी धर्मों में रुचि लेना
C. सब कुछ ईश्वर पर छोड़ देना
D. दूसरों से अपना धर्म मनवाने का प्रयास करना

318. ''नाच न जाने आंगन टेढ़ा'', मुहावरे का अभिप्राय है—
A. अपनी कमजोरियों को भरसक छिपाना
B. अपनी असफलताओं के लिए दूसरों को दोष देना
C. खराब व्यक्ति सदैव दूसरों को खराब कहता है
D. जिसे काम नहीं आता वह बहाने बनाता है

319. एक अच्छे विद्यालय के लिए आवश्यक है कि वह स्थित हो—
A. ग्रामीण क्षेत्र में   B. शहर के मध्य में
C. एकान्त में   D. कहीं भी

320. प्रदूषण की समस्या प्रभावी ढंग से हल करने के लिए—
A. लोगों को जागरुक बनाना चाहिए
B. इस क्षेत्र में अधिक धन खर्च करना चाहिए
C. कड़े कानून बनाने चाहिए
D. विदेशी मदद लेनी चाहिए

321. ''प्रकृति सर्वोत्तम शिक्षक है'' इस कथन का अभिप्राय है कि—
A. अध्यापक को प्रकृति से शिक्षा लेनी चाहिए
B. प्रकृति के मध्य अध्यापक स्वाभाविक रूप से पढ़ा सकता है
C. प्रकृति के नियमों के अनुसार छात्र सहज ढंग से सीखते और अनुभव करते हैं
D. बच्चों को प्राकृतिक वातावरण में छोड़ दिया जाना चाहिए

322. आपकी राय में सहयोगियों से अच्छे सम्बन्ध रखने के लिए आवश्यक है कि—
A. उनकी खुशामद करते रहना चाहिए
B. उनकी गलतियों पर ध्यान न दिया जाये
C. उनके सुख-दुःख में हाथ बंटाया जाये
D. उनके सामने उनकी प्रशंसा की जाये

323. आप जानते हैं कि सही बात कहने से परेशानियां आती हैं, तो—
A. भी सही बात करते रहना चाहिए
B. अवसर देखकर ही कोई बात कहनी चाहिए
C. जिसको जैसा प्रिय लगे वही कहना चाहिए
D. किसी को कोई राय नहीं देनी चाहिए

324. भारतीय प्रजातंत्र के सन्दर्भ में निम्नलिखित में से कौन-सा शिक्षा का कम महत्वपूर्ण उद्देश्य है?
A. कक्षा में प्रजातंत्र को पढ़ाना
B. विद्यार्थियों में नेतृत्व के गुणों को विकसित करना
C. विद्यार्थियों में प्रजातांत्रिक नागरिकता को विकसित करना
D. विद्यार्थियों में व्यावसायिक क्षमता को विकसित करना

325. एकल शिक्षक वाले विद्यालयों की समस्या-
A. उनको समाप्त करने से होगी
B. उनमें सुधार करने से न कि समाप्त करने से होगी
C. सामाजिक बुराई के रूप में उनके विरोध करने से होगी
D. केवल हमारे देश में ही है

326. एक अध्यापक के रूप में आप जिस कक्षा को पढ़ा रहे हैं उसका एक विद्यार्थी बेहोश हो जाता है, तो आप क्या करेंगे?
   A. दूरभाष से विद्यार्थी के अभिभावक को सूचित कर उनका इन्तजार करेंगे
   B. प्रधानाचार्य के कार्यालय में जाकर उन्हें सूचित करेंगे
   C. उस विद्यार्थी को प्राथमिक उपचार देकर नजदीकी डॉक्टर से सम्पर्क करेंगे
   D. उसके घर जाने की व्यवस्था करेंगे

327. यदि आप शिक्षा में सुधार लाना चाहते हैं, तो कहाँ से शुरू करेंगे?
   A. प्राथमिक स्तर   B. माध्यमिक स्तर
   C. स्नातक स्तर   D. ये सभी

328. विद्यालयी पाठ्यक्रम में 'एस.यू.पी.डब्ल्यू.' को लगाया गया-
   A. विश्वविद्यालय शिक्षा आयोग की रिपोर्ट की अनुशंसा पर
   B. कोठारी शिक्षा आयोग की रिपोर्ट की अनुशंसा पर
   C. माध्यमिक शिक्षा आयोग की रिपोर्ट की अनुशंसा पर
   D. इशहार भाई पटेल पुन:निरीक्षण शिक्षा समिति की अनुशंसा पर

329. निम्नलिखित में से किस विश्वविद्यालय की स्थापना 1857 में की गई?
   A. कलकत्ता (कोलकाता) B. बम्बई (मुम्बई)
   C. मद्रास (चेन्नई)   D. उपर्युक्त तीनों

330. भारत में शिक्षा का प्राथमिक उद्देश्य है-
   A. नौकरी के लिए तैयारी करना
   B. राष्ट्रीय हित की सुरक्षा करना
   C. शैक्षिक रूप से दृढ़ बनाना
   D. हितकर ज्ञान देना

331. शिक्षा के लिए सबसे अनुकूल है-
   A. सामाजिक स्तरीकरण B. जाति
   C. सामाजिक वर्ग   D. गतिशीलता

332. भारतीय शिक्षा के गिरते स्तर के लिए निम्नलिखित में से कौन-सा कारण सर्वाधिक उत्तरदायी है?
   A. कम योग्यता के अध्यापक
   B. शिक्षा में सर्वाधिक राजनीतिक हस्तक्षेप

   C. पर्याप्त कोष का अभाव
   D. सरकारी उदासीनता

333. भारत में प्राथमिक शिक्षा के सार्वभौमीकरण के लिए निम्नलिखित में से कौन-सा सर्वाधिक बाध्यकारी कारण है?
   A. क्षेत्रीय राजनीति
   B. सार्वभौमीकरण पर व्यय की लागत
   C. सामान्यतः राजनीति
   D. अध्यापकों की कमी

334. प्राइवेट और पब्लिक तथा राजकीय और अन्य प्रकार के विद्यालयों के अस्तित्व के साथ-साथ जिस चीज को बल मिला, वह है-
   A. उच्च और मध्यम वर्ग के मध्य बाधा को
   B. अमीर और गरीब के बीच बाधा को
   C. उपर्युक्त (A) तथा (B) को
   D. जाति प्रथा को

335. बच्चे के लिए सबसे महत्वपूर्ण अनौपचारिक अध्यापक है-
   A. उसके साथी   B. उसका पिता
   C. उसकी माँ   D. उसके भाई-बहिन

336. केन्द्रीय शिक्षा सलाहकार मंडल की सर्वप्रथम स्थापना हुई-
   A. 1925 में   B. 1950 में
   C. 1920 में   D. 1948 में

337. जिन्दगी में जब आपको सफलता मिलती है तो आप क्या सोचते हैं?
   A. मुझे कठिन मेहनत से यह सफलता प्राप्त हुई
   B. प्रभु की कृपा से मुझे सफलता प्राप्त हुई
   C. मुझे मेरी तकदीर की वजह से सफलता मिली
   D. मेरे विरोधियों के व्यवधान उत्पन्न करने के बावजूद मुझे सफलता मिली

338. विद्यालय छात्रावास में विभिन्न प्रान्तों के विद्यार्थी रहते हैं। छात्रावास के विद्यार्थी सामान्यतः उनको दिये जाने वाले भोजन से सन्तुष्ट नहीं हैं तब आप एक वार्डन के रूप में-
   A. विभिन्न प्रान्तों के छात्र प्रतिनिधियों की एक सभा करायेंगे और यह जानने का प्रयत्न करेंगे कि उनके असंतोष के क्या कारण हैं
   B. छात्रों से कहेंगे कि वे अपनी पसन्द का मीनू बनाकर आपको दें

C. छात्रों के साथ भोजन करेंगे और नियमित रूप से यह देखेंगे कि छात्र भली प्रकार भोजन ग्रहण कर रहे हैं या नहीं

D. चक्रानुक्रम में वरिष्ठ छात्रों को यह उत्तरदायित्व देंगे कि वे भोजन का मीनू निर्धारित करें और इस बात का ध्यान रखें कि भोजन संतुलित हो, विभिन्न प्रान्तों के छात्रों की पसंद का हो और निर्धारित बजट के अन्तर्गत हो

339. आपकी कक्षा में एक लड़का और एक लड़की को लेकर समस्या उत्पन्न हो गई है, आपकी प्रतिक्रिया होगी-
A. प्रधानाचार्य को सूचित करना
B. संरक्षक को सूचित करना
C. दोनों को बैठकर समस्या का समाधान करना
D. सह-शिक्षा को बन्द करना

340. उच्च शिक्षा पर अभी भी वर्चस्व है-
A. मातृ-भाषा का   B. अंग्रेजी का
C. हिन्दी का   D. इन सभी का

341. यदि समान वेतन हो तो सबसे अच्छा व्यवसाय है-
A. अनुसंधानकर्ता का   B. इंजीनियर का
C. डॉक्टर का   D. अध्यापक का

342. बालक जन्मजात क्रियाशील होता है इसलिए उसे प्रेरित करना चाहिए-
A. खेलों के लिए
B. रचनात्मक कार्यों के लिए
C. ज्ञानार्जन के लिए
D. शारीरिक विकास के लिए

343. आजकल शिक्षा के गिरते स्तर का मुख्य कारण है-
A. राजनीतिक हस्तक्षेप
B. छात्राओं की अनुशासनहीनता
C. अभिभावकों की विद्यालय कार्यों के प्रति उदासीनता
D. अध्यापिकाओं की अपने उत्तरदायित्व के प्रति उदासीनता

344. मुझे अपनी सहेली पर तब क्रोध आता है जब वह-
A. किसी निर्दोष को दोष देती है
B. मेरी बात नहीं मानती है
C. अपने स्वार्थ की बात करती है
D. मेरे साथ विद्यालय नहीं जाती है

345. यदि कोई शिशु अपने साथी को मारता-पीटता है, तो आप-
A. उसे मारने पीटने से मना करेंगी
B. उसे दण्ड देंगी
C. उसकी शिकायत प्रधानाचार्य से करेंगी
D. कारण की पृष्ठभूमि को समझकर ऐसा प्रयास करेंगी कि वह आगे ऐसा न करे

346. विद्यालय विलम्ब से पहुँचने पर प्रधानाचार्या द्वारा उपस्थिति पंजी पर निशान लगा देने पर आप-
A. अपनी गलती स्वीकार कर लेंगी
B. दूसरे दिन से समय से आने का प्रयास करेंगी
C. प्रधानाचार्य से देरे से आने की सफाई देंगी
D. विलम्ब से आने वाली अन्य अध्यापिकाओं का उदाहरण प्रस्तुत करेंगी

347. यह कहना कि ''मैं अच्छी तरह कार्य नहीं कर सकूँगा'' प्रतीक है-
A. अपने-आप की अक्षमता
B. असफलता की भावना से प्रभावित
C. अपनी सम्भावनाओं से अनभिज्ञता
D. विनम्रता की भावना

348. आपके अनुसार कक्षा में वातावरण कैसा होना चाहिए?
A. सख्त
B. अन्तर्मुखी व संयमित
C. छात्र एवं अध्यापक दोनों का बराबर योगदान हो
D. उपर्युक्त में से कोई नहीं

349. शिक्षण प्रणाली कैसी होनी चाहिए?
A. बाल-केन्द्रित
B. मूल्य-केन्द्रित
C. शिक्षण-छात्र केन्द्रित
D. उपर्युक्त में से कोई नहीं

350. प्राथमिक शिक्षा का प्रथम लक्ष्य है-
A. छात्रों को उच्च शिक्षा के लिए तैयार करना
B. छात्रों में राष्ट्रीय जागरूकता का संचार करना
C. छात्रों को उनके अधिकारों के प्रति आगाह कराना
D. छात्रों के सर्वांगीण विकास की पृष्ठभूमि तैयार करना

351. बेरोजगारी उन्मूलन के लिए उत्तम योजना है-
A. बालकों को प्रारम्भिक शिक्षा के तत्पश्चात् उनके पैतृक व्यवसायों का प्रशिक्षण प्रदान करना

B. भारतीय विद्यालयों में व्यावसायिक पाठ्यक्रमों को लागू करना

C. बालकों को उच्च शिक्षा में जाने से रोकना

D. बालकों को चरित्र निर्माण की शिक्षा प्रदान करना

352. पूर्व-प्राथमिक शालाओं में महिला-शिक्षिकाओं की नियुक्ति इसलिए की जाती है, क्योंकि वे होती हैं-

A. मातृत्व स्नेही　　B. मधुर सम्भाषण पूर्ण

C. अनुशासनपूर्ण　　D. सौंदर्यपूर्ण

353. धार्मिकता का अर्थ है-

A. धार्मिक रीति-रिवाजों का पालन करना

B. धार्मिक चिन्हों का प्रयोग करना

C. धार्मिक मदान्धता में लिप्त रहना

D. सभी के कल्याण में रत रहना

354. पूर्व प्राथमिक विद्यालय में शिक्षा का आधार होना चाहिए-

A. खेल विधि

B. पाठ्य पुस्तक विधि

C. प्रयोगशाला विधि

D. भाषण विधि

355. निरन्तर शिक्षा के पतन के लिए दोषी है-

A. राजनीतिक हस्तक्षेप

B. अराजकता एवं अनुशासनहीनता

C. अभिभावकीय उदासीनता

D. अध्यापकों में लुप्त होती कर्तव्य-निष्ठा

356. मैं प्रायः अपने घनिष्ठ मित्रों में सम्मिलित करती हूँ-

A. परिश्रमी व्यक्तियों को

B. प्रत्येक परिस्थिति में सामंजस्य बनाए रखने वाले सहयोगियों को

C. राजनीतिक पहुँच वाले सहयोगियों को

D. प्रधानाचार्य के चापलूसों को

357. एक विद्यार्थी के लिए किसी विषय को अच्छी प्रकार से समझने के लिए सबसे महत्वपूर्ण चीज है-

A. अध्यापक द्वारा कक्षा में दिए गए नोट्स

B. अध्यापक द्वारा विद्यार्थियों के बीच दिए गए विषय पर कराया गया विचार-विमर्श

C. अध्यापक द्वारा दी गई पाठ्य-सामग्री

D. अध्यापक की विद्वता

358. विद्यालय को विद्यार्थियों के लिए पाठ्य-सहगामी (को-क्यूरिकुलर) गतिविधियों की व्यवस्था करनी चाहिए, क्योंकि-

A. पाठ्यक्रम सम्बन्धी गतिविधियां बिना पूरक गतिविधियों के अधूरी होती हैं

B. पाठ्यक्रम सम्बन्धी (क्यूरिकुलर) और सह-पाठ्यक्रम सम्बन्धी अनुभव का सटीक मिश्रण पाठ्य-सामग्री और संदर्भ को ठीक से समझने में मदद करता है

C. हर व्यक्ति सह-पाठ्यक्रम सम्बन्धी गतिविधियां चाहता है

D. सह-पाठ्यक्रम सम्बन्धी गतिविधियाँ विद्यालय को आकर्षक बनाती हैं

359. निम्न में से कौन-सा दृश्य-श्रव्य (Visual-Audio) उपकरण है?

A. रेडियो　　B. टेपरिकॉर्डर

C. टेलीविजन　　D. प्रोजेक्टर

360. क्या बुद्धिमान अभिभावकों के बच्चे अध्ययन में सदैव चमकते हैं?

A. हाँ　　B. नहीं

C. मनोविज्ञान　　D. ईश्वर पर निर्भर

361. बच्चों की कल्पनाशीलता दर्शाती है-

A. कल्पना के प्रति उनका प्यार

B. अन्दरूनी प्रतिभा

C. आयु सम्बन्धी उनके रुझान

D. दबी हुई कुंठा

362. छोटे बच्चों को पढ़ाना मेरी प्राथमिकता इसलिए है, क्योंकि-

A. मुझे उनके साथ खेलना पसन्द है

B. उनको सँभालना आसान है

C. मुझे इसके लिए अतिरिक्त पढ़ना नहीं पड़ता

D. उनके मूल्यों तथा दक्षताओं को विकसित करने का यही सर्वश्रेष्ठ समय है

363. आजकल अभिभावक अपने बच्चों पर उपलब्धियाँ हासिल करने के लिए बहुत दबाव डालते हैं, क्योंकि-

A. वे अपने बच्चों के माध्यम से अपने सपनों को पूरा करना चाहते हैं

B. वे अपने बच्चों के भविष्य के प्रति डरे रहते हैं

C. दुनिया में प्रतिस्पर्धा प्रतिदिन बढ़ती जा रही है

D. सामाजिक स्तर अच्छे ग्रेड पाने से ही बढ़ता है

364. सबसे अच्छा विद्यार्जन उसी कक्षा में होता है, जहाँ
A. हर बच्चे को खोज का बराबर अवसर मिले
B. शिक्षक बच्चों को दंडित न करें
C. कोई निश्चित पाठ्यक्रम न हो
D. परीक्षा का भय न हो

365. स्कूल तथा समाज को मिलकर काम करना चाहिए, क्योंकि-
A. स्कूल समाज का अभिन्न अंग है
B. समाज सीखने के संसाधन प्रदान करता है
C. समाज विद्यार्थियों की भिन्नताओं को समझने में सहायता करता है
D. बच्चे एक-दूसरे से सहयोग करना सीखते हैं

366. समाज में हो रहे नैतिक पतन को रोकने के लिए सर्वश्रेष्ठ विकल्प है-
A. शिक्षक द्वारा सदाचरण
B. कठोर दण्ड
C. नैतिक शिक्षा
D. इनमें से कोई नहीं

367. समाज में प्रतिष्ठा का आधार धन होता है, यह-
A. अज्ञात है
B. असत्य है
C. पूर्ण सत्य है
D. आंशिक सत्य है

368. छात्रों में सामाजिकता के विकास का दायित्व विद्यालयों पर आ गया है, क्योंकि-
A. छात्रों में सामाजिक विकास की प्रवृत्ति बदल गई है
B. परिवार बहुत छोटे और एकाकी हो गए हैं
C. व्यक्तियों में एकाकी रहने की प्रवृत्ति बढ़ी है
D. इनमें से कोई नहीं

369. आपके घर में मेहमान आने पर-
A. आप क्रोधित होंगे
B. आप अपनी सामर्थ्य से बढ़कर दिखावा करेंगे
C. आप यथाशक्ति उचित सत्कार करेंगे
D. आप उदासीनता दिखाएंगे

370. हमारा मस्तिष्क हमारी समस्त शारीरिक एवं मानसिक क्रियाओं को नियंत्रित करता है-
A. हाँ
B. कभी-कभी
C. कभी-नहीं
D. सम्भवतः

371. किसी सामूहिक लक्ष्य की प्राप्ति के लिए नेतृत्व का होना आवश्यक है-
A. प्रायः
B. हाँ
C. कदापि नहीं
D. कह नहीं सकते

372. नेता अपने समुदाय का होता है-
A. स्वामी
B. शोषक
C. प्रतिनिधि
D. इनमें से कोई नहीं

373. अच्छे नेता का महत्वपूर्ण कार्य है-
A. सभी कार्य स्वयं करना
B. अधिकतम धन कमाना
C. नीति निर्माण व योजना बनाकर प्रयास करना
D. अपने पद को यथावत बनाए रखना

374. महात्मा गांधी स्वतंत्रता संग्राम में जिस गुण के कारण देश के नेता बने, वह था-
A. अंग्रेजों की विरोधी भावना
B. दृढ़ संकल्प शक्ति
C. सुन्दर व्यक्तित्व
D. इनमें से कोई नहीं

375. विद्यार्थियों में नेतृत्व के गुणों का विकास इसलिए किया जाता है, क्योंकि वे-
A. भविष्य में नेता बन सकें
B. व्यक्तित्व का विकास कर सकें
C. जनता को मूर्ख बना सकें
D. मित्रता की भावना बढ़ा सकें

376. शिक्षकों द्वारा प्राइवेट ट्यूशन करने के सन्दर्भ में आपका विचार है कि-
A. प्राइवेट ट्यूशन पर रोक लगा देनी चाहिए
B. प्राइवेट ट्यूशन केवल विशेष परिस्थितियों में ही की जाए
C. इस पर कोई रोक नहीं होनी चाहिए
D. इसे कानून बनाकर दंडनीय कर देना चाहिए

377. छात्रों में अनुशासनहीनता के निराकरण का श्रेष्ठ उपाय है-
A. छात्रों में भयमुक्त वातावरण बनाना
B. छात्रों की समस्याओं से अवगत होना
C. छात्रों से सीधे सम्पर्क स्थापित कर अनुशासनहीनता के कारणों को मालूम करना
D. छात्रों को कठोरता से दण्डित करना

378. यदि आप अपने विद्यालय के छात्रावास वार्डन हैं, तो आप अनुशासन कैसे स्थापित करेंगे?
A. छात्रों के साथ संवाद स्थापित करके
B. अचानक निरीक्षण द्वारा
C. परिस्थितियों के अनुसार
D. कठोर दण्डात्मक रुख अपनाकर

379. छात्रों के विकास में सर्वाधिक भूमिका होती है–
A. विशाल क्रीड़ास्थल की
B. अच्छी पुस्तकों की
C. समर्पित शिक्षकों की
D. इनमें से कोई नहीं

380. देश की उन्नति तभी सम्भव है जब प्रत्येक नागरिक जाति, धर्म, क्षेत्र एवं भाषा की संकीर्णता से दूर होकर कार्य करे। आप इस कथन से कहाँ तक सहमत हैं?
A. पूर्णतः सहमत
B. आंशिक सहमत
C. आंशिक असहमत
D. इनमें से कोई नहीं

381. सम्प्रेषण कौशल अर्जित किया जा सकता है। कथन है-
A. असत्य
B. सत्य
C. अव्यावहारिक
D. असम्भव

382. जटिल वाक्य तथा नकारात्मक भाषा विचार सम्प्रेषण को बनाते हैं-
A. सरल
B. कठिन
C. प्रभावी
D. अप्रभावी

383. प्राथमिक कक्षाओं में प्रायः सम्प्रेषण होना चाहिए-
A. अंग्रेजी में
B. राष्ट्रभाषा में
C. विदेशी भाषा में
D. मातृभाषा में

384. एक शिक्षक को अपने सार्थक सम्प्रेषण में आत्मसंतोष प्राप्त होता है। क्या आप इस कथन से सहमत हैं?
A. कभी नहीं
B. हाँ
C. नहीं
D. इनमें से कोई नहीं

385. सम्प्रेषण कला में सभी में दक्षता समान रूप से पाई जाती है-
A. हाँ
B. नहीं
C. सम्भवतः
D. कभी-कभी

386. सम्प्रेषण कला में दक्षता की सर्वाधिक आवश्यकता किसको होती है?
A. शिक्षक
B. किसान
C. डॉक्टर
D. शिक्षार्थी

387. आप एक टीचर हैं। मध्याह्न अवकाश में आप यदि अपने साथियों के साथ चायपान करते हैं, तो उस समय आपका लक्ष्य होना चाहिए-
A. चायपान व्यवस्था का निरीक्षण करना
B. विद्यालय सम्बन्धी विभिन्न समस्याओं पर विचार-विमर्श करना
C. साथियों की आलोचना करना
D. इनमें से कोई नहीं

388. जनचेतना उत्पन्न करने हेतु अध्यापक को चाहिए कि-
A. जनचेतना पर लेख प्रकाशित कराए
B. जनचेतना पर अनेक व्याख्यान दे
C. सामाजिक कार्यों में सक्रिय रहे
D. जनमानस से बिल्कुल दूर रहें

389. परिवार, समाज तथा राष्ट्र के सम्पूर्ण विकास के लिए-
A. छात्राओं की शिक्षा अधिक आवश्यक है
B. छात्रों की शिक्षा अधिक आवश्यक है
C. किसी को शिक्षा की आवश्यकता नहीं है
D. दोनों की शिक्षा आवश्यक है

390. लक्ष्य प्रधान सम्प्रेषण ही सार्थक होता है। क्या आप इस कथन से-
A. पूर्णतः सहमत हैं
B. आंशिक सहमत हैं
C. आंशिक असहमत हैं
D. इनमें से कोई नहीं

391. आपके मतानुसार ''सेवारत शिक्षक प्रशिक्षण कार्यक्रम'' अभिमुखीकरण का अच्छा उपाय है। यह कथन है-
A. अनिश्चित
B. असत्य
C. सत्य
D. आंशिक सत्य

392. यदि बालक परिपक्वता के रूप में तैयार नहीं होता है, विद्यालय की प्रत्याशाओं की पूर्ति करने के लिए तो विद्यालय प्रतीत होता है-
A. एक वृहद कार्य
B. एक अत्यधिक भयपूर्ण अभिकरण
C. भय का प्रतीक
D. भय ग्रन्थि

393. आधुनिक मनोविज्ञान स्वयं को व्यक्त करती है-
 A. आकृति के प्रत्यक्षीकरण के रूप में
 B. विकास के रूप में
 C. समाजीकरण के रूप में
 D. व्यवहार के विज्ञान के रूप में

394. जैसे-जैसे बालक बड़ा होता जाता है, उसके आदर्श प्रतिमान (चरित्र नायक) ..... से प्रतिस्थापित होते जाते हैं।
 A. माता-पिता एवं भाई-बहनों से
 B. नेता एवं मित्र-मण्डली से
 C. दूरदर्शन के चरित्र नायकों से
 D. मित्रों एवं रिश्तेदारों से

395. किसी व्यवसाय में सफल होने के लिए व्यक्ति को आवश्यकता होती है-
 A. प्रेरणा, निष्कपटता एवं धैर्यशीलता
 B. धन
 C. स्तर
 D. शैली

396. इस बात का पूर्व कथन करना सरल है कि अभियोग्यता परीक्षणों के द्वारा किसी व्यवसाय में ..... की कैसी स्थिति होगी।
 A. असफलता   B. स्वभाव
 C. अभिरुचि   D. समायोजन

397. निम्नलिखित में से कौनसी एक दृश्य-श्रव्य सामग्री है?
 A. रेडियो   B. टेपरिकॉर्डर
 C. दूरदर्शन   D. प्रोजेक्टर (प्रक्षेपक यन्त्र)

398. किसी सामाजिक परिस्थिति में क्या घटित होने वाला है, इस तथ्य की जानकारी होती है
 A. मानवीय संज्ञान
 B. अंतर्प्रक्रिया संज्ञान
 C. सामाजिक संज्ञान
 D. परिस्थिति विशेष सम्बन्धी संज्ञान

399. सूचनाओं एवं ज्ञान की प्राप्ति है-
 A. सीखने की योग्यता
 B. समायोजन की योग्यता
 C. स्मृति में लाने की योग्यता
 D. उपर्युक्त में से कोई नहीं

400. यदि आप चाहते हैं कि प्रत्येक बालक सृजनशील हो, तो करना चाहिए-
 A. एक सहायक एवं भयमुक्त वातावरण
 B. माता-पिता एवं शिक्षकों का हस्तक्षेप
 C. माता-पिता एवं शिक्षकों द्वारा आलोचना
 D. दृढ़ता (कठोरतापूर्ण वातावरण)

401. जब आपका विद्यार्थी अच्छा निष्पादन करता है तो आप–
 A. अपनी प्रसन्नता व्यक्त करेंगे
 B. उसकी सराहना करेंगे
 C. ईर्ष्या का अनुभव करेंगे
 D. चुप रहेंगे

402. कौनसे परीक्षणों के द्वारा अभ्यर्थियों को अपने उत्तरों को लिखने एवं उनकी जांच करने के लिए न्यूनतम यन्त्रों की आवश्यकता होती है तथा बहुत कम व्ययसाध्य होते हैं?
 A. उपलब्धि परीक्षण   B. पेपर-पेन्सिल परीक्षण
 C. व्यक्तित्व परीक्षण   D. व्यक्तिगत परीक्षण

403. शिक्षा मनोविज्ञान का प्रमुख केन्द्र बिन्दु है
 A. अधिगम कठिनाइयों की पहचान करना तथा उनका उपचार करना
 B. व्यवहार सम्बन्धी छोटी-छोटी समस्याएँ
 C. तीव्र संवेगात्मक समस्याएँ
 D. मस्तिष्क एवं अन्य व्यवहार सम्बन्धी जैविक क्रियाओं में सम्बन्ध

404. श्रव्य-दृश्य (Audio-Visual) सामग्री हैं–
 A. शिक्षण-अधिगम प्रक्रिया को रुचिपूर्ण बनाने वाली
 B. स्वयं में साध्य नहीं है
 C. शिक्षण की सहायक सामग्री नहीं हैं
 D. छात्र की विषय-वस्तु को उत्तम ढंग से समझाने के लिए उपाय नहीं करती हैं

405. सम्भावी शिक्षकों को छात्रों के साथ कार्य करने के लिए निम्नलिखित तात्कालिक प्रकरणों पर ध्यान देना चाहिए-
 A. द्वन्द्व एवं हिंसा
 B. चिन्तनशीलता का अभ्यास
 C. अनुदेशन के लक्ष्य एवं उद्देश्य
 D. व्यावसायिक योग्यता सम्बन्धी गुणवत्ता

406. पास-पड़ोस में रहने वाले व्यक्तियों की व्यावहारिक समस्याओं का निदान करने जैसा कार्य निम्नलिखित के अन्तर्गत आता है-
A. सामुदायिक मनोविज्ञान
B. पास-पड़ोस सम्बन्धी मनोविज्ञान
C. जनन मनोविज्ञान
D. विकासात्मक मनोविज्ञान

407. प्रकृति एवं पर्यावरण का सम्बन्ध है-
A. आन्तरिक एवं बाह्य पर्यावरण से
B. स्वभाव एवं चरित्र से
C. शारीरिक बनावट एवं स्वभाव से
D. आनुवंशिकता एवं पर्यावरण से

408. विद्यालय का पुस्तकालय-
A. छात्रों एवं शिक्षकों के मानसिक धरातल का विकास करने में सहायक है
B. निर्देशन प्रोग्राम में वृद्धि नहीं करता है
C. कक्षा शिक्षण में सहायक नहीं है
D. शिक्षक की शिक्षण प्रक्रियाओं को पुष्ट नहीं करता है

409. अनौपचारिक शिक्षा-
A. परिवार, समुदाय एवं धर्म आदि के माध्यम से प्रदान की जाती है
B. कोई निश्चित पाठ्यक्रम नहीं होता है
C. ज्ञान प्राप्ति के लिए अभिप्रेरित नहीं होती है
D. किसी संगठित अभिकरण के द्वारा व्यवस्थित की जाती है

410. वह गुण जो शिक्षण में परमावश्यक है-
A. अनुकूलन, धैर्य एवं सतर्कता
B. निर्भरता एवं निर्णयात्मक अयोग्यताएँ
C. प्रभुत्ववादी अभिवृत्ति
D. सांसारिक (भौतिक जगत्) प्रवृत्ति

411. विद्यालय एक संस्था है, जिसका कार्य है-
A. धार्मिक आधार पर स्तरीकरण करना
B. आर्थिक आधार पर स्तरीकरण करना
C. सामाजिक दूरी स्थापित करना
D. समाजीकरण करना

412. विद्यालय में सम्पन्न होने वाली मानवीय अन्तर्प्रक्रियाएँ कही जाती हैं-
A. सामाजिक दशा
B. सामाजिक पदानुक्रमिकता
C. सामाजिक तन्त्र
D. सामाजिक गतिशीलता

413. अपने विद्यालय में एक श्रेष्ठ अध्यापक की प्राथमिकता रहती है-
A. प्रधानाचार्य के प्रति
B. प्रबन्धक समिति के सचिव के प्रति
C. अपने सहयोगी शिक्षकों के प्रति
D. छात्रों के प्रति

414. विद्यालय एक सामाजिक अभिकरण है, जो देता है-
A. समाज को उच्च मानकों तक पहुंचाने में योगदान
B. संस्कृति को सुरक्षित रखने तथा हस्तान्तरण में योगदान
C. कुछ निश्चित जैनिक लक्षणों को संरक्षित करने में योगदान
D. अच्छे एवं बुरे लक्षणों की पहचान में योगदान

415. विद्यालय स्तर पर शिक्षा का अकादमिक पक्ष नियन्त्रित किया जाता है-
A. यूनिवर्सिटी ग्रांट कमीशन (UGC)
B. नेशनल काउन्सिल ऑफ एजूकेशनल रिसर्च एण्ड ट्रेनिंग (NCERT)
C. नेशनल इंस्टीट्यूट ऑफ एजूकेशनल प्लानिंग एण्ड एण्डमिनिस्ट्रेशन (NIEPA)
D. नेशनल काउंसलिंग टीचर एजुकेशन (NCTE) नई दिल्ली

416. 10+2+3 शिक्षा योजना की संस्तुति की गई थी-
A. कोठारी कमीशन के द्वारा
B. मुदालियर कमीशन के द्वारा
C. राधाकृष्णन् कमीशन के द्वारा
D. राष्ट्रीय शिक्षा नीति, 1986 द्वारा

417. परिपक्वता काल में तैयार रहने की अवस्था सम्बन्धी प्रत्यय व्यवहार के विकास को समझने में महत्वपूर्ण भूमिका का निर्वाह करता है, क्योंकि इससे हमें ज्ञात होता है कि कुछ कौशल/दक्षताएँ सीखना या तो कठिन है अथवा बिल्कुल असम्भव है एक प्रदत्त-
A. शिक्षण स्तर से पूर्व
B. बौद्धिक स्तर से पूर्व
C. सामाजिक-आर्थिक स्तर से पूर्व
D. आयु स्तर से पूर्व

418. एक बालक जिसमें औसत दर्जे की बुद्धि है, किन्तु वह पूर्ण विकसित वातावरण में पल रहा है, ऐसा बालक प्राप्त करेगा-

A. एक श्रेष्ठ जीवन

B. एक औसत जीवन

C. जीवन में कुछ भी नहीं

D. जीवन में सब कुछ

419. प्रायः भाई-बहन, माता-पिता एवं शिक्षक ..... प्रमुख स्रोत माने जाते हैं अपने बालकों के लिए।

A. प्रेरणा के   B. सूचनाओं के

C. मतों के   D. अभिवृत्तियों के

420. ..... का ज्ञान हमें स्वयं को समझने में अत्यधिक मदद करता है।

A. शिक्षा

B. रंगों

C. सामाजिक प्रत्यक्षीकरण

D. उपर्युक्त में से कोई नहीं

421. मानसिक स्वास्थ्य है-

A. सम्पूर्ण व्यक्तित्व की सन्तुलित कार्य-प्रणाली

B. कुसमायोजन का लक्षण

C. तीव्रतम उत्तेजनशीलता की स्थिति

D. संवेगात्मक विद्रूपताओं को दूर करने की स्थिति

422. प्रायः ..... अवस्था में बच्चे विद्यालय में समायोजन सम्बन्धी समस्याओं से ग्रस्त हो जाते हैं

A. बचपन में

B. पूर्व सामाजिक विकास की अवधि में

C. विद्यालय पूर्व अवधि में

D. मध्य बाल्यावस्था में

423. एक दिन पहले किसी छात्र ने आपको बेवकूफ बनाया था। उस छात्र द्वारा कक्षा में एक अच्छी सूझ देने पर आपकी क्या प्रतिक्रिया होगी?

A. आप इसकी अपेक्षा करेंगे

B. आप किसी अन्य छात्र से इसे जाँचने के लिए कहेंगे

C. आप इसे सहर्ष स्वीकार करेंगे

D. आप इसे स्वयं जाँचना प्रारम्भ करेंगे

424. निम्नलिखित में से क्या अनुशासन का आधार नहीं हो सकता?

A. नियम पालन की महत्ता को स्वीकारना

B. व्यक्ति के अन्तर्निष्ठ अधिकार एवं गौरव को स्वीकारना

C. स्वतंत्रता, समानता व न्याय के मूल्यों को स्वीकारना

D. लक्ष्य उपलब्धि के लिए इसकी अच्छी भूमिका को स्वीकारना

425. निम्नलिखित में से कौनसी चीज एक शिक्षक को अधिक प्रभावी बना सकती है?

A. यदि वह अनुदेशन सहायक सामग्रियों का उपयोग करे

B. यदि वह अध्येता को पढ़ाए जा रहे पाठ में प्रयोजन ढूंढने में सहायता प्रदान करे

C. यदि वह उदाहरण दे तथा पाठ में बीच-बीच में प्रश्न पूछे

D. यदि छात्रों को पाठ के प्रश्नों के उत्तर जानने में सहायता करे

426. कई विशेषज्ञ 'पुस्तक खोलकर परीक्षा-प्रणाली' की वकालत करते हैं, ऐसा करने पर-

A. बोर्ड द्वारा काफी संख्या में पुस्तकों की आवश्यकता पड़ेगी

B. प्रश्न-पत्र बनाने में अधिक क्षमता/कौशल की आवश्यकता पड़ेगी

C. छात्र सहभागिता की आवश्यकता पड़ेगी

D. उत्तर-पुस्तिका जांचने के लिए अन्य प्रकार के परीक्षकों की आवश्यकता पड़ेगी

427. 'पेडागॉजी' (Pedagogy) कहलाता है-

A. शिक्षण-विज्ञान

B. सीखने की कला

C. शिक्षण-अधिगम विज्ञान एवं कला दोनों

D. संप्रेषण विज्ञान

428. 'CCE' (सतत् व व्यापक मूल्यांकन) नामक अवधारणा के अन्तर्गत क्या नहीं आता है?

A. मूल्यांकन के लचीले ढंग से योजना बनाना

B. शिक्षक को मूल्यांकन के काफी कार्यों में व्यस्त रखना

C. अध्येता के शैक्षिक व गैरशैक्षिक दोनों पक्षों का निर्धारण

D. पोर्टफोलियो/पत्राधान द्वारा मूल्यांकन

429. विद्यालयी शिक्षा में समुदाय की साझेदारी मुख्यतः क्यों आवश्यक है?
A. शिक्षक के कार्यों का पर्यवेक्षण
B. विद्यालयी वातावरण को सुधारना
C. अतिरिक्त साधन जुटाने के लिए
D. अच्छे मानव संसाधन के विकास के लिए

430. निम्नलिखित में से कौन-सा 'वैकल्पिक पाठशाला' का अर्थ नहीं है?
A. चरवाहा विद्यालय
B. विद्यालय के बाहर रहे बच्चों की शिक्षा
C. आसपास/पड़ोस के बच्चों की शिक्षा उनके पड़ोस में
D. निर्माण कार्य के पास बच्चों की शिक्षा

431. एक अच्छा शिक्षक वह होगा जो ..... (सर्वाधिक उपयुक्त)।
A. विद्यार्थियों को सबसे अधिक प्रेरणा देता है
B. विद्यार्थियों को सभी आवश्यक सहायता प्रदान करता है
C. अच्छे अंक पाने में सहायता करता है
D. कक्षा में अच्छा अनुशासन बनाए रखता है

432. सहयोग-मूल्य के विकास के लिए निम्नलिखित में से सबसे अच्छा तरीका क्या होगा?
A. इस विषय पर व्याख्यानों का आयोजन
B. सांस्कृतिक कार्यक्रमों का आयोजन
C. एक माह के कैम्प का आयोजन
D. एक आदर्श भूमिका निभाकर

433. औपचारिक विद्यालयों व मुक्त (ओपन) विद्यालयों में बड़ा अन्तर क्या है?
A. पहले वाले सुव्यवस्थित होते हैं
B. बाद वाले अपनी शिक्षण अधिगम प्रणाली में मुखाभिमुख घटक का कम प्रयोग करते हैं
C. बाद वाले आधुनिक संयन्त्रों का उपयोग करते हैं
D. उपर्युक्त में से कोई नहीं

434. एक समाजीकरण अभिकरण की दृष्टि से विद्यालय एक ..... एजेन्ट कहा जा सकता है।
A. प्राथमिक   B. अनुषंगी/गौण
C. संपूरक   D. तृतीयक

435. विद्यालय में विभिन्न प्रकार की प्रतियोगिताएं इसीलिए आयोजित करनी चाहिए, क्योंकि-
(*i*) इसके लिए पर्याप्त फंड उपलब्ध है
(*ii*) विभिन्न समूहों को आपसी समझ में मदद करता है
A. केवल (*i*) प्रासंगिक है
B. केवल (*ii*) प्रासंगिक है
C. दोनों (*i*) व (*ii*) प्रासंगिक है
D. दोनों (*i*) व (*ii*) अप्रासंगिक हैं

436. किसी शिक्षक द्वारा बनाए गए किसी प्रश्नपत्र में छात्र-समूह का अधिक अंक पाना निश्चित रूप से क्या दर्शायेगा?
A. यह समूह एक उच्च उपलब्धि वाला है
B. शिक्षक ने अच्छा पढ़ाया है
C. प्रश्नपत्र अच्छा बनाया गया है
D. उपर्युक्त में से कोई भी नहीं

437. किसी संप्रेषण का सार हमारा ऐसा इंद्रियाधारित प्रत्यक्षण होता है, जो-
A. मस्तिष्क को सीधा कूट सूचना भेजता है
B. प्राप्त सूचना की व्याख्या करता है
C. प्राप्त सूचना पर चयनित ढंग से कार्य करता है
D. सूचना का केवल प्रक्रम करता है

438. छात्रों की स्वाध्याय में रुचि जागृत करने के लिए आप क्या करेंगे?
A. स्वाध्याय के महत्व पर भाषण देंगे
B. भिन्न-भिन्न प्रकार की पुस्तकें पुस्तकालय में रखेंगे
C. उनके अभिभावकों से शिकायत करेंगे
D. स्वाध्याय न करने के कारण को जानना चाहेंगे

439. परीक्षा निकट हो और आपको पाठ्यक्रम पूरा करना हो, मगर उसी समय किसी निकट सम्बन्धी की पुत्री के विवाह में सम्मिलित होना हो तो आप क्या करेंगे?
A. पाठ्यक्रम को छोड़ विवाह में जाएंगे
B. विवाह में सम्मिलित नहीं होंगे
C. अतिरिक्त समय में पाठ्यक्रम पूरा करेंगे
D. किसी सहयोगी पर पाठ्यक्रम का भार सौंपकर विवाह में सम्मिलित होंगे

440. विद्यार्थियों के लिए किस गुण का होना अत्यधिक महत्वपूर्ण होता है?
A. परिश्रम   B. आज्ञापालन
C. नम्रता   D. स्वतंत्र चिंतन

441. यदि कोई व्यक्ति आपके सामने माता-पिता की बुराई करता है, तो आप क्या करेंगे?
  A. उसे बकवास बन्द करने के लिए कहेंगे
  B. उसकी बात ध्यान से सुनेंगे
  C. उससे सम्बन्ध तोड़ लेंगे
  D. इस काम में उसका साथ देंगे

442. आप अपने सहयोगियों के साथ अपने मतभेद को कैसे दूर करेंगे?
  A. अन्य सहयोगियों के सामने तर्क-वितर्क करके
  B. प्रधानाचार्य से शिकायत करके
  C. उसका कारण जानने की कोशिश करके उन्हें आपस में दूर करेंगे
  D. उसका मजाक उड़ाकर

443. इस बात की आशंका है कि सामाजिक बुराइयाँ स्कूल पर असर डाल रही हैं। इसकी रोकथाम के लिए आपका रवैया क्या होगा?
  A. आशावादी
  B. निराशावादी
  C. अन्य अध्यापकों की तरह
  D. उदासीन

444. सामुदायिक स्कूल के लिए निम्नलिखित में से क्या सर्वाधिक समुचित है?
  A. समाज का नेतृत्व करना
  B. सामाजिक जीवन का केन्द्र होना
  C. स्कूल के क्रियाकलाप में व्यस्त रहना
  D. समाज से सम्मान प्राप्त करना

445. प्रभावी तथा सफल नेतृत्व का आधार क्या होना चाहिए?
  A. व्यक्तिगत रुचि
  B. समूह की सेवा
  C. समूचे समूह का कल्याण
  D. प्रशंसा

446. बालकों के लिए प्राथमिक स्तर पर मध्याह्न भोजन व्यवस्था का लक्ष्य है-
  A. गरीब बालकों के लिए निःशुल्क भोजन प्रदान करना
  B. बालकों को विद्यालय की ओर आकर्षित करना
  C. बालकों एवं उनके अभिभावकों को प्रलोभन देना

  D. राष्ट्र की आर्थिक असमानताओं को दूर करना

447. नवोदय विद्यालयों की स्थापना का प्राथमिक उद्देश्य है-
  A. सभी बालकों को स्तरीय शिक्षा प्रदान करना
  B. आर्थिक रूप से सशक्त बालकों के लिए स्तरीय शिक्षा का प्रबंध करना
  C. प्रतिभावान बालकों के लिए उत्तम शिक्षा की व्यवस्था करना
  D. ग्रामीण क्षेत्र के मेधावी बालकों के लिए स्तरीय शिक्षा की व्यवस्था करना

448. किसी व्यवसाय की सफलता निर्भर करती है-
  A. लोगों को संतुष्ट करने वाली नीतियों पर
  B. लोगों से पारस्परिक सम्बन्ध बनाए रखने पर
  C. कार्य की गुणवत्ता बनाए रखने पर
  D. वरिष्ठ कर्मियों के प्रति निष्ठा पर

449. यदि एक अध्यापक अपनी आय में वृद्धि करना चाहता है, तो आप उसे क्या सलाह देना पसंद करेंगे?
  A. वह घर पर ही अपने विषय की कोचिंग खोल लें तथा छात्रों को अतिरिक्त समय में पढ़ाएं
  B. वह विद्यालय में ऐसे विभाग का कार्यभार संभालें जहां कुछ आय होने की सम्भावना हो
  C. वह उत्तम पुस्तकें लिखें और उन्हें प्रकाशित कराएं
  D. वह कुछ अनैतिक कार्य करें और धन कमाएं

450. एक प्रधानाध्यापक होने के कारण आप अपने अध्यापकों को किस प्रकार प्रेरित करेंगे?
  A. आप अध्यापकों को नवाचार कार्यक्रमों तथा सेमीनारों में भाग लेने के लिए प्रोत्साहित करेंगे
  B. आप अध्यापकों को रिफ्रेशर कार्यक्रमों में भाग लेने के लिए भेजेंगे
  C. आप दलित वर्ग के छात्रों के प्रति सहानुभूति रखने के लिए प्रेरित करेंगे
  D. आप अध्यापकों के मनोबल को उठाने का हर सम्भव प्रयास करेंगे

451. छात्रों के मूल्यांकन की सर्वश्रेष्ठ विधि है-
  A. सतत् एवं व्यापक मूल्यांकन
  B. सत्रान्त में ली जाने वाली वस्तुनिष्ठ परीक्षा
  C. छात्रों के संचयी अभिलेख आधारीय मूल्यांकन प्रक्रिया
  D. षट्मासिक परीक्षाएं

452. आजकल शैक्षिक तकनीकी का महत्व है, क्योंकि-
A. इससे समय की बचत होती है
B. इससे प्रभावी शिक्षण किया जा सकता है
C. इससे छात्रों के अधिगम में वृद्धि होती है
D. उपर्युक्त सभी

453. शिक्षा में कार्यानुभव से तात्पर्य है-
A. उत्पादनयुक्त शिक्षा व्यवस्था
B. औद्योगिक अनुभवों से परिपूर्ण शिक्षा
C. व्यावसायिक पाठ्यक्रमों हेतु निर्देशनपरक् शिक्षा
D. शैक्षिक जगत् में प्रशिक्षण अनुभव

454. निम्नलिखित में से कौनसी एक संवाद (सम्प्रेषण) की प्रक्षेपी विधि नहीं हो सकती है?
A. ओवरहैड प्रोजेक्टर
B. स्लाइड प्रोजेक्टर
C. लैपटॉप द्वारा शिक्षण
D. इन्टरनेट सर्फिंग

455. अध्यापक के लिए प्रथमोपचार (First-Aid) का ज्ञान क्यों आवश्यक माना जाता है?
A. विद्यार्थियों को कभी भी प्रथमोपचार की आवश्यकता हो सकती है
B. अध्यापक स्वयं अपने स्वास्थ्य की उत्तम देखभाल कर सकते हैं
C. विद्यार्थियों को प्रायः खेल के मैदान में सहायता पहुंचाई जा सकती है
D. इससे अध्यापकों में स्वास्थ्य के प्रति जागरुकता बढ़ती है

456. सामुदायिक स्कूलों की स्थापना का बुनियादी लक्ष्य है-
A. समुदाय का नेतृत्व करना
B. सामुदायिक जीवन केन्द्रों के रूप में विकसित करना
C. समुदाय की हितसाधना में लिप्त करना
D. समुदाय एवं समाज के मध्य पुल का निर्माण करना

457. विद्यालयों में अभिभावक-अध्यापक संघों की स्थापना का उद्देश्य होता है-
A. अभिभावकों एवं अध्यापकों के मध्य मधुर भावों का विनियमन हो सके और सम्बन्ध मजबूत बनें
B. अभिभावकों एवं अध्यापकों के मध्य छात्रों की उन्नति के लिए पर्याप्त विचार-विमर्श सम्भव हो सकें

C. अध्यापक ट्यूशन न लेने वाले अभिभावकों को पूर्व चेतावनी दे सकें
D. अध्यापकों को अच्छे-अच्छे उपहार प्राप्त हो सकें

458. आप छात्रों में श्रम की महत्ता सम्बन्धी भावनाओं का विकास किस प्रकार करेंगे?
A. आप उन्हें श्रम की महत्ता पर व्याख्यान देंगे तथा निबंध लिखवाएंगे
B. आप छात्रों से सप्ताहांत में श्रमदान कराएंगे
C. आप छात्रों को मजदूरों से मिलवाएंगे
D. आप श्रमिकों के जीवन सम्बन्धी फिल्म शो का आयोजन करेंगे

459. आपके विद्यालय में अवकाश के दिन एक शैक्षिक संगोष्ठी का आयोजन किया गया है जिसमें आपको आमंत्रित किया गया है। आप क्या करेंगे?
A. आप अपना अवकाश का दिन विद्यालय में जाकर खराब नहीं करेंगे
B. आप निश्चित रूप से भाग लेंगे
C. आप कोई बहाना बनाकर असमर्थता प्रकट करेंगे
D. आपको ऐसे कार्यक्रमों में कोई दिलचस्पी नहीं है

460. शिक्षा का प्रमुख कार्य होना चाहिए-
A. बालकों को भावी जीवन के लिए तैयार करना
B. बालकों में अन्तर्निहित क्षमताओं का विकास करना
C. बालकों की समायोजन क्षमताओं में वृद्धि करना
D. बालकों में कौशलपरक् चातुर्य का विकास करना

461. शिक्षा को समवर्ती सूची में स्थान प्रदान करने के लिए किस वर्ष में संविधान संशोधन किया गया?
A. 1976 में   B. 1978 में
C. 1981 में   D. 1983 में

462. राष्ट्रीय अध्यापक शिक्षा परिषद् की स्थापना हुई थी-
A. 1993 में   B. 1995 में
C. 1998 में   D. 2000 में

463. विद्यालय में छात्रों के लिए शारीरिक शिक्षा (फिजिकल एजूकेशन) को अनिवार्य किया गया है, जिससे कि-
A. छात्रों को अनिवार्य रूप से खेलों का प्रशिक्षण प्रदान किया जा सके
B. छात्रों के स्वास्थ्य के प्रति जागरूक बनाया जा सके
C. शारीरिक-शिक्षा में प्रशिक्षित शिक्षकों को रोजगार दिया जा सके
D. विद्यालयों में खेलों का प्रचार-प्रसार किया जा सके

464. आप कैसी नौकरी करना पसंद करेंगे?
 A. जो केवल 2-3 घण्टे का गम्भीर कार्य करके पूरी हो सके
 B. जो आठ घण्टे तक गम्भीर रूप से व्यस्त रख सके
 C. जो अपनी मन-मर्जी से की जा सके
 D. जो पर्याप्त रिश्वत जुटा सके

465. यदि एक छात्र प्रार्थना स्थल पर विलम्ब से पहुंचता है, तो आप उसके साथ कैसा व्यवहार करेंगे?
 A. आप उसे पृथक् पंक्ति में खड़ा करेंगे
 B. आप उसे आर्थिक दण्ड देंगे
 C. आप उससे कुछ नहीं कहेंगे
 D. आप उसे चेतावनी देकर छोड़ देंगे

466. आपकी दृष्टि से समाज के प्रति सर्वाधिक उपयुक्त दृष्टिकोण है-
 A. लोगों से अधिक नजदीकियां न बनाई जाए
 B. केवल कुछ लोगों से सम्बन्ध बनाया जाए
 C. सामान्यतः सभी के साथ मधुर सम्बन्ध रखे जाएं
 D. अपने विश्वस्त लोगों से ही सम्बन्ध रखे जाएं

467. आप होली का त्यौहार मनाते हैं-
 A. त्योहार का बहिष्कार करके तथा घर में बंद रहकर
 B. त्योहार पर अन्य व्यक्तियों को कोसकर तथा पलायन करके
 C. त्योहार के रीति-रिवाजों का तिरस्कार करके
 D. त्योहार पर अपने प्रियजनों से मिल-जुलकर

468. आपके घर के निकट चौराहे पर कुछ लड़कों के झुण्ड सदैव दिखाई देते हैं, जो मार्ग में आने-जाने वाली लड़कियों पर छींटाकशी करते हैं। आप उक्त स्थान के सन्निकट रहने से अपना क्या दायित्व मानते हैं?
 A. आप केवल उस स्थिति में कुछ प्रतिकार करना पसंद करेंगे यदि वे आपकी लड़की के साथ छेड़खानी करें, अन्यथा नहीं
 B. आप उनसे भयग्रस्त हैं, क्योंकि आपकी भी लड़कियां हैं तथा आपका दैनिक मार्ग वही है, अतः रिस्क नहीं लेंगे
 C. आप निकटस्थ पुलिस चौकी पर शिकायत दर्ज कराएंगे तथा उन गुण्डों को सबक सिखाने के लिए मोहल्ले के लोगों का सहयोग लेंगे
 D. आप इन हरकतों पर अधिक ध्यान नहीं देंगे, क्योंकि आप जानते हैं जहाँ चार-पांच लड़के एकत्रित हो जाते हैं, वे ऐसा व्यवहार प्रदर्शित करते ही हैं

469. आप आतंकी गतिविधियों के प्रति अपने छात्रों को जागरूक बनाने के लिए क्या प्रयास करेंगे?
 A. आप उन्हें आतंकी गतिविधियों के प्रति जागरूक बनाने के लिए सामान्य जानकारियां देंगे तथा तत्काल पुलिस को सूचित करने के लिए कहेंगे
 B. आप आतंकी दुर्घटना में फंसने के बाद भी धैर्यपूर्वक उस परिस्थिति का सामना करेंगे तथा लोगों का मनोबल बढ़ाएंगे
 C. आप अपने क्षेत्र में जनजागृति अभियान चलाएंगे ताकि लोग यथासम्भव सतर्कता बरतें
 D. आप उपर्युक्त सभी कार्यों को पूरा करेंगे, ताकि आतंकवादी अपने लक्ष्य में सफल न हो सके

470. यदि बालक घर में आने वाले मेहमानों की उपस्थिति में आपके प्रति उग्र एवं उत्तेजनापूर्ण व्यवहार का प्रदर्शन करने लगा है, तो आप उसे किस प्रकार नियंत्रित करेंगे?
 A. आप इस बालक को एक-दो बार मेहमानों के आने के बाद के अवसरों पर इतना अधिक प्रताड़ित करेंगे कि वह शनैः-शनैः अपना व्यवहार बदल लेगा
 B. आप इस बालक को मेहमानों के साथ शरीक ही नहीं होने देंगे जिससे उसे उक्त व्यवहार का अवसर ही नहीं मिलेगा
 C. आप एक अंतिम प्रयास करेंगे और बालक की समस्या का गम्भीरतापूर्वक निदान करने का प्रयास करेंगे
 D. आप यह सोचते रहेंगे कि थोड़ा समझदार हो जाएगा, तो स्वयं ही सुधर जाएगा

471. आप अपने छात्रों में परिश्रम के प्रति लगाव की भावना का विकास किस प्रकार करेंगे?
 A. आप छात्रों को ऐसे महापुरुषों के उदाहरण देंगे जो परिश्रम के द्वारा सफलता की सीढ़ियाँ चढ़ने में कामयाब रहे हैं
 B. आप परिश्रमी छात्रों को पुरस्कृत करेंगे तथा उनकी प्रशंसा करेंगे
 C. आप स्वयं अपने परिश्रमी गुणों का विद्यालय में क्रियान्वयन करेंगे
 D. उपर्युक्त सभी कार्य करेंगे

472. यदि आपका शिक्षक साथी जुए की लत का शिकार हो गया है, तो आप उसकी क्या (कैसे) मदद करेंगे?

A. आप उसे जुए की बुराइयां बताएंगे तथा समझाने का भरसक प्रयास करेंगे

B. आप उसके सामने उन व्यक्तियों को पेश करेंगे जो किसी समय जुए की लत के शिकार थे, किन्तु अब सुधर गए हैं

C. आप उसकी यदा-कदा आर्थिक मदद करेंगे

D. आप उससे अपने सम्बन्ध सीमित कर लेंगे

473. आपके बालक ने चोरी की है, भविष्य में वह इस कृत्य की पुनरावृत्ति नहीं करे, इसके लिए आप क्या उपाय करेंगे?

A. आप उसे डांटेंगे-फटकारेंगे तथा धमकी देंगे

B. आप उसे चोरी करने से होने वाले चारित्रिक पतन के बारे में बताएंगे

C. आप उसे पुलिस का भय दिखाएंगे तथा चोरी की दुर्गति का हवाला देंगे

D. आप उसे नियंत्रण में रखेंगे तथा उसके क्रियाकलापों के प्रति चौकन्ने रहेंगे

474. आपके विद्यालय में वार्षिक खेल उत्सव मनाया जा रहा है जिसके कारण कक्षाएं स्थगित कर दी गई हैं, क्योंकि आप इस उत्सव में कोई सहभागिता नहीं कर रहे हैं, तो क्या करेंगे?

A. आप इन दिनों अवकाश मनाएंगे तथा घर के कार्यों को निपटाएंगे

B. आप खेलों के प्रारम्भ में तथा अन्त में विद्यालय मैदान पर पहुंचकर अपना फर्ज निभाएंगे

C. आप अपने छात्रों का मनोबल बढ़ाने के लिए मैदान पर जाएंगे

D. आप अपनी पसंद के खेलों का आनन्द लेने जाएंगे

475. विद्यालय में अनुशासन बनाए रखने के लिए किस मानक का प्राथमिकता के रूप में प्रयोग करना चाहिए?

A. छात्रों में भय व्याप्त करके, किन्तु कोई प्रदर्शित भयाक्रांत करने की प्रक्रिया का प्रयोग न करना

B. छात्रों को प्रत्येक छोटी-बड़ी उद्दण्डता के लिए कठोर शारीरिक दण्ड देना

C. छात्रों की अनुशासन समितियाँ कक्षा, विद्यालय स्तर पर बनाकर उन्हें स्वशासन सिखाना

D. छात्रों को स्वच्छंद छोड़ देना

476. विद्यालय को शिशु विकास के बारे में दिलचस्पी होनी चाहिए, जिसमें सम्मिलित होना चाहिए-

A. शिशु द्वारा ज्ञानार्जन

B. शिशु द्वारा जीवन-कौशल अर्जन

C. राष्ट्र द्वारा अपेक्षित कौशलों का अर्जन

D. एक स्वस्थ व्यक्ति के द्वारा कौशलों का अर्जन

उत्तरमाला

1	2	3	4	5	6	7	8	9	10
B	C	C	D	D	B	A	D	D	A
11	**12**	**13**	**14**	**15**	**16**	**17**	**18**	**19**	**20**
B	B	A	D	C	D	D	D	A	C
21	**22**	**23**	**24**	**25**	**26**	**27**	**28**	**29**	**30**
C	C	D	B	D	C	D	A	A	D
31	**32**	**33**	**34**	**35**	**36**	**37**	**38**	**39**	**40**
D	D	C	D	D	D	A	D	B	C
41	**42**	**43**	**44**	**45**	**46**	**47**	**48**	**49**	**50**
B	B	D	A	D	C	D	D	C	A
51	**52**	**53**	**54**	**55**	**56**	**57**	**58**	**59**	**60**
D	C	D	A	C	A	B	D	A	A
61	**62**	**63**	**64**	**65**	**66**	**67**	**68**	**69**	**70**
A	B	B	A	C	C	D	A	B	B

71	**72**	**73**	**74**	**75**	**76**	**77**	**78**	**79**	**80**
A	D	A	C	A	D	A	C	D	C
81	**82**	**83**	**84**	**85**	**86**	**87**	**88**	**89**	**90**
A	B	C	C	A	B	D	C	B	C
91	**92**	**93**	**94**	**95**	**96**	**97**	**98**	**99**	**100**
A	B	D	D	D	B	B	B	D	C
101	**102**	**103**	**104**	**105**	**106**	**107**	**108**	**109**	**110**
C	D	D	C	B	C	B	B	B	D
111	**112**	**113**	**114**	**115**	**116**	**117**	**118**	**119**	**120**
B	D	D	C	B	B	D	D	D	D
121	**122**	**123**	**124**	**125**	**126**	**127**	**128**	**129**	**130**
D	A	B	D	C	C	C	B	C	B
131	**132**	**133**	**134**	**135**	**136**	**137**	**138**	**139**	**140**
C	A	B	D	D	B	A	B	A	A
141	**142**	**143**	**144**	**145**	**146**	**147**	**148**	**149**	**150**
A	D	B	B	C	A	D	B	C	D
151	**152**	**153**	**154**	**155**	**156**	**157**	**158**	**159**	**160**
D	D	B	B	D	B	A	B	C	C
161	**162**	**163**	**164**	**165**	**166**	**167**	**168**	**169**	**170**
A	A	B	B	B	C	D	D	B	D
171	**172**	**173**	**174**	**175**	**176**	**177**	**178**	**179**	**180**
A	B	D	B	C	B	C	C	D	D
181	**182**	**183**	**184**	**185**	**186**	**187**	**188**	**189**	**190**
C	D	D	D	D	D	D	D	A	A
191	**192**	**193**	**194**	**195**	**196**	**197**	**198**	**199**	**200**
D	C	B	A	D	D	A	D	C	B
201	**202**	**203**	**204**	**205**	**206**	**207**	**208**	**209**	**210**
C	D	C	D	A	C	C	A	D	D
211	**212**	**213**	**214**	**215**	**216**	**217**	**218**	**219**	**220**
C	D	D	D	D	A	B	D	C	A
221	**222**	**223**	**224**	**225**	**226**	**227**	**228**	**229**	**230**
D	C	A	A	C	D	D	C	D	C
231	**232**	**233**	**234**	**235**	**236**	**237**	**238**	**239**	**240**
C	B	C	D	D	C	B	B	C	A
241	**242**	**243**	**244**	**245**	**246**	**247**	**248**	**249**	**250**
D	A	D	C	A	D	B	C	C	C
251	**252**	**253**	**254**	**255**	**256**	**257**	**258**	**259**	**260**
D	A	B	C	B	B	D	C	A	B
261	**262**	**263**	**264**	**265**	**266**	**267**	**268**	**269**	**270**
D	B	C	A	A	C	A	C	C	C
271	**272**	**273**	**274**	**275**	**276**	**277**	**278**	**279**	**280**
B	D	B	D	A	B	D	D	D	D

281	282	283	284	285	286	287	288	289	290
D	B	C	B	B	A	D	B	D	C
291	292	293	294	295	296	297	298	299	300
C	A	D	D	A	D	C	A	C	C
301	302	303	304	305	306	307	308	309	310
D	B	A	D	D	B	C	C	D	D
311	312	313	314	315	316	317	318	319	320
D	B	A	D	C	D	A	D	D	A
321	322	323	324	325	326	327	328	329	330
C	C	A	D	B	C	A	D	D	B
331	332	333	334	335	336	337	338	339	340
D	D	B	C	C	C	A	D	C	B
341	342	343	344	345	346	347	348	349	350
D	B	D	A	D	B	A	C	C	D
351	352	353	354	355	356	357	358	359	360
B	A	D	A	D	B	B	B	C	B
361	362	363	364	365	366	367	368	369	370
C	D	C	A	A	A	D	B	C	A
371	372	373	374	375	376	377	378	379	380
B	C	C	B	B	B	C	A	C	A
381	382	383	384	385	386	387	388	389	390
B	D	D	B	B	A	B	C	D	A
391	392	393	394	395	396	397	398	399	400
C	D	D	A	A	A	C	C	A	A
401	402	403	404	405	406	407	408	409	410
B	A	A	B	C	A	D	A	B	A
411	412	413	414	415	416	417	418	419	420
D	C	D	A	B	A	D	A	A	A
421	422	423	424	425	426	427	428	429	430
A	C	D	B	C	B	C	A	B	A
431	432	433	434	435	436	437	438	439	440
B	D	B	C	C	B	D	B	C	A
441	442	443	444	445	446	447	448	449	450
A	C	A	B	C	B	D	B	C	A
451	452	453	454	455	456	457	458	459	460
A	D	D	D	A	B	B	B	B	B
461	462	463	464	465	466	467	468	469	470
A	A	B	B	D	C	D	C	D	C
471	472	473	474	475	476				
D	D	D	C	C	B				

समावेशी शिक्षा और विशेष समझ वाले बच्चों की आवश्यकताओं की अवधारणा

1. विविध पृष्ठभूमि से संबद्ध छात्र

दोषपूर्ण सामाजिक संरचना के कारण समाज के कुछ वर्गों का सामाजिक एवं शैक्षिक उत्थान नहीं हो पाया है। ऐसे लोगों में अनुसूचित जाति, अनुसूचित जनजाति एवं अन्य पिछड़े वर्ग की पृष्ठभूमि वाले छात्र आते हैं। भारत सरकार का सामाजिक न्याय एवं अधिकारिता मंत्रालय भी इनके उत्थान के लिए प्रयत्नशील है। ऐसे छात्रों को शिक्षा देते समय शिक्षक को रचनात्मक दृष्टिकोण अपनाना चाहिए।

अनुसूचित जाति वर्ग के छात्र

भारत की सामाजिक संरचना में अनुसूचित जातियां समाज के सबसे निचले पायदान पर हैं। इन्हें परंपरागत रूप से निम्न कोटि का समझा जाता है। यह वर्ग सामाजिक एवं शैक्षिक रूप से बेहद पिछड़ा हुआ है। अनुसूचित जाति, उन जातियों को कहा जाता है जिन्हें परम्परागत रूप से भारत में अछूत समझा जाता था। इस जाति के लोग निम्न स्तरीय समझे जाने वाले कार्यों, यथा– सफाई करना, झाड़ू लगाना, मृत पशुओं को उठाना, मैला साफ करना, जूता बनाने आदि का कार्य करते हैं। ये जातियां गांवों के एक किनारे निवास करती हैं। भारतीय धार्मिक ग्रंथों में इन्हें अंत्यज, पेरियार अछूत कहा गया है।

इस जाति के लोग ऐसे पेशे से संबद्ध हैं जिन्हें ऊपर की जाति के लोग घृणित समझते हैं। इन्हें कुछ दशक पहले तक सार्वजनिक जन-सुविधाओं, यथा- तालाब, कुंआ तथा मंदिर तक जाने की अनुमति नहीं थी। यद्यपि इस स्थिति में अब काफी परिवर्तन आ चुका है।

भारत में 'शिक्षा' राज्य के अनेक दायित्वों में से एक है। अनुसूचित जाति के लोगों को सामाजिक गतिशीलता प्रदान करने के लिए, राज्य स्तर पर अनेक कल्याणकारी और विकासशील योजनाओं का निर्माण किया गया है। कुछ प्रमुख योजनाएं इस प्रकार से हैं–

1. **विद्यार्थियों के लिए मैट्रिक के बाद छात्रवृत्ति :** इस योजना का उद्देश्य अनुसूचित जाति वर्ग के उन विद्यार्थियों को आर्थिक सहायता प्रदान करना है जो मैट्रिक के बाद या सेकेंडरी के बाद की शिक्षा के लिए अध्ययनरत हैं ताकि वह अपनी शिक्षा पूरी कर सकें। इस वित्तीय सहायता के अंतर्गत् विभिन्न श्रेणियों के पाठ्यक्रमों के लिए रखरखाव भत्ता, संस्थानों द्वारा वसूल की गई अनिवार्य अप्रति देय शुल्क का भुगतान, किताब बैंक और अन्य भत्ते शामिल हैं। यह छात्रवृत्ति केवल भारत में अध्ययन

CDP (H)–10

के लिए ही उपलब्ध है तथा यह आवेदकों से संबद्ध राज्यों एवं केंद्रशासित प्रदेशों की सरकारों की ओर से दी जाती है।

2. विद्यार्थियों की योग्यता बढ़ाना : इस कार्यक्रम का उद्देश्य आवासीय विद्यालयों में शिक्षा के माध्यम से चहुंमुखी विकास के लिए सुविधाएं उपलब्ध कराकर अनुसूचित जातियों के विद्यार्थियों की योग्यता बढ़ाना है। इसके तहत 9वीं से 12वीं कक्षाओं तक पढ़ रहे अनुसूचित जाति के विद्यार्थियों की योग्यता बढ़ाना है। इसके लिए निम्नलिखित उपायों को अमल में लाना प्रस्तावित है– (i) उनकी शैक्षणिक कमियों को दूर करना, (ii) उनकी योग्यता बढ़ाकर व्यावसायिक कोर्सों में प्रवेश करने हेतु प्रोत्साहन, (iii) उनमें आत्मबल एवं आत्म-निर्भरता का निर्माण करना।

3. लक्षित समूह : इस समूह के अंतर्गत् 9वीं कक्षा से 12वीं कक्षा में अध्ययन करने वाले अनुसूचित जातियों के विद्यार्थी आते हैं। इस वर्ग के छात्रों को 15,000 रुपए की आर्थिक सहायता प्रतिवर्ष प्रति विद्यार्थी राज्यों और केंद्रशासित प्रदेशों से शत-प्रतिशत सहायता पैकेज के तौर पर मुहैया करवाई जाती है। अनुसूचित जाति के विकलांग विद्यार्थियों को कई विशेष भत्ते दिए जाते हैं, जैसे पाठक भत्ता, परिवहन भत्ता, मार्गरक्षण भत्ता इत्यादि।

4. निःशुल्क कोचिंग व्यवस्था : इस योजना का उद्देश्य विभिन्न प्रतियोगी परीक्षाओं में बैठने के इच्छुक अनुसूचित जाति वर्ग के छात्रों को परीक्षाओं के लिए तैयार करना है। इस निःशुल्क कोचिंग में संघ लोक सेवा आयोग की ग्रुप ए और ग्रुप बी की परीक्षाएं, कर्मचारी चयन आयोग, रेलवे भर्ती बोर्डों, राज्य लोक सेवा आयोग, बैंकों की अफसर ग्रेड परीक्षाओं, बीमा कंपनियां, पीएसयू (PSU) और निजी क्षेत्र में रोजगार हेतु नौकरी केंद्रित कोर्सों के लिए प्रशिक्षण दिए जाते हैं ताकि विद्यार्थी इन परीक्षाओं में सफलता के लिए दक्षता प्राप्त कर सकें।

यह कार्यक्रम राज्य सरकारों/केंद्रशासित प्रदेशों के प्रशासकों द्वारा संचालित प्रसिद्ध कोचिंग संस्थानों और निजी क्षेत्र की संस्थानों द्वारा चलाया जाता है।

5. बाबू जगजीवन राम छात्रावास योजना : इस योजना का उद्देश्य माध्यमिक, उच्चतर माध्यमिक स्कूलों, कॉलेजों और विश्वविद्यालयों में पढ़ रहे अनुसूचित जाति के बालक और बालिकाओं को छात्रावास की सुविधा मुहैया कराना है। इस योजना के तहत नए छात्रावासों के निर्माण तथा वर्तमान छात्रावासों के विस्तार के लिए राज्य विश्वविद्यालयों/संस्थानों को पात्रता के आधार पर केंद्रीय सहायता दी जाती है।

अनुसूचित जनजाति वर्ग के छात्र

भारत में अनुसूचित जनजाति उन लोगों को कहा जाता है, जो प्रायः छोटे और बिखरे हुए गांवों, ठाणियों एवं जंगलों में निवास करते हैं। इस वर्ग के लोग प्रायः सामान्य पहुँच से दूर रहते हैं जिससे इन्हें प्रतिदिन की सुविधाएं, यथा– भोजन, वस्त्र, आश्रय एवं शिक्षा आदि मुहैया होने में कठिनाई होती है।

इस वर्ग के छात्रों को पढ़ाते समय शिक्षक को कुछ विशिष्ट तथ्यों यथा– उनकी भाषा और समझ एवं मानसिक स्तर का विशेष ध्यान रखना चाहिए। इस वर्ग के छात्रों की शिक्षा के खराब स्तर का कारण सामाजिक एवं आर्थिक हैं। ये कारण निम्न प्रकार से हैं–

(i) विद्यालय में इस वर्ग के छात्रों की कम संख्या होना।

(ii) इस वर्ग की शिक्षा का प्रचार-प्रसार न होना।

(iii) इनके शिक्षण के प्रति शिक्षकों का उदासीन रवैया।

(iv) इस वर्ग में व्याप्त घोर गरीबी।

(v) पाठ्यपुस्तकों में इस वर्ग की स्थानीय बातों एवं उदाहरणों का समावेश न होना।

(vi) इस वर्ग का बौद्धिक रूप से पिछड़ा होना।

इस वर्ग के शैक्षिक उत्थान के लिए सरकार द्वारा निम्न कार्यक्रम चलाए जा रहे हैं :

1. बालक-बालिकाओं के लिए छात्रावासों की योजना : इस योजना के तहत केंद्र सरकार इस वर्ग के लिए नए छात्रावासों के निर्माण और वर्तमान छात्रावासों के विस्तार हेतु सहायता देती है। इस योजना के तहत बालकों के छात्रावास निर्माण खर्च का वहन केंद्र एवं राज्य सरकारें 50 : 50 के अनुपात में करती हैं। जबकि बालिकाओं के छात्रावास निर्माण के लिए राज्य/केंद्रशासित प्रदेशों में संपूर्ण लागत केंद्र सरकार द्वारा वहन किया जाता है। केंद्रशासित प्रदेश एवं नक्सल प्रभावित क्षेत्रों में छात्रावास निर्माण का पूरा खर्च केंद्र सरकार वहन करती है। छात्रावास के निर्माण का उत्तरदायित्व संबद्ध राज्य/केंद्रशासित

प्रदेश की है। इस प्रकार के छात्रावासों में सीटों की संख्या 100 होती हैं।

2. **आश्रम विद्यालयों की स्थापना :** इस प्रकार के विद्यालयों की स्थापना जनजातीय उपयोजना (TSP) वाले क्षेत्रों में की गई है। आश्रम विद्यालय योजना का उद्देश्य अनुसूचित जनजाति के विद्यार्थियों के लिए उनके परिचित वातावरण में आवासीय विद्यालयों की स्थापना करना है ताकि जनजातीय विद्यार्थियों में साक्षरता दर बढ़ाई जा सके और उनकी साक्षरता दर देश के अन्य लोगों की साक्षरता दर के बराबर लाई जा सके। इस योजना के तहत खर्च होने वाली धनराशि में राज्य एवं केंद्र दोनों की आधी-आधी (50 : 50) भागीदारी होती है जबकि केंद्रशासित प्रदेश में पूरा खर्च केंद्र सरकार वहन करती है।

3. **विद्यार्थियों की मेरिट का उन्नयन :** इस योजना का उद्देश्य 10वीं कक्षा और 12वीं कक्षा के अनुसूचित जनजाति के विद्यार्थियों को विशेष कोचिंग उपलब्ध कराना है जिससे वे इंजीनियरिंग और मेडिकल जैसे व्यावसायिक पाठ्यक्रमों में प्रवेश के लिए तैयारी कर सकें। राज्य/केंद्रशासित प्रदेशों में यह योजना शत-प्रतिशत केंद्रीय सहायता से मुहैया कराई जा रही है।

4. **विद्यार्थियों के लिए मैट्रिक पश्चात छात्रवृत्ति :** इस योजना का उद्देश्य अनुसूचित जनजाति के छात्रों को पंजीकृत पाठ्यक्रमों में मैट्रिक के बाद अध्ययन के लिए प्रोत्साहन देना है। इस योजना में पेशेवर, तकनीकी, गैर-पेशेवर तथा गैर-तकनीकी सभी स्तर के पाठ्यक्रमों को सम्मिलित किया गया है। इसमें दूरस्थ शिक्षा के लिए पत्राचार पाठ्यक्रम को भी सम्मिलित किया गया है। केंद्र की शत-प्रतिशत सहायता से इसका संचालन राज्यों/केंद्रशासित प्रदेशों द्वारा किया जाता है।

5. **व्यावसायिक प्रशिक्षण :** इस योजना का उद्देश्य जनजातीय युवाओं में रोजगार/स्वरोजगार के अवसर प्राप्त करने के लिए कौशल विकसित करना है। इस योजना को राज्य सरकारों, केंद्रशासित प्रदेशों के प्रशासन, संस्थाओं या संगठनों के जरिए सरकार द्वारा स्थापित स्वायत्तशासी निकाय, शैक्षिक और अन्य संस्थान जैसे स्थानीय निकाय, सहकारी समितियों और गैर-सरकारी संगठनों (NGO) द्वारा लागू किया जाता है। प्रत्येक व्यावसायिक प्रशिक्षण केंद्र की क्षमता 100 है जिसमें 50 लोगों के लिए छात्रावास की सुविधा भी शामिल है। क्षेत्र में उपलब्ध रोजगार केंद्र पांच व्यावसायिक प्रशिक्षण पाठ्यक्रम चलाता है। प्रत्येक जनजातीय बालक/बालिका को उनकी रुचि के दो कार्यों का प्रशिक्षण दिया जाता है। प्रत्येक पाठ्यक्रम की अवधि तीन महीने है। प्रशिक्षु को छह माह बाद उपनगरीय क्षेत्र के एक प्रशिक्षक शिल्पी से छह माह के लिए संबद्ध कर दिया जाता है ताकि वह प्राप्त प्रशिक्षण का व्यावहारिक प्रयोग कर सके। प्रत्येक पाठ्यक्रम के लिए यह अवधि तीन महीने की है। इसमें प्रशिक्षु को मासिक स्टाइपेंड और प्रशिक्षण सामग्री उपलब्ध कराई जाती है।

अन्य पिछड़ा वर्ग के छात्र

व्यक्तिगत स्तर पर विभिन्न कारकों के क्रियाशील होने के कारण, एक व्यक्ति में अनेक आवश्यकताएं जन्म लेती हैं। इसी प्रकार सामाजिक स्तर पर भी अनेक कारक क्रियाशील और प्रभावपूर्ण होते हैं जिनके कारण भी एक व्यक्ति/छात्र में अनेक विशेष आवश्यकताओं का जन्म होता है, जिनकी आपूर्ति निश्चय ही होनी चाहिए। स्कूली अवस्था में अनेक बच्चे पढ़ाई की सुविधा से वंचित रह जाते हैं। इसके पीछे अनेक कारण हो सकते हैं। इन कारणों में से अधिकतर सामाजिक एवं आर्थिक स्थिति से जुड़े हैं। अन्य पिछड़े वर्ग के बालकों में शिक्षा का स्तर सुधारने के लिए सरकारी स्तर पर निम्न उपाय किए गए हैं—

1. **मैट्रिक पूर्व छात्रवृत्ति :** यह छात्रवृत्ति इस वर्ग के उन विद्यार्थियों को दी जाती है जिनके अभिभावकों की वार्षिक आमदनी 44,500 रुपए प्रतिवर्ष से अधिक न हो। ये छात्रवृत्तियां पहली कक्षा या मैट्रिक पूर्व किसी भी कक्षा में दिन में पढ़ने वाले विद्यार्थियों को या छात्रावासों में रहने वाले तीसरी कक्षा या मैट्रिक पूर्व किसी भी कक्षा में पढ़ने वाले विद्यार्थी को दी जाती है। छात्रवृत्ति संबद्ध राज्य सरकार/केंद्रशासित प्रदेश द्वारा मान्यता प्राप्त संस्थाओं के संदर्भ में लागू होती है। इस योजना के तहत राज्य सरकारों को 50 प्रतिशत और केंद्रशासित प्रदेशों को शत-प्रतिशत केंद्रीय सहायता उनके स्वयं द्वारा निर्धारित राशि के अतिरिक्त दी जाती है।

2. **मैट्रिक बाद की छात्रवृत्तियां :** इस योजना का उद्देश्य पीएचडी (Ph.D) उपाधि सहित मैट्रिक/माध्यमिक स्तर के बाद अन्य पिछड़े वर्ग के विद्यार्थियों को वित्तीय

सहायता प्रदान करना है जिससे वे आगे की शिक्षा पूरी कर सकें। ये छात्रवृत्तियां केवल देश में शिक्षा ग्रहण करने वालों को दी जाती है। आवेदक को छात्रवृत्ति संबद्ध राज्य सरकार/केंद्रशासित प्रदेश के प्रशासन के माध्यम से दी जाती है। ये छात्रवृत्तियां मान्यताप्राप्त संस्थानों में शिक्षा ग्रहण करने वालों को दी जाती हैं। जिन बेरोजगार विद्यार्थियों के माता-पिता/अभिभावकों की वार्षिक आय 44,500 रुपए प्रतिवर्ष से अधिक नहीं है, वे ही ऐसी छात्रवृत्ति के अधिकारी हैं। इस योजना के तहत राज्य/केंद्रशासित प्रदेशों को उनके स्वयं द्वारा निर्धारित राशि के अतिरिक्त शत-प्रतिशत केंद्रीय सहायता दी जाती है।

3. बालक-बालिकाओं हेतु छात्रावास : इस योजना का उद्देश्य केंद्र/राज्य/केंद्रशासित प्रदेशों द्वारा अधिसूचित (Notify) सामाजिक और शैक्षिक रूप से पिछड़े वर्गों के विद्यार्थियों को शिक्षा प्राप्ति के बेहतर अवसर मुहैया कराना है। इस योजना के तहत केंद्र सरकार छात्रावासों के निर्माण के लिए राज्यों को 50 प्रतिशत और केंद्रशासित प्रदेशों को शत-प्रतिशत सहायता उपलब्ध कराती है। ये छात्रावास माध्यमिक, उच्चतर माध्यमिक, कॉलेजों और विश्वविद्यालयों में पढ़ने वाले विद्यार्थियों के लिए बनाए जाते हैं। इनके लिए भूमि अधिग्रहण, कर्मचारियों के वेतन और रख-रखाव का खर्च संबंधित राज्य सरकारों/केंद्रशासित प्रदेशों को वहन करना होता है।

2. विशेष आवश्यकताओं वाले छात्र

विशेष या असाधारण छात्रों से संबंधित शिक्षा को विशिष्ट शिक्षा भी कहा जाता है। शिक्षा के क्षेत्र में हम अनेक छात्रों अथवा बालकों को सामान्य बालकों से उच्च तथा अनेक को निम्न स्तर का पाते हैं। बालकों अथवा छात्रों में वैयक्तिक भिन्नताएं होती हैं। जब ये वैयक्तिक भिन्नताएं इतनी गंभीर हो जाती हैं कि वे विद्यालय के सामान्य कक्षागत शिक्षण से लाभान्वित नहीं हो पाते और उनके लिए किसी विशिष्ट शिक्षा की आवश्यकता प्रतीत हो तो ऐसे छात्र या विद्यार्थी विशेष आवश्यकताओं वाले छात्र कहलाते हैं। ऐसे छात्रों को एक सामूहिक संज्ञा, शब्दों अथवा उप-वाक्य द्वारा संबोधित किया जा सकता है; जैसे–प्रतिभाशाली, विकलांग, मंदगति से सीखने वाला, बुद्धिमान आदि।

कक्षा में छात्रों को समान एवं विशिष्ट लक्षणों के द्वारा श्रेणीबद्ध किया जा सकता है। अध्यापक को प्रत्येक छात्र में पाए जाने वाले विशिष्ट लक्षणों की ओर ध्यान देना चाहिए, ताकि अध्यापन के दौरान अध्यापक उसकी ओर आवश्यकता के अनुसार विशेष रूप से ध्यान दे सके और ऐसे छात्र बिना किसी तनाव के सहज ढंग से शिक्षा ग्रहण कर सकें। इस संबंध में कुछ उदाहरण निम्न प्रकार से हैं–

(*i*) कक्षा में छोटे कद वाले छात्रों को पहली पंक्ति में बैठाना चाहिए ताकि वह ब्लैक बोर्ड और अध्यापक को सरलता से देख सके।

(*ii*) जिन छात्रों में श्रवण दोष अर्थात् कम सुनने की समस्या है, उन्हें अध्यापक के निकट बैठाना चाहिए।

उपर्युक्त बातों से स्पष्ट है कि विशेष आवश्यकता वाले छात्रों में लक्षणों के आधार पर विभेदीकरण करना एक जटिल कार्य है। ऐसे में विशेष आवश्यकता वाले छात्रों के शिक्षण से तात्पर्य है, "शिक्षा के नियमित कार्यक्रमों में ही विशेष समायोजन की व्यवस्था करके, छात्रों की शिक्षा की विशेष आवश्यकताओं को पूरा करना।"

समायोजन

मनुष्य जिस परिवेश में रह रहा है उसको उस परिवेश के अनुसार खुद को ढालना या अनुकूलित करना होता है। अतः किसी प्रतिकूल मनो-भौतिक परिस्थितियों में स्वयं को अनुकूलित करना ही समायोजन (Adjustment) कहलाता है। यह समायोजन घर में माता-पिता तथा परिवार के अन्य सदस्यों के साथ समाज में मित्रों, सगे-संबंधियों आदि के साथ जरूरी है तो पाठशाला में शिक्षकों के साथ।

उपर्युक्त वर्णन के अनुसार समायोजन को इस तरह परिभाषित किया जा सकता है– "समायोजन एक अनवरत प्रक्रिया है जिसके द्वारा व्यक्ति स्वयं तथा अपने वातावरण के बीच अधिकाधिक सामंजस्य स्थापित करने की दृष्टि से अपने व्यवहार को परिवर्तित करता है।

समायोजन के विभिन्न रूप

समायोजन के मुख्यतः तीन रूप होते हैं–

1. शिक्षक एवं शिक्षार्थियों के बीच।
2. शिक्षार्थियों एवं शिक्षार्थियों के बीच।
3. शिक्षार्थियों एवं शिक्षकों का वातावरण के साथ।

समायोजन का संबंध 'मन' से है। किसी शिक्षार्थी के मन में वे विभिन्न विचार उठते हैं, जैसे कक्षा का स्तर, शिक्षक, शिक्षार्थी आदि में कोई या कई वैसे नहीं हैं, जैसा शिक्षार्थी चाहता है। इस दृष्टि से अधिकतम अधिगम के लिए यह आवश्यक है कि शिक्षार्थी का वातावरण अपने साथियों, शिक्षकों आदि के साथ अधिकतम समायोजित हो।

समायोजन का संबंध विद्यार्थी स्वयं और उसके वातावरण से होता है, जिसे निम्न प्रकार प्रदर्शित कर सकते हैं :

व्यक्ति या बालक का वातावरण

अनुकूल → समायोजन

प्रतिकूल → कुसमायोजन

समायोजन के लिए आवश्यक है कि या तो बालक स्वयं को बदले या फिर वातावरण को बदला जाए। किंतु वातावरण को परिवर्तित करना संभव नहीं है। न तो हम प्रकृति पर ही नियंत्रण कर सकते हैं और न ही अन्य लोगों को परिवर्तित कर सकते हैं। अतः विद्यार्थी को स्वयं वातावरण के अनुरूप बदलने का प्रयास करना चाहिए। स्वयं को वातावरण की परिस्थितियों के अनुरूप बदलने का कार्य तो उस विद्यार्थी का है जो स्वयं को पाठशालायी या घरेलू परिस्थितियों में समायोजित नहीं कर पा रहा है। विद्यार्थी की भावनाओं में परिवर्तन का प्रयास तो शिक्षक को ही करना चाहिए।

समायोजन की प्रमुख परिभाषाएं:

गेट्स के अनुसार, "सुसमायोजित वह व्यक्ति है जिसकी आवश्यकताएं एवं तृप्तियां सामाजिक दृष्टिकोण एवं सामाजिक उत्तरदायित्व की स्वीकृति के साथ संगठित होती हैं।"

बोरिंग, लैंगफील्ड व वैल्ड के अनुसार, "व्यक्ति की मानसिक शांति, संतुलन और संतोष बनाए रखने के लिए समायोजन अति आवश्यक है।"

विशेष शिक्षा के उद्देश्य

शिक्षा का जो उद्देश्य सामान्य छात्रों अथवा बालकों के लिए है वे ही विशेष आवश्यकताओं वाले छात्रों के लिए भी हैं। उनके कुछ विशेष उद्देश्य भी हैं। उनकी शिक्षा अध्यापक पाठ्य-सामग्री व सहायक सामग्री विशेष है। विशेष शिक्षा के लिए विशेष दर्शन, विशेष विधि, विशेष अभ्यास की आवश्यकता है। विशेष अथवा विशिष्ट शिक्षा के उद्देश्य को निम्न रूप में स्पष्ट किया जा सकता है–

- (i) विशेष शिक्षा का उत्तरदायित्व निश्चित कर लेना चाहिए। जैसे–किसी व्यक्ति को विशेष शिक्षा के लिए इमारत, समान, अध्यापक आदि का प्रबंध करने के लिए उत्तरदायित्व सौंपना।

- (ii) बालकों/बालिकाओं को विशेष कक्षा में भेजने के लिए प्रशासन द्वारा विशेष नीति का निर्माण करना।

- (iii) प्रशासन द्वारा ऐसी योजना का निर्माण करना कि विशेष कक्षा के सभी बालक औसत बालकों से संबंध स्थापित कर सकें।

- (iv) बालकों के सामाजिक तथा व्यावसायिक सामंजस्य पर विशेष जोर देना चाहिए।

- (v) प्रशासन को ध्यान में रखना चाहिए कि विशेष शिक्षा का आयोजन व्यक्तिगत रुचियों व आवश्यकताओं को ध्यान में रखते हुए किया जाए।

---

3. प्रतिभावान, सृजनात्मक एवं विशेष रूप से अक्षम छात्र

I. प्रतिभावान बालक अथवा छात्र

प्रतिभावान/प्रतिभाशाली बालकों को विभिन्न मनोवैज्ञानिकों ने भिन्न-भिन्न दृष्टिकोण (Approach) से परिभाषित किया है। विभिन्न उपागमों/दृष्टिकोणों पर आधारित कुछ परिभाषाएं निम्नवत् हैं–

- (i) **बुद्धि-लब्धि (I.Q.) उपागम–** इस उपागम के तहत प्रतिभाशाली बालक को बुद्धि-लब्धि की एक निश्चित क्षमता के अंतर्गत माना जाता है। टरमैन ने प्रतिभाशाली बालकों के अध्ययन द्वारा निष्कर्ष निकाला कि ऐसे बालकों की बुद्धि-लब्धि 140 या इससे ऊपर होती है। अन्य मनोवैज्ञानिक 120 से 140 व उच्च बुद्धि-लब्धि वालों को ऐसा बालक होना मानते हैं।

- (ii) **सामाजिक संभाव्यता उपागम–** इस उपागम के तहत प्रतिभावान शब्द उस बालक के लिए प्रयुक्त होता है जो अपनी आयु वर्ग में किसी एक योग्यता में श्रेष्ठ हो, जिससे वह हमारे समाज में जीवन के कल्याण व गुणवत्ता में उत्कृष्ट योगदान करने वाला बन सके।

(iii) **सांख्यिकीय उपागम–** इस उपागम के अनुसार किसी बुद्धि परीक्षण में प्राप्त अंकों के आधार पर उच्चतम (Top most) 2 से 3 प्रतिशत बालकों को प्रतिभाशाली माना जाता है।

विशेषताएं

डॉ. एस. एस. चौहान ने टरमैन (Terman) द्वारा किए गए अनुसंधान के आधार पर प्रतिभाशाली बालकों की निम्न विशेषताएं बताई है जो निम्नवत् हैं–

(i) **शारीरिक–** ऐसे बालक अपने वर्ग या समूह में औसत बुद्धि-लब्धि (I.Q.) वाले बालकों की अपेक्षा अच्छी शारीरिक विशेषता रखते हैं व उनका स्वास्थ्य अच्छा होता है।

(ii) **मानसिक–** प्रतिभाशाली बालक पठन, भाषा, गणितीय तर्क, विज्ञान, साहित्य व कला में उत्कृष्टता प्रदर्शित करते हैं। उनमें तर्क सामान्यीकरण व बोध की क्षमता अधिक होती है।

(iii) **अभिरुचियां–** ऐसे बालकों की विविध अभिरुचियां होती है। वे अच्छी पुस्तकों का अधिक मात्रा में सरलता से अध्ययन करना सीख लेते हैं तथा अमूर्त विषयों में रुचि लेते हैं।

(iv) **सामाजिक–** ऐसे बालकों में अहंकार की भावना कम होती है। साथ ही वे विश्वसनीय व कर्त्तव्यनिष्ठ अधिक होते हैं। उनमें सामाजिक अभिवृत्तियां व चारित्रिक गुण व्यापक होता है। वे संवेगात्मक परीक्षणों में अधिक अंक प्राप्त करते हैं।

(v) **अन्य विशेषताएं–** प्रतिभावान बालक सामान्य बालकों की तुलना में अच्छा प्रदर्शन करते हैं। शोध अध्ययनों से इस बात की पुष्टि निम्न रूप में हुई है–

(a) उच्च श्रेणी प्राप्त करना।

(b) अधिक सकारात्मक अभिवृत्तियां रखना।

(c) अमूर्त विचारों में अधिक रुचि लेना।

(d) खेल-कूद में उत्कृष्टता दिखाना।

(e) सुसमायोजित होना।

(f) अपने साथी मित्रों से अच्छा संबंध होना।

(g) अधिक आत्मविश्वासी होना।

(h) अधिक अहंशक्ति (Ego-Strength)।

(i) अधिक पठन योग्यता।

(j) अधिक वैयक्तिक स्वतंत्रता की भावना।

(k) बाह्य पर्यावरण के प्रति परिपक्व अनुक्रिया करना

पहचान

प्रतिभाशाली बालकों की पहचान करना एक सामूहिक प्रयास होना चाहिए जिसमें माता-पिता, अध्यापक, संगी-साथी, मनोवैज्ञानिक आदि का सहयोग मिलना चाहिए। ऐसे बालकों की पहचान निम्न दो आधारों पर की जाती है :

1. **बौद्धिक व शैक्षिक रूप से प्रतिभासंपन्न बालक–** कक्षा में ऐसे बालकों की पहचान अपनी उपलब्धि, शिक्षकों द्वारा उनकी प्रगति के सूक्ष्म अवलोकन, मानकीकृत बुद्धि परीक्षणों से प्राप्त बुद्धि-लब्धि (I.Q) तथा सृजनात्मक परीक्षणों के द्वारा होती है। डी हान एवं काफ (De Haan and Kough) ने उपरोक्त आधार पर प्रतिभाशाली बालकों की पहचान की सूची इस प्रकार दी है–

(i) शीघ्रता एवं सरलता से सीखना व याद करना।

(ii) सामान्य बुद्धि व व्यावहारिक ज्ञान का अधिक उपयोग करना।

(iii) वस्तुओं से संबद्ध कारणों, संबंधों व अर्थों को समझना।

(iv) अर्जित ज्ञान को अधिक समय तक याद रखना।

(v) अपने आयु-वर्ग के बालकों की अपेक्षा अधिक ज्ञान रखना।

(vi) अधिक शब्दावली का प्रयोग।

(vii) अपनी आयु से 1-2 वर्ष आगे के शैक्षणिक कार्य करना।

(viii) चुस्त, सूक्ष्म दृष्टि वाला एवं शीघ्र उत्तर देने वाला होना।

2. **किसी विशेष शैक्षिक क्षेत्र में उच्च स्तरीय योग्यता वाले बालक–** कुछ बालक जो बौद्धिक व शैक्षिक रूप से तो सामान्य बालकों के समान होते हैं किंतु वे अन्य किसी विशिष्ट क्षेत्र में, यथा–कला, संगीत, यांत्रिकी आदि में विशिष्ट योग्यता रखते हैं। ऐसे प्रतिभासंपन्न बालकों की पहचान अभिभावक, शिक्षक, खेल-अनुदेशक, निर्देशन विशेषज्ञ आदि निम्न विधियों से कर सकते हैं–

(i) विद्यालय प्रगति अभिलेख

(ii) शिक्षकों के अभिमत

(iii) कक्षागत व्यवहार का अवलोकन

(iv) शिक्षकों द्वारा मूल्यांकन

(v) बुद्धि परीक्षण

शैक्षिक कार्यक्रम

प्रतिभावान बालकों के लिए निम्न शैक्षिक कार्यक्रम अपनाया जाना चाहिए—

(i) **गतिवर्द्धन**– गतिवर्द्धन का अर्थ शैक्षिक कार्यक्रमों के द्वारा बालकों को दी जाने वाली ऐसी प्रगति से है जो उसे औसत से कम आयु में प्राप्त होती है। समान आयु के बालकों के साथ कक्षा में बैठाए जाने पर यह प्रतिभाशाली बालक शिक्षक द्वारा दिए गए कार्य को आसानी व शीघ्रता से पूरा कर लेते हैं। अतः इनके स्तर का कार्य देने के लिए आवश्यक हो जाता है कि उन्हें उस कक्षा में रखा जाए जिसका कार्य वह औसत प्रतिभा वाले बालकों के समान ही पूरा कर सकें। इस तरह गतिवर्द्धन द्वारा विद्यार्थियों को निम्न क्षेत्र में लाभ पहुंचाया जा सकता है—

(a) निर्धारित आयु से पूर्व विद्यालय में प्रवेश।

(b) उसकी बौद्धिक व शैक्षिक योग्यताओं के आधार पर एक ही वर्ष में दो या दो से अधिक कक्षाओं के पाठ्यक्रम का अध्ययन।

(c) सामान्य से कम समय एवं आयु में किसी पाठ्यक्रम को उत्तीर्ण कर सकने की अनुमति।

(ii) **संवर्धित पाठ्यक्रम**–*कोलेनिक्स* के शब्दों में–"संवर्धन का तात्पर्य बालक को अधिक उच्च स्तर के अत्यंत विविधतापूर्ण अनुभव तथा कार्यों को करने का अवसर दिया जाए।" प्रतिभाशाली बालकों को पाठ्यक्रम में आवश्यक परिवर्तन कर उच्च कठिनाई के कार्य नियोजित किए जाएं। संवर्धन दो प्रकार से किया जा सकता है–*(a)* व्यक्तिगत तथा *(b)* समूहोन्मुख।

(iii) **विशेष कक्षाएं तथा विद्यालय**– प्रतिभाशाली बालकों को शिक्षण से लाभान्वित करने के लिए उन्हें विशेष कक्षाओं तथा विद्यालयों में पृथक से शिक्षा देना वांछनीय है। इसके लिए विस्तृत पाठ्यक्रम, अतिरिक्त क्रियाकलाप, प्रायोगिक कार्य आदि की व्यवस्था की जाती है।

(iv) **अन्य कार्यक्रम**– उपरोक्त सहायता के अतिरिक्त भारतीय परिस्थितियों के अनुकूल प्रतिभाशाली बालकों को निम्न प्रकार की सहायता भी दी जा सकती है—

(a) प्रभावी निर्देशन कार्यक्रम।

(b) विद्यालय कार्यक्रमों को वैयक्तिक व नमनीय बनाना।

(c) योग्यता के आधार पर वर्गीकरण।

(d) अतिरिक्त पाठ्यक्रम को बनाकर।

(e) विशिष्ट विषयों के विशेष पाठ्यक्रम बनाकर।

II. सृजनात्मक बालक अथवा छात्र

सृजनात्मकता की संकल्पना एवं अर्थ को विभिन्न विद्वानों ने भिन्न-भिन्न प्रकार से परिभाषित किया है। कुछ प्रमुख विद्वानों की परिभाषाएं निम्नवत् हैं—

स्टेन (Sten)– जब किसी कार्य का परिणाम उत्तम हो जो किसी निश्चित समय पर उचित या उपयोगी या संतोषप्रद स्वीकार किया जाए, वह सृजनात्मक कार्य कहलाता है।

बैरन (Baron)– पूर्व में विद्यमान पदार्थों या तत्त्वों को मिलाकर नया योग बनाने की क्षमता ही सृजनशीलता है।

जे.पी. गिलफोर्ड (J.P Guilford)– सृजनात्मकता कभी सृजन की योग्यता की, कभी सृजनात्मक उत्पादन की और कभी सृजनात्मक उत्पादनशीलता की द्योतक है।

विशेषताएं

कुछ चुने हुए विद्वानों द्वारा सृजनात्मक बालकों की दी गई विशेषताएं निम्नवत् हैं—

बैरन (Baron) के अनुसार ये विशेषताएं निम्न हैं—

(i) सृजनात्मक बालक किसी समस्या का निर्णय स्वयं एवं स्वतंत्र रूप से करता है

(ii) एक ही समय अनेक विचारों पर केंद्रित रखने की योग्यता

(iii) जटिल घटनाओं को प्राथमिकता।

(iv) ऐसे बालक स्वयं की बात पर आग्रह अधिक करते हैं

टोरेंस (Torrance) ने बैरन के *(ii)* एवं *(iv)* के अतिरिक्त अन्य विशेषताएं बताई हैं—

(i) मौलिकता　　　*(ii)* विनोद प्रियता

(iii) जिज्ञासा　　　*(iv)* संवेदनशीलता

जे.पी. गिलफोर्ड (J.P. Guilford) ने निम्न विशेषताएं बताई हैं—

(i) दूरदर्शिता

(ii) समस्या से संबद्ध तथ्यों को पुनः परिभाषित करने की योग्यता

(iii) दूसरों को प्रभावित करने की योग्यता

(iv) समन्वय करने की क्षमता

डॉ. एस.एस. चौहान ने निम्न विशेषताएं बताई हैं—

(*i*) दृढ़ विश्वास का साहस

(*ii*) अंतर्दृष्टिवान

(*iii*) काल्पनिक

(*iv*) खतरा उठाने को उत्सुक

(*v*) कार्य में निष्ठा

पहचान

गेटजल्स और मेडन्स (Gatzels and Madans) ने सृजनात्मक बालकों की पहचान विधियों को निम्न पांच भागों में बांटा है—

(*i*) **उपलब्धि**– अत्यंत उच्च श्रेणी की उपलब्धि सृजनात्मकता को बताती है।

(*ii*) **रेटिंग**– साथियों, अध्यापकों, निरीक्षकों, प्रधानाचार्यों अथवा मनोवैज्ञानिकों द्वारा मापनी (Rating) की सहायता से सृजनात्मक बालकों का पता लगाया जा सकता है।

(*iii*) **बुद्धि**– बुद्धि-लब्धि (I.Q) परीक्षण में अति उच्च बुद्धि-लब्धि सृजनात्मकता की द्योतक है।

(*iv*) **व्यक्तित्त्व**– सृजनात्मक व्यक्तित्त्व की विशेषताओं के आधार पर सृजनात्मक बालकों की पहचान की जा सकती है।

(*v*) **सृजनात्मक-परीक्षण अंक**– टोरेंस, गिलफोर्ड, मेडिनिक आदि कुछ मनोवैज्ञानिकों ने सृजनात्मकता परीक्षण बनाएं हैं। भारत में पासी, बाकर मेंहदी, कौल, मजूमदार आदि ने भी इस प्रकार के परीक्षण बनाएं हैं।

शैक्षिक कार्यक्रम

सृजनात्मक बालकों के लिए निम्न शैक्षिक कार्यक्रम अपनाया जाना चाहिए—

(*i*) **कक्षा-कक्ष प्रक्रिया**– बालकों में सृजनात्मक चिंतन का विकास करने हेतु और सृजनात्मक बालकों के शिक्षण हेतु कक्षा-कक्ष प्रक्रिया की ओर विशेष ध्यान देना चाहिए। शिक्षक विश्वकोश (Educator's Encyclopaedia) में स्मिथ ने निम्न कक्षा-कक्ष क्रियाओं पर जोर दिया है—

(*a*) अध्यापक का कम प्रभाव,

(*b*) व्यक्ति भिन्नता को पहचानना,

(*c*) बालकों को अपनी सीमाओं के अंतर्गत् अपनी गति के अनुसार विकास करने देना,

(*d*) विद्यार्थियों की सहभागिता को प्रोत्साहन देना,

(*e*) असफलता के लिए दण्ड का भय दूर करना।

(*ii*) **पाठ्यक्रम**– बालकों में सृजनात्मकता को प्रोत्साहित करने हेतु पाठ्यक्रम को विशिष्ट बनाना जरूरी है। अतः पाठ्यक्रम ऐसा होना चाहिए जिससे मौलिक विचारों, धारा प्रवाहिता, लोच और अत्यधिक स्पष्टीकरण को बढ़ावा मिले।

(*iii*) **अवरोधक तत्त्वों को दूर करना**– सृजनात्मक बालकों के शिक्षण और सृजनात्मकता के विकास के लिए अवरोधक तत्त्वों को दूर करना चाहिए। इन अवरोधक तत्त्वों में प्रमुख हैं—

(*a*) सामाजिक-आर्थिक

(*b*) मनोवैज्ञानिक

(*c*) चारित्रिक।

(*iv*) **सहायक तत्त्वों को बढ़ावा**– आलमशाह ने सृजनात्मकता को बढ़ावा देने अथवा सहायक के रूप में कार्य करने वाले निम्न चार प्रमुख तत्त्व बताएं हैं— (*a*) प्रेरणा (*b*) ग्रहणशीलता (*c*) योग्यता, (*d*) चयनात्मकता।

(*v*) **शैक्षिक साधन और सामग्री**– बालकों में सृजनात्मकता का विकास करने के लिए कुछ विशेष शैक्षिक साधन और सामग्री होनी चाहिए। इन शैक्षिक साधन और सामग्री में कार्य पुस्तकें, निर्देशन पुस्तकें तथा विचार पुस्तकें उल्लेखनीय हैं। इसके अतिरिक्त दृश्य-श्रव्य सामग्री भी इसके लिए विकसित की जा सकती है।

III. विशेष रूप से अक्षम छात्र

ऐसे छात्रों को निम्न श्रेणियों में बांटा जा सकता है :

1. मानसिक रूप से विकलांग छात्र

2. दृष्टि बाधित छात्र

3. दृष्टिहीन छात्र

4. बधिर छात्र

5. शारीरिक रूप से विकलांग छात्र

1. मानसिक रूप से विकलांग छात्र

सामान्यतः मानसिक विकलांगता वो विकलांगता है जो औसत से निम्न मानसिक कार्यक्षमता का उल्लेख करती है। इसका आरंभ बालक के विकास की अवधि में होता है और यह निम्न में से एक या अधिक से अनुकूल व्यवहार की कमी द्वारा संबंधित रहती है—

(*i*) परिपक्वता, (*ii*) अधिगम, (*iii*) सामाजिक समायोजन।

स्किनर ने मानसिक रूप से विकलांगों को अनेक नाम दिए हैं, यथा—अल्पबुद्धि (Mentally Deficient), विकल बुद्धि (Mentally Handicapped), धीमी गति से सीखने वाले (Slow Learners), पिछड़े हुए (Backward) और मूढ़ (Dull)।

मानसिक रूप से पिछड़े बालकों की पहचान

मानसिक रूप से पिछड़े बालकों की पहचान के निम्न लक्षण हैं—

- (i) वे प्रायः शारीरिक रूप से अयोग्य होते हैं।
- (ii) वे संवेगात्मक रूप से अस्थिर होते हैं।
- (iii) इनकी शैक्षिक निष्पत्ति निम्न होती है।
- (iv) इनकी पहचान व्यक्तित्व अध्ययन से भी हो जाती है।
- (v) इनकी पहचान निम्न बुद्धि-लब्धि (Below I.Q) द्वारा की जा सकती है।
- (vi) निम्न शैक्षिक तथा शारीरिक आलेख भी इनकी पहचान में सहायक होते हैं।

शिक्षण की पद्धतियां

मंदबुद्धि बालक की शिक्षा का वही स्वरूप होना चाहिए, जो पिछड़े बालक की शिक्षा का है। इनकी शिक्षा के लिए निम्न व्यवस्था होनी चाहिए—

- (i) छोटे समूहों में शिक्षा
- (ii) अध्ययन के विषय
- (iii) हस्तशिल्पों की शिक्षा
- (iv) अच्छे शिक्षकों की नियुक्ति
- (v) सांस्कृतिक विषयों की शिक्षा
- (vi) विशिष्ट विद्यालयों की स्थापना
- (vii) विशिष्ट कक्षाओं की स्थापना
- (viii) विशिष्ट विद्यालयों का संगठन
- (ix) विशेष शिक्षण विधियों का प्रयोग
- (x) विशेष पाठ्यक्रम का निर्माण

इनके माध्यम से मंदबुद्धि बालकों की शिक्षा को व्यावहारिक रूप प्रदान कर सकते हैं जो उनको किसी कार्य में दक्ष करके जीवनयापन करने के योग्य बनाती है।

उपचारी कार्यक्रम

मानसिक रूप से पिछड़े बालकों की आवश्यकताएं अधिकतर कानून द्वारा ऐसे अध्यापकों, मनोवैज्ञानिकों, मनोचिकित्सकों तथा व्यावसायिक सेवाओं द्वारा पूरी की जा रही है जो इस क्षेत्र में शिक्षित हैं। प्रायः सभी राज्यों ने ऐसे कानून बनाए हैं जो कि मानसिक अक्षम बालक के सुधार, उपचार तथा शिक्षा में सहायक हैं।

पिछले लगभग 50 वर्षों में मानसिक रूप से पिछड़े बालकों की उन्नति के लिए कानून, मेडिकल अनुसंधान, मनोविज्ञान तथा शैक्षिक क्षेत्र में बहुत उन्नति हुई है। इस क्षेत्र में किए गए कार्यों का वर्णन निम्नवत है—

- (i) **मनोविज्ञान**—मानसिक पिछड़ेपन पर महत्वपूर्ण मनोवैज्ञानिक अनुसंधान हुए हैं। कुछ अनुसंधान बालकों की प्रमुख तथा गौण विशेषताओं से संबंधित हैं। बालकों की मानसिक उन्नति पर वातावरण के प्रभाव का भी अध्ययन हो रहा है। इनमें से कुछ अध्ययन फ्रीमैन, सीलस तथा शैमिट द्वारा हुए हैं।
- (ii) **कानून**—कानून द्वारा संस्थाओं को आर्थिक सहायता दी जाती है। कानूनों द्वारा विशेष स्कूलों की व्यवस्था, उनमें भर्ती, अध्यापकों का प्रशिक्षण आदि की सुविधा रहती है।
- (iii) **मेडिकल अनुसंधान**—इस क्षेत्र में हो रहे अनुसंधान मानसिक स्तर की उन्नति की ओर संकेत करते हैं। इस प्रकार के अध्ययन दो बातों से संबंधित हैं—(a) मनोवेगात्मक पिछड़ेपन पर बेनजीड्राइन उपचार (b) मानसिक पिछड़ेपन पर गुलूटामी एसिड का प्रभाव। मेडिकल क्षेत्र के ये दोनों अनुसंधान शैक्षिक तथा मनोवैज्ञानिक दृष्टि से बहुत महत्त्वपूर्ण हैं।
- (iv) **शैक्षिक समस्याएं**— न्यूयॉर्क का विशेष शिक्षा विभाग 1940 से पाठ्यक्रम तथा विधियों पर अनुसंधान कर रहा है। इन अनुसंधानों के परिणामों को मानसिक रूप से पिछड़े बालकों के शैक्षिक कार्यक्रम में सुझाव के रूप में लेना चाहिए।

मंदता की रोकथाम के उपाय

मंदबुद्धि बच्चों के लिए विशिष्ट विद्यालय हो तथा शिक्षक प्रशिक्षित हों। मंदबुद्धि बालकों को शिक्षित करने वाले शिक्षकों में निम्न विशेषताएं होनी चाहिए—

- (i) बालकों का सम्मान करना।
- (ii) बालकों के प्रति प्रेम, सहानुभूति और सहनशीलता का व्यवहार करना।
- (iii) बालकों में संवेगात्मक संतुलन और सामाजिक समायोजन के गुणों का विकास करना।

(*iv*) स्वयं शारीरिक श्रम को महत्त्व देना तथा बालकों को श्रम का महत्त्व सामूहिक विधि से सिखाना।

(*v*) धीमी गति से पढ़ाना व अपने पढ़ाए हुए पाठ को बार-बार दोहराना।

(*vi*) बालकों की सहायता, परामर्श और निर्देशन देने के लिए तैयार रहना।

(*vii*) बालकों के स्वास्थ्य, समस्याओं और सामाजिक दशाओं का व्यक्तिगत रूप से ज्ञान होना व उनको हल करने का प्रयास करना।

(*viii*) शिक्षक को बालक की कमियों का पूर्ण ज्ञान हो तथा उसमें धैर्य व संकल्प के गुण हों, ताकि वह बालकों की मंदगति से हतोत्साहित न हों।

(*ix*) शिक्षण को रोचक बनाने के लिए सभी प्रकार की दृश्य-श्रव्य (Audio-Visual) सामग्री का उपयोग करना।

(*x*) बालकों को एक या दो हस्तशिल्पों की शिक्षा देने में कुशल होना।

(*xi*) मंदबुद्धि व पिछड़े बच्चों को पढ़ाने के लिए सरल विधियों, मूर्त वस्तुओं और सामूहिक क्रियाओं का प्रयोग करना।

मानसिक स्वास्थ्य विज्ञान के उपचार

मानसिक स्वास्थ्य विज्ञान के उपचार के अंतर्गत् निम्न पहलू शामिल हैं–

(1) मानसिक स्वास्थ्य विज्ञान– मानसिक आरोग्य का शाब्दिक अर्थ मानसिक क्रियाओं से संबंधित रोगहीन दशा को कायम रखने वाला विज्ञान है। जिस प्रकार शारीरिक आरोग्य शरीर को स्वस्थ रखने के नियम निकालता है उसी प्रकार मानसिक आरोग्य मन को स्वस्थ रखने के नियम तथा उपाय निकालता है। इसमें केवल मानसिक रोगों को दूर करना ही शामिल नहीं है बल्कि मानसिक रोगों की रोकथाम भी शामिल है। मानसिक आरोग्य में मानसिक चिकित्सा के साथ-साथ मानसिक स्वास्थ्य बनाए रखने के लिए उपयुक्त परिस्थितियां उत्पन्न करना भी शामिल है। इस तरह नकारात्मक पहलू में मानसिक आरोग्य का अर्थ केवल मानसिक चिकित्सा तक ही सीमित है किन्तु सकारात्मक पहलू में उसमें मानसिक स्वास्थ्य बनाए रखने के लिए सभी तरह की

कोशिशें आ जाती हैं। इस प्रकार स्पष्ट है कि मानसिक आरोग्य का काम केवल मानसिक चिकित्सक के ही हाथ में नहीं है। अध्यापक, माता-पिता, संरक्षक तथा समाज सुधारक और संत समुदाय आदि जैसे धार्मिक व्यक्तियों का भी उसमें महत्त्वपूर्ण योगदान है। सच तो यह है कि मानव मनोविज्ञान का ज्ञान उसमें अंतर्दृष्टि होने पर कोई भी व्यक्ति मानसिक आरोग्य में सहायक हो सकता है।

(2) मंदितों का उपचार– मानसिक मंदित अपनी समस्याओं को खुद नहीं सुलझा सकते। अतः उन्हें माता-पिता, संरक्षक, अध्यापक या मनोवैज्ञानिक से निर्देशन मिलना चाहिए। निर्देशक को बालक अथवा किशोर की कठिनाई को सहानुभूतिपूर्वक समझने की कोशिश करनी चाहिए। उनको डांटना या झिड़कना ठीक नहीं है। उनको अपनी इच्छाओं तथा मनोवृत्तियों को जाहिर करने का मौका दिया जाना चाहिए।

(3) परिवार का महत्त्व– मानसिक स्वास्थ्य बनाए रखने में परिवार का सबसे अधिक महत्व है और माता-पिता की सबसे अधिक जिम्मेदारी है। सबसे अधिक जरूरत इस बात की है कि परिवार में ऐसा स्वस्थ वातावरण बनाया जाए जिसमें बालक के व्यक्तित्व का ठीक से विकास हो सके। बालक के व्यक्तित्व पर माता-पिता के चरित्र, आपस के संबंध 'बच्चों से उनका व्यवहार' भाई-बहनों तथा परिवार के अन्य संबंधियों से बालक का संबंध आदि सभी बातों का प्रभाव पड़ता है। अतः इन सभी के स्वस्थ होने की जरूरत है। संक्षेप में इतना कहा जा सकता है कि माता-पिता बालक के व्यक्तित्व को उन्मुक्त रूप से विकसित होने का मौका दें। उसको गलत रास्तों से रोकें परन्तु उसको सब बातों में अपनी राय पर चलाने की कोशिश न करें। शेष बातें तो माता-पिता की बालक अथवा किशोर के मनोविज्ञान में अंतर्दृष्टि, उनके धैर्य, परिश्रम और अनुभव पर निर्भर है।

(4) स्कूल का महत्त्व– परिवार के बाद मानसिक स्वास्थ्य बनाए रखने में स्कूल की महत्त्वपूर्ण भूमिका होती है। स्कूल में सबसे अधिक महत्त्व स्कूल के वातावरण का है। स्वस्थ वातावरण में बालक स्वयं अनुशासन तथा अन्य गुण ग्रहण कर लेते हैं। स्कूल में कुछ बालकों

को बिगड़ जाने का अधिक भय होता है। ऐसे बालकों पर विशेष ध्यान रखा जाना चाहिए। सबसे बड़ी जरूरत इस बात की है कि अलग-अलग बालक का उसके व्यक्तित्व के अनुसार उपयुक्त एवं पर्याप्त काम दिया जाए। स्कूल में विद्यार्थियों की कठिनाइयों को दूर करने के लिए विद्यार्थी कर्मचारी सेवा का प्रबंध होना चाहिए।

सार-संक्षेप

विद्यालय में शिक्षक को विद्यार्थियों का मानसिक स्वास्थ्य बनाए रखने, मानसिक अस्वस्थता को रोकने और मानसिक स्वास्थ्य की उन्नति हेतु निम्न बातों की ओर ध्यान देना चाहिए—

(i) अनुशासन— विद्यालय में अनुशासन का विद्यार्थियों के मानसिक स्वास्थ्य पर महत्त्वपूर्ण प्रभाव पड़ता है परन्तु यह अनुशासन कभी कठोर नहीं होना चाहिए। ऐसा होने पर उससे मानसिक अस्वस्थता बढ़ेगी। अतः अनुशासन दंड द्वारा भय दिखाकर नहीं बल्कि विद्यार्थियों में नियम पालन और उत्तरदायित्व की भावना उत्पन्न करके स्थापित किया जाना चाहिए।

(ii) संतुलित पाठ्यक्रम— स्कूल में पाठ्यक्रम ऐसा होना चाहिए जिससे विद्यार्थी में व्यक्तित्व के सभी पहलुओं का स्वस्थ विकास हो, आवश्यक ज्ञान बढ़े और मस्तिष्क पर अनावश्यक जोर न पड़े। नाना प्रकार की पाठ्यक्रमेतर क्रियाओं के द्वारा विद्यालय में विद्यार्थियों के सर्वांगीण विकास में योगदान दिया जा सकता है।

(iii) प्रेमपूर्ण व्यवहार— स्पष्ट है कि विद्यार्थियों के मानसिक स्वास्थ्य के लिए अध्यापक के प्रेमपूर्ण व्यवहार का कितना महत्त्व है। इससे विद्यार्थी अध्यापक की बात मानेगा, उसका आदर करेगा और ऐसा काम नहीं करेगा जिसे अध्यापक बुरा समझता हो। शिक्षक को सभी विद्यार्थियों से एक-सा प्रेमपूर्ण व्यवहार रखना चाहिए। इसमें किसी भी प्रकार का भेदभाव विद्यार्थियों के मन को आघात पहुंचाता है।

(iv) खेल तथा मनोरंजन— विद्यार्थियों में दमित प्रेरणाएं मानसिक अस्वस्थता उत्पन्न करती हैं। इनको स्वास्थ्य रूप में अभिव्यक्त होने का अवसर खेलों और विविध प्रकार के मनोरंजन से दिया जा सकता है। खेल और मनोरंजन नई ऊर्जा के संचार का काम करते हैं।

(v) यौन शिक्षा— किशोरावस्था में लड़के-लड़कियों में यौन वासना के कारण नैतिक पतन होता है अथवा उसके दमन से मानसिक अस्वस्थता बढ़ती है। शिक्षकों को चाहिए कि वे यौन-संबंधी बुरी आदतों को किशोरों में से निकालने के लिए मनोवैज्ञानिक उपायों का सहारा लें। इसके लिए सबसे अच्छा उपाय लड़के-लड़कियों को आवश्यक यौन शिक्षा देना है। इससे जहाँ एक ओर वे यौन प्रवृत्ति की ओर एक स्वस्थ दृष्टिकोण बना सकेंगे और अनेक बुरी आदतों से बचे रहेंगे वहीं दूसरी ओर उनके शारीरिक, मानसिक और संवेगात्मक विकास में भी सहायता मिलेगी और वे आगे चलकर सर्वांगपूर्ण विकसित स्त्री-पुरुष बन सकेंगे।

(vi) शैक्षिक निर्देशन— मानसिक स्वास्थ्य बनाए रखने के लिए यह आवश्यक है कि विद्यार्थियों को उनकी योग्यता के अनुसार विषय दिए जाएं और उनकी शिक्षा संबंधी कठिनाइयों को दूर किया जाए। इस संबंध में मनोवैज्ञानिक की निजी सलाह शैक्षिक निर्देशन कहलाती है।

(vii) व्यक्तिगत निर्देशन— विद्यार्थी अपनी अनेक उलझनों को स्वयं नहीं सुलझा पाते। अतः उन्हें सुलझाने के लिए उन्हें मनोवैज्ञानिक द्वारा व्यक्तिगत निर्देशन दिए जाने की आवश्यकता है।

(viii) संतुलित गृह कार्य— यह समझना भूल है कि विद्यार्थियों को घर पर कार्य करने के लिए बहुत-सा काम देने से उनको व्यर्थ के कामों के लिए अवकाश न मिलेगा और वे व्यस्त रहेंगे। विद्यार्थियों को अत्यधिक गृह कार्य में जुटाए रखने से उन्हें चिंता होती है और मन पर बुरा प्रभाव पड़ता है। अतः उन्हें बहुत ही संतुलित गृह कार्य दिया जाना चाहिए।

(ix) अच्छी आदतों का निर्माण— मानसिक स्वास्थ्य अच्छी आदतों पर निर्भर है। अतः शिक्षक को चाहिए कि वह विद्यार्थियों में नियमित जीवन, संतुलित व्यायाम और खान-पान, अच्छे व्यवहार और उच्च विचार की आदतें डालने में सहायता दें।

(x) व्यावसायिक निर्देशन— प्रत्येक नवयुवक को शिक्षा कार्य के बाद कोई न कोई व्यवसाय ग्रहण करना होता है जिसकी चिंता अध्ययन काल में ही उसे सताने लगती है। व्यावसायिक निर्देशन के द्वारा चतुर शिक्षक उन्हें भावी व्यवसाय के चुनाव में सहायता दे सकता है।

2. दृष्टि बाधित छात्र

दृष्टि बाधित बालक सामान्य से कम, निम्न या शून्य दृष्टि वाले होते हैं। इन बालकों की समस्या यह होती है कि वे कक्षा में श्याम-पट्ट (Black Board) पर अंकित लेख या दृश्य सहायक सामग्री को तथा अपनी पुस्तक पठन में कठिनाई का अनुभव करते हैं। ऐसे बालकों के लिए निम्न सावधानियां रखनी चाहिए—

(i) उन्हें कंजरवेशन (Conservation) कक्षाओं में पढ़ाना चाहिए जहां बड़े छापे की पुस्तकें व बड़े आकार की दृश्य सामग्री का प्रयोग किया जाता है।

(ii) ऐसे छात्रों को कक्षा में श्याम-पट्ट (Black Board) के निकट बैठना चाहिए।

(iii) उनकी दृष्टि की जांच कर उन्हें चश्मा लगाने की सलाह देनी चाहिए।

(iv) चिकित्सक से उनका उपचार कराना चाहिए।

(v) उनमें उचित रूप से पढ़ने-लिखने की विधि विकसित करनी चाहिए।

विशेषताएं

(i) ऐसे बालक जो औसत दृष्टि वाले बालकों से भिन्न हैं, परन्तु जिनका मेडिकल रूप से इलाज हो सकता है, सामान्य बालकों के साथ पढ़ सकते हैं।

(ii) ऐसे बालक जिनमें कि अत्यंत गंभीर दृष्टि दोष है इनका उपचार मेडिकल सहायता तथा चश्मे से करने पर भी वे सामान्य बालकों के साथ पढ़कर यथोचित लाभ नहीं उठा सकते। फिर भी उनके पास इतनी दृष्टि है कि वे उन साधनों से उचित लाभ उठा सकते हैं जो कि अन्धे बालकों को दिए जाते हैं।

(iii) ऐसे बालक, जो कि मेडिकल इलाज तथा चश्में की सहायता मिलने पर भी शैक्षिक तथा व्यावसायिक रूप से दृष्टिहीन हैं।

शैक्षिक कार्यक्रम

(i) **विशेष कक्षाओं का आयोजन**– कम देखने वाले बालकों (दृष्टि बाधित) को शिक्षा देने का सबसे अच्छा तरीका विशेष कक्षाओं का आयोजन है। एक विद्यालय में ऐसे बालकों की संख्या 1 से 500 तक होती है। अध्यापक इस बात का निर्णय करे कि क्या उनके लिए विशेष कक्षा का आयोजन किया जाए तथा कौन-कौन सी सुविधाएं प्रदान की जाए। इस कक्षा में विभिन्न श्रेणियों के बालक हो सकते हैं। गांवों में भी आंशिक रूप से देखने वाले बालकों के लिए विशेष कक्षा का प्रबंध होना चाहिए।

(ii) **सहकारिता योजना**– पृथक्कीकरण अब आधुनिक शैक्षिक सिद्धांतों के अनुरूप नहीं है। अतः एक सहकारिता योजना का विकास किया गया है जिसके द्वारा कम देखने वाले बालक अपने कार्य एक विशेष समान से युक्त एक योग्य शिक्षक के अंतर्गत करते हैं। अन्य कार्यक्रमों के लिए वे अन्य औसत बालकों के साथ मिल जाते हैं।

(iii) **पाठ्यक्रम**– कम देखने वाले और औसत बालकों का पाठ्यक्रम एक-सा होता है। अध्यापकों को इस ओर ध्यान देना चाहिए कि ऐसा कोई भी कार्य अधिक न करवाया जाए जिससे आंखों पर अधिक जोर पड़े।

(iv) **शैक्षिक माध्यम**– एक औसत बालक के लिए किताब 10 या 12 पॉइण्ट (Point) टाइप में होती है, पर आंशिक देखने वाले बालकों के लिए किताब 18 या 24 पॉइण्ट (Point) टाइप में होती है। प्रिंट साफ तथा विस्तृत होना चाहिए। दो शब्दों के बीच जगह होनी चाहिए। सफेद कागज पर काली स्याही से लिखा होना चाहिए। हाशिया तथा चित्र एवं मानचित्र पर काली स्याही से लिखा होना चाहिए। आर्ट तथा क्राफ्ट के लिए ऐसा समान प्रयुक्त होना चाहिए कि आंखों पर अधिक जोर न पड़े। मशीनी तरीके, जैसे—टाइपराइटर, रेडियो आदि का प्रयोग होना चाहिए। साथ ही ऐसे बालकों को टाइपराइटर के छूने की विधि बतानी चाहिए।

(v) **रोशनी**– प्राकृतिक तथा बनावटी दोनों प्रकार की रोशनी सभी बालकों के लिए महत्व रखती है। कम देखने वाले बालकों के लिए यह और भी अधिक महत्व रखती है। ऐसे बालकों का कमरा हर स्थान से पूर्णरूप से रोशनीयुक्त होना चाहिए तथा उनमें चमक नहीं होनी चाहिए। भूरे तथा हरे बोर्ड में प्रत्यावर्तन अधिक होता है। अतः उनका प्रयोग करना चाहिए।

3. दृष्टिहीन छात्र

वे बालक जिनकी दृष्टि एक्यूटी 20/200 होती है तो उन्हें शैक्षिक कार्य के लिए नेत्रहीन समझा जाता है। इससे कम होने पर अथवा इसी प्रकार की कोई अन्य अक्षमता होने पर बालक दृष्टिहीन समझे जाते हैं। दृष्टिहीन बालक को अपनी अन्य इन्द्रियों पर निर्भर रहना पड़ता है। जिन बालकों में बहुत कम दृष्टि होती है वे रंगों का भेद कर सकते हैं। एक बालक को तभी दृष्टिहीन मानना चाहिए जबकि डॉक्टर ने उसकी ऐसी स्थिति बतायी हो। डाक्टर द्वारा बताए गए चश्में को पहनने से इनकी दृष्टि में सुधार हो सकता है समय-समय पर आंखों की परीक्षा लेना भी जरूरी है। अध्यापक को देखना चाहिए कि बालक ने चश्मा पहना है अथवा नहीं, चश्मा ठीक दशा में है अथवा नहीं। चूंकि दृष्टिहीन बालक हमेशा अपनी अन्य इंद्रियों पर निर्भर रहता है, उसकी अन्य इंद्रियों के स्वास्थ्य की परवाह करनी चाहिए।

शैक्षिक सुविधाएं

(i) ऐसे बालकों के लिए पृथक एवं विशिष्ट विद्यालय होने चाहिए।

(ii) इन्हें ब्रेल (Braille) पद्धति से शिक्षित करना चाहिए, जिनमें एक मोटे कागज पर कुछ बिन्दु उभार कर उनके स्पर्श द्वारा दृष्टिहीन बालकों को अक्षर व लिपि का ज्ञान कराया जाता है।

(iii) उन्हें संगीत या हस्तकला में प्रशिक्षण दिया जाना चाहिए।

(iv) उन्हें टंकण (Typing) का प्रशिक्षण भी दिया जा सकता है।

(v) उन्हें समुचित सहानुभूति की अपेक्षा होती है।

4. बधिर-छात्र

कानों के द्वारा सुनने में बाधा से उत्पन्न अयोग्यता व्यक्ति विशेष को श्रवण विकलांग बनाती है। यह विकलांगता ऐसे बालकों की श्रवण शक्ति दोषयुक्त होने से उन्हें शाब्दिक या बोलकर अभिव्यक्त करने में असमर्थ बनाती है। यही कारण है कि बहरे लोग गूंगे (Deaf) भी होते हैं। अतः सामान्य स्कूलों में शैक्षिक शिक्षण की अपेक्षा श्रवण विकलांगों की शिक्षा हेतु पृथक गूंगे-बहरों के विशिष्ट विद्यालयों की व्यवस्था की जाती है। जहां प्रशिक्षित अध्यापक विशिष्ट उपकरणों की सहायता से उनका विशिष्ट शिक्षण करते हैं।

विशेषताएं

(i) बधिर या कम सुनने वाले श्रवण क्षतियुक्त बालक वे हैं जिन्होंने बोलने से पहले ही श्रवण शक्ति खो दी है। इस प्रकार के छात्रों के लिए विशेष प्रकार के शिक्षण की आवश्यकता होती है।

(ii) विद्यालय में कुछ बालक ऐसे होते हैं जिन्हें किसी न किसी प्रकार का और किसी न किसी स्तर का श्रवण दोष होता है।

(iii) श्रवण शक्ति बालक को अध्यापक द्वारा कही गई बातें सुनाई देती है। श्रवण शक्ति मौखिक संदेशवहन, अधिगम, मानसिक विकास और भाषा विकास का सबसे सशक्त साधन है। श्रवण बाधित बालक इन साधनों से लाभ नहीं उठा पाता।

(iv) कक्षा में बैठे श्रवण क्षतियुक्त बालकों को प्रभावशाली ढंग से उन विधियों से शिक्षा दी जा सकती है जिनसे सामान्य श्रवण योग्यता वाले बालक को देते हैं।

(v) बधिर बालकों की पहचान उनसे बोलने पर हो सकती है। परन्तु उनकी पहचान श्रवण यंत्रों के द्वारा करना उचित होगा।

शैक्षिक कार्यक्रम

श्रवण बाधितों के शैक्षिक कार्यक्रमों को चार वर्गों– (1) संप्रेषण तकनीकें, (2) शिक्षण तकनीकें, (3) शैक्षिक सुविधाएं तथा (4) औपचारिक सुविधाएं में बांटा गया है।

(1) **संप्रेषण तकनीकें**– श्रवण क्षतियुक्त बालक के संबंध में सबसे बड़ी कठिनाई संप्रेषण के संबंध में है। अतः उसे भली प्रकार शिक्षित करने के लिए निम्न विशेष संप्रेषण तकनीकें अपनाई जानी चाहिए–

(i) **चिन्ह भाषा**– बधिर और अत्यधिक ऊंचा सुनने वाले बालकों के लिए चिन्ह भाषाओं का प्रचलन है, यथा–A. चिहित अंग्रेजी, (b) अमेरिकन चिह्न भाषा, (c) अंगुली वर्णमाला। ये चिन्ह भाषाएं एक-दूसरे से भिन्न होती हैं।

(ii) **ओष्ठ पठन**– ओष्ठ पठन में बालकों को ओठों के हिलाने और गति के आधार पर वर्णों और शब्दों को पढ़ने की शिक्षा दी जाती है।

(iii) **संकेत भाषा**– संकेत भाषा में ओठों को पढ़ने के साथ हाथ से मुंह के पास ही संकेत दिए जाते

हैं। संकेत उसी भाषा के होते हैं जिसमें कि बोला जाता है। संकेत भाषा के लाभ निम्नवत् हैं—

(a) इसमें उसी व्याकरण का प्रयोग होता है जो बोली जाती है।

(b) इससे बालक सुनने वाले लोगों के साथ आसानी से संप्रेषण कर सकता है।

(iv) **स्पर्श विधि**– इसमें स्पर्श द्वारा कही गई बात को समझने का प्रावधान होता है।

(v) **प्रवर्धक प्रयोग**– ध्वनि प्रवर्धक यंत्रों का प्रयोग उन बालकों के लिए उपयोगी हो सकता है जो सामान्य से थोड़ा ऊंचा सुनते हैं।

(2) **शिक्षण तकनीकें**– श्रवण क्षतियुक्त बालकों के लिए निम्न शिक्षण तकनीकें अपनाई जानी चाहिए—

(i) शिक्षण विषय-वस्तु को सहायक सामग्री की सहायता से पढ़ाया जाना चाहिए। आकृतियां, चित्र, संकेत, शब्द, इशारे इत्यादि सहायक सामग्री प्रयोग की जा सकती है।

(ii) शिक्षण के बीच-बीच में प्रश्न पूछना अनिवार्य है। इससे यह पता लग सकता है कि बालक पढ़ाई गई बात को कितना समझ रहा है।

(iii) विलसन के अनुसार श्रवण क्षतियुक्त बालक को एक नोट लेने वाला व्यक्ति (Note-taker) प्रदान किया जाना चाहिए।

(3) **शैक्षिक सुविधाएं**– श्रवण क्षतियुक्त बालकों को दिन-प्रतिदिन के क्रियाकलाप में भली प्रकार से सहायता देने के लिए निम्न सुविधाएं दी जानी चाहिए—

(i) वीडियो टेप्स (Video-Tapes) का प्रयोग लाभकारी सिद्ध होता है।

(ii) फिल्म का प्रयोग किया जाना चाहिए।

(iii) उन सभी बालकों को कक्षा-कक्ष (Class-room) में समूह श्रवण सहायक (Group Hearing Aids) प्रदान किए जाने चाहिए जो किसी भी प्रकार की श्रवण क्षतियुक्तता से पीड़ित हैं।

(iv) अध्यापक द्वारा ओवरहेड प्रोजेक्टर का प्रयोग अत्यंत अच्छा है।

(v) श्रवण क्षतियुक्त बालकों को अजायबघर, ऐतिहासिक इमारतों, प्रसिद्ध स्थानों आदि जैसे सूचनाप्रद स्थलों पर भ्रमण के लिए ले जाना चाहिए।

(4) **औपचारिक सुविधाएं**– श्रवण क्षतियुक्त बालकों के लिए निम्न औपचारिक सुविधाएं होनी चाहिए—

(i) **पृथक कक्षाएं**– कुछ श्रवण क्षतियुक्त बालक जन्म के कुछ वर्षों बाद भाषा ज्ञान प्राप्त कर श्रवण क्षतियुक्तता का शिकार होते हैं। ऐसे बालकों को शिक्षित करना अपेक्षाकृत सरल है। ऐसे बालकों को भी शिक्षित करना सरल है जो बधिर अथवा गंभीर रूप से क्षति-युक्तता से पीड़ित हैं।

(ii) **पृथक विद्यालय**– जो बालक जन्म से श्रवण क्षतियुक्त हैं, बधिर हैं, उन्हें सामान्य बालकों के साथ बैठकर शिक्षा नहीं दी जा सकती। अतः उनके लिए पृथक विद्यालय बनवाए जाने चाहिए जहां बधिरों को शिक्षित करने संबंधी सभी उपकरण, सामग्री, सुविधा और प्रशिक्षित अध्यापक हों।

(iii) **शिशु प्रोग्राम**– श्रवण क्षतियुक्त बालक की शिक्षा तब आरंभ होती है जब वह स्कूल में प्रवेश लेने जाता है। वास्तव में, उसकी शिक्षा तब से आरंभ होनी चाहिए जबसे वह इस कमी का शिकार हुआ है। अतः विद्यालय के कर्त्तव्य क्षेत्र के अंतर्गत यह भी आता है कि वह शिशुओं के लिए प्रोग्राम बनाएं ताकि विद्यालय में प्रवेश के समय एकाएक समस्या उत्पन्न न हो।

(iv) **शैक्षिक और व्यावसायिक निर्देशन**– श्रवण क्षतियुक्त बालकों की अभिरुचि और अभियोग्यता को ध्यान में रखकर उन्हें शैक्षिक निर्देशन दिया जाना चाहिए। ऐसे बालकों के व्यवसाय की योजना पूर्व में बनाना अनिवार्य है। इन्हें ऐसे व्यवसायों की आवश्यकता है जिनमें कम-से-कम शाब्दिक संप्रेषण होता हो। अतः प्रिंटिंग, बिजली संबंधी कार्य, लकड़ी आदि का कौशलयुक्त कार्य, खाना पकाने का कार्य, कलात्मक कार्य, बढ़ईगीरी आदि कार्य इनके लिए उपयुक्त होते हैं।

5. शारीरिक रूप से विकलांग छात्र

जब तक शरीर स्वस्थ नहीं होगा तब तक मनुष्य सामान्य रूप से कार्य नहीं कर सकता। शारीरिक स्वास्थ्य उसके कार्य व विकास को प्रभावित करता है। शारीरिक अक्षम अथवा अपंग बालक शारीरिक रूप से विकलांग कहलाते हैं। अपंग बालक चिरकालिक बीमार बालकों से संख्या में कहीं अधिक होते हैं। ऐसे बालक निरंतर असफल होते हैं और अंत में विद्यालय आना छोड़ देते हैं। अपंग और बीमार दोनों ही प्रकार के बालक विशिष्ट बालकों की श्रेणी में आते हैं। अतः वे विशेष शिक्षा के अधिकारी हैं।

विकलांगता के प्रकार

(*i*) मेरुदण्ड का वक्र,

(*ii*) मेरुदण्डीय द्विशाखी,

(*iii*) मांसपेशीय डायसट्रॉफी,

(*iv*) लूले-लंगड़े, हथकटे,

(*v*) एक या इससे अधिक अंगों का लकवा,

(*vi*) पांवफिरा,

(*vii*) प्रमस्तिष्कीय पक्षाघात,

(*viii*) विकृत नितंब।

शैक्षिक कार्यक्रम

शारीरिक विकलांग बालकों की शिक्षा हेतु निम्न उपाए अपनाए जाने चाहिए–

(*i*) उपचार सुविधा– अपंग तथा बीमार बालकों के उपचार के लिए समुचित व्यवस्था की जानी चाहिए। समय-समय पर उन्हें योग्य व कुशल चिकित्सक को दिखाना चाहिए। ऐसे बालकों के उपचार के लिए यदि अलग से कोष (Fund) की व्यवस्था की जाए तो और भी अच्छा होगा क्योंकि ऐसे बालकों को समय-समय पर चिकित्सालय में भर्ती करने की भी आवश्यकता पड़ सकती है। ऐसी स्थिति में उन्हें विद्यालय से समय-समय पर अनुपस्थित होना पड़ सकता है। अतः उपस्थिति संबंधी छूट दी जानी चाहिए। इस अनुपस्थिति का नकारात्मक प्रभाव उनके शैक्षिक ज्ञान और उपलब्धि पर पड़ सकता है। अतः ऐसे बालकों के लिए सफलता के मापदंड सामान्य बालक के समान नहीं बनाने चाहिए। ऐसे में इन बालकों के समुचित सामाजिक और संवेगात्मक विकास की ओर ध्यान देना शिक्षक का कर्त्तव्य है।

(*ii*) विशिष्ट भ्रमणशील अध्यापक– भ्रमणशील अध्यापकों (Visiting Teachers) में मनोविज्ञानशास्त्री, उच्चारण सुधारक, समाजसेवी, चिकित्सक आदि की सेवाएं शारीरिक विकलांगों को विद्यालयों में परामर्श व निर्देशन देने हेतु ली जानी चाहिए जो समय-समय पर इन विद्यालयों में भ्रमण कर सके।

(*iii*) विशिष्ट कक्षाएं– सामान्य विद्यालयों में कम विकलांग बालक/बालिकाओं हेतु पृथक कक्षा में विशिष्ट शिक्षण (Social Teaching) की व्यवस्था होनी चाहिए जिससे उनका उपचारात्मक शिक्षण (Remedial Teaching) हो सके। उन्हें विशिष्ट सहायक यंत्रों के उपयोग व प्रयोग का प्रशिक्षण भी दिया जाना चाहिए।

(*iv*) विकलांग विद्यालय– गंभीर रूप से विकलांग बालक-बालिकाओं हेतु पृथक विद्यालयों की व्यवस्था वांछनीय व अपरिहार्य है। ऐसे विद्यालयों में वैज्ञानिक विधि से शिक्षण, प्रशिक्षित अध्यापक, आवासीय व्यवस्था, खेल व मनोरंजन व्यवस्था, आजीविकोपयोगी उद्योगों का प्रशिक्षण, पुनर्वास, रुचिकार्य आदि का प्रावधान किया जाना चाहिए।

(*v*) विशिष्ट पाठ्यक्रम– विकलांग बालक/बालिकाओं की विकलांगता, सामर्थ्य, अभिरुचि व स्तर के अनुकूल विशिष्ट पाठ्यक्रम निर्मित कर उसे प्रभावी किया जाना चाहिए।

(*vi*) अतिरिक्त कक्षा– अतिरिक्त कक्षा उन अपंग तथा रोगी बालकों के लिए आयोजित की जा सकती है जो नियमित कक्षाओं से पूर्णतया लाभान्वित नहीं हो पाते। अतः विकलांग बालकों तथा रोगी बालकों के लिए स्कूल के उपरांत अथवा छुट्टियों के दिन भी थोड़े समय के लिए कक्षाओं का आयोजन करना चाहिए। इस प्रकार अध्यापक बालकों की व्यक्तिगत, सामाजिक तथा संवेगात्मक समस्याओं को समझा कर उन्हें हल कर सकेगा।

(*vii*) जनमानस में अभिवृत्ति परिवर्तन– प्रायः विकलांग बालकों को लोग हेयदृष्टि से देखते हैं। उन्हें दया योग्य, दान योग्य, भार तथा मजाक का पात्र समझा जाता है। यह भी समझा जाता है कि वे हर प्रकार के तिरस्कार को सह लेंगे। इस प्रकार की भावना विकलांग तथा रोगी बालकों में हीन भावना व निराशा भर देती है। अतः यह आवश्यक है कि जनमानस में व्याप्त इस अभिवृत्ति में परिवर्तन लाया जाए।

(*viii*) समाजीकरण– विकलांग और रोगी बालकों के समाजीकरण के लिए उन्हें ऐसे अवसर प्रदान किए जाने चाहिए जिससे वे अपने हम उम्र तथा अन्य लोगों से हिल-मिल सकें। यह कार्य पाठ्येत्तर क्रियाओं द्वारा संभव हो सकता है। उनसे विभिन्न प्रकार की मनोरंजक क्रियाएं करवायी जानी चाहिए। विकलांग व रोगी बालकों के मनोरंजन के लिए कुछ विशेष कार्यक्रम, यथा–सम्मेलन, गोष्ठी, सांस्कृतिक गायन आदि आयोजित किए जा सकते हैं। इस क्षेत्र में गैर-सरकारी संगठनों (NGOs) को भी प्रयास करना चाहिए। इसके लिए शिक्षक को इन संगठनों को प्रोत्साहित करना चाहिए।

# अभ्यास प्रश्न

1. निम्न में से कौन-सा शिक्षार्थियों में सृजनात्मकता का पोषण करता है?
   A. प्रत्येक शिक्षार्थी की अंतर्जात प्रतिभाओं का पोषण करने एवं प्रश्न करने के अवसर उपलब्ध कराना
   B. विद्यालयी जीवन के प्रारंभ से उपलब्धि के लक्ष्यों पर बल देना
   C. परीक्षा में अच्छे अंकों के लिए विद्यार्थियों की कोचिंग करना
   D. अच्छी शिक्षा के व्यावहारिक मूल्यों के लिए विद्यार्थियों का शिक्षण

2. पाँचवीं कक्षा के 'दृष्टिबाधित' विद्यार्थी
   A. के माता-पिता और मित्रों द्वारा उसे दैनिक कार्यों को करने में सहायता की जानी चाहिए
   B. के साथ कक्षा में सामान्य रूप से व्यवहार किया जाना चाहिए और श्रव्य सी.डी. के माध्यम से सहायता उपलब्ध कराई जानी चाहिए
   C. के साथ कक्षा में विशेष व्यवहार किया जाना चाहिए
   D. को निचले स्तर के कार्य करने की छूट मिलनी चाहिए

3. .... 'प्रतिभाशाली' होने का संकेत **नहीं** है।
   A. दूसरों के साथ झगड़ना
   B. अभिव्यक्ति में नवीनता
   C. जिज्ञासा
   D. सृजनात्मक विचार

4. विशेष आवश्यकता वाले बच्चों को शिक्षा उपलब्ध कराई जानी चाहिए
   A. विशेष विद्यालयों में विशेष बच्चों के लिए विकसित पद्धतियों द्वारा
   B. विशेष विद्यालयों में
   C. विशेष विद्यालयों में विशेष शिक्षकों द्वारा
   D. अन्य सामान्य बच्चों के साथ

5. डिसलेक्सिया संबंधित है
   A. मानसिक विकार से
   B. गणितीय विकार से
   C. पठन विकार से
   D. व्यावहारिक विकार से

6. विशेष रूप से जरूरतमंद बच्चों की शिक्षा का प्रबंध होना चाहिए
   A. दूसरे सामान्य बच्चों के साथ
   B. विशेष विद्यालयों में विशेष बच्चों के लिए विकसित विधियों द्वारा
   C. विशेष विद्यालय में
   D. विशेष विद्यालयों में विशेष शिक्षकों द्वारा

7. एक क्रिकेट खिलाड़ी अपनी गेंदबाजी के कौशल को विकसित कर लेता है, पर यह उसके बल्लेबाजी के कौशल को प्रभावित नहीं करता। इसे कहते हैं–
   A. विधेयात्मक प्रशिक्षण अंतरण
   B. निषेधात्मक प्रशिक्षण अंतरण
   C. शून्य प्रशिक्षण अंतरण
   D. इनमें से कोई नहीं

8. कक्षा में विद्यार्थियों की रुचि बनाए रखने के लिए एक शिक्षक को उचित है
   A. श्यामपट्ट का प्रयोग करना
   B. चर्चा करना
   C. कहानी कहना
   D. प्रश्न पूछना

9. आप एक अतिसक्रिय बालक को कैसे सही दिशा में लायेंगे?
   A. उसे पहली पंक्ति में बैठाएंगे तथा उस पर कड़ी नजर रखेंगे
   B. उसे कक्षा के कोने में बैठने की जगह निर्धारित करेंगे
   C. उसे श्यामपट्ट आदि साफ करने का काम देंगे
   D. इनमें से कोई नहीं

10. आपको अपनी कक्षा में दो मंद बुद्धि बच्चों को बैठाने के लिए बोला गया है। आप

A. उन्हें अपने विद्यार्थी के रूप में ग्रहण करने से इनकार करेंगे

B. प्रधानाध्यापक को उन्हें किसी और कक्षा जो कि मंद बुद्धि बालकों के लिए विशेष रूप से चिह्नित है, में बैठाने के लिए बोलेंगे

C. ऐसे विद्यार्थियों को सिखाने की तकनीक सीखेंगे

D. इनमें से कोई नहीं

11. राष्ट्रीय पाठ्यचर्या रूपरेखा, 2005 में 'गुणवत्ता आयाम' शीर्षक के अन्तर्गत अधिक महत्व दिया गया है :

A. भौतिक संसाधनों को

B. शिक्षित एवं अभिप्रेरित अध्यापकों को

C. बालकों के लिए ज्ञान के संदर्भ में संरचित अनुभवों को

D. बालकों के लिए संरचित अनुभव एवं पाठ्यक्रम सुधार को

12. आप देखते हैं कि एक छात्र बुद्धिमान है। आप

A. उसके साथ संतुष्ट रहेंगे

B. उसे अतिरिक्त गृहकार्य नहीं देंगे

C. वह जैसे अधिक प्रगति कर सके उस तरह उसे अनुप्रेरित करेंगे

D. उसके अभिभावकों को सूचित करेंगे कि वह बुद्धिमान है

13. यदि कुछ विद्यार्थी कक्षा में अध्ययन की चित्तवृत्ति में नहीं हैं, तो आप

A. उन्हें अध्ययन के लिए बाध्य करेंगे

B. उन विद्यार्थियों को कक्षा छोड़ने के लिए कहेंगे

C. उन्हें चेतावनी देंगे कि वे अवश्य अध्ययन करें नहीं तो आप प्रधानाध्यापक को सूचित कर देंगे

D. उन्हें उनकी रुचि अथवा आप अपने विषय के अनुसार रुचिपूर्ण चीजें बताएंगे।

14. समन्वित शिक्षा की सफलता निर्भर करता है

A. समुदाय के समर्थन पर

B. पाठ्यपुस्तकों की उत्कृष्टता पर

C. शिक्षण अधिगम वस्तु की गुणवत्ता पर

D. शिक्षकों में अभिवृत्तिगत परिवर्तन पर

15. 'प्रतिभाशाली होने' का संकेत निम्न में से कौन नहीं है?

A. विचारों में सृजनात्मकता

B. दूसरों के साथ लड़ना

C. अभिव्यक्ति में अनूठापन

D. कुतूहल

16. निम्न में से कौन-सा व्यवहार भावनात्मक बाधा को प्रदर्शित नहीं करता है?

A. बाल अपराध

B. कमजोरों को डराने वाला

C. भगोड़ापन

D. स्वालीनता

17. निःशक्त बालकों की शिक्षा के लिए प्रावधान किया जा सकता है :

A. समावेशित शिक्षा द्वारा

B. मुख्य धारा में डालकर

C. समाकलन द्वारा

D. इनमें से कोई नहीं

18. 'कमजोर वर्ग के बालक' से तात्पर्य है :

A. ऐसे अभिभावकों के बालक से जिनकी वार्षिक आय कम है

B. ऐसे अभिभावकों के बालक से जो वंचित वर्ग में आते हैं

C. ऐसे अभिभावकों के बालक से जो गरीबी रेखा से नीचे की सीमा में आते हैं

D. ऐसे अभिभावकों के बालकों से जो सरकार द्वारा निर्धारित न्यूनतम सीमा की वार्षिक आय की सीमा से नीचे के वर्ग में आते हैं

19. बच्चों में संवेगात्मक समायोजन प्रभावी होता है

A. व्यक्तित्व निर्माण में   B. कक्षा शिक्षण में

C. अनुशासन में   D. इनमें से सभी

20. राष्ट्रीय पाठ्यचर्या रूपरेखा, 2005 में निम्न में से किस परीक्षा सम्बन्धी सुधारों को सुझाया गया है?

A. कक्षा-X की परीक्षा ऐच्छिक

B. विद्यालयी शिक्षा की विभिन्न अवस्थाओं पर राज्य स्तर की परीक्षा संचालन

C. प्रतियोगी प्रवेश परीक्षाओं को ऐच्छिक

D. इनमें से सभी

21. विशेष आवश्यकता वाले बच्चों को पढ़ाने के लिए निम्नलिखित में से कौन-सी व्यूहरचना अधिक उपयुक्त है?

A. अधिकतम बच्चों को सम्मिलित करते हुए कक्षा में चर्चा करना

B. विद्यार्थियों को सम्मिलित करते हुए अध्यापक द्वारा निर्देशन

C. सहकारी अधिगम तथा पीअर ट्यूटरिंग (सहपाठियों द्वारा अनुशिक्षण)

D. अध्यापन के लिए योग्यता आधारित समूहीकरण

22. समस्या के अर्थ को जानने की योग्यता, वातावरण के दोषों, कमियों एवं रिक्तियों के प्रति सजगता विशेषता है :

A. प्रतिभाशाली बालकों की

B. सामान्य बालकों की

C. सृजनशील बालकों की

D. इनमें से कोई नहीं

23. राष्ट्रीय पाठ्यचर्या रूपरेखा, 2005 के अन्तर्गत 'परीक्षा सुधारों' में निम्न में से किस सुधार को सुझाया गया है?

A. खुली पुस्तक परीक्षा

B. सतत/निरंतर एवं व्यापक मूल्यांकन

C. सामूहिक कार्य मूल्यांकन

D. इनमें से सभी

24. सृजनशीलता के पोषण के लिए एक अध्यापक को निम्न में से किस विधि की सहायता लेनी चाहिए?

A. ब्रेन स्टार्मिंग/विचारावेश

B. व्याख्यान विधि

C. दृश्य-श्रव्य सामग्री

D. इनमें से सभी

25. जब बच्चियों को पढ़ने का अवसर मिलता है तो वे अपने प्रदर्शन में बच्चों से पीछे नहीं रहतीं जैसा कि गत कई वर्षों से हम हाईस्कूल व इण्टरमीडिएट की परीक्षा परिणामों में देख रहे हैं इसका कारण है :

A. बच्चियां योग्यता एवं बुद्धि में बच्चों से कम नहीं हैं

B. बच्चियों के पास पढ़ने के अलावा और कोई काम नहीं होता जबकि बच्चे सड़कों पर मटरगश्ती भी कर लेते हैं

C. बालिका विद्यालयों में पढ़ाई का स्तर उच्च होता है जो कि बुद्धि की कमी की क्षतिपूर्ति कर देता है

D. उपरोक्त सभी

26. राष्ट्रीय पाठ्यचर्या की रूपरेखा, 2005 में बातचीत की गई है

A. ज्ञान स्थायी है व दिया जाता है से ज्ञान का विकास होता हो और इसकी संरचना की जाती है

B. शैक्षिक केन्द्र से विषय केन्द्र होने पर

C. विद्यार्थी केन्द्रित से अध्यापक केन्द्रित की ओर

D. इनमें से कोई नहीं

27. शारीरिक निर्योग्यता वाले व्यक्ति के लिए निम्न में से कौन-सी युक्ति रक्षा तंत्र में सबसे संतोषजनक होगी?

A. तादात्मीकरण B. विवेकीकरण

C. अतिकल्पना D. इनमें से कोई नहीं

28. कक्षा में अध्यापक की भूमिका हो सकती है :

1. विद्यार्थियों को सूचनाएं देना

2. विद्यार्थियों को अधिगम के लिए प्रेरित करना

3. विद्यार्थियों को सीखने की क्षमताएं विकसित करना

4. विद्यार्थियों को कोर्स पास करने के लिए अभ्यास कराना

A. 1, 2 तथा 4 B. 2 तथा 3 दोनों

C. 1, 2 तथा 3 D. 1, 2, 3 एवं 4

29. निम्न में से कौन-सा कथन सही है ?

A. शिक्षक को पढ़ाते समय छात्रों की भिन्नताओं को ध्यान में रखना चाहिए

B. शिक्षक को मन्द गति से सीखने वाले छात्रों को झिड़कना नहीं चाहिए

C. शिक्षक को मेधावी बालकों का समुचित पथ प्रदर्शन करना चाहिए

D. उपरोक्त सभी

30. आपके विद्यालय में कुछ शिक्षक एक विशेष वर्ग के छात्रों के लिए परीक्षा में उदारता का व्यवहार अपनाते हैं। इस पर आपकी क्या प्रतिक्रिया है?

A. आप अन्य किसी की परवाह किए बिना अपनी निष्पक्षता को बनाये रखेंगे

B. प्रधानाचार्य से शिकायत करेंगे

C. इस आचरण के विरुद्ध मुहिम छेड़ेंगे

D. उपरोक्त सभी

31. यदि कोई छात्र अध्यापक के निरन्तर प्रयास के बावजूद बार-बार कक्षा में फेल हो रहा है तो इसका सम्भावित कारण हो सकता है :

A. छात्र की बुद्धि औसत से बहुत नीचे होना

B. छात्र का उद्दण्ड होना

C. अभिभावकों का उस पर ध्यान न देना

D. उपरोक्त सभी

32. स्कूलों में विभिन्न कक्षाओं में प्रवेश देने हेतु आरक्षण का आधार होना चाहिए :

A. छात्र की खराब आर्थिक स्थिति

B. छात्र की जाति व धर्म

C. छात्र का अशिक्षित एवं पिछड़ा पारिवारिक परिवेश

D. (A) तथा (C) दोनों

33. राष्ट्रीय पाठ्यक्रम रूपरेखा, 2005 में शान्ति शिक्षा को बढ़ावा देने के लिए कुछ क्रियाओं की अनुशंसा की गई है। पाठ्यक्रम रूपरेखा में निम्न में से किसे सूचीबद्ध किया गया है?

A. महिलाओं के प्रति आदर एवं जिम्मेदारी का दृष्टिकोण विकसित करने के लिए कार्यक्रम आयोजित किये जायें

B. नैतिक शिक्षा को पढ़ाया जाये

C. शान्ति शिक्षा को एक अलग विषय के रूप में पढ़ाया जाये

D. शान्ति शिक्षा को पाठ्यक्रम में सम्मिलित किया जाये

34. हकलाने वाले छात्र के प्रति आप का क्या रवैया होगा?

A. उसे उचित शिक्षण सामग्री की सहायता से पढ़ाया जायेगा

B. उसके साथ सहानुभूतिपूर्ण रवैया रखना

C. यह समझना कि ऐसे लोगों को पढ़ाना बेकार है

D. उपरोक्त में से कोई नहीं

35. विद्यालय में कार्यानुभव के अन्तर्गत नर्सरी तैयार करानी है, किन्तु छात्र काम करने से कतरा रहे हैं, आप उन्हें:

A. अपने कठोर अनुशासन के बल पर काम करने को विवश करेंगे

B. सामाजिक कार्य पर प्रभावात्मक भाषण देंगे

C. स्वयं कार्य में भाग लेकर प्रेरित करेंगे

D. स्वतंत्र छोड़ देंगे

36. आपके विचार से मूक-बधिरों को शिक्षित किया जाना :

A. एक कठिन एवं चुनौतीपूर्ण कार्य है

B. व्यर्थ में धन की बर्बादी है

C. हमारी जिम्मेदारी नहीं है

D. प्रजातंत्र की स्वस्थ निशानी है

37. विकलांगों की शिक्षा भी सामान्य बच्चों के साथ होनी चाहिए, क्योंकि :

A. वे सहानुभूति के पात्र हैं

B. उनमें सामान्य जीवन जीने का साहस आता है

C. वे किस्मत के मारे हैं

D. उनके लिए अलग व्यवस्था संभव नहीं हो सकती

38. आपकी दृष्टि में छात्रों का अधिकतम मानसिक विकास होगा :

A. शारीरिक परिश्रम द्वारा

B. सांस्कृतिक गतिविधियों द्वारा

C. अच्छे साहित्य द्वारा

D. मानसिक कार्यों द्वारा

39. आज की इस तेज गति से बदलते हुए समाज में जहाँ चारों तरफ मशीनों और औद्योगीकरण का ही महत्त्व है, छात्रों को मानव मूल्यों और आध्यात्मिकता के बारे में अवगत कराना :

A. असम्भव है

B. आवश्यक है

C. अनावश्यक है

D. रूढ़िवादिता का द्योतक है

40. विद्यालय में खेलों के आयोजन का उद्देश्य होता है :

A. शरीर को हृष्ट-पुष्ट बनाना

B. प्रतियोगी खेलों के लिए तैयारी करना

C. बालक का सर्वांगीण विकास करना

D. छात्राओं को किसी कार्य में लगाना

41. "प्रतिभा सम्पन्न छात्र का स्वप्न सदैव एक शिक्षक बनने का होता है" इसके बारे में आपका मत है :

A. पूर्णतः सही　　　　　B. गलत

C. अंशतः सही　　　　　D. अनिश्चित

42. निम्न में से किस बालक के साथ अध्यापक को सबसे अधिक सहानुभूति का प्रदर्शन करना चाहिए ?

A. जिस बालक का आचरण बहुत सुशील है

B. जो बालक अध्यापक से ट्यूशन भी पढ़ता है

C. जिसकी किसी हानि के लिए अध्यापक स्वयं दोषी है

D. जिस बालक को स्वयं अपनी किसी गलती के कारण हानि पहुंची हो

43. 'मानसिक दृष्टि से पिछड़े बच्चे' आमतौर से अधिक:
A. संवेदनशील होते हैं
B. निष्ठावान होते हैं
C. शक्तिशाली होते हैं
D. अनुशासनहीन होते हैं

44. आपके स्कूल में एक ऐसा बच्चा भर्ती होता है, जो सांस्कृतिक दृष्टि से पिछड़े परिवार या पर्यावरण से है। आपः
A. उसे ऐसी कक्षा में रखेंगे जिसमें सांस्कृतिक दृष्टि से पिछड़े परिवेश वाले अन्य बच्चे हैं
B. किसी अन्य अध्यापक को उस बच्चे के पिछड़े सांस्कृतिक परिवेश की जानकारी प्राप्त करने के लिए भेजेंगे।
C. उसे सामान्य कक्षा में रखेंगे किन्तु उसकी विशेष आवश्यकताओं के लिए विशेष शिक्षण का प्रबंध कर देंगे
D. उसे किसी व्यावसायिक शिक्षण में जाने की सलाह देंगे

45. निम्नलिखित में किस छात्र को आप मेधावी छात्र (Intelligent Students) मानते हैं?
A. जो जिज्ञासु हो
B. जिसकी स्मरण शक्ति अच्छी हो
C. जो कक्षा के अन्य छात्रों से श्रेष्ठ हो
D. जो आगे की सीट पर बैठता हो और शंका समाधान के लिए बार-बार प्रश्न पूछता हो

46. विशिष्ट शिक्षा (Special Education) का सम्बन्ध किससे है?
A. प्रौढ़ों की शिक्षा के कार्यक्रम से
B. विकलांगों की शिक्षा के कार्यक्रम से
C. मेधावी छात्रों की शिक्षा के कार्यक्रम से
D. B तथा C दोनों

47. निम्नलिखित में से कौन-सी समस्या शारीरिक दृष्टि से विकलांग बच्चे की होगी?
A. विशेष सवारी की
B. अक्सर गैरहाजिरी की
C. पाठ्यक्रम की तैयारी की
D. A और B दोनों

48. बहरों के लिए शिक्षा व्यवस्था के क्षेत्र में किसका नाम उल्लेखनीय है?
A. विलियम जोन्स   B. एनी बेसेन्ट
C. हेलन केलर   D. मेरिया मॉन्टेसरी

49. अन्धे बच्चों को पढ़ाने वाले अध्यापकों की ट्रेनिंग देने वाला स्कूल कहां है?
A. भोपाल   B. चण्डीगढ़
C. भुवनेश्वर   D. देहरादून

50. शिक्षा संस्कृति का परिरक्षण ही नहीं करती वरन उसकोः
A. समृद्ध भी बनाती है
B. परिभाषित भी करती है
C. आध्यात्मिक भी बनाती है
D. लोकरंजक भी बनाती है

51. आपके प्रिय मित्र का पुत्र विज्ञान की परीक्षा दे रहा है, जिसमें वह कुछ कमजोर है निरीक्षक के रूप में आप—
A. किसी प्रखर छात्र से नकल करने की सुविधा देंगे
B. प्रश्न-पत्र हल करने में उसकी सहायता करेंगे
C. साथी निरीक्षक से उसकी सहायता करने का अनुरोध करेंगे
D. उसे उसके हाल पर छोड़ देंगे

52. एक छात्र ने आपके प्रश्न का जो उत्तर दिया वह पाठ्य पुस्तक में नहीं है, आप—
A. उस उत्तर को नहीं मानेंगे
B. उसे शरारती छात्र समझेंगे
C. उसका मजाक बनायेंगे
D. उत्तर को स्पष्ट करने के लिये प्रोत्साहित करेंगे

53. आप परीक्षा के दौरान कक्षा निरीक्षक का कार्य कर रहे हैं, उसमें विद्यालय के प्रधानाचार्य का पुत्र परीक्षा दे रहा है यदि वह अनुचित कार्य करता है तो—
A. उसे रोकने का साहस करेंगे
B. उसकी अनदेखी करेंगे
C. प्रधानाचार्य से परीक्षा के बाद शिकायत करेंगे
D. परिणाम की परवाह किये बिना उसे अनुचित साधन प्रयोग नहीं करने देंगे

54. विद्यालय के सांस्कृतिक कार्यक्रम में एक अध्यापक के रूप में आप—

A. सक्रिय सहयोग देंगे

B. दर्शक बनकर कार्यक्रम का आनन्द लेंगे

C. उस दिन अवकाश ले लेंगे

D. आकर्षक वस्त्र में मुख्य अतिथि का ध्यान आकर्षित करना चाहेंगे

55. यदि कक्षा में कोई छात्र भयवश प्रश्न का उत्तर जानते हुए भी ठीक प्रकार से नहीं दे पाता है, तो आप उसे—

A. स्वयं उत्तर बता देंगे

B. भय के मूल कारणों को जानेंगे

C. उत्तर देने के लिये बार-बार कहेंगे

D. दूसरे छात्र से पूछ लेंगे

56. आप कक्षा में धीरे-धीरे सीखने वाले छात्र के लिये क्या करेंगे?

A. अन्य छात्रों की अपेक्षा अधिक गृह-कार्य देंगे

B. उसको पारितोषिक प्राप्त करने को प्रोत्साहित करेंगे

C. उसका व्यक्तित्व-शिक्षण करेंगे

D. उसका कारण जानकर उपचारात्मक विधि अपनायेंगे

57. जीवन में सफलता प्राप्त करने के लिये आवश्यक है—

A. अधिकारी के घर में जन्म लेना

B. परिस्थितियों से अच्छा समायोजन

C. अधिक धन का होना

D. भाग्यशाली होना

58. एक शिक्षक की दृष्टि से विद्यालय में छात्र-संघ संगठन के बारे में आपकी धारणा है—

A. छात्रों का समय नष्ट होता है

B. अध्यापकों पर कार्य भार बढ़ता है

C. छात्रों में अनुशासनहीनता पनपती है

D. छात्रों में नेतृत्व की भावना का विकास होता है

59. आपके विचार से विद्यालय में छात्रों के शैक्षिक भ्रमण का प्रबन्ध करना आवश्यक होता है क्योंकि इससे—

A. अभिभावक प्रसन्न होते हैं

B. छात्रों को प्रत्यक्ष सम्पर्क से ज्ञान प्राप्त करने का अवसर मिलता है

C. अध्यापक कुछ दिनों तक कक्षा-शिक्षण से मुक्त रहते हैं

D. छात्रों को कुछ दिनों विद्यालय नहीं आना पड़ता

60. विद्यालयों में योग-शिक्षा के संदर्भ में आपका विचार है कि—

A. इससे छात्रों के शारीरिक स्वास्थ्य में सुधार होगा

B. यह मनोरंजन का साधन है

C. इससे छात्रों का मन-मस्तिष्क सबल होगा

D. कोई लाभ नहीं होगा

61. यदि एक छात्र प्रतिदिन विलम्ब से विद्यालय आता है, तो उपयुक्त होगा—

A. उसे कक्षा से निष्कासित कर दिया जाये

B. छात्रों के सामने उसे दण्डित किया जाये

C. प्रधानाचार्य से उसकी शिकायत की जाये

D. उसके कारणों का पता लगाया जाये

62. छात्रों में सहयोग की भावना को विकसित करने के लिये शिक्षक को चाहिए कि वह—

A. सहयोग पर भाषण दें

B. सहयोग पर चित्र दिखायें

C. छात्रों से सामूहिक कार्य करायें

D. रचनात्मक कार्य दिखायें

63. कक्षा में एक छात्र सदैव भयग्रस्त रहता है, उसे निडर बनाने के लिए अध्यापक को चाहिए कि वह—

A. उसे न डरने की सलाह दे

B. स्वयं रोज उसके साथ प्रेम करें

C. उसे दूसरे बच्चों के साथ खेलने को कहे

D. इसकी सूचना प्रधानाचार्य को दे

64. अध्यापन के अतिरिक्त कुछ व्यवसाय और भी है जिनमें आपकी बहुत रुचि है जैसे—

A. पत्रकारिता

B. बैंकिंग सेवा

C. प्रशासनिक सेवा

D. अन्य कहीं नहीं

65. आप खाली समय बिताना चाहेंगी—

A. गपशप में

B. सैर-सपाटे में

C. स्वाध्याय में

D. भजन-कीर्तन में

66. अच्छे छात्रों को प्रोत्साहन देने के लिए—

A. उनकी प्रशंसा की जाये

B. उन्हें कक्षा में दायित्वपूर्ण कार्य दिया जाये

C. उनसे मैत्रीपूर्ण व्यवहार किया जाये

D. उपरोक्त सभी

67. कक्षा में पाठ पढ़ाते समय अचानक कोई छात्र प्रश्न पूछता है जो उस समय उस प्रसंग से मेल नहीं खाता है, तो आप—
A. असमय प्रश्न पूछने के लिए छात्र को डाटेंगे
B. उसी समय छात्र की शंका-समस्या का समाधान करेंगे
C. पाठ समाप्त होने के बाद समाधान करेंगे
D. कोई उत्तर नहीं देंगे

68. फीस के दिन आपकी कक्षा का कोई छात्र फीस लाना भूल गया है, तो आप—
A. अभिभावक के पास शिकायत भेजेंगे
B. उसे फीस लेने के लिए घर भेजेंगे
C. दूसरे फीस दिवस पर फीस लाने को कहेंगे
D. अगर संभव हो तो उसकी फीस स्वयं जमा कर देंगे

69. यदि छात्र पाठ्यक्रम में रुचि नहीं ले रहे हैं तो आप क्या करना पसन्द करेंगे?
A. शिक्षण को रोचक बनायेंगे
B. स्वयं शिक्षण में रुचि लेंगे
C. रुचि लेने वाले छात्रों का उदाहरण देंगे
D. अरुचि का कारण जानने का प्रयास करेंगे

70. आपके विद्यालय में कुछ शिक्षक एक विशेष वर्ग के छात्रों के प्रति परीक्षा में अधिक उदारता का व्यवहार करते हैं, ऐसी स्थिति में आपका उत्तरदायित्व होगा—
A. जैसा वे शिक्षक चाहें वैसा करें
B. अपने स्तर पर सभी छात्रों का समान रूप से ध्यान रखें
C. प्रधानाचार्य से सलाह मशविरा करें
D. किसी से कोई मतलब न रखें

71. आपके विचार से मूक-बधिरों को शिक्षित किया जाना—
A. एक कठिन एवं चुनौतीपूर्ण कार्य है
B. व्यर्थ में धन की बर्बादी है
C. हमारी जिम्मेदारी नहीं है
D. प्रजातन्त्र की स्वस्थ निशानी है

72. कठिन प्रयास के बावजूद सफलता न मिलने पर मैं—
A. सब भाग्य का खेल मानती हूँ
B. इसे सदा के लिये भूल जाना चाहती हूँ
C. आगे प्रयास करना समय की बर्बादी समझती हूँ
D. पुनः नये उत्साह के साथ प्रयास करती हूँ

73. यदि कहीं राजनैतिक बहस हो रही है, तो आप (शिक्षक)—
A. उसमें सक्रिय भाग लेंगे
B. उधर ध्यान नहीं देंगे
C. सुनेंगे और आनंद लेंगे
D. एक पक्ष की मदद करेंगे

74. आजकल विद्यालयों में योग-प्रशिक्षण पर विशेष ध्यान देना आपके विचार से है—
A. समय की बरबादी
B. एक अच्छा प्रयास
C. छात्रों पर अतिरिक्त भार
D. अध्यापकों पर अतिरिक्त बोझ

75. मेरी रुचियों का समूह है—
A. डाक टिकट संग्रह, उपन्यास पढ़ना, मशीनें ठीक करना
B. फिल्म देखना, पतंग उड़ाना, कपड़े सीना
C. ऐतिहासिक स्थलों का भ्रमण, गृह वाटिका लगाना, नयी पुस्तकों का अध्ययन
D. मिठाई बनाना, फुटबाल खेलना, जादू दिखाना

76. विकलांगों की शिक्षा भी सामान्य बच्चों के साथ होनी चाहिए, क्योंकि—
A. वे सहानुभूति के पात्र हैं
B. उनमें सामान्य जीवन जीने का साहस आता है
C. वे किस्मत के मारे हैं
D. उनके लिये अलग व्यवस्था संभव नहीं हो सकती

77. विभिन्न प्रकार के शिविरों जैसे—एन.एस.एस. स्काउटिंग के आयोजन के सम्बन्ध में आपका विचार है कि—
A. शिक्षण कार्य पर बुरा असर पड़ता है
B. व्यक्तित्व का विकास होता है
C. सहयोग और श्रम में आस्था उत्पन्न होती है
D. इनमें कोई लाभ नहीं होता है

78. आपकी दृष्टि में छात्रों का अधिकतम मानसिक विकास होगा—
A. शारीरिक परिश्रम द्वारा
B. सांस्कृतिक गतिविधियों द्वारा
C. अच्छे साहित्य द्वारा
D. मानसिक कार्यों के उचित वातावरण द्वारा

79. भारत की विशाल जनसंख्या को ध्यान में रखते हुए दूरस्थ शिक्षा की योजना आपके विचार से—
A. कम खर्चीली है
B. छात्रों को प्रतिदिन विद्यालय नहीं जाना पड़ता है
C. घर बैठे ही पाठ्य सामग्री प्राप्त हो जाती है
D. शिक्षा प्रसार का अच्छा प्रयास है

80. शिक्षण कार्य में दैनिक जीवन की घटनाओं का समावेश कर देने से—
A. छात्र प्रसन्न रहते हैं
B. अध्यापक को विषय ज्ञान की आवश्यकता नहीं पड़ती है
C. शिक्षण रुचिकर, सरल और उपयोगी हो जाता है
D. कक्षा में शान्ति बनी रहती है

81. यदि कोई शिशु अपने साथी को मारता-पीटता है, तो आप—
A. उसे दण्ड देंगी
B. उसे मारने पीटने से मना करेंगी
C. कारण की पृष्ठभूमि को समझकर ऐसा प्रयास करेंगी कि वह भविष्य में ऐसा न करे
D. उसकी शिकायत उसके अभिभावक से करेंगी

82. आप अपनी आन्तरिक भावनाओं के विषय में तभी बात करते हैं, जब—
A. आप भावावेश में होते हैं
B. कोई स्नेह से बात करता है
C. यह आवश्यक हो जाता है
D. आपको बाध्य किया जाता है

83. एक छात्र प्रतिदिन आपके विषय के घण्टे को छोड़ देता है, तो आप—
A. उसका कारण जानने का प्रयास करेंगे
B. छात्र को कड़ा दण्ड देंगे
C. सोचेंगे कि अध्यापन में कहीं त्रुटि है, अतः सुधार करेंगे
D. उस तरफ कोई ध्यान नहीं देंगे

84. एक प्रखर बुद्धि बालक कक्षा में अनुशासनहीन हो रहा है, तो—
A. उसे आवश्यक परामर्श दिया जाना चाहिए
B. उसकी समस्या को समझना चाहिए
C. उसके अभिभावक को सूचित करना चाहिए
D. उस पर ध्यान नहीं दिया जाना चाहिए

85. यदि बच्चे प्रतिदिन विद्यालय जाने में आनाकानी करते हैं, तो, आप—
A. उन्हें डांट कर भेजेंगी
B. उनके माता-पिता को समझायेंगी
C. उनके कारण को जानकर उसे दूर करने का उपाय करेंगी
D. प्रधानाध्यापिका से शिकायत करेंगी

86. स्कूल से भागने वाले बच्चों को आप—
A. समझा-बुझाकर स्कूल जाने के लिए प्रेरित करेंगे
B. छोटा-मोटा काम करने की सलाह देंगे
C. भागने के कारणों को जानकर उन्हें दूर करेंगे
D. कोई ध्यान नहीं देंगे

87. एक कक्षा में पढ़ने वाले सभी बच्चों की उपलब्धि एक समान नहीं होती है, क्योंकि—
A. अध्यापक ठीक से नहीं पढ़ाते हैं
B. वे लगन से नहीं पढ़ते हैं
C. उनमें श्रम और एकाग्रता का अन्तर होता है
D. सभी की योग्यता अलग-अलग होती है

88. छात्र अधिकतम अध्ययनशील बनें इसके लिए चाहिए—
A. उनमें रुचि जागृत हो
B. कक्षाकार्य अधिक हो
C. लेखनकार्य अधिक हो
D. गृहकार्य अधिक हो

89. विद्यालय में खेलों के आयोजन का उद्देश्य होता है—
A. शरीर को हृष्ट-पुष्ट बनाना
B. प्रतियोगी खेलों के लिए तैयारी करना
C. बालक का सर्वांगीण विकास करना
D. छात्राओं को किसी कार्य में लगाना

90. ''प्रतिभा सम्पन्न छात्र का स्वप्न सदैव एक शिक्षक बनने का होता है'' इसके बारे में आपका मत है—
A. पूर्णतः सही   B. गलत
C. अंशतः सही   D. अनिश्चित

91. आपके विचार में विद्यालय में छात्रों के शैक्षिक भ्रमण का प्रबन्ध करना इसलिए आवश्यक होता है, क्योंकि इससे—
A. छात्र और अभिभावक प्रसन्न होते हैं
B. अध्यापक कुछ दिनों तक कक्षा शिक्षण से मुक्त रहते हैं

C. छात्रों को प्रत्यक्ष सम्पर्क से ज्ञान प्राप्त करने का अवसर मिलता है

D. छात्रों को कुछ दिनों तक विद्यालय नहीं आना पड़ता

92. छात्रों का निम्नलिखित में से किस तरह से सही मूल्यांकन संभव है?

A. वर्ष में केवल एक बार

B. वर्ष में दो बार

C. वर्ष में तीन बार

D. प्रति माह मूल्यांकन हो

93. शिक्षक होने के नाते आपका हड़ताल के बारे में विचार है—

A. कभी-कभी हड़ताल आवश्यक होती है

B. इन पर सरकार को रोक लगानी चाहिए

C. हड़ताल करना शिक्षक की गरिमा के खिलाफ है

D. हड़ताल किसी समस्या का हल नहीं है

94. ''जो धन और सम्पन्नता चाहते हैं बेहतर है कि वे अध्यापक न बनें'', आपकी इस संदर्भ में क्या राय है?—

A. बिल्कुल सही

B. आंशिक रूप से सही

C. सामान्यतः ऐसा ही होता है

D. बिल्कुल गलत

95. शिक्षा का मुख्य उद्देश्य है—

A. समाज सुधार करना

B. छात्रों को अनुशासित करना

C. बालकों की अन्तर्निहित शक्तियों का विकास करना

D. छात्रों को गुरुभक्त बनाना

96. विद्यालयों में बढ़ती अनुशासनहीनता का मुख्य कारण है—

A. राजनैतिक हस्तक्षेप

B. अभिभावकों का हस्तक्षेप

C. छात्र संघ का प्रभाव

D. सही मार्गदर्शन का अभाव

97. बालिकाओं की शिक्षा आपके विचार में इसलिए आवश्यक है, क्योंकि—

A. वे भी पढ़ लिखकर नौकरी कर सकें

B. बालक-बालिका समान हैं

C. अशिक्षा दूर हो सके

D. बालिकाओं की शिक्षा से भविष्य में पूरा घर शिक्षित होता है

98. यदि आपकी कक्षा का एक छात्र कुछ हकलाने के कारण झेंपता है, तो आप—

A. सामान्य छात्रों की तरह उस पर ध्यान देंगे

B. स्पष्ट बोलने के लिए प्रोत्साहित करेंगे

C. उसके हकलाने पर टोकेंगे

D. उसकी ओर कोई ध्यान नहीं देंगे

99. विकलांगों को सामान्य शिक्षा व्यवस्था में शिक्षित करना चाहिए, क्योंकि—

A. वे सहानुभूति के पात्र हैं

B. उन्हें सामान्य जीवन में अपने आपको समायोजित करना है

C. उन्हें भी शिक्षित करना आवश्यक है

D. उनकी शारीरिक कमजोरी, मानसिक कमजोरी को बढ़ाती है

100. किसी कठिन समस्या का हल अच्छी तरह निकालने के लिए आवश्यक है—

A. साथियों की सहायता

B. माता-पिता की सहायता

C. अध्यापक की सहायता

D. स्व-प्रयत्न

101. आधुनिक समय में बढ़ते हुए औद्योगीकरण और मशीनी जीवन ने प्रदूषण की समस्या को विकराल रूप दे दिया है इससे निपटने के लिए विद्यालयों में—

A. छात्रों को संगठित करके बागवानी कराई जाये

B. छात्रों को प्रदूषण निवारण पर भाषण दिये जायें

C. विद्वानों की गोष्ठी की जाये

D. छात्रों में प्रदूषण रोकने के लिए सक्रिय सहयोग की चेतना जागृत कराई जाये

102. आपके विचार से विकलांगों की शिक्षा पर ध्यान देना इसलिए आवश्यक है क्योंकि—

A. उन्हें भी सामान्य जीवन जीने योग्य बनाना चाहिए

B. वे दया के पात्र हैं

C. वे दूसरों की तरह भाग्यवान नहीं हैं

D. उनके शिक्षित होने से उनमें हीन भावना नहीं आयेगी

103. आज के छोटे बच्चों के कंधों पर ही कल देश का दायित्व होगा, इसका अर्थ है—

A. बच्चों का कंधा मजबूत करना चाहिए

B. बच्चों को स्कूलों में शारीरिक प्रशिक्षण देना चाहिए

C. बच्चों के समुचित विकास पर ध्यान देना चाहिए

D. बच्चों पर भार कम से कम रखना चाहिए

104. आप अपनी कक्षा में बीड़ी पीने वाले कुछ छात्र पाते हैं, एक अध्यापक के रूप में आप—
  A. उनके माता-पिता को सूचित करेंगे
  B. अन्य छात्रों के समक्ष उनका अपमान करेंगे
  C. उन्हें तम्बाकू की बुराइयां बतायेंगे
  D. उन्हें दण्ड देंगे

105. भारत में शिक्षा का उत्तरदायित्व है-
  A. केन्द्रीय सरकार का
  B. राज्य सरकार का
  C. (A) व (B) दोनों का
  D. (A) व (B) में से किसी का नहीं

106. खेल समूहों से बालक सीखते हैं-
  A. सहयोग   B. संघर्ष
  C. प्रतियोगिता   D. उपर्युक्त सभी

107. सड़क पर चलते समय आप देखते हैं कि दो व्यक्ति परस्पर झगड़ रहे हैं तब आप-
  A. तुरन्त पुलिस को इसकी सूचना देंगे
  B. सड़क पर चलते राहगीरों को रोककर झगड़ने वाले व्यक्तियों के झगड़े को समाप्त करेंगे
  C. चुपचाप सिर झुकाकर अपने रास्ते पर आगे खिसक लेंगे
  D. झगड़ने वाले व्यक्तियों को समझाने की लगातार कोशिश करेंगे

108. ग्रामीण क्षेत्र में माध्यमिक शिक्षा लेने के लिए छात्रों की कठिनाई है-
  A. माता-पिता यह नहीं चाहते हैं कि उनकी बेटी सह-शिक्षा वाले विद्यालय में पढ़े
  B. माता-पिता की निर्धनता
  C. कृषि और गृह-कार्यों में छात्रों द्वारा सहायता
  D. उपर्युक्त सभी

109. यदि शिक्षा को व्यवसायोन्मुखी बनाया जा सके, तो-
  A. छात्रों में अध्ययन के प्रति रुचि में वृद्धि होगी
  B. बेरोजगारी में कमी होगी
  C. समय और धन का सदुपयोग होगा
  D. राष्ट्रीय अर्थव्यवस्था में सुधार होगा

110. मैं अपना मित्र उन्हें बनाना पसन्द करता हूँ, जो-
  A. भाग्यशाली हों
  B. परिस्थितियों से समायोजन कर सकने में समर्थ हों
  C. बड़ी पहुँच वाले हों
  D. प्रधानाचार्य के अधिक निकट हों

111. कक्षा में एकाकी रहने वाले छात्र के साथ आपका अपेक्षित व्यवहार होगा-
  A. स्नेह एवं उत्साह से परिपूर्ण
  B. तिरस्कार एवं वितृष्णा से परिपूर्ण
  C. उपेक्षित एवं अंतर्मुखी
  D. निंदनीय एवं प्रताड़नापूर्ण

112. कक्षा में मंद गति से सीखने वाले छात्र के सुधार हेतु आप—
  A. उसे परिश्रम से पढ़ने को कहेंगे
  B. अभिभावक को उसकी धीमी प्रगति से परिचित कराएंगे
  C. किसी विशेषज्ञ से संपर्क कर राय लेने को कहेंगे
  D. उसे पढ़ाई छोड़ने की सलाह देंगे

113. अतिक्रियाशील विद्यार्थियों के लिए आवश्यक है कि-
  A. कक्षा में उन पर अधिक ध्यान दिया जाए
  B. उनके लिए अलग कक्षा हो
  C. उनके लिए विशेष अध्यापक हो
  D. उनके लिए विशेष पाठ्यक्रम हो

114. बच्चों की रचनात्मक प्रतिभा किसमें दिखती है?
  A. कक्षा में विचार-विमर्श द्वारा
  B. उनकी उपलब्धियों पर उन्हें अंक देकर
  C. अलग हटकर सोचने की क्षमता
  D. चित्रकारी व रंग भरने से

115. छात्रों द्वारा छात्रसंघ के चुनाव कराने का दबाव पड़ने पर प्राचार्य के रूप में आप करेंगे-
  A. चुनाव नहीं होने देंगे
  B. उनकी समस्याओं को जान कर समाधान का प्रयास करेंगे
  C. तटस्थ रहेंगे
  D. इनमें से कोई नहीं

116. छात्र के व्यावसायिक चयन पर उसके माता-पिता का प्रभाव भी पड़ता है-
  A. समाज में उनके पद का
  B. उनके व्यवहार का
  C. उनकी आदतों का
  D. उनकी शिक्षा का

117. बच्चों से किसी पूछे गए प्रश्न का उत्तर निकलवाने के लिए किसी जाँचात्मक प्रश्न का गुण निम्नलिखित में से कौन-सा नहीं हो सकता है?

A. स्पष्ट अभिप्राय

B. जिसमें संदर्भ की आवश्यकता न हो

C. वाक्य में दो ऋणात्मक शब्दों का उपयोग

D. निश्चित उत्तर का होना

118. कमजोर विद्यार्थियों के शैक्षिक स्तर को आप कैसे ऊपर उठाएंगे?

A. प्रधानाचार्य को सूचना देकर

B. अभिभावकों को सूचना देकर

C. अतिरिक्त समय देकर

D. अच्छे विद्यार्थियों की सहायता से

119. आपकी कक्षा के कुछ छात्र समाज सेवा से जी चुराते हैं। एक शिक्षक के नाते आप क्या करेंगे?

A. उनसे कुछ न कहेंगे

B. उनको आप दंड देंगे

C. आप उनकी उपेक्षा करेंगे

D. आप उनको शारीरिक श्रम करने की प्रेरणा देंगे

120. एक प्रखर बुद्धि बालक यदि कक्षा में अनुशासनहीन हो रहा है, तो आप क्या क्या करेंगे?

A. आप उसकी परवाह नहीं करेंगे

B. उसकी समस्या को समझने का प्रयास करेंगे

C. उसको आप दंड देंगे

D. उसके अभिभावक से शिकायत करेंगे

121. शारीरिक विकलांगता के शिकार बालकों की शिक्षा है-

A. एक व्यर्थ प्रयास, जिसका ऐसे छात्रों को कोई लाभ प्राप्त नहीं होता है

B. एक सामाजिक दायित्व, जो संवैधानिक नियमों की पूर्ति में भी साधक है

C. एक नारा मात्र, जो उनके प्रति सहानुभूति प्रदर्शन का एक ढंग है

D. एक यांत्रिक प्रयास, जो उनके व्यावहारिक जीवन की सीमाओं से समायोजित नहीं करता है

122. एक विद्यार्थी बार-बार कक्षा में फेल हो रहा है, तो आपकी उसके प्रति क्या प्रतिक्रिया होगी?

A. आप उक्त विद्यार्थी का मजाक बनाएंगे और अपमानित करेंगे

B. आप उसे घर में बैठकर किसी व्यवसाय से जुड़ने की सलाह देंगे

C. आप उसके फेल होने के कारणों का अनुमान लगाएंगे तथा उनका निदान करने का प्रयास करेंगे

D. आप उसका मनोबल बढ़ाएंगे

123. आप विद्यालय में रिक्त कालांश में क्या कार्य करना पसंद करेंगे?

A. पुस्तकालय में जाकर शैक्षिक पत्र-पत्रिकाएं पढ़ेंगे

B. छात्रों के गृहकार्य की जाँच का कार्य निपटाएंगे

C. कैण्टीन में अन्य साथी अध्यापकों के साथ चाय पीने चले जाएंगे

D. स्टाफ रूम में विश्राम करेंगे

124. आपकी कक्षा में एक ढीठ बालक पढ़ता है जिसे आप जितना अधिक प्रताड़ित करते हैं उतना ही अधिक निष्क्रिय व्यवहार का प्रदर्शन करता है। ऐसे बालक को आप किस प्रकार सुधारेंगे?

A. आप कुछ अवधि तक उससे मधुर व्यवहार करेंगे तथा उसकी बुनियादी समस्या को समझने का प्रयास करेंगे

B. आप उसकी उपेक्षा करेंगे तथा उसे उसके हाल पर छोड़ देंगे

C. आप उसके माता-पिता को विद्यालय बुलाएंगे तथा उक्त छात्र को सुधारने में अपनी असमर्थता व्यक्त करेंगे

D. आप प्रधानाचार्य से संस्तुति करेंगे कि उक्त छात्र को विद्यालय से निष्कासित कर दिया जाए

उत्तरमाला

1	2	3	4	5	6	7	8	9	10
A	B	A	D	C	A	C	D	C	C

11	12	13	14	15	16	17	18	19	20
D	C	D	B	B	D	A	D	D	A

21	22	23	24	25	26	27	28	29	30
C	C	D	A	A	A	C	B	D	A

31	32	33	34	35	36	37	38	39	40
A	D	A	B	C	D	B	D	B	C

41	42	43	44	45	46	47	48	49	50
C	C	D	C	C	D	D	C	D	A

51	52	53	54	55	56	57	58	59	60
D	D	D	A	B	D	B	D	B	C

61	62	63	64	65	66	67	68	69	70
D	C	B	A	C	D	C	C	D	C

71	72	73	74	75	76	77	78	79	80
D	D	B	B	C	B	C	D	D	C

81	82	83	84	85	86	87	88	89	90
C	C	A	B	C	C	C	A	C	D

91	92	93	94	95	96	97	98	99	100
C	D	C	A	C	D	D	B	B	D

101	102	103	104	105	106	107	108	109	110
D	A	C	C	C	D	D	D	D	B

111	112	113	114	115	116	117	118	119	120
A	A	A	C	B	D	D	C	D	B

121	122	123	124
B	C	A	A

अधिगम और शिक्षा शास्त्र

1. बच्चों का स्कूल में प्रदर्शन

बच्चे कैसे सोचते और सीखते हैं तथा वे कैसे और क्यों स्कूली प्रदर्शन में असफल होते हैं, यह बात अनेक कारणों पर निर्भर करती है। बच्चों के स्कूली प्रदर्शन में असफल होने के लिए अनेक कारक जिम्मेवार हैं, उन कारकों में से कुछ प्रमुख निम्नवत् हैं :

(i) वातावरण की अनुकूलता : स्कूल में बच्चों के मानसिक व शारीरिक विकास के लिए अनुकूल वातावरण एक आवश्यक एवं अत्यंत महत्त्वपूर्ण कारक है। छात्रों से अच्छा प्रदर्शन तभी लिया जा सकता है जब उन्हें स्कूल में एक अच्छा वातावरण दिया जाए। यदि स्कूल में अच्छा तथा छात्रों के अनुकूल वातावरण नहीं होगा, तो उनके प्रदर्शन में गिरावट आ जाएगी।

(ii) तत्परता की कमी : कोई भी कार्य बिना इच्छा के संभव नहीं है। ठीक यही स्थिति अधिगम के साथ है। इस तरह स्पष्ट है कि सीखने की चाह ही वास्तव में तत्परता है। स्कूली स्तर पर छात्रों में तत्परता की कमी पाई जाती है। यही कारण है कि बच्चे स्कूल में अच्छा प्रदर्शन नहीं कर पाते।

(iii) अध्यापक की शिक्षण विधि : अध्यापक की शिक्षण विधि का भी छात्रों पर सीधा एवं सकारात्मक प्रभाव पड़ता है। स्कूल स्तर पर शिक्षक को छात्रों को सिखाने में सरल तथा प्रयोग सिद्ध विधियों का प्रयोग करने के साथ प्रदर्शन विधि को अपनाना चाहिए जिससे कि छात्रों की स्मृति में उसका प्रभाव लंबे समय तक रह सके। यदि अध्यापक शिक्षण विधि को छात्र नहीं समझ पाते, तो वह स्कूली स्तर पर असफल हो जाते हैं तथा उनका प्रदर्शन गिर जाता है।

(iv) अभ्यास की कमी : एक बात सर्वदा सत्य है कि अभ्यास व्यक्ति को निपुण एवं कुशल बनाता है। यह बात एक लोक प्रचलित दोहे से स्पष्ट है– **''करत-करत अभ्यास के जड़मति होत सुजान। रसरी आवत-जात ते शिल पर परत निशान।''** अर्थात् निरंतर अभ्यास करने से जड़ अर्थात् मूर्ख आदमी भी सुजान (ज्ञानी) हो जाता है ठीक उसी तरह जिस तरह कि शिल (पत्थर) पर रस्सी के निरंतर आने-जाने से उस पर निशान बन जाता है।

उपर्युक्त दोहा इस बात की ओर संकेत करता है कि यदि सीखी गई चीजों का बार-बार अभ्यास किया जाए तो सीखने वालों की स्मृति उस चीज के विषय में स्थाई हो जाती है। स्कूल में बच्चे दिए गए कार्यों का बार-बार दुहराव या पुनरावृत्ति या पुनरावलोकन नहीं करते। परिणामतः वे कुछ समय के बाद उसे भूल जाते हैं जिसके कारण स्कूल में उनका प्रदर्शन गिर जाता है।

(**v**) **छात्र का शारीरिक तथा मानसिक स्वास्थ्य :** स्कूल में अच्छे प्रदर्शन के लिए छात्रों का शारीरिक तथा मानसिक रूप से स्वस्थ होना अत्यंत आवश्यक होता है। यदि कोई छात्र शारीरिक या मानसिक रूप से पूर्ण स्वस्थ नहीं है, तो उसके स्कूली-प्रदर्शन में गिरावट आ जाती है।

2. शिक्षण एवं अधिगम की आधारभूत प्रक्रियाएं

शिक्षण की प्रक्रिया

शिक्षण एक उद्देश्यपूर्ण प्रक्रिया है। उसका सीखने से घनिष्ठ संबंध है। यही कारण है कि आधुनिक युग में शिक्षण व सीखना (Teaching and Learning) को एक ही संकल्पना माना जाता है। किसी भी पाठ्यवस्तु को शिक्षक विचारहीन (Thoughtless) स्थिति से लेकर विचारपूर्ण (Thoughtful) स्थिति तक तीन स्तरों पर प्रस्तुत करता है–

1. स्मृति स्तर (Memory Level)
2. बोध स्तर (Understanding Level)
3. चिंतन स्तर (Reflective Level)

1. स्मृति स्तर

स्मृति एक विचारहीन स्थिति है। यह शिक्षण की प्रारंभिक अवस्था है। स्मृति एक मानसिक प्रक्रिया है जो प्रत्येक प्राणी में किसी न किसी मात्रा में पाई जाती है। जब व्यक्ति किसी वस्तु, पदार्थ अथवा स्थान को देखता है तो उसे वस्तु, पदार्थ अथवा स्थान की प्रतिमा अथवा चित्र उसके दिमाग में बन जाते हैं। इन संचित चिन्हों अथवा पूर्व समय में सीखी हुई बातों को याद करना ही स्मृति कहलाती है।

अच्छी स्मृति की विशेषताएं

(**i**) **शीघ्र अधिगम**–एक अच्छी स्मृति की विशेषता यह है कि कोई भी तथ्य सरलतापूर्वक तथा शीघ्रता से याद हो जाए। अतः केवल उन विद्यार्थियों की स्मृति को अच्छा कहा जाता है जो किसी तथ्य को शीघ्रता से सीख लेते हैं।

(**ii**) **पुनःस्मरण में शीघ्रता**–जो विद्यार्थी किसी बात को याद करके उसे पुनःस्मरण करते समय अपनी चेतना में उसे आसानी से और शीघ्रता से ज्यों का त्यों ले आते हों, जैसा कि उन्होंने सीखा था, वे अच्छी स्मृति वाले विद्यार्थी माने जाते हैं।

(**iii**) **धारण का स्थायित्व**–जिन विद्यार्थियों को सीखी हुई बातें अधिक देर तक याद रहती हैं। उनकी स्मृति अच्छी कही जाती है। इसके विपरीत ऐसे विद्यार्थियों की स्मृति को अच्छा नहीं कहा जा सकता जो किसी बात को याद तो जल्दी कर लेते हों परंतु उसे मस्तिष्क में अधिक देर तक धारण करने में असमर्थ हों।

(**iv**) **उपयोगिता**–कुछ विद्यार्थी ऐसे होते हैं जिन्हें बहुत कुछ याद होता है परंतु अवसर पड़ने पर उन्हें अप्रासंगिक सामग्री याद आती रहती है। केवल उन विद्यार्थियों की स्मृति अच्छी मानी जाती है जिन्हें अवसर के अनुसार उचित सामग्री याद आ जाती है अथवा जो आवश्यकतानुसार अनुभवों तथा प्रतिमाओं को तुरंत पहचान लेते हैं।

(**v**) **व्यर्थ की बातों को भूलना**–अच्छी स्मृति होने के लिए व्यर्थ की बातों को भूलना परम आवश्यक है। परीक्षा के समय व्यर्थ की बातों की याद आने से विद्यार्थियों को लाभ नहीं होता।

2. बोध स्तर

बोध स्तर एक विचारपूर्ण (Thoughtful) स्थिति है। यह स्मृति स्तर के शिक्षण से आगे की अवस्था है। बोध स्तर के शिक्षण के लिए यह आवश्यक है कि शिक्षण पहले स्मृति स्तर पर हो चुका हो। बोध स्तर के शिक्षण में शिक्षक यह प्रयास करता है कि विद्यार्थियों के बौद्धिक व्यवहारों को विकसित करने के लिए अधिक-से-अधिक अवसर प्रदान किए जाएं। इससे उनमें सामान्यीकरण, सूझ-बूझ तथा समस्याओं को सुलझाने के लिए आवश्यक क्षमताएं विकसित हो जाती हैं। बोध स्तर का शिक्षण करते समय शिक्षक तथा विद्यार्थी दोनों ही पाठ के विकास में सक्रिय रूप से भाग लेते हैं।

बोध स्तर के शिक्षण की सीमाएं/दोष

(**i**) इसमें पाठ्यवस्तु के स्वामित्व पर बल दिया जाता है, मानवीय व्यवहार को ध्यान में नहीं रखा जाता है।

(*ii*) पाठ्यवस्तु के स्वामित्व से विद्यार्थियों के भावात्मक तथा क्रियात्मक पक्षों का विकास न होकर ज्ञानात्मक पक्ष का ही विकास हो सकता है।

(*iii*) शिक्षण के इस प्रतिमान द्वारा विद्यार्थियों को पाठ्यवस्तु का गहनता के साथ बोध कराया जा सकता है। अतः इस प्रतिमान द्वारा शुद्ध अधिगम प्राप्त होता है।

(*iv*) मौरीसन द्वारा दिया हुआ शिक्षण का यह प्रतिमान मनोवैज्ञानिक तथा व्यावहारिक दृष्टि से प्रभावात्मक प्रतिमान माना जाता है।

बोध स्तर के शिक्षण को प्रभावशाली बनाने के लिए सुझाव

(*i*) बोध स्तर के प्रत्येक सोपान का अनुसरण क्रमबद्ध रूप में समुचित ढंग से किया जाना चाहिए।

(*ii*) बोध स्तर के शिक्षण की समस्याओं पर विचार करते हुए शिक्षक को उनके समाधान हेतु उचित प्रयास करना चाहिए।

(*iii*) पाठ्य-वस्तु में तल्लीन होते हुए शिक्षक को समय-समय पर मनोवैज्ञानिक प्रेरणा भी देनी चाहिए।

(*iv*) बोध स्तर के शिक्षण में विद्यार्थियों को उस समय प्रवेश दिया जाए जब वे पहले स्मृति स्तर के शिक्षण की परीक्षा पास कर लें।

3. चिंतन स्तर

शिक्षण का अंतिम स्तर चिंतन स्तर है। इसमें स्मृति तथा बोध दोनों सम्मिलित हैं। चिंतन स्तर के शिक्षण के लिए यह आवश्यक है कि व्यवस्था स्मृति तथा बोध दोनों स्तर पर हो चुकी हो। चिंतन स्तर के शिक्षण का तात्पर्य 'समस्या केन्द्रित' शिक्षण से है। इसमें कक्षा का वातावरण खुला हुआ होता है। शिक्षक विद्यार्थियों के सामने ऐसी समस्या उत्पन्न करता है कि विद्यार्थियों में काफी मानसिक तनाव पैदा हो जाता है जिससे वे स्वयं प्रेरित होते हुए सक्रिय होकर समस्या को सुलझाने के लिए अपनी संकल्पनाएं बनाकर इसका परीक्षण करना प्रारंभ कर देते हैं। अंत में एक समय ऐसा आता है कि समस्या सुलझ जाती है। संक्षेप में चिंतन स्तर का शिक्षण विद्यार्थियों के बौद्धिक व्यवहार को विकसित करने के अवसर प्रदान करते हुए उनमें सृजनात्मक क्षमताएं विकसित करने में सहयोग प्रदान करता है।

चिंतन स्तर के शिक्षण का सोपान

चिंतन स्तर के शिक्षण सोपान को प्रतिपादित करने का श्रेय हण्ट (Hunt) को है। इसलिए इस शिक्षण सोपान को 'हण्ट का शिक्षण सोपान' (Hunt's Model of Teaching) की संज्ञा दी जाती है। हण्ट के चिंतन स्तर के प्रतिमान के प्रारूप का वर्णन निम्न सोपान के तहत किया जा सकता है—

(*i*) उद्देश्य

(*ii*) संरचना

(*iii*) सामाजिक प्रणाली

(*iv*) मूल्यांकन प्रणाली।

(*i*) **उद्देश्य**– चिंतन स्तर के शिक्षण के निम्न तीन उद्देश्य हैं–

(*a*) विद्यार्थियों की स्वतंत्र तथा मौलिक चिंतन शक्ति को विकसित करना।

(*b*) विद्यार्थियों में समस्या समाधान की क्षमता विकसित करना।

(*c*) विद्यार्थियों में आलोचनात्मक तथा सृजनात्मक चिंतन विकसित करना।

(*ii*) **संरचना**– चिंतन स्तर के शिक्षण की संरचना का प्रारूप का वर्गीकरण व्यक्तिगत तथा सामाजिक दोनों प्रकार की प्रकृति को ध्यान में रखते हुए निम्नवत चार सोपानों में की जाती है–

(*a*) पहले में शिक्षक विद्यार्थियों के सामने समस्यागत् परिस्थिति उत्पन्न करता है।

(*b*) दूसरे में विद्यार्थी समाधान हेतु उपकल्पना बनाते हैं। स्मरण रहे कि एक समस्या के समाधान हेतु एक से अधिक उपकल्पनाएं भी बनाई जा सकतीहै।

(*c*) तीसरे में विद्यार्थी उपकल्पनाओं की पुष्टि के लिए आवश्यक प्रदत्तों का संकलन करते हैं। इन प्रदत्तों के आधार पर यह निर्णय किया जाता है कि बनाई हुई उपकल्पना समस्या के समाधान में सहायता कर सकती है अथवा नहीं।

(*d*) चौथे में उपकल्पना का परीक्षण किया जाता है। इस परीक्षा के आधार पर निर्णय निकाले जाते हैं, जो विद्यार्थियों के मौलिक विचार होते हैं।

(*iii*) **सामाजिक प्रणाली**– चिंतन स्तर के शिक्षण में कक्षा का वातावरण पूर्ण रूप में स्वतंत्र और खुला हुआ होता है। ऐसे वातावरण में शिक्षक का स्थान गौण होता है तथा विद्यार्थी का मुख्य। इस स्तर पर शिक्षक के तीन

प्रमुख कार्य होते हैं—

(*a*) विद्यार्थियों के सामने समस्या उत्पन्न करना।

(*b*) शिक्षण के समय वाद-विवाद तथा सेमीनार आदि का प्रयोग करना, तथा

(*c*) विद्यार्थियों के आकांक्षा स्तर को ऊंचा उठाना।

(*iv*) **मूल्यांकन प्रणाली :** चिंतन स्तर के शिक्षण की निष्पत्तियों के लिए वस्तुनिष्ठ परीक्षा उपयोगी नहीं होती। विद्यार्थियों की क्षमताओं का उचित मूल्यांकन केवल निबंधात्मक परीक्षाओं के द्वारा ठीक प्रकार से किया जा सकता है। चिंतन स्तर की परीक्षा लेते समय मुख्यतः निम्न बातों का ध्यान रखा जाना चाहिए—

(*a*) विद्यार्थियों की अभिवृत्तियों तथा विश्वासों का मूल्यांकन करना चाहिए।

(*b*) उनकी अधिगम की क्रियाओं में तल्लीनता की जांच करनी चाहिए।

(*c*) इस बात का भी मूल्यांकन करना चाहिए कि विद्यार्थियों की आलोचनात्मक तथा सृजनात्मक क्षमताओं का विकास कितना हुआ है।

हण्ट के चिंतन स्तर के शिक्षण सोपान की सीमाएं

(*i*) इस स्तर पर शिक्षण समस्या केन्द्रित होता है।

(*ii*) इस स्तर के शिक्षण में केवल सामूहिक वाद-विवाद को ही प्रभावशाली युक्ति समझा जाता है।

(*iii*) इस स्तर का शिक्षण केवल पाठ्यक्रम, पाठ्यवस्तु तथा पाठ्य पुस्तक तक ही सीमित नहीं किया जा सकता।

(*iv*) इस स्तर के शिक्षण में विद्यार्थी अपने शिक्षक की खुलकर आलोचना कर सकते हैं।

(*v*) स्मृति तथा बोध स्तरों की भांति चिंतन स्तर में किसी निश्चित कार्यक्रम का अनुसरण नहीं किया जा सकता।

(*vi*) इस स्तर के शिक्षण की व्यवस्था केवल उच्च कक्षा के विद्यार्थियों के लिए ही की जा सकती है क्योंकि चिंतन स्तर के शिक्षण में आयु तथा परिपक्वता का विशेष महत्त्व होता है।

चिंतन स्तर के शिक्षण को प्रभावशाली बनाने हेतु हण्ट के सुझाव

(*i*) शिक्षक को विद्यार्थियों के सामने ऐसी समस्यागत परिस्थितियां उत्पन्न करनी चाहिए कि सभी विद्यार्थियों में मौलिक तथा सृजनात्मक चिंतन विकसित हो जाए।

(*ii*) शिक्षण के समय विद्यार्थियों के सामने ऐसा स्वतंत्र तथा खुला हुआ वातावरण होना चाहिए कि वे वाद-विवाद में सक्रिय रूप से भाग लेकर समस्या को सुलझा सकें।

(*iii*) शिक्षक को विद्यार्थियों के सामने समस्या को इस प्रकार से उत्पन्न करना चाहिए कि वे इसकी अनुभूति करके आवश्यक उपकल्पनाएं बना सकें।

(*iv*) शिक्षक को चाहिए कि वह विद्यार्थियों का आकांक्षा स्तर (Level of Aspiration) को ऊंचा उठाए।

(*v*) शिक्षक को चाहिए कि वह विद्यार्थियों को चिंतन के शिक्षण स्तर में प्रवेश उसी समय दें जब वे स्मृति तथा बोध स्तर की परीक्षाओं में सफल हो चुके हों।

(*vi*) शिक्षक को इस स्तर के चारो सोपानों का अनुसरण सतर्कता के साथ करना चाहिए।

अधिगम की प्रक्रिया

क्रिया-प्रतिक्रिया निर्देशित सभी व्यवहार प्राणी में परिवर्तन तथा संशोधन लाते रहते हैं। इस तरह का व्यवहार परिवर्तन, अधिगम कहलाता है।

अधिगम में दो पूरक प्रक्रियाएं—विभेदीकरण व विशिष्टीकरण सम्मिलित होती हैं। विभेदीकरण पूर्ण को इसके खंडों या घटकों में बांटने की प्रक्रिया है तथा विशिष्टीकरण इसके घटकों को संयुक्त कर समष्टि अथवा अखंड बनाने की प्रक्रिया है। उदाहरणार्थ— यदि एक सीखने वाले बालक को खिलौना दिया जाता है तो वह खिलौना के पूर्जे को खोलकर विखंडित कर देता है। इस कार्य से बच्चा खिलौना के अलग-अलग टुकड़े करके ढांचे अथवा उसकी कार्यविधियों को समझने का प्रयत्न करता है। इसके बाद बच्चा सभी टुकड़े को पुनः आपस में जोड़कर खिलौना बनाने का प्रयत्न कर सकता है।

अधिगम की मुख्य विशेषताएं

(*i*) **अधिगम की प्रकृति का व्यक्तिगत होना :** प्रायः ऐसा देखा जाता है कि कुछ बच्चे बहुत शीघ्रता से सीख जाते हैं तथा कुछ धीरे-धीरे सीखते हैं। वास्तव में, सीखने की गति प्रत्येक व्यक्ति में भिन्न-भिन्न होती है। एक कक्षा में प्रत्येक छात्र स्वयं में अद्वितीय होते हैं तथा प्रत्येक छात्र की अपनी-अपनी समस्याएं, आवश्यकताएं, लक्ष्य, आकांक्षाएं, रुचियां, पसंद-नापसंद होती हैं। व्यक्तित्व के गुणों में इन अंतरों के कारण

विद्यार्थियों की सीखने की गति व मात्रा में भिन्नता होती है।

(ii) अधिगम एक निरंतर एवं सक्रिय प्रक्रिया के रूप में: मान लिया जाए कि एक अध्यापक अपनी कक्षा के बालकों से यह अपेक्षा करता है कि वे गणित की दो से गुणा करने की प्रक्रिया सीखने के लिए दस तक का पहाड़ा (Table) याद करें। जहां तक इस अवस्था के अधिगम के उद्देश्य का प्रश्न है हम इसे सही एवं स्पष्ट रूप से समझते हैं। ऐसी अवस्था में उद्देश्य की प्राप्ति विचारणीय मुद्दा है। संभवतः अध्यापक को एक-एक करके क्रमशः सभी पहाड़ों को बोलना चाहिए और विद्यार्थियों को उन्हें दोहराने के लिए कहना चाहिए। इस प्रक्रिया को निरंतर दुहराने से कुछ समय बाद बच्चे इन 'पहाड़ों' को कण्ठस्थ कर लेंगे।

(iii) अधिगम का लक्ष्य एवं प्रयोजन केंद्रित होना : प्रत्येक व्यक्ति अपने जीवन में किसी न किसी लक्ष्य की प्राप्ति का इच्छुक होता है। ये लक्ष्य ऐसे भी हो सकते हैं कि जो तुरंत प्राप्य हों अथवा ऐसे जो कुछ समय पश्चात् प्राप्त हो सकें। इनको हम क्रमशः अल्पावधिक लक्ष्य तथा दीर्घकालीन लक्ष्य कहते हैं। यदि इन लक्ष्यों का स्पष्ट और निश्चित रूप में कथन कर दिया जाए तो अधिगमकर्ता के लिए अधिगम अर्थपूर्ण तथा सप्रयोजन होगा।

(iv) अधिगम का स्वरूप समीक्षात्मक अथवा सृजनात्मक होना : अधिगम पूर्व प्राप्त अनुभवों का योगमात्र नहीं है अपितु यह अधिगमकर्त्ता को ज्ञान व अनुभवों का एक सृजनात्मक संश्लेषण है।

अधिगम को प्रभावित करने वाले बालकों से संबद्ध कारक

अधिगम एक व्यापक प्रक्रिया है। बालक जब प्रथम बार विद्यालय में प्रवेश करता है तो उस पर घर का वातावरण छाया रहता है। विद्यालय प्रांगण में आने पर उसके मन में अनेक जिज्ञासाएं उठती हैं जिनको वह शांत करना चाहता है। ऐसी स्थिति में अधिगम क्रिया अनेक कारकों से प्रभावित होती है जो निम्नवत् हैं–

(i) बालक : किसी भी क्रिया को सीखने का एक केंद्र बिंदु होता है। शिक्षा का उद्देश्य बालक का सर्वांगीण विकास करना है। इस दृष्टि से बालकों की रुचि, योग्यता, क्षमता, व्यक्तिगत भेद बुद्धि आदि के आधार पर संपन्न की गई क्रिया प्रभावशाली सिद्ध हो सकती है।

(ii) शैक्षिक पृष्ठभूमि : अधिगम पर इस बात का बहुत प्रभाव पड़ता है कि सीखने वाले की शैक्षिक योग्यता क्या है? यदि छात्र किसी विषय में पिछड़ा है तो उस विषय से संबंधित नवीन ज्ञान सीखने में उसे कठिनाई का सामना करना पड़ेगा। यदि किसी छात्र की एक विषय में शैक्षिक योग्यता सामान्य से अधिक है तो छात्र उस विषय में नया ज्ञान सुगमता से सीख लेता है।

(iii) सीखने की इच्छा : बालकों को नया ज्ञान देने से पूर्व यह नितांत आवश्यक है कि उनमें सीखने के प्रति जिज्ञासा उत्पन्न की जाए क्योंकि ऐसा होने पर विद्यार्थी प्रतिकूल परिस्थितियों में भी किसी बात को सीखने में सफल हो जाता है।

(iv) अधिगम प्रक्रिया : किसी क्रिया को किस प्रकार से संपादित किया जाता है, इससे भी अधिगम प्रभावित होता है। यद्यपि मनोवैज्ञानिक अधिगम की प्रक्रिया के संपादन पर एक मत नहीं हैं, फिर भी यह बात अपनी जगह सत्य है कि बालक किसी भी क्रिया को अपने ही ढंग से ग्रहण करता है, चाहे अधिगम की प्रक्रिया किसी भी ढंग से क्यों न संपादित की जाए।

(v) सीखने वाले की मनोवृत्ति : यदि किसी विषय के प्रति छात्र की नकारात्मक मनोवृत्ति है तो शिक्षक चाहे जितना परिश्रम करे छात्र के अधिगम में उन्नति होने की संभावना नहीं होती है। इसके विपरीत यदि सीखने वाले की किसी विषय के प्रति सकारात्मक मनोवृत्ति है तो वह सरलता से उस विषय को सीख जाता है। किसी विषय के प्रति सीखने वाले का रुझान बहुत महत्त्वपूर्ण होता है।

अधिगम को प्रभावित करने वाले शिक्षकों से संबद्ध मुख्य कारक

अधिगम को प्रभावित करने वाले विभिन्न प्रकार के कारकों में से शिक्षकों से संबद्ध महत्वपूर्ण कारक निम्नवत् हैं–

(i) विषय की जानकारी : अध्यापक का किसी विषय से संबंधित ज्ञान अनुभव एवं योग्यता आदि छात्रों के

अधिगम को प्रत्यक्ष रूप से प्रभावित करते हैं। यदि अध्यापक को अपने विषय की जानकारी नहीं है तो वह छात्रों को बहुत कुछ जानकारी नहीं दे सकता। इसके विपरीत, यदि अध्यापक को अपने विषय का सटीक ज्ञान है तो वह आत्मविश्वास के साथ छात्रों को नवीन ज्ञान देने में सक्षम होगा तथा उसका शिक्षण प्रभावी होगा।

(ii) शिक्षण विधि : शिक्षण विधि का सीधा संबंध अधिगम प्रक्रिया से होता है। साथ ही प्रत्येक शिक्षक का पढ़ाने का तरीका भी भिन्न होता है तथा सभी छात्र एक ही विधि से नहीं सीख पाते। शिक्षण की विधि जितनी अधिक वैज्ञानिक एवं प्रभावशाली होगी उतनी ही सीखने की प्रक्रिया सरल एवं लाभप्रद होगी। बच्चों के संदर्भ में खेल विधि द्वारा सिखाना, करके सिखाना, निरीक्षण द्वारा सिखाना, योजना विधि द्वारा सिखाना, खोज विधि द्वारा सिखाना आदि का अपना अलग-अलग महत्व है।

(iii) शिक्षक का व्यवहार : शिक्षक का व्यवहार छात्रों के सीखने को प्रत्यक्ष रूप से प्रभावित करता है। शिक्षक में एक आदर्श शिक्षक के सभी गुण होने चाहिए। यदि शिक्षक के व्यवहार में सहानुभूति, सहयोग, समानता, शिक्षण कला में निपुणता, मृदुभाषायी तथा संयत व्यवहार आदि जैसे गुण निहित हैं तो छात्र कक्षा वातावरण में सहज रूप से सब कुछ सीख सकेंगे। लेकिन यदि शिक्षक का व्यवहार अत्यंत कठोर है तो छात्र उसकी कक्षा से अनुपस्थित रहते हैं। साथ ही अध्यापक को सभी छात्रों से एक जैसा ही व्यवहार करना चाहिए ताकि छात्रों के मन में उसके प्रति दुर्भावना पैदा न हो।

(iv) अनुशासन : शिक्षा मनोविज्ञान के सिद्धांतों के प्रचलन के कारण आज यह धारणा गलत साबित हो गई है कि 'डण्डा हाथ से छूटा और बालक बिगड़ा'। अब यह अनुभव किया जाने लगा है कि डण्डे, मारपीट, भय एवं आतंक के बल पर कक्षा में स्थायी अनुशासन की स्थापना नहीं की जा सकती। यह हो सकता है कि छात्र तुरंत कुछ समय के लिए अनुशासित हो जाएं लेकिन कुछ समय बाद वह अपनी पुरानी प्रवृत्तियों पर पुनः लौट जाएंगे।

मनोवैज्ञानिक परीक्षणों ने यह सिद्ध कर दिया है कि छात्र अपराध करने पर दण्ड से डरते नहीं। लेकिन इसका अर्थ यह नहीं कि छात्र को मनमानी करने दी जाए। उसे उसके अपराध के अनुकूल दण्ड अवश्य दिया जाना चाहिए।

(v) बालक केंद्रित शिक्षा : बाल मनोविज्ञान ने आज शिक्षा की धारा एवं संकल्पना को पूरी तरह से बदल दिया है। प्राचीन काल में शिक्षा का केंद्र बालक न होकर अध्यापक था। बालक की आवश्यकताओं, रुचियों, अभिरुचियों एवं दृष्टिकोणों की परवाह किए बिना ही शिक्षण का केंद्र बिंदु बालक हो गया। अतः शिक्षक के लिए यह आवश्यक है कि वह जो भी ज्ञान छात्रों को प्रदान करे वह उनकी रुचियों, क्षमताओं एवं स्तर के अनुकूल होना चाहिए।

अधिगम/सीखने के प्रमुख तरीके

सीखना मानव के व्यवहार में परिवर्तन है और यह परिवर्तन विभिन्न नियमों के माध्यम से संभव हो पाता है। सीखने की प्रक्रिया में सामाजिक वातावरण एवं वंशानुक्रमण अपनी महत्त्वपूर्ण भूमिका निभाते हैं। सीखने के प्रमुख तरीके निम्नवत् हैं—

(i) अनुकरण के माध्यम से सीखना : अनुकरण के माध्यम से सीखने के नियम का प्रतिपादन **हेगाटी** ने किया। उसने भूखे बंदर को कमरे में बंद कर बाहर केला रखकर बंदर द्वारा केले को खाने हेतु अपनाए गए उपायों से इस सिद्धांत का परीक्षण किया। प्रायः सभी बालकों में अनुकरण की प्रवृत्ति पाई जाती है और यह अनुकरण की प्रवृत्ति उसे सीखने की ओर प्रेरित करती है। विद्वानों का मानना है कि अनुकरण द्वारा सीखना भूल एवं प्रयास द्वारा सीखने की तुलना में उच्च कोटि का सीखना है। इस नियम द्वारा सीखने में वह दूसरों के अनुभवों का लाभ उठाता है। इस नियम द्वारा सीखने के लिए बुद्धि की आवश्यकता अधिक होती है।

(ii) भूल एवं प्रयास के माध्यम से सीखना : भूल एवं प्रयास के नियम का प्रतिपादक **थॉर्नडाइक** को माना जाता है। उन्होंने चूहों और बिल्लियों पर अनेक परीक्षण करने के पश्चात् यह पाया कि मानव और पशु दोनों ही भूल एवं प्रयास के तरीके से सीखते हैं। किसी कार्य को करने के लिए पहले प्रयास किया

जाता है और यह आवश्यक नहीं है कि प्रथम प्रयास में ही वह कार्य पूरा हो जाए। क्योंकि उसमें कोई न कोई भूल हो जाने की संभावना रहती है और कार्य में सफलता नहीं मिलती। अब इसे दोहराया जाता है और दोबारा करते समय पहली भूल को ध्यान में रखते हुए प्रयास किया जाता है। जैसे-जैसे प्रयास किया जाता है पुरानी भूलों में कमी आती जाती है और कार्य संपन्न हो जाता है। इस प्रकार बार-बार प्रयास करने पर सीखने की प्रक्रिया पूर्ण हो जाती है और यह कार्य ठीक प्रकार से होने लगता है।

(iii) सूझ-बूझ के माध्यम से सीखना : सूझ-बूझ के माध्यम से सीखने के सिद्धांत का प्रतिपादक **कोहलर** था। इस सिद्धांत के अनुसार मानव पहले परिस्थितियों का पूर्ण अवलोकन करता है। उसके बारे में सोचता है और फिर क्रियाओं के माध्यम से उसे सीखने का प्रयास करता है। कोई भी प्राणी जब किसी नवीन वातावरण में आता है तो उसका संबंध विभिन्न तत्वों के साथ स्थापित होता है। वह वातावरण को भलीभांति समझता है और फिर उसी के अनुरूप प्रतिक्रिया करता है। वातावरण को जानना एवं समझना उसकी सूझ-बूझ पर निर्भर करता है। सूझ-बूझ का यह सिद्धांत पशुओं की तुलना में मानवों पर अधिक लागू होता है। इस सिद्धांत को सिद्ध करने के लिए **कोहलर** ने चिम्पैंजियों पर परीक्षण किया।

(iv) आंशिक एवं पूर्ण तरीकों द्वारा सीखना : इस विधि से छात्रों को, समस्या का पूर्ण ज्ञान कराया जाता है, जिससे प्रथम बार में छात्रों को उस समस्या के बारे में कुछ न कुछ ज्ञान हो जाता है।

(v) सामूहिक तरीके के माध्यम से सीखना : मानव एक सामाजिक प्राणी है। समाज से बाहर उसका कोई अस्तित्व नहीं है। अतः वह समाज में रहते हुए समूह में बहुत कुछ सीखता है। समूहों में रहते हुए उसका ज्ञान प्राप्त करना ही सामूहिक सीखना कहलाता है। प्रोजेक्ट डाल्टन तथा बेसिक विधि, वर्कशॉप विधि, वाद-विवाद, सेमीनार विधि आदि सीखने की सामूहिक विधियों के अच्छे उदाहरण हैं।

3. बच्चा एक समस्या समाधानकर्त्ता तथा वैज्ञानिक अन्वेषक के रूप में

बच्चा एक समस्या समाधानकर्त्ता के रूप में

विद्यालय शिक्षा के दौरान एक बच्चे के समक्ष अनेक समस्याएं आती हैं तथा उसका समाधान भी उसे ही ढूँढना होता। ऐसे में बच्चों को इस स्तर के योग्य बनाने के लिए आवश्यक है कि उनके व्यक्तित्व का विकास इस प्रकार से किया जाए कि वह सभी प्रकार की परिस्थितियों का सही ढंग से सामना कर सकें। व्यक्तित्व का विकास निम्नलिखित तरीकों के माध्यम से किया जा सकता है—

(i) आत्म पहचान का गुण विकसित करके : इस तरीके के तहत बच्चों को ऐसे काम दिए जाने चाहिए जिनमें सफलता निश्चित हो। इन कामों को करने से बच्चे में आत्म-विश्वास बढ़ता है जो जिन्दगी में प्रसन्नता व सहयोग की भावना को बढ़ाता है। बच्चे का जन्मदिन मनाना चाहिए। इससे बच्चे की आत्म-अनुमोदन तथा सामाजिक अनुमोदन की भावना को संतुष्टि मिलती है। समय-समय पर बच्चे के काम की प्रशंसा करनी चाहिए तथा छोटी-छोटी बातों पर भी उन्हें पुरस्कृत करना चाहिए जिससे कि वह भविष्य में अपनी समस्याओं का समाधान स्वयं कर सकें।

(ii) स्वयं की कमियों को स्वीकार करना और सिखाकर दूर करना : बच्चों में यह भावना पैदा करनी चाहिए कि कोई भी व्यक्ति संपूर्ण नहीं है। इसीलिए अपनी कमियों को मुस्कुराते हुए स्वीकार करना चाहिए तथा उन्हें दूर करने का प्रयत्न करना चाहिए। इसके लिए बच्चे को इससे संबंधित कहानियां सुनानी चाहिए। इसके अतिरिक्त कुछ रचनात्मक कार्यक्रम का भी आयोजन किया जाना चाहिए। उदाहरणार्थ—नाटक दिखाना एवं कठपुतली नृत्य आदि। बच्चे के गुणों की खुलकर प्रशंसा करनी चाहिए ताकि बच्चा अपनी कमियों को भूलकर अपनी प्रतिभा को निखार सके।

(iii) स्वावलंबी बनने के लिए प्रेरित करके : बच्चे को आत्मनिर्भर बनाने के लिए हमेशा प्रेरित करते रहना

चाहिए। इसके लिए बच्चे को कहानियां सुनानी चाहिए, नाटक दिखाने चाहिए, लड़कियों को गुड़िया के कपड़े पहनाने, सफाई करने, कंघी करने जैसे काम करने देने चाहिए इससे बच्चों में आत्मनिर्भरता बढ़ती है। बच्चों को चुनौतीपूर्ण व उत्तरदायित्व वाले काम सौंपने चाहिए जिससे कि वह समस्याओं के समाधानों का हल सही दिशा में निकालने के लिए सक्षम हो सकें।

बच्चा एक वैज्ञानिक अन्वेषक के रूप में

किसी भी छात्र की समझ की सही जांच तब होती है जब वह समाज में रहकर सीखता है तथा अपने स्वयं के ज्ञान को एक अन्वेषक के रूप में प्रयोग करता है। एक बच्चे को वैज्ञानिक अन्वेषक के रूप में निम्नलिखित प्रकार से विकसित किया जा सकता है–

 (*i*) किसी बच्चे को दैनिक जीवन में आने वाले व्यक्तियों के व्यवसाय के बारे में समझाने का प्रयास करना चाहिए। यथा–डॉक्टर, डाकिया, वकील, बढ़ई व सुनार आदि।

 (*ii*) बच्चों को अलग-अलग जगहों पर भ्रमण के लिए ले जाना चाहिए ताकि वे भ्रमण के माध्यम से कुछ नई प्रकार की चीजों के संबंध में सोच सकें।

 (*iii*) बच्चों को दुकान-दुकान आदि का खेल खेलना चाहिए ताकि वे खेल-खेल में दुकानदारी आदि के व्यवसाय के बारे में जान सकें।

 (*iv*) ऐसा उपाय करना चाहिए ताकि बच्चे वैज्ञानिक यंत्रों, धातुओं, वायु संचार आदि के बारे में स्वयं जानकारी प्राप्त कर सकें। ऐसा करने से उनमें (बच्चों में) एक वैज्ञानिक सोच के साथ-साथ अलग-अलग विषयों का अन्वेषण करने का गुण भी उत्पन्न होने लगता है।

4. संवेग और अभिप्रेरण

संवेग

जब हम किसी विषय के बारे में बार-बार सोचते हैं तो हमारी राग-द्वेषात्मक मनोवृत्ति और प्रबल हो उठती है। बार-बार सोचे गए विषय को या तो हम प्रेम की दृष्टि से अथवा घृणा की दृष्टि से देखने लगते हैं। हमारी यह राग-द्वेषात्मक मनोवृत्ति संवेग (Emotion) के कारण बनती है। संवेग भावों से उत्पन्न होता है। जब तक किसी विषय के संबंध में हमारे भाव सामान्य रहते हैं, संवेगों की उत्पत्ति नहीं होती है। जब उस विषय के भाव प्रबल हो जाते हैं, तब संवेग की उत्पत्ति होती है। भाव हमारे मन पर धीरे-धीरे प्रभाव डालता है। परंतु किसी प्रकार के संवेग के उत्पन्न होने पर हमारे मन में भारी उथल-पुथल हो जाती है।

संवेग की कुछ परिभाषाएं

जरशील्ड के अनुसार, ‘‘संवेग शब्द किसी भी प्रकार के आवेश में आने से भड़क उठने अथवा उत्तेजित होने की दशा को सूचित करता है।’’

मैक्डूगल के अनुसार, ‘‘संवेग एक प्रकार का अनुभव है जो किसी न किसी मूल प्रवृत्तीय क्रिया से संबद्ध होता। है।’’

क्रो एवं क्रो के अनुसार, ‘‘संवेग, व्यक्ति के आंतरिक समायोजन, मानसिक एवं शारीरिक-भौतिक अवस्थाओं से प्रभावित होकर उसके बाह्य व्यवहार में दिखाई देने वाला प्रभावशाली अनुभव है।’’

वुडवर्थ के अनुसार, ‘‘संवेग जीव की उत्तेजनायुक्त अवस्था है।

संवेग की विशेषताएं/लक्षण

 (*i*) प्रत्येक संवेग का संबंध किसी न किसी मूल प्रवृत्ति से होता है।

 (*ii*) संवेगों का उभार सकारण होता है।

 (*iii*) संवेग क्षणिक एवं अस्थायी होते हैं।

 (*iv*) संवेग परिवर्तनशील होते हैं।

 (*v*) संवेग सार्वभौमिक होते हैं।

 (*vi*) संवेगों की तीव्रता वैयक्तिक अधिक होती है।

 (*vii*) संवेगों की उत्पत्ति का कारण बाह्य जगत् से संबद्ध होता है।

 (*viii*) संवेग मानव के व्यवहार को प्रभावित करते हैं।

संवेग को प्रभावित करने वाले कारक

निम्न कारक किसी न किसी रूप में संवेगों को प्रभावित करते हैं—

(i) वातावरण, (ii) मानसिक सक्रियता, (iii) शारीरिक स्वास्थ्य, (iv) वैयक्तिक रुचियां, (v) अभिवृत्तियां एवं मूल्य।

संवेग से प्रभावित होने वाले कारक

जिस प्रकार कुछ कारक संवेगों को प्रभावित करते हैं ठीक उसी प्रकार संवेग से भी कुछ कारक प्रभावित होते हैं। ये कारक हैं—(i) शारीरिक स्वास्थ्य, (ii) मानसिक स्वास्थ्य, (iii) वाणी, (iv) सामाजिकता एवं अधिगम।

संवेग के विभिन्न प्रकार

संवेगों का संबंध मूल प्रवृत्तियों से होता है। चौदह मूल-प्रवृत्तियों के चौदह संवेग हैं, जो इस प्रकार हैं—

1. भय, 2. घृणा, 3. करुणा एवं दुःख, 4. आश्चर्य, 5. आत्माभिमान, 6. भूख, 7. कृतिभाव, 8. क्रोध, 9. वात्सल्य, 10. कामुकता, 11. आत्महीनता, 12. एकाकीपन, 13. अधिकार भावना, 14. आमोद।

संवेग एवं शिक्षा में इसका महत्व

शिक्षक, बालकों के संवेगों के प्रति ध्यान देकर उनका किस प्रकार हित कर सकते हैं, यह निम्नलिखित बातों से स्पष्ट हो जाता है—

(i) शिक्षक, बालकों की मानसिक शक्तियों के मार्ग को प्रशस्त करके, उन्हें अपने अध्ययन में अधिक क्रियाशील बनाने की प्रेरणा प्रदान कर सकता है।

(ii) शिक्षक, बालकों के संवेगों को परिष्कृत करके उनको समाज के अनुकूल व्यवहार करने की क्षमता प्रदान कर सकता है।

(iii) शिक्षक, बालकों के संवेगों का विकास करके, उनमें उत्तम विचारों, आदर्शों, गुणों और रुचियों का निर्माण कर सकता है।

(iv) शिक्षक, बालकों को अपने संवेगों पर नियंत्रण करने की विधियां बताकर उनको शिष्ट और सभ्य बना सकता है।

(v) शिक्षक, बालकों के संवेगों को जाग्रत करके, पाठ में उनकी रुचि उत्पन्न कर सकता है।

(vi) शिक्षक, बालकों के संवेगों का ज्ञान प्राप्त करके, उपयुक्त पाठ्यक्रम का निर्माण करने में सफलता प्राप्त कर सकता है।

(vii) शिक्षक, बालकों में उपयुक्त संवेगों को जाग्रत करके, उनको महान कार्यों को करने की प्रेरणा दे सकता है।

अभिप्रेरण

अभिप्रेरण अथवा अभिप्रेरणा में वे सब आंतरिक अवस्थाएं आ जाती है जो किसी क्रिया को छोड़ती है या उसको बनाए रखती है। प्रेरक (Motive) उद्दीपन (Stimulus) से भिन्न होता है, क्योंकि वह उत्तेजना के प्रकट होने के पहले से ही उपस्थित होता है। यदि आंतरिक अभिप्रेरणा न हो तो बाह्य उद्दीपन कितना भी तीव्र होने पर अनुक्रिया उत्पन्न नहीं कर सकता है।

अभिप्रेरणा एक प्रकार की शक्ति है जो छात्रों को अध्ययन तथा अन्य कार्यों को करने का जोश तथा रुचि उत्पन्न करती है। व्यक्ति जो भी कार्य करता है उसमें किसी न किसी प्रकार की अभिप्रेरणा की भूमिका आवश्यक होती है। अध्यापक के समक्ष यह बहुत बड़ी समस्या होती है कि छात्रों को किस प्रकार अधिक-से-अधिक अभिप्रेरित किया जाए। अध्यापक इसके लिए अनेक उपाय करता है। अभिप्रेरणा अधिगम के लिए कोई आवश्यक शर्त नहीं है परंतु फिर भी यह अधिगम प्रक्रिया को गतिशीलता प्रदान करती है। इसे ''सीखने का हृदय'' (Heart of Learning), ''सीखने का स्वर्ण पथ'' (Golden Road of Learning), तथा ''सीखने का मुख्य कारक'' (Important Factor of Learning) कहा गया है।

अभिप्रेरणा की कुछ परिभाषाएं

स्किनर के अनुसार, ''अभिप्रेरणा, अधिगम का सर्वोच्च राजमार्ग है।''

बर्नार्ड के अनुसार, ''उत्प्रेरणा, शिक्षा में मनोविज्ञान की मूलभूत समस्या है।''

कैले के अनुसार, ''अधिगम की कुशल कला में उत्प्रेरणा केंद्रीय कारक है।''

प्रेरणा के भेद

प्रेरणा के दो भेद हैं—

(i) सकारात्मक प्रेरणा : इस प्रेरणा में बालक किसी कार्य को अपनी स्वयं की इच्छा से करता है। इस कार्य

को करने से उसे सुख और संतोष प्राप्त होता है। इस प्रेरणा को आंतरिक प्रेरणा भी कहते हैं।

(ii) नकारात्मक प्रेरणा : इस प्रेरणा में बालक किसी कार्य को अपनी स्वयं की इच्छा से न करके, किसी दूसरे की इच्छा या बाह्य प्रभाव के कारण करता है। इस कार्य को करने से उसे किसी वांछनीय या निश्चित लक्ष्य की प्राप्ति होती है। इस प्रेरणा को बाह्य प्रेरणा भी कहते हैं।

प्रेरणा की प्रमुख विधियां

मरसेल ने लिखा है कि प्रेरणा यह निश्चित करती है कि लोग कितनी अच्छी तरह से सीख सकते हैं और कितनी देर तक सीख सकते हैं। अतः उनको प्रेरणा प्रदान की जानी आवश्यक है। ऐसा निम्नांकित विधियों का प्रयोग करके किया जा सकता है–

(i) रुचि : प्रेरणा प्रदान करने की पहली विधि है बालकों की पाठ में रुचि उत्पन्न करना। अतः अध्यापक को पढ़ाए जाने वाले पाठ को बालक की रुचियों से संबंधित करना चाहिए। इस संबंध में *प्रेसी, रॉबिन्स* व *हॉरक्स* का कहना है कि ''रुचि, छात्रों का ध्यान आकर्षित करने का प्रथम उपाय है।''

(ii) सफलता : सफलता के संबंध में *फ्रैंडसन* का विचार है कि सीखने के सफल अनुभव अधिक सीखने की प्रेरणा देते हैं।

(iii) सामूहिक कार्य : प्रेरणा प्रदान करने की इस विधि में बालकों को सामूहिक कार्यों में भाग लेने के लिए प्रोत्साहित किया जाता है।

(iv) आवश्यकता का ज्ञान : इस विधि के अंतर्गत् यह माना जाता है कि बालकों की मुख्य आवश्यकताएं उसके सीखने में उद्दीपन का कार्य करती हैं।

(v) प्रशंसा : उचित समय और स्थान पर प्रयोग किए जाने पर प्रशंसा, प्रेरणा का एक महत्त्वपूर्ण कारक है।

(vi) प्रतिद्वन्दिता : इसके अनुसार शिक्षाशास्त्र के संपूर्ण इतिहास में प्रतिद्वन्दिता को प्रेरणा प्रदान करने के लिए प्रयोग किया गया है।

(vii) परिणाम का ज्ञान : इस विधि के अनुसार यह माना जाता है कि प्रेरणा, परिणामों के तात्कालिक ज्ञान से प्राप्त होती है।

प्रेरणा में योगदान देने वाले मुख्य कारक

(i) प्रोत्साहन : प्रोत्साहन लक्ष्य तक पहुंचने के साधन होते हैं। इनका स्वरूप पुरस्कार के रूप में भी हो सकता है और संकेत के रूप में भी। जब ये किसी ऐसे उद्दीपक से जुड़ जाते हैं, जो इनकी उपस्थिति बताता है तो ये प्राणी को उत्तेजित कर देते हैं अर्थात् व्यक्ति के व्यवहार को उभारते हैं और उसे गति प्रदान करते हैं। हल एवं स्पेन्स मानते हैं कि यूँ तो प्राणी का व्यवहार मूलतः चालक द्वारा संचालित होता है लेकिन वे ये भी मानते हैं कि कभी-कभी आत्म-प्रोत्साहन प्रेरणा का कार्य करता है।

(ii) दण्ड : दण्ड एक उद्दीपन के समान है, जिससे व्यक्ति बचने का प्रयास करता है अथवा उससे दूर भागना चाहता है। दण्ड के संबंध में विचार व्यक्त करते हुए *बोम्पस स्मिथ* कहते हैं कि ''विद्यालयी दण्ड प्रतिशोध नहीं होता है। इसका उद्देश्य प्रशिक्षण है। सर्वप्रथम अपराधी का प्रशिक्षण। दूसरे, उसके अवलोकन से अन्य बालकों का प्रशिक्षण। साथ ही उसे तथा दूसरों को पुनः अपराध करने से बचाना है।''

(iii) उत्तेजना : यह किसी प्राणी की उत्तेजित होने की सामान्य अवस्था है। इस संबंध में *डोनाल्ड हैब* ने विचार व्यक्त करते हुए कहा है कि ''उत्तेजना अथवा जागरूकता शक्ति प्रदान करती है लेकिन दिशा-निर्देश प्रदान नहीं करती। यह इंजन के समान है लेकिन उसका मार्ग परिवर्तित करने वाला साधन नहीं।''

उत्तेजना व्यक्ति की सक्रियता का आवश्यक कारक माना गया है। इसके तीन स्तर हैं–उच्च, मध्य एवं निम्न। व्यक्ति को यह उत्तेजना दो स्रोतों (बाह्य एवं आंतरिक) से मिलती है।

(iv) आकांक्षा : आकांक्षा का उत्तेजना स्तर से सीधा संबंध है। हम उस स्थिति में उत्तेजित हो उठते हैं जब हम देखते कुछ और हैं एवं देखना कुछ और चाहते हैं। जो हम देख रहे होते हैं वह Perception है और जो हम देखना चाहते हैं वह Expectancy है। जब इन दोनों के मध्य अंतर (Discrepancy) हो जाता है तो हम उत्तेजित हो उठते हैं।

5. अधिगम में योगदान करने वाले कारक

अधिगम में योगदान करने वाले कारकों को मुख्यतः दो वर्गों में रखा गया है– I. व्यक्तिगत कारक एवं II. वातावरणीय कारक।

I. व्यक्तिगत कारक

(i) व्यक्तिगत रुचियां : व्यक्तिगत रुचियां भी अधिगम प्रक्रिया में योगदान करने वाला एक महत्त्वपूर्ण कारक है। यदि किसी क्रियाकलाप में छात्र की रुचि उत्पन्न हो जाए तो शिक्षक उस दिशा में अधिक प्रयास कर सकते हैं। प्रयास किए बिना सीखना संभव नहीं है। यदि विद्यार्थी शिक्षक के शिक्षण एवं कक्षा के क्रियाकलापों में रुचि लेते हैं तो वे कभी भी अवरोध, थकान तथा ऊब महसूस नहीं करते। प्रायः ऐसा देखा गया है कि वास्तव में थकान अधिगम क्रियाओं में रुचि की कमी से पैदा होती है। अधिक मात्रा में तथा अच्छी गुणवत्ता से अधिगम की प्राप्ति हेतु विद्यालयों में रुचि का सहारा लेना आवश्यक है।

(ii) शारीरिक क्रियाशीलता : थकान मानसिक या शारीरिक होती है और थकान का अभ्यास करने वाला छात्र अधिगम की प्रक्रिया को कम कर देता है दूसरी शारीरिक क्रियाशीलता अधिगम प्रक्रिया में सहायक होती है तथा इसकी गति को तीव्र कर देती है।

(iii) व्यक्तिगत अभिप्रेरणा : अभिप्रेरणा अधिगम प्रक्रिया का मुख्य केंद्र है तथा अधिगम प्रक्रिया का एक महत्त्वपूर्ण कारक है। यह किसी व्यक्ति में किसी कार्य को करने की इच्छा जाग्रत करती है। पर्याप्त व्यक्तिगत अभिप्रेरणा विद्यार्थी को केवल किसी ऐसी क्रिया में व्यस्त ही नहीं रखती जिसकी परिणति अधिगम में हो, बल्कि अधिगम को स्थायी बनाने तथा उसकी दिशा निर्दिष्ट करने का कार्य भी करती है। प्रायः दो प्रकार की व्यक्तिगत अभिप्रेरणाएं होती हैं–आंतरिक और बाह्य अभिप्रेरणाएं।

(iv) संवेदीकरण तथा प्रत्यक्षीकरण : विद्यार्थी के सामान्य स्वास्थ्य के अतिरिक्त संवेदना तथा प्रत्यक्षीकरण ऐसे मनोवैज्ञानिक कारक हैं जो अधिगम में सहायता करते हैं। संवेदना प्रत्यक्षीकरण के केंद्र में होती है। प्राणी में पांच संवेदी अंग होते हैं, यथा–त्वचा, कान, जिह्वा, आंखें तथा नाक। ये संवेदी अंग (ज्ञानेन्द्रियां) ज्ञान के द्वार होते हैं और वातावरण में स्थित विभिन्न उद्दीपनों के प्रत्यक्षीकरण में सहायक होते हैं। इनमें से किसी भी संवेदी अंग में किसी भी प्रकार का दोष हो जाने पर अधिगम का प्रभाव पड़ता है और अंततोगत्वा उससे ज्ञानार्जन भी प्रभावित होता है। उदाहरणार्थ–दृष्टि में दोष; जैसे मायोपिया (दूरदृष्टि दोष), हाइपरमैट्रोपिया (निकट दृष्टि दोष), स्टीकमेटिज्म (भेंगापन) इत्यादि के कारण सिर दर्द, चक्कर आना तथा अध्ययन में सामान्य रूप से अरुचि होना आदि।

(v) अभिवृत्ति : अधिगम की प्रक्रिया विद्यार्थी की अभिवृत्ति से ही प्रभावित होती है। यदि वह पढ़ाई जाने वाली वस्तु के प्रति सजग हो तथा उसके प्रति रुचि रखता हो तो वह निश्चित रूप से इसके प्रति उचित अभिवृत्ति (Attitude) रखेगा। ऐसी अभिवृत्ति उसे अधिगम परिस्थितियों को जल्दी प्रसन्नतापूर्वक कम समय में तथा प्रभावी ढंग से सीखने में सहायता करता है। इसके विपरीत यदि वह पढ़ाई जाने वाली वस्तु में ध्यान नहीं देता या रुचि नहीं लेता तो इसकी अभिवृत्ति नकारात्मक हो जाती है। यह सामान्य अधिगम की प्रक्रिया में अवांछनीय दबाव तथा तनाव उत्पन्न करके सहज अधिगम में बाधा डालता है।

(vi) आवश्यकताएं : विद्यार्थियों की जब तक शारीरिक आवश्यकताएं संतुष्ट न हो जाएं तब तक विद्यालयों में उनसे किसी भी प्रकार के बौद्धिक चिंतन की अपेक्षा नहीं की जा सकती है। एक गरीब विद्यार्थी जो कक्षा में भूखा है उसका ध्यान अध्ययन की अपेक्षा खाने की ओर अधिक केंद्रित होगा। इसी प्रकार कक्षा में बहुत ठंडा या गर्मी या कुर्सियों पर बैठने वाले विद्यार्थियों की संख्या अधिक होने पर अच्छे अधिगम की आशा नहीं की जा सकती है। इसी तरह से सुरक्षा और सम्मान की आवश्यकताएं अधिगम परिस्थितियों में शक्तिशाली प्रेरक के रूप में कार्य करती है। यदि एक विद्यार्थी अपने शिक्षक से डरता है या विद्यालयों में अधिक पिटाई किए जाने के कारण असुरक्षित महसूस करता है या किसी अन्य प्रकार के दण्ड से

भयभीत है तो वह सीख नहीं पाता। इसी तरह यदि उसे उत्साही संवर्धन तथा स्नेह की आवश्यकता बहुत उत्तेजक होती है तो बच्चे का अधिगम प्रभावी होता है।

II. वातावरणीय कारक

वातावरण के लिए 'पर्यावरण' शब्द का भी प्रयोग किया जाता है। पर्यावरण दो शब्दों से मिलकर बना है–'परि' + 'आवरण'। 'परि' का अर्थ है चारों ओर एवं 'आवरण' का अर्थ है 'ढकने वाला'। इस प्रकार पर्यावरण या वातावरण का अर्थ चारों ओर से ढके या घेरे हुए है। अतः हम कह सकते हैं कि व्यक्ति के चारों ओर जो कुछ है, वह उसका वातावरण है। इसमें वे सब तत्व सम्मिलित किए जा सकते हैं जो व्यक्ति के जीवन और व्यवहार को प्रभावित करते हैं।

वातावरण की कुछ परिभाषाएं

बोरिंग, लैंगफील्ड व वेल्ड के अनुसार, "जीन्स के अलावा व्यक्ति को प्रभावित करने वाली वस्तु वातावरण है।"

रॉस के अनुसार, "वातावरण वह बाहरी शक्ति है जो हमें प्रभावित करती है।"

जिस्बर्ट के अनुसार, "वातावरण वह हर वस्तु है जो किसी अन्य वस्तु को घेरे हुए है और उस पर सीधे अपना प्रभाव डालती है।"

निष्कर्ष

(*i*) वातावरण किसी एक तत्व का नहीं अपितु एक समूह तत्व का नाम है।

(*ii*) यह वह हर वस्तु है जो व्यक्ति को प्रभावित करती है।

(*iii*) इसमें बाह्य तत्व आते हैं।

(*iv*) वातावरण व्यक्ति को प्रभावित करने वाला तत्व है।

उपरोक्त बातों से स्पष्ट है कि अधिगम की प्रक्रिया में विभिन्न प्रकार के वातावरण संबंधी कारकों का योगदान होता है। अधिगम की प्रक्रिया में वातावरण में योगदान करने वाले महत्त्वपूर्ण कारक निम्नवत् हैं–

(*i*) नजदीकी वातावरण : अधिगम की प्रक्रिया में आस-पास का वातावरण बहुत महत्त्वपूर्ण योगदान देता है। वातावरण को मुख्यतः तीन रूपों प्राकृतिक, सामाजिक एवं सांस्कृतिक में बांटा गया है–

(*a*) प्राकृतिक वातावरण : इसके अंतर्गत जलवायु तथा वायुमंडलीय दशाएं आती हैं। ये दशाएं अधिगम को प्रत्यक्ष रूप से प्रभावित करती हैं। यह पाया गया है कि अधिक ताप तथा आर्द्रता मानसिक क्षमता को कम करते हैं जिससे अधिगम प्रक्रिया रुक जाती है। दूसरी ओर गर्म स्थानों में रहने वाले व्यक्तियों की बौद्धिक निष्पत्ति तथा सृजनात्मकता बहुत कम होती है। इस तरह सुबह का समय हमेशा ही जटिल कार्यों को करने के लिए उचित माना जाता है। आर्द्रता तथा तापमान के बढ़ने के कारण मानसिक क्षमता कम हो जाती है। अतः हम कह सकते हैं कि अधिगम प्रक्रिया में प्राकृतिक वातावरण एक महत्त्वपूर्ण कारक है।

(*b*) सामाजिक वातावरण : घर, विद्यालय तथा बच्चे के आवासीय वातावरण से संबंधित होता है। घर की भौतिक दशाएं, यथा–बड़ा परिवार, छोटा परिवार, अपर्याप्त रोशनदान, अनुपयुक्त प्रकाश, अधिक या कम तापमान, रेडियो तथा टेलीविजन के प्रयोग के कारण शोरगुल वाला घर, शोरगुल वाला पड़ोस लगातार संबंधियों तथा मित्रों का आगमन विद्यार्थी के बौद्धिक अधिगम को प्रभावित करता है।

(*c*) सांस्कृतिक वातावरण : संस्कृति का प्रभाव सामाजिक तथा शैक्षिक संस्थाओं में सहज रूप से प्रतिबिंबित होता है। इसलिए बच्चे का सीखना संस्कृति की मांग तथा उपेक्षाओं के ऊपर बहुत कुछ निर्भर करता है। उदाहरणार्थ–एक कृषि आधारित समुदाय की शैक्षिक प्रक्रियाएं उन कौशलों के विकास पर केंद्रित होती हैं जो कृषि समुदाय के लिए आवश्यक होती है।

(*ii*) अध्यापक के साथ संबंध : अधिगम प्रक्रिया में शिक्षक एक महत्त्वपूर्ण घटक है। वह विद्यार्थी के व्यवहार निर्माण में महत्त्वपूर्ण भूमिका अदा करता है। वह जिस तरह पढ़ाता है तथा कक्षा में विद्यार्थियों की व्यवस्था जिस प्रकार करता है उसका उनके अधिगम पर प्रभाव पड़ता है। अतः यदि विद्यार्थी के संबंध शिक्षक से अच्छे होंगे तो इस प्रकार का वातावरण अधिगम में सहायक होगा।

(*iii*) संचार माध्यम : सूचनाओं के आदान-प्रदान के एक घटक के रूप में संचार माध्यम का महत्वपूर्ण स्थान है। ये अधिगम प्रक्रिया के तहत अच्छे वातावरण को तैयार

करने में अपना विशेष योगदान दे सकते हैं। संचार माध्यमों से अधिगम को सुगम बनाया जा सकता है। संचार माध्यम मुख्यतः दो प्रकार के होते हैं—मुद्रित संचार माध्यम तथा अमुद्रित संचार माध्यम। मुद्रित संचार माध्यम कम खर्चीले होते हैं तथा एक अच्छे शैक्षिक वातावरण को तैयार करने में इनका योगदान प्रारंभ से लिया जा रहा है। दूसरी ओर अमुद्रित संचार माध्यम महंगे होते हैं। लेकिन अधिगम प्रक्रिया को सहज बनाने में इन्होंने काफी योगदान दिया है।

(iv) अभिभावकों के साथ संबंध : विद्यार्थी की अधिगम प्रक्रियाओं में माता-पिता के साथ सम्बन्ध भी महत्वपूर्ण भूमिका अदा करता है। यदि बच्चे तथा माता-पिता के संबंध आपसी सम्मान और विश्वास पर आधारित होते हैं तो वह बच्चों को अच्छा स्वस्थ वातावरण प्रदान करते हैं, जिसके फलस्वरूप बच्चा अधिक सीखता है। दूसरी ओर विघटित तथा अस्वस्थ वातावरण विद्यार्थी के अधिगम में विपरीत प्रभाव डालता है।

(v) साथियों के साथ संबंध : मित्रों के साथ स्वस्थ संबंध भी अधिगम में एक अच्छे वातावरण के निर्माण हेतु महत्वपूर्ण भूमिका अदा करते हैं। कक्षा, विद्यालय तथा समाज में विद्यार्थी-विद्यार्थी के बीच संबंध एक विशेष प्रकार के संवेगात्मक वातावरण का निर्माण करते हैं। यह वातावरण उनके आपसी संबंधों पर निर्भर करता है।

वातावरण का महत्व

(i) बालक अपने परिवार, पड़ोस, मुहल्ले और खेल के मैदान में अपना पर्याप्त समय व्यतीत करता है और इससे प्रभावित होता है। शिक्षक इन स्थानों के वातावरण को ध्यान में रखकर ही बालक का उचित पथ-प्रदर्शन करता है।

(ii) अनुकूल वातावरण में जीवन का विकास होता है और व्यक्ति उत्कर्ष की ओर बढ़ता है। इस बात को समझने वाला शिक्षक अपने छात्रों की रुचियों, प्रवृत्तियों और क्षमताओं के अनुकूल वातावरण प्रदान करके उनको उत्कर्ष की ओर बढ़ने में सहायता दे सकता है।

(iii) वातावरण बालक के विकास की दशा निश्चित करता है। वातावरण ही निश्चित करता है कि बालक बड़ा होकर अच्छा या बुरा, चरित्रवान, संयमी या व्यभिचारी, व्यापारी या साहित्यकार, देशप्रेमी या देशद्रोही बनेगा। इस तथ्य पर मनन करने वाला शिक्षक अपने छात्रों के लिए ऐसे वातावरण का सृजन कर सकता है जिससे उनका विकास उचित दिशा में हो सके।

(iv) वातावरण के महत्व को समझने वाला शिक्षक, विद्यालय में बालकों के लिए ऐसा वातावरण उपस्थित कर सकता है, जिससे उनमें विचारों की उचित अभिव्यक्ति, शिष्ट सामाजिक व्यवहार, कर्त्तव्यों और अधिकारों का ज्ञान, स्वाभाविक प्रवृत्तियों पर नियंत्रण आदि गुणों का अधिकतम विकास हो।

(v) यूनेस्को (UNESCO) के कुछ विशेषज्ञों का कथन है कि वातावरण का बालकों की भावनाओं पर व्यापक प्रभाव पड़ता है और इससे उनके चरित्र का निर्माण भी होता है। इस कथन में विश्वास करके शिक्षक बालकों के लिए ऐसे वातावरण का निर्माण कर सकता है, जिससे न केवल उनकी भावनाओं का संतुलित विकास हो, बल्कि उनके चरित्र का भी निर्माण हो।

अभ्यास प्रश्न

1. प्राथमिक स्तर पर एक शिक्षक में निम्न में से किसे सबसे महत्त्वपूर्ण विशेषता मानना चाहिए?
   A. धैर्य और दृढ़ता
   B. शिक्षण-पद्धतियों और विषयों के ज्ञान में दक्षता
   C. अति मानक भाषा में पढ़ाने में दक्षता
   D. पढ़ाने की उत्सुकता

2. सीखना समृद्ध हो सकता है यदि
   A. कक्षा में अधिक-से-अधिक शिक्षण-सामग्री का प्रयोग किया जाए
   B. शिक्षक विभिन्न प्रकार के व्याख्यान और स्पष्टीकरण का प्रयोग करें
   C. कक्षा में आवधिक परीक्षाओं पर अपेक्षित ध्यान दिया जाए

D. वास्तविक दुनिया से उदाहरणों को कक्षा में लाया जाए जिसमें विद्यार्थी एक-दूसरे से अंतःक्रिया करें और शिक्षक उस प्रक्रिया को सुगम बनाए

3. निम्न में से कौन-से कथन को सीखने की प्रक्रिया की विशेषता नहीं मानना चाहिए?

A. सीखना एक व्यापक प्रक्रिया है

B. सीखना लक्ष्योन्मुखी होता है

C. अन-अधिगम भी सीखने की प्रक्रिया है

D. शैक्षिक संस्थान ही एकमात्र स्थान है जहाँ अधिगम प्राप्त होता है

4. .... को एक अभिप्रेरित शिक्षण का संकेतक माना जाता है।

A. शिक्षक द्वारा दिया गया उपचारात्मक कार्य

B. विद्यार्थियों द्वारा प्रश्न पूछना

C. कक्षा में एकदम खामोशी

D. कक्षा में अधिकतम उपस्थिति

5. कृतिका अक्सर घर में ज्यादा बात नहीं करती, लेकिन विद्यालय में वह काफी बात करती है। यह दर्शाता है कि

A. शिक्षकों की यह मांग होती है कि बच्चे विद्यालय में खूब बात करें

B. कृतिका को अपना घर बिल्कुल पसंद नहीं है

C. उसके विचारों को विद्यालय में मान्यता मिलती है

D. विद्यालय हर समय बच्चों को खूब बात करने का अवसर देता है

6. एक शिक्षक को अपने विद्यार्थियों की क्षमताओं को समझने का प्रयास करना चाहिए। निम्नलिखित में से कौन-सा क्षेत्र इस उद्देश्य के साथ संबद्ध है?

A. सामाजिक दर्शन   B. मीडिया-मनोविज्ञान

C. शिक्षा-मनोविज्ञान   D. शिक्षा-समाजशास्त्र

7. सीखने की प्रक्रिया में, अभिप्रेरणा

A. पिछले सीखे हुए को नए अधिगम से अलग करती है

B. शिक्षार्थियों को एक दिशा में सोचने के योग्य बनाती है

C. शिक्षार्थियों में सीखने के प्रति रुचि का विकास करती है

D. शिक्षार्थियों की स्मरण-शक्ति को पैना बनाती है

8. निचली कक्षाओं में शिक्षण की खेल-पद्धति मूल रूप से आधारित है

A. शिक्षण-पद्धतियों के सिद्धांतों पर

B. विकास एवं वृद्धि के मनोवैज्ञानिक सिद्धांतों पर

C. शिक्षण के समाजशास्त्रीय सिद्धांतों पर

D. शारीरिक शिक्षा कार्यक्रमों के सिद्धांत पर

9. ''एक बच्चा अतीत की समान परिस्थिति में की गई अनुक्रियाओं के आधार पर नई स्थिति के प्रति अनुक्रिया करता है।'' यह किससे सम्बन्धित है?

A. सीखने का 'प्रभाव-नियम'

B. सीखने की प्रक्रिया का 'अभिवृत्ति-नियम'

C. सीखने का 'तत्परता-नियम'

D. सीखने का 'सादृश्यता-नियम'

10. बच्चों की सीखने की प्रक्रिया में माता-पिता को .... भूमिका निभानी चाहिए।

A. अग्रोन्मुखी   B. सहानुभूतिपूर्ण

C. तटस्थ   D. नकारात्मक

11. 'सीखने के अंतःदृष्टि सिद्धांत' को किसने बढ़ावा दिया?

A. पैवलॉव   B. जीन पियाजे

C. वाइगोत्स्की   D. 'गेस्टाल्ट' सिद्धांतवादी

12. अल्प वयस्क बच्चों के अधिगम प्रक्रम में अभिभावकों की भूमिका होनी चाहिए

A. निषेधात्मक   B. अग्र सक्रिय

C. संवेदनात्मक   D. उदासीन

13. बच्चों के संज्ञानात्मक विकास को सबसे अच्छे तरीके से कहाँ परिभाषित किया जा सकता है?

A. खेल के मैदान में

B. विद्यालय एवं कक्षा में

C. ऑडिटोरियम में

D. गृह में

14. .... को अनुप्रेरित शिक्षण के एक संकेत के रूप में विवेचित किया जाता है।

A. कक्षा में अधिकतम उपस्थिति

B. शिक्षक द्वारा दिया गया उपचारात्मक कार्य

C. विद्यार्थियों द्वारा प्रश्न पूछना

D. कक्षा में पूर्ण नीरवता

15. निम्न कक्षाओं में शिक्षण की खेल विधि आधारित है
   A. शारीरिक शिक्षा कार्यक्रमों के सिद्धांत पर
   B. शिक्षण की विधियों के सिद्धांत पर
   C. विकास एवं वृद्धि के मनोवैज्ञानिक सिद्धांत पर
   D. शिक्षण के सामाजिक सिद्धांतों पर

16. अधिगम के प्रक्रम में अभिप्रेरण
   A. सीखने वालों की स्मृति को तेज बनाता है
   B. पुराने अधिगम से नए अधिगम को विभेदित करता है
   C. एकदिशीय रूप से सोचने में सीखने वालों को प्रस्तुत करता है
   D. नए सीखने वालों में अधिगम के लिए रुचि का सृजन करता है।

17. श्यामपट्ट को शिक्षण साधन सामग्री के किस समूह में अन्तर्भुक्त किया जा सकता है?
   A. श्रव्य साधन   B. दृश्य साधन
   C. दृश्य-श्रव्य साधन   D. इनमें से कोई नहीं

18. निम्न में से कौन शिक्षण कुशलता से संबंधित है?
   A. श्यामपट्ट पर लिखना
   B. प्रश्नों को हल करना
   C. प्रश्न पूछना
   D. इनमें से सभी

19. कक्षा में जो विद्यार्थी प्रश्न पूछते हैं उन्हें
   A. कक्षा के बाद शिक्षक से मिलने की सलाह दी जाय
   B. कक्षा चर्चा में भाग लेने के लिए प्रोत्साहित किया जाना चाहिए
   C. लगातार प्रश्न पूछने के लिए प्रोत्साहित करना चाहिए
   D. स्वतंत्र रूप से उत्तर ढूँढ़ने के लिए प्रोत्साहित करना चाहिए

20. एक अभिभावक आपसे विद्यालय में मिलने के लिए कभी नहीं आता है। आप
   A. बच्चे की उपेक्षा करेंगे
   B. अभिभावक को लिखेंगे
   C. आप स्वयं उनसे मिलने जाएंगे
   D. बच्चे को दण्ड देना शुरू करेंगे

21. पृथक-पृथक समजातीय समूहों के व्यक्तियों के प्रति बच्चों की अभिवृत्ति साधारणतया आधारित होता है
   A. उनके अभिभावकों की चित्तवृत्ति पर
   B. उनमें समकक्षियों की अभिवृत्ति पर

C. दूरदर्शन के प्रभाव पर
   D. उनके सहोदरों की अभिवृत्ति पर

22. एक शिक्षक को साधन सम्पन्न होना चाहिए। इसका अर्थ है
   A. उनके पास पर्याप्त धन-सम्पदा होनी चाहिए ताकि उसे शिक्षण देने की जरूरत न पड़े
   B. उनका अधिकारियों के उच्च स्तर से संपर्क होना चाहिये
   C. उनका अपने विद्यार्थियों की समस्याओं को हल करने का पर्याप्त ज्ञान होना चाहिए
   D. विद्यार्थियों के बीच उनकी प्रसिद्धि होनी चाहिए

23. एक प्रमाणीकृत पठन परीक्षण लेने के लिए पाँचवीं कक्षा को प्रस्तुत करने में शिक्षक को अधिकारिक परामर्श दिया जाता है कि
   A. बच्चों को बोलना कि परीक्षण बहुत महत्वपूर्ण है तथा वह उसमें सबसे अच्छा प्रदर्शन करेगा
   B. पूर्ववर्ती परीक्षा से प्रधान प्रश्नों को चिह्नित करना एवं छात्रों को उन्हें उत्तर देने की अनुमति देना
   C. निम्न कोटि के पाठकों को प्रशिक्षण देना ताकि कक्षा के शेष बच्चे किसी भी तरीके से अच्छा करें
   D. परीक्षण में आनेवाले समान प्रकार के प्रश्नों के उत्तर देने के लिए छात्रों को अभ्यास कराना

24. शिक्षण का सत्तावादी स्तर है
   A. शिक्षक केन्द्रित   B. छात्र केन्द्रित
   C. प्रधानाध्यापक केन्द्रित   D. अनुभव केन्द्रित

25. निम्न में से कौन शिक्षण-अधिगम का स्तर नहीं है?
   A. विभेदीकरण स्तर   B. स्मृति स्तर
   C. चिंतनशील स्तर   D. समझ स्तर।

26. यदि एक विद्यार्थी कक्षा में भाग लेने से संकोच करता है तो आप
   A. उससे प्रश्न नहीं पूछेंगे
   B. जिन प्रश्नों के उत्तर वह दे सकता है, केवल उन्हीं प्रश्नों को पूछेंगे
   C. उन प्रश्नों को नहीं पूछेंगे जिनके उत्तर उसके सामर्थ्य से बाहर है जिसके कारण वह कक्षा में उपहास का पात्र बन सकता है
   D. उससे केवल तब प्रश्न पूछेंगे जब वह उनके उत्तर देने के लिए उत्साहित हो

27. अधिगम से संबंधित किसी विद्यार्थी की समस्याओं का सबसे अच्छा उपचार है
   A. कठोर परिश्रम का सुझाव
   B. ग्रन्थालय में निरीक्षित अध्ययन
   C. निजी शिक्षण का सुझाव
   D. निदानात्मक शिक्षण

28. एक शिक्षक विद्यार्थियों को अनुप्रेरित कर सकता है
   A. पुरस्कार देकर
   B. सही मार्गदर्शन कराकर
   C. उदाहरण देकर
   D. कक्षा में भाषण देकर

29. मानवीय मूल्यों जो प्रकृति में सार्वत्रिक है, के विकास का अर्थ है
   A. मतारोपण
   B. अंगीकरण
   C. अनुकरण
   D. अभिव्यक्ति

30. अपने विद्यार्थियों को समझने के लिए एक शिक्षक में अच्छी जानकारी होनी चाहिए
   A. बाल मनोविज्ञान का
   B. बच्चों को समझने की प्रवृत्ति का
   C. विषय वस्तु के प्रति विद्यार्थियों के मत का
   D. इनमें से सभी

31. मनोचित्रण का संदर्भ है
   A. अर्थग्राह्यता को बढ़ाने का एक तकनीक
   B. जोखिम भरे कार्य के लिए कर्म योजना
   C. मन का चित्र खींचना
   D. मन के प्रकार्य का अन्वेषण

32. विद्यालय से विद्यार्थियों को भाग जाने का कारण है
   A. कक्षा शिक्षण में रुचि का अभाव
   B. विद्यार्थियों में अध्ययन में रुचि का अभाव
   C. विद्यार्थियों को दण्ड नहीं देना
   D. समस्या के प्रति शिक्षकों की निर्दय अभिवृत्ति

33. विद्यार्थियों में श्रम की स्फूर्ति का विकास करने के लिए
   A. शिक्षक अपने ही श्रम में प्रवृत्ति दिखाएगा
   B. शिक्षक श्रम के महत्व पर व्याख्यान करेगा
   C. समय-समय पर विद्यार्थियों को श्रम करने का अवसर देना पड़ेगा
   D. विद्यार्थियों को श्रम करने वाले लोगों का उदाहरण देना पड़ेगा

34. आपको शिक्षक दिवस पर कुछ विद्यार्थियों ने एक बधाई पत्र भेजा है। आप क्या करेंगे? आप
   A. कुछ नहीं करेंगे
   B. उन्हें धन्यवाद देंगे
   C. उन्हें पैसों की बर्बादी नहीं करने के लिए बोलेंगे
   D. उन्हें बदले में शुभकामनाएं देंगे

35. जब एक विद्यार्थी असफल होता है तो समझा जाता है कि
   A. पद्धति असफल है
   B. शिक्षक असफल है
   C. पाठ्यपुस्तकें असफल हैं
   D. यह वैयक्तिक असफलता है

36. आप किसी कक्षा में पाठ पढ़ाते हैं और एक विद्यार्थी विषय से असम्बद्ध एक प्रश्न पूछता है। आप क्या करेंगे?
   A. उसे असम्बद्ध प्रश्न पूछने की अनुमति देंगे
   B. उसे असम्बद्ध प्रश्न पूछने की अनुमति नहीं देंगे
   C. उसे गैर-अनुशासित समझकर दण्डित करेंगे
   D. कक्षा के बाद प्रश्न का उत्तर देंगे

37. श्यामपट्ट पर लिखते समय सबसे महत्वपूर्ण क्या है?
   A. अच्छी लिखावट
   B. लेखन में स्पष्टता
   C. बड़े अक्षरों में लिखना
   D. छोटे अक्षरों में लिखना

38. आपकी कक्षा में एक छात्र देर से आता है। आप
   A. उसके अभिभावक को सूचित करेंगे
   B. उसे दंड देंगे
   C. कारण जानने की चेष्टा करेंगे
   D. उस पर कोई ध्यान नहीं देंगें

39. विद्यालय में विद्यार्थियों को कैसे अभिप्रेरित करना उचित है?
   A. चुने हुए अध्ययन द्वारा
   B. प्रासंगिक अध्ययन द्वारा
   C. गहन अध्ययन द्वारा
   D. सस्वर अधिगम द्वारा

40. सकारात्मक दण्ड का निम्न में से कौन-सा उदाहरण है?
   A. मित्रों के द्वारा उपहास
   B. मित्रों के साथ समय बरबाद करना
   C. मीनमेख निकालना बंद करना
   D. इनमें से सभी

41. निम्न में से कौन-सा कथन अभिप्रेरणा एक प्रक्रिया के सन्दर्भ में उपयुक्त नहीं है?

A. यह व्यक्ति को लक्ष्य की ओर ले जाता है

B. यह व्यक्ति की शारीरिक आवश्यकताओं की संतुष्टि करता है

C. यह मनोवैज्ञानिक आकांक्षा को प्राप्त करने में सहायता करता है

D. यह व्यक्ति की अप्रिय स्थिति से दूर रखता है

42. किसी उद्दीपन के निरन्तर दिये जाने से व्यवहार में होने वाले अस्थायी परिवर्तन कहलाता है :

A. अभ्यस्तता   B. अधिगम

C. अस्थायी अधिगम   D. अभिप्रेरणा।

43. विद्यार्थियों की अभिवृत्तियों में परिवर्तन के लिए निम्न में से किस विधि का प्रयोग अध्यापक को नहीं करना चाहिए?

A. दबाव से किसी बात या विचार के लिए राजी करना

B. किसी विचार को दोहराना अथवा दृढ़तापूर्वक व्यवहार

C. किसी प्रशंसनीय व्यक्ति के द्वारा समर्थन एवं स्वीकृति

D. संदेश के साथ साहचर्य स्थापित करना

44. उपलब्धि अभिप्रेरक के सम्बन्ध में निम्न में से कौन-सा कथन सही है?

A. उपलब्धि अभिप्रेरक जीवित रहने के लिए आवश्यक है

B. यदि व्यक्तिगत क्षमताओं की सन्तुष्टि महत्वपूर्ण है तो उपलब्धि अभिप्रेरक को विकास प्रेरक कहा जा सकता है

C. यदि व्यक्तियों के मध्य प्रतियोगिता पर बल है, तो उपलब्धि अभिप्रेरक को सामाजिक अभिप्रेरक कहा जा सकता है

D. इनमें से सभी

45. कुछ लोगों का कहना है कि जब बालकों को गुस्सा आता है तो वे खेलने के लिए चले जाते हैं। जब तक कि पहले से अच्छा महसूस नहीं करते, उनके व्यवहार में निम्न में से कौन प्रतिरक्षा तन्त्र प्रतिलक्षित होता है?

A. प्रक्षेपण   B. विस्थापन

C. प्रतिक्रिया निर्माण   D. उदात्तीकरण

46. शिक्षा का अधिकार अधिनियम, 2009 में निर्दिष्ट किया गया है कि कक्षा-1 से कक्षा-5 तक यदि प्रवेश दिये गये विद्यार्थियों की संख्या दो सौ से अधिक है, तो विद्यार्थी-अध्यापक आवश्यक अनुपात होगा :

A. तीस   B. चालीस

C. पैंतालीस   D. पचास

47. निम्न में से कौन-सा कथन शिक्षण के बारे में सत्य नहीं है?

A. शिक्षण में सुधार किया जा सकता है

B. शिक्षण औपचारिक एवं अनौपचारिक है

C. शिक्षण विज्ञान के साथ-साथ कला भी है

D. शिक्षण अनुवेशन है

48. एक कॉलेज जाने वाली लड़की ने फर्श पर कोट फेंकने की आदत डाल ली है। लड़की की माँ ने उससे कहा कि कमरे से बाहर जाओ और कोट को खूँटी पर टाँगो। लड़की अगली बार घर में प्रवेश करती है, कोट को हाथ पर रखकर अलमारी की तरफ जाकर कोट को खूँटी पर टाँग देती है। यह उदाहरण है :

A. शृंखलागत अधिगम का

B. उद्दीपन-अनुक्रिया अधिगम का

C. प्रत्यय अधिगम का

D. इनमें से सभी

49. बाह्य अभिप्रेरणा में समावेशित किया जायेगा

   I. प्रशंसा एवं दोषारोपण

   II. प्रतिद्वन्द्विता

   III. पुरस्कार एवं दण्ड

   IV. परिणाम का ज्ञान

इनमें से

A. I और III   B. I, II और III

C. केवल II   D. इनमें से सभी

50. जिस प्रक्रिया में व्यक्ति दूसरों के व्यवहार को देखकर सीखता है न कि प्रत्यक्ष अनुभव के, को कहा जाता है :

A. सामाजिक अधिगम   B. अनुबन्धन

C. प्रायोगिक अधिगम   D. आकस्मिक अधिगम

51. अधिगम निर्योग्यता का लक्षण है :

A. भागने की प्रवृत्ति होना

B. अशान्त, ऊर्जावान एवं विध्वंसक होना

C. अवधान सम्बन्धी बाधा/विकार

D. अभिप्रेरणा का अभाव

52. अधिगम को प्रभावित करने वाला व्यक्तिगत कारक है :

A. संचार के साधन　　　B. समवयस्क समूह

C. अध्यापक　　　D. परिपक्वता एवं आयु

53. निम्न में से कौन-सा कथन किसी व्यक्ति के मानसिक स्वास्थ्य को उत्तम रूप से प्रदर्शित करता है?

A. पूर्ण अभिव्यक्ति, संगतिकरण और सामान्य लक्ष्य की ओर निर्देशन

B. मानसिक विकारों का न होना

C. व्यक्तित्व के विकारों से मुक्ति

D. इनमें से सभी

54. फ्रायड, प्याजे एवं अन्य मनोवैज्ञानिकों ने व्यक्तित्व विकास की विभिन्न अवस्थाओं के सन्दर्भ में व्याख्या की है। परन्तु प्याजे ने

A. कहा कि विकास की अवस्थाएँ वातावरण से निर्धारित होती हैं

B. कहा कि शैशवावस्था के अनुभव ही अधिक प्रभावित करते हैं, बाकी अवस्थाओं के सीमित प्रभाव होते हैं

C. विभिन्न अवस्थाओं को समझाने के लिए संज्ञानात्मक बदलाव के बारे में कहा

D. इनमें से कोई नहीं

55. शिक्षा का अधिकार अधिनियम, 2009 में एक अध्यापक के लिए न्यूनतम कार्य घंटे प्रति सप्ताह निर्धारित किये गये हैं

A. चालीस घंटे　　　B. पैंतालीस घंटे

C. पचास घंटे　　　D. पचपन घंटे

56. शिक्षा का अधिकार अधिनियम, 2009 में एक अध्यापक को निम्न में से किस दायित्व को पूरा करना होगा?

A. विद्यालय में नियमित रूप से समय पर उपस्थित होना होगा

B. पाठ्यक्रम का संचालन कर पूरा करना होगा

C. सम्पूर्ण पाठ्यक्रम को निर्धारित समय पर पूरा करना होगा

D. इनमें से सभी

57. यदि किसी कक्षा में अधिकांश छात्र प्रायः ऊंघते हुए पाए जायें तो :

A. छात्रों में कोई कमी हो सकती है

B. शिक्षण में कोई कमी हो सकती है

C. कक्षा के भौतिक वातावरण में कोई कमी हो सकती है

D. उपरोक्त सभी

58. अच्छा शिक्षण प्रकार्य है :

A. प्रधानाचार्य के अच्छे नेतृत्व का

B. शिक्षकों की विद्वता के उच्च स्तर का

C. शिक्षण व्यवसाय के प्रति ईमानदारी और निष्ठा का

D. उच्च शिक्षण योग्यताओं एवं विधियों का

59. निम्न में से कौन-सा कथन सर्वाधिक सही है?

A. अच्छा शिक्षक वही बन सकता है जो निरन्तर अनुसन्धान भी करता है

B. अच्छा शिक्षक वही बन सकता है जो कुछ न करके केवल पढ़ाने पर ध्यान दे

C. अच्छा शिक्षक वही बन सकता है जो शिक्षण पर कम तथा शोध पर अधिक ध्यान दे

D. उपरोक्त सभी

60. छात्रों को दण्ड देते समय अध्यापक के मन में क्या भावना होनी चाहिए?

A. दण्ड के भय से छात्र आइन्दा गलती न करे

B. छात्रों में सुधार पैदा हो

C. छात्रों को पीड़ा पहुंचे

D. छात्रों को अपने साथियों के सामने लज्जित होना पडे

61. अच्छा अध्यापक वह है जो :

A. अपने विषय में प्रवीण हो

B. मेधावी व परिश्रमी हो

C. सादा जीवन व्यतीत करता हो

D. अपने विद्यार्थियों से सच्ची लगन रखता हो

62. निम्न में कौन-सा कथन सत्य नहीं है ?

A. शिक्षण एक कला है

B. शिक्षकों को प्रशिक्षित किया जा सकता है

C. शिक्षक जन्मजात होते हैं

D. उपरोक्त सभी

63. स्कूल के बाद अपने खाली समय में अध्यापक को क्या करना चाहिए ?

A. घर के काम में पत्नी का हाथ बंटाना चाहिए

B. स्व-अध्ययन के द्वारा अपना विकास करना चाहिए

C. ट्यूशन के द्वारा अपनी आय तथा ज्ञान को बढ़ाना चाहिए

D. दोस्तों के साथ मौज-मस्ती करना चाहिए

64. शिक्षण के लिए ज्ञान, प्रशिक्षण, अनुभव तथा अनुसन्धान के अलावा और किस बात की आवश्यकता पड़ती है?
A. अभिरुचि की
B. सकारात्मक अभिवृत्ति की
C. उपरोक्त दोनों
D. उपरोक्त में से कोई नहीं

65. शिक्षण अभिरुचि का एक महत्त्वपूर्ण पहलू यह भी है:
A. शिक्षण को छात्र उन्मुख बनाने की क्षमता
B. शिक्षण को रोजगार उन्मुख बनाने की क्षमता
C. छात्रों की क्रियाशीलता पर अंकुश लगाने की क्षमता
D. उपरोक्त सभी

66. यदि शिक्षक में न्याय और निष्पक्षता का गुण न हो तो इसका क्या परिणाम होता है?
A. इससे छात्रों का हित नहीं हो पाता
B. इससे शिक्षक विश्वास खो देता है और उसे सम्मान भी नहीं मिलता
C. शिक्षक की आत्मा मर जाती है
D. शिक्षक निरंकुश बन जाता है

67. स्कूलों में नैतिक शिक्षा दिए जाने के सम्बन्ध में आप का क्या विचार है ?
A. स्कूल में नैतिक शिक्षा अवश्य दी जानी चाहिए
B. इस शिक्षा को स्कूलों में देने की कोई आवश्यकता नहीं है
C. इस प्रकार की शिक्षा को अध्यापक को अपने व्यवहार द्वारा देना चाहिए
D. उपरोक्त में से कोई नहीं

68. यदि आपको अन्तः सेवा प्रशिक्षण के लिए कहीं भेजा जाये तो आप वहाँ :
A. शिक्षकों से अपना सम्पर्क बढ़ायेंगे
B. नयी-नयी शिक्षण विधियाँ सीखेंगे
C. अनुभवी अध्यापकों के अनुभव सीखेंगे
D. उपरोक्त सभी

69. शिक्षण की समस्याओं को हल करने का दायित्व किसका है ?
A. प्रधानाचार्य का   B. शिक्षाविदों का
C. सरकार का   D. शिक्षकों का

70. आपके विचार में शिक्षण क्या है ?
A. एक कला   B. एक कौशल
C. एक तपस्या   D. एक क्रिया मात्र

71. यदि शिक्षक यह कहे कि मैं जो कुछ करता हूं उस पर ध्यान न दो अपितु मैं जो कहता हूं उसका अनुसरण करो तो :
A. छात्र उसके कहने के अनुसार चलेंगे
B. छात्रों पर इसका अच्छा प्रभाव नहीं पड़ेगा
C. छात्र शिक्षक की विद्वता का गुण गायेंगे
D. छात्र शिक्षक का मजाक उड़ायेंगे

72. अध्यापक को अपने उस छात्र पर गर्व करना चाहिए जोः
A. अपने जीवन के आदर्शों पर अडिग है
B. यदि शिक्षक बन जाये तो समर्पण के साथ छात्रों के हित के लिए सदैव प्रयासरत् रहे
C. अनैतिकता के प्रति शान्तिपूर्ण विरोध दर्शाये
D. उपरोक्त सभी

73. यदि आपकी कक्षा में बच्चों की संख्या के अनुरूप फर्नीचर कम है तो आप :
A. प्रधानाचार्य से इसके प्रबंध करने के लिए कहेंगे
B. छात्रों को कम फर्नीचर पर ही समायोजित करने का प्रयास करेंगे बाद में प्रधानाचार्य को इस की सूचना देंगे
C. कुछ छात्रों से खड़े होकर पढ़ने के लिए कहेंगे
D. उपरोक्त सभी

74. नई-नई बातें सीखने के लिए आवश्यक है कि :
A. नई-नई पुस्तकों का अध्ययन किया जाए
B. अनुभवी एवं ज्ञानी लोगों का साथ पकड़ा जाए
C. नए-नए स्थलों का भ्रमण किया जाए
D. उपरोक्त सभी

75. कक्षा में स्नेहपूर्ण एवं सृजनशील शिक्षण ही सबसे बड़ी समाज सेवा है। आप इस कथन से :
A. सहमत नहीं हैं
B. आंशिक रूप से सहमत हैं
C. खिन्न हैं
D. पूर्णरूप से सहमत हैं

76. आपकी श्यामपट पर अपठनीय लिखावट की ओर कोई छात्र बार-बार संकेत करता है तो इस पर आपकी क्या प्रतिक्रिया होगी?
A. उस छात्र को फटकार देंगे
B. अपने लेख को सुधारने का तुरन्त अभ्यास आरंभ कर देंगे

C. आप अपनी कमजोरी को स्वीकार कर लेंगे तथा श्यामपट्ट पर साफ लिखने का प्रयास करेंगे।

D. छात्र को धमकाने का प्रयास करेंगे

77. एक ही कक्षा में पढ़ने वाले बच्चों की उपलब्धि में भिन्नता पाए जाने का प्रमुख कारण निम्न में सभी है केवल एक को छोड़करः

A. अध्यापकों के शिक्षण में कमी

B. बच्चों में श्रम तथा एकाग्रता का भिन्न होना

C. जन्मजात योग्यता का अलग-अलग होना

D. परिवेश की भिन्नता का होना

78. स्कूलों में पठन-पाठन के अलावा और भी बहुत से कार्यक्रम आयोजित किए जा रहे हैं। एक शिक्षक के रूप में इन कार्यक्रमों के सम्बन्ध में आपकी क्या प्रतिक्रिया है?

A. यह सब केवल समय की बर्बादी है

B. इन सभी क्रियाओं की छात्रों के सर्वांगीण विकास के लिए आवश्यकता है

C. इन क्रियाओं के माध्यम से अध्यापकों को भी सक्रिय एवं क्रियाशील रखा जा सकता है

D. स्कूल में भांति-भांति की प्रतियोगिताएं होती रहनी चाहिए

79. एक अध्यापक का सबसे बड़ा शत्रु हो सकता है :

A. उसका उद्दण्ड छात्र

B. उसका प्रधानाचार्य

C. उसका अहंकार जो उसके अंदर गुणात्मक सुधार आने नहीं देता

D. उसका धन का लोभ

80. एक अध्यापक के लिए निम्न में से सबसे कठिन काम क्या हो सकता है?

A. छात्रों के असामाजिक व्यवहार को सुधारना

B. अपने शिक्षण को सुधारना

C. अपने साथी अध्यापकों से अच्छे सम्बन्ध बनाना

D. सहायक शिक्षण सामग्री तैयार करना

81. शिक्षण व्यवसाय अन्य व्यवसायों से इसलिए उत्तम है क्योंकि इसमें :

A. उत्पाद का मूल्य निर्धारित नहीं किया जा सकता

B. उत्पाद (छात्र) जीते जागते रूप में अध्यापक की आत्म संतुष्टि का माध्यम बनते हैं

C. वर्ष में छुट्टियां बहुत अधिक होती हैं

D. अध्यापक को समाज में उच्च स्थान दिया जाता है

82. कभी-कभी बहुत विद्वान व्यक्ति भी अच्छा शिक्षक नहीं बन पाता। इसका सम्भावित कारण हो सकता है :

A. विद्वता का दुरुपयोग

B. कक्षा में सूचना संप्रेषित करते समय छात्रों के स्तर को ध्यान में न रखना

C. शिक्षण कौशल में परिपक्व न होना

D. (A) तथा (C) दोनों

83. आपके अनुसार शिक्षण की योजना पद्धति होनी चाहिए :

A. पाठ्य पुस्तक केन्द्रित

B. शिक्षक केन्द्रित

C. बालक केन्द्रित

D. प्रोजेक्ट केन्द्रित

84. विद्यालय में अनुशासनहीनता उत्पन्न होने का कारण आप मानते हैं कि :

A. गरीबी व बेरोजगारी

B. अध्यापकों में जिम्मेदारी का अभाव

C. शिक्षा पदाधिकारियों का आये दिन तबादला

D. शिक्षा-प्रणाली में विषमता

85. छोटी उम्र के बच्चों को अधिक योग्य बनाने के लिए आपको किस तरह का व्यवहार करना चाहिए ?

A. उन्हें कड़ी मेहनत के लिए कहना चाहिए

B. उन्हें अधिक लाड़-प्यार करना चाहिए

C. उन्हें दूसरों की नकल करने से बचाना चाहिए

D. उन्हें अच्छे वातावरण में रखना चाहिए

86. एक शहरी अध्यापक ग्रामीण क्षेत्र में पढ़ाने के लिए गया है लेकिन ग्रामीणों के बच्चे डरते हैं, आप उनको पढ़ाने के लिए कौन-सा आवश्यक कार्य करेंगे?

A. ग्रामवासियों के साथ उनकी दुखानुभूति एवं सुखानुभूति में भाग लेकर उनका विश्वास जीतने की कोशिश करेंगे

B. ग्रामीण बच्चों को रोज मिठाई देकर पढ़ने के लिए तैयार करेंगे

C. ग्रामवासियों की वेष-भूषा में रहकर उनकी समस्याओं का निराकरण करने की कोशिश करेंगे

D. सबसे पहले पढ़ाई के महत्त्व को बतायेंगे

87. अपने बच्चों का व्यवसाय चुनने के लिए आप निम्न में से किस विचार से सहमत होंगे?
A. बच्चों को उनकी रुचि व क्षमता के अनुसार व्यवसाय चुनने की स्वतंत्रता है
B. क्योंकि बच्चा तो बच्चा है उसके पास बड़ों जैसा अनुभव कहां है
C. बच्चों को व्यवसाय चुनने के लिए अभिभावकों के साथ विचार-विमर्श करना चाहिए
D. उपर्युक्त सभी

88. आपके विद्यालय के पास एक मंदिर है वहां पूजा के समय लाउडस्पीकर का प्रयोग किया जाता है, जिससे बच्चों का ध्यान उस ओर चला जाता है तो आपः
A. मंदिर के संचालक को स्पीकर बंद करने का आदेश देंगे
B. सभी अभिभावकों को सूचित करेंगे कि वे इसका विरोध करें क्योंकि इससे बच्चों का अहित होता है
C. मंदिर के संस्थापक को सलाह देंगे कि विद्यालय के समय लाउडस्पीकर का प्रयोग न करें
D. इसकी प्रशंसा करेंगे क्योंकि इससे धर्म का प्रचार होता है

89. जब कोई विद्यार्थी सामाजिक समारोहों में भाग लेने से कतराता है तो आप :
A. इसकी जानकारी उसके अभिभावक को देंगे
B. उसके अभिभावक को समझायेंगे कि वे बच्चे को सामाजिक समारोहों में भाग लेने के लिए प्रेरित करें, इससे बच्चों में सामाजिक गुणों का विकास होता है
C. शिक्षक स्वयं सामाजिक समारोहों में भाग लें तथा छात्रों को भाग लेने के लिए प्रोत्साहित करें
D. उसके सभी क्रियाकलापों पर विशेष ध्यान देंगे

90. आप विद्यालय में पढ़ा रहे हैं और कोई छात्र आपकी कोई गलती पकड़ता है तो आप :
A. छात्र को चुप रहने तथा बाद में मिलने के लिए कहते हैं
B. छात्र को ही गलत साबित कर देते हैं लेकिन बाद में स्वयं सुधार लेते हैं
C. सभी बच्चों के सामने उसकी खिल्ली उड़ाते हैं
D. उस छात्र को समझाने की कोशिश करते हैं तथा गलती होने पर अपनी गलती स्वीकार कर लेते हैं

91. यदि किसी बच्चे को स्कूल जाने में रुचि नहीं है तो आप :
A. उसे जबरदस्ती स्कूल भेजेंगे
B. उसके शिक्षक को बुलायेंगे
C. उसे समझाकर अपने साथ स्कूल ले जायेंगे
D. उसमें रुचि पैदा करने के लिए सुझाव देंगे

92. शिक्षा के स्तर को ऊंचा उठाने के लिए आप सुझाव देंगेः
A. शिक्षा में मूलभूत परिवर्तन हो
B. एक शिक्षा नीति बनायें, जिस पर सभी व्यक्ति अमल करें
C. ईमानदारीपूर्वक निहित स्वार्थों से मुक्त रहकर निर्धारित कार्यक्रम को लागू किया जाये तथा उस पर अमल किया जाए
D. प्रतिवर्ष शिक्षा आयोग गठित किया जाए तथा उसके सुझाव व नीतियों का पालन किया जाए

93. आपकी दृष्टि में शिक्षण कैसा काम है :
A. चुनौती भरा आनन्ददायक काम है
B. आसान तथा प्रतिष्ठा बढ़ाने वाला काम है
C. उलझन भरा काम है
D. उपरोक्त सभी

94. हमें शिक्षा ग्रहण करनी चाहिए क्योंकि शिक्षा :
A. व्यक्ति को विद्वान बनाती है
B. व्यक्ति को स्वावलम्बी बनाती है
C. व्यक्ति को अर्थोपार्जन योग्य बनाती है
D. उपरोक्त सभी

95. अंग्रेजी भाषा के माध्यम से उच्च शिक्षा प्रदान करना :
A. ज्ञान की प्राप्ति के लिए आवश्यक है
B. भूमण्डलीकरण के कारण उपजी परिस्थितियों की मांग है
C. उपरोक्त दोनों
D. उपरोक्त में से कोई नहीं

96. प्रभावी शिक्षण के लिए निम्न में से किस शर्त को सर्वाधिक महत्त्व दिया जाना चाहिए?
A. कक्षा में नोट्स देना
B. व्यावहारिक उदाहरण देकर पाठ्य वस्तु को स्पष्ट करना
C. छात्रों के समक्ष तत्सम एवं शुद्ध भाषा का प्रयोग करना
D. उपरोक्त में से कोई नहीं

97. अध्यापक मुख्य रूप से किसके प्रति जवाबदेह होता है?

    A. प्रधानाचार्य के प्रति

    B. अभिभावकों के प्रति

    C. समाज तथा छात्रों के प्रति

    D. सरकार के प्रति

98. अध्यापक बन जाने के बाद आप किस कार्य में अधिक रुचि लेंगे?

    A. ट्यूशन द्वारा पैसा बनाने में

    B. छात्रों की ज्ञान वृद्धि एवं व्यक्तित्व विकास में

    C. छात्रों की शिकायत प्रधानाचार्य तक पहुँचाने में

    D. शिक्षण के मानदण्ड को ऊँचा उठाने में

99. स्कूल तथा समुदाय के बीच अच्छे सम्बन्ध के लिए निम्न में से क्या आवश्यक है ?

    A. स्कूल के वातावरण को सुधारने में समुदाय के लोगों का सहयोग लेना

    B. अध्यापकों का अभिभावकों के निरन्तर सम्पर्क में रहना

    C. समय-समय पर स्कूल की प्रगति एवं गतिविधियों की जानकारी समुदाय को देते रहना

    D. उपरोक्त सभी

100. निम्न में से किसे आप वरीयता क्रम में सबसे ऊपर रखेंगे?

    A. समाज सेवा को

    B. बीमार मां की सेवा को

    C. महिलाओं के अधिकारों की रक्षा को

    D. कक्षा में पहुँचने के बाद शिक्षण को

101. एक अध्यापक का श्रेष्ठतम गुण है :

    A. अध्यापन के प्रति पूर्ण समर्पण

    B. अध्यापक के उच्च विचार

    C. अध्यापक का उच्च चरित्र

    D. अध्यापक की धर्मनिरपेक्षता

102. यदि किसी कारण आपका पाठ्यक्रम पूरा नहीं हो पाया है और इसी बीच आपको एक विवाह समारोह में भी भाग लेना है तो आपको क्या करना चाहिए?

    A. विवाह में सम्मिलित नहीं होना चाहिए

    B. पाठ्यक्रम पूरा करने के लिए अतिरिक्त कक्षाएं लेनी चाहिए

    C. पाठ्यक्रम पूरा करने के लिए अपने किसी साथी अध्यापक की सहायता लेनी चाहिए

    D. उपरोक्त सभी

103. बच्चों को स्कूल में नैतिक मूल्य सिखाने का सबसे अच्छा तरीका यह है कि :

    A. उनके सामने अध्यापक स्वयं अच्छे आदर्श प्रस्तुत करे

    B. प्रत्येक अध्याय में नैतिकता का पाठ शामिल हो

    C. बच्चों से समाज सेवा कराई जाये

    D. उपरोक्त सभी

104. यदि आप किसी ऐसे स्कूल में पढ़ा रहे हैं जहां आदिवासी बालक पढ़ते हैं तो आप इन बालकों को अनुशासन में रखने के लिए क्या उपाय अपनायेंगे ?

    A. उनकी पारिवारिक पृष्ठभूमि को ध्यान में रखकर आप उन्हें गलती करने पर कठोर दण्ड देंगे

    B. आप उनके लिए पाठ्यचर्या को इस प्रकार सुसंगठित करेंगे जो कि उनकी आवश्यकताओं की पूर्ति में सहायक हो ऐसा करने से अनुशासनहीनता की समस्या स्वतः कम हो जाएगी

    C. आप उनकी पृष्ठभूमि को ध्यान में रखकर उनसे बहुत बचकर रहेंगे

    D. आप उन्हें खुली छूट देंगे कि वह स्कूल में आयें या न आयें

105. उत्तम शैक्षणिक नेतृत्व के लिए चाहिए :

    A. अच्छा व्यक्तित्व एवं सब के साथ समान व्यवहार

    B. समूह के प्रति समर्पण की भावना एवं ऊंचा मनोबल

    C. समूह पर कड़ा नियंत्रण

    D. योजनाओं का सतत् मूल्यांकन

106. विद्यालय में अध्यापक का प्राथमिक कर्त्तव्य यह है कि वह:

    A. छात्रहित को ही सर्वोपरि रखे और उसी के अनुसार काम करे

    B. अपने प्रधानाचार्य का चारों ओर गुणगान करता फिरे

    C. अपने कार्यों के द्वारा अपने प्रधानाचार्य एवं स्कूल की प्रतिष्ठा को बढ़ाये

    D. वह पाठ्यक्रम को पूरा करने पर विशेष ध्यान दे

107. ''योग्य छात्र ही योग्य अध्यापक बन सकता है।'' इस उक्ति का क्या आशय है ?

A. जो छात्र पढ़ने में अच्छा नहीं है वह अच्छा अध्यापक भी नहीं बन सकता

B. जो छात्र अध्ययनशील रहा है वह आगे भी अध्ययनशील होकर अच्छा अध्यापक बन सकता है

C. शिक्षण एक चुनौती भरा काम है यह अयोग्य छात्रों के बस की बात नहीं है

D. उपरोक्त कोई नहीं

108. मैं शिक्षण अधिगम प्रक्रिया में टी.वी., कम्प्यूटर आदि के प्रयोगों को :

A. अच्छा समझता हूँ

B. उचित एवं आवश्यक समझता हूँ

C. ठीक नहीं मानता। इसमें समय बहुत नष्ट होता है

D. उपरोक्त में से कोई नहीं

109. अध्यापक की दैनिक दिनचर्या का अंग होता है

A. दैनिक रूप से वाचनालय जाना तथा पत्र-पत्रिकाओं का अध्ययन करना

B. छुट्टी के दिनों में धार्मिक स्थलों पर समय बिताना

C. छात्रों में अधिगम की दर को बढ़ाने के लिए निरन्तर चिन्तनशील रहना और कक्षा में नए-नए प्रयोग करना

D. (A) तथा (C) दोनों

110. पढ़ाते समय कक्षा में अध्यापक का विश्वास कब डगमगाता है ?

A. जब वह पाठ की पूरी तैयारी करके कक्षा में नहीं आता

B. जब वह छात्रों की रुचि को बढ़ाने के लिए युक्तियों का प्रयोग नहीं करता

C. जब उसकी छात्रों पर पकड़ नहीं होती

D. उपरोक्त सभी

111. अभिभावक अपने बालकों के लिए अध्यापकों से आशा करते हैं :

A. निष्पक्ष व्यवहार की

B. सहानुभूति एवं प्रेम की

C. योग्यता तथा ज्ञान की

D. (A) तथा (B) दोनों

112. प्रधानाचार्य अपने अध्यापकों से आशा करता है :

A. समर्पण एवं निष्ठा की

B. योग्यता एवं ज्ञान की

C. आज्ञापालन भाव की

D. उपरोक्त सभी

113. शिक्षण व्यवसाय अपनाने हेतु तैयारी करने के लिए सर्वप्रथम किसी व्यक्ति के अन्दर निम्न में से किन बातों का होना आवश्यक है?

A. समाज में यश प्राप्त करने की अभिलाषा

B. सकारात्मक शिक्षण अभिवृत्ति एवं अभियोग्यता

C. व्यक्ति का कम वेतन एवं कम सुविधाओं पर भी काम करने के लिए तैयार होना

D. उपरोक्त सभी

114. शिक्षण व्यवसाय को अपनाने के पीछे निम्न में से एक को छोड़कर सभी कारण हो सकते हैं :

A. समाज सुधार की भावना

B. स्वयं को एक अच्छे शिक्षक के रूप में स्थापित करने की लालसा

C. सेवानिवृत्ति के बाद प्राप्त होने वाला लाभ

D. छात्रों के सर्वांगीण विकास के लिए प्रयास करने की इच्छा

115. शिक्षक नियुक्त होने के बाद भी शिक्षकों को प्रशिक्षण की आवश्यकता होती है क्योंकि :

A. वह बी.एड में दिए गए प्रशिक्षण को समय के साथ भूल जाता है

B. नये-नये अनुसंधानों एवं शिक्षा में उनके प्रयोग की जानकारी अध्यापकों को मिलती रहनी चाहिए

C. इस प्रकार के कार्यक्रमों के आयोजित होने से अध्यापक का बौद्धिक विकास होता है

D. उपरोक्त सभी

116. आजकल स्कूलों में अधिक बल दिया जाता है :

A. सूचनाओं को रटवाने पर

B. विज्ञान विषयों के शिक्षण पर

C. छात्रों में ज्ञान के संग्रह पर

D. परीक्षा पास करवाने पर

117. एक शिक्षक के नाते माध्यमिक स्तर पर अध्यापकों के स्थानान्तरण के विषय में आपकी क्या राय है ?

A. स्थानान्तरण होना ही नहीं चाहिए

B. यदि अध्यापक चाहता हो तो स्थानान्तरण किया जाना चाहिए

C. अध्यापकों को उनके गलत कार्यों की सजा देने के लिए स्थानान्तरण अवश्य होना चाहिए

D. स्थानान्तरण से अध्यापकों के अनुभवों में वृद्धि होती है

118. अन्य व्यवसायों की अपेक्षा अध्यापन कार्य महिलाओं के लिए अधिक उपयुक्त है क्योंकि :

A. इसमें अवकाश बहुत मिलते हैं

B. इसमें काम कम घण्टे करना पड़ता है

C. इसमें ट्यूशन आदि के द्वारा पैसा बहुत है

D. इसमें नारी को सम्मान भी मिलता है और उसके साथ किसी भी प्रकार के दुर्व्यवहार की सम्भावना भी बहुत कम हो जाती है

119. बालक के लिए संवेगात्मक आघात का अनुभव कराने वाली परिस्थिति है :

A. पक्षपातपूर्ण शारीरिक दण्ड या बालक को दी जाने वाली मानसिक यातना

B. छात्र को बिना किसी बड़ी गलती के स्कूल से निकाल दिया जाना

C. छात्र की कमजोर आर्थिक स्थिति का कक्षा में मखौल

D. उपरोक्त सभी

120. सामाजिक परिपक्वता निम्न में से किस के द्वारा प्रदर्शित होती है ?

A. सामाजिक आवश्यकताओं की पूर्ति में सक्षम होना

B. व्यक्ति के जीवन उद्देश्य (आवश्यकताओं) तथा सामाजिक मान्यताओं के बीच सन्तुलन

C. उत्तम सामाजिक समायोजन

D. सबको भाने वाला सामाजिक व्यवहार

121. छात्रों को निर्णय लेने की स्वतंत्रता कहां तक होनी चाहिए?

A. कक्षा के सामान्य झगड़ों को निपटाने में

B. पिकनिक आदि का निर्णय लेने में

C. जहाँ तक उसका निर्णय स्कूल के नियमों एवं सिद्धांतों से न टकराये

D. उपरोक्त सभी

122. शिक्षकों द्वारा शैक्षिक-क्रियात्मक अनुसंधान करने के विषय में आपका मत है कि :

A. पठन-पाठन कार्य बाधित होता है

B. अध्यापक पढ़ाने के लिए है न कि अनुसंधान के लिए

C. शैक्षिक विकास में इसकी कोई उपयोगिता नहीं है

D. यह अध्यापन कार्य को परिष्कृत करने में सहायक होता है

123. आप परीक्षा के दौरान कक्ष निरीक्षक का कार्य कर रहे हैं, उसमें विद्यालय के प्रधानाचार्य का पुत्र परीक्षा दे रहा है यदि वह अनुचित कार्य करता है तो :

A. उसे रोकने का साहस करेंगे

B. उसकी अनदेखी करेंगे

C. प्रधानाचार्य से परीक्षा के बाद शिकायत करेंगे

D. परिणाम की परवाह किए बिना उसे अनुचित साधन प्रयोग नहीं करने देंगे

124. कक्षा में छात्र/छात्राओं का ध्यान विकसित करने के लिए आप :

A. छात्र/छात्राओं में जिज्ञासा का विकास करेंगे

B. कक्षा में जोर से बोलेंगे

C. भाषण ठीक प्रकार से तैयार करेंगे

D. बच्चों को कहानियां सुनायेंगे

125. आप विद्यालय में छात्रों में सहयोग की भावना विकसित करने के लिए क्या करेंगे ?

A. सभी शिक्षक मिलजुल कर कार्य करेंगे

B. इससे सम्बन्धित उदाहरण प्रस्तुत करेंगे

C. मिलजुल कर कार्य करने के महत्त्व को बतायेंगे

D. विद्यालय में पाठ्य सहगामी क्रियाओं का आयोजन करेंगे

126. आपके विचार से विद्यालय में छात्रों के शैक्षिक भ्रमण का प्रबंध करना आवश्यक होता है क्योंकि इससे :

A. अभिभावक प्रसन्न होते हैं

B. छात्रों को प्रत्यक्ष सम्पर्क से ज्ञान प्राप्त करने का अवसर मिलता है

C. अध्यापक कुछ दिनों तक कक्षा-शिक्षण से मुक्त रहते हैं

D. छात्रों को कुछ दिनों विद्यालय नहीं आना पड़ता

127. विद्यालयों में योग-शिक्षा के संदर्भ में आपका विचार है कि:
A. इससे छात्रों के शारीरिक स्वास्थ्य में सुधार होगा
B. यह मनोरंजन का साधन है
C. इससे छात्रों का मन-मस्तिष्क सबल होगा
D. (A) तथा (C) दोनों

128. अध्यापक के सुझाव के बावजूद कोई छात्र अपनी स्वच्छता का ध्यान नहीं रखता है, तो अध्यापक को चाहिए कि वह :
A. छात्र को अर्थ दण्ड दे
B. अन्य छात्रों के समक्ष उसे शर्मिन्दा करे
C. उसके अभिभावक को सूचित करे
D. कारण का पता करे

129. आप यह अनुभव करते हैं कि आपकी संस्था में आपके कुछ साथी अपने दायित्वों के प्रति लापरवाही दिखाने लगे हैं वह सोचते हैं कि उन्हें सेवा काल पूरा करना है तथा प्रशासक भी इस तरफ से उदासीन है ऐसे में आप :
A. स्वयं भी कार्य में ढील देने लगेंगे
B. उन साथियों को प्रेरित करेंगे कि वे अपना कार्य निष्ठा से करें
C. उनकी तरफ कोई ध्यान नहीं रखेंगे
D. अपने संस्थान के गिरते हुए स्तर की आलोचना करेंगे

130. छात्रों में बड़ों के प्रति आदर की भावना के विकास के लिए :
A. शिक्षक को स्वयं अपने से बड़ों के प्रति आदर प्रदर्शित करना चाहिए
B. कक्षा में उपयुक्त उदाहरण देना चाहिए
C. आदर भाव के महत्त्व को बताना चाहिए
D. अभिभावकों को यह जिम्मेदारी स्वीकार करनी चाहिए

131. यदि आपसे किसी गम्भीर विषय पर भाषण देने के लिए कहा जाये, तो आपः
A. कुछ देर का समय मागेंगे
B. इस विषय पर मित्रों से सलाह लेंगे
C. सहर्ष तैयार हो जायेंगे
D. स्पष्ट मनाकर देंगे

132. कक्षा में शान्त वातावरण तभी रह सकता है, जब :
A. कठोर अनुशासन हो
B. मनोरंजक कहानियाँ सुनाई जायें
C. केवल छात्रों का सहयोग हो
D. अध्यापक और छात्रों में परस्पर सहयोग हो

133. अध्यापक को अपनी जानकारी नवीनतम बनाने के लिए :
A. दैनिक समाचार-पत्रों को नियमित पढ़ना चाहिए
B. विषय से सम्बन्धित नवीन साहित्य का अध्ययन करना चाहिए
C. शैक्षिक गोष्ठियों में भाग लेना चाहिए
D. उपरोक्त सभी कार्य करने चाहिए

134. उच्च बौद्धिक क्षमता के लोग अध्यापन में तभी आते हैं, जब वे :
A. दूसरा कोई व्यवसाय नहीं पाते हैं
B. कम काम करना चाहते हैं
C. ट्यूशन द्वारा अधिक धन कमाना चाहते हैं
D. शिक्षक जैसा चुनौती भरा जीवन बिताना चाहते हैं

135. निम्नलिखित गुण समूहों में कौन-सा गुण शिक्षक के लिए उपयुक्त है ?
A. क्षमा, सहयोग, क्रोध, ज्ञान
B. ज्ञान, संयम, विवेक, क्षमा
C. ईमानदारी, ईर्ष्या, ज्ञान
D. सहनशीलता, करुणा, प्रभुत्व

136. आपसे अपने बच्चे के बारे में कोई सलाह मांगे तो सर्वप्रथम आप :
A. अध्यापक बनाने की सलाह देंगी
B. अध्यापक कभी न बनने की सलाह देंगी
C. बच्चे के बारे में विस्तार से जानकारी प्राप्त करनी चाहेंगी
D. बच्चे को उसके भाग्य के भरोसे छोड़ देने को कहेंगी

137. विभिन्न प्रकार के शिविरों जैसे—एन.एस.एस. स्काउटिंग के आयोजन के सम्बन्ध में आपका विचार है कि इससे:
A. शिक्षण कार्य पर बुरा असर पड़ता है
B. व्यक्तित्व का विकास होता है

C. सहयोग और श्रम में आस्था उत्पन्न होती है

D. (B) तथा (C) दोनों

138. आप जिस क्षेत्र में पढ़ाते हैं वहाँ अंध-विश्वासों की कई मान्यताएं प्रचलित है। वहाँ के निवासी उन्हें सहज छोड़ने के लिए तैयार नहीं हैं, तो आप :

A. जितना हो सकेगा करेंगे

B. अपने लिए कोई सिरदर्द नहीं लेंगे

C. क्षेत्र के साक्षर लोगों की सहायता से उन्हें समझाने का प्रयास करेंगे

D. समाज में आगे आकर उन मान्यताओं को तोड़ेंगे

139. उस परीक्षा भवन में जहाँ परीक्षार्थी आपका रिश्तेदार है, और आप वहाँ निरीक्षण कार्य कर रहे हैं, तो ऐसी स्थिति में आप :

A. अवसर का लाभ उठाने के लिए उस परीक्षार्थी की मदद करेंगे

B. भवन में लचीला रुख अपनायेंगे ताकि अन्य छात्र उसकी मदद कर दें

C. उसके ऊपर कड़ी निगरानी रखेंगे

D. नियमित रूप से अपना निरीक्षण कार्य करेंगे

140. विद्यालय में वाद-विवाद प्रतियोगिता के परिणामों को लेकर हंगामा हो जाता है, तो आप :

A. भविष्य में चाहेंगे कि विद्यालय में वाद-विवाद प्रतियोगिता आयोजित न की जाये

B. निर्णायकों के चयन में सभी विद्यालयों/संस्थाओं को प्रतिनिधित्व देंगे

C. आलोचना की परवाह न करते हुए अपना कार्य करेंगे

D. सोचेंगे कि जो हारता है वह ऐसा करता ही है

141. अध्यापन कार्य में एक अध्यापक को तब अधिक परेशानी होती है जब :

A. कक्षा में छात्रों की संख्या बहुत अधिक हो

B. विद्यालय उसके घर से दूर हो

C. कक्षा के अधिकांश छात्र गरीब परिवारों के हों

D. अभिभावकों का सहयोग न मिले

142. किसी भी विषय वस्तु को छात्रों को सरलता से सिखाने के लिए अध्यापक का सर्वप्रथम गुण होना चाहिए :

A. आत्मविश्वास

B. प्रभावी अभिव्यक्ति

C. सहृदयता

D. विषय-वस्तु का ज्ञान

143. विद्यालय में सभी शिक्षकों को समय पर आना चाहिए क्योंकि इससे :

A. विद्यालय के सभी कार्यक्रम समय पर होंगे

B. छात्रों में अच्छी आदत का विकास होगा

C. विद्यालय में अनुशासन कायम होगा

D. उपरोक्त सभी बातों का विकास होगा

144. एक शिक्षक के पास बच्चों के सभी स्तर के अभिभावक आते हैं जो अपने बच्चों की प्रगति सुनकर प्रसन्न होते हैं उनकी प्रसन्नता और संतुष्टि के लिए आप :

A. बच्चों को होशियार बतायेंगे

B. बच्चें की तुलना होशियार व्यक्तियों से करेंगे

C. कहेंगे कि आप बहुत भाग्यशाली हैं

D. गुणों के साथ कमियां भी बतायेंगे

145. विद्यालय में प्रार्थना स्थल पर प्रार्थना के लिए पर्याप्त संख्या में छात्र उपस्थित नहीं होते हैं, प्रधानाचार्य के रूप में आपः

A. छात्रों को प्रार्थना का महत्त्व समझायेंगे

B. प्रार्थना स्थल पर मनोरंजक कार्यक्रम करायेंगे

C. सभी साथियों से इस समस्या पर गौर करने के लिए कहेंगे

D. प्रार्थना स्थल पर ही छात्रों की उपस्थिति करायेंगे

146. एक विद्यार्थी को अपने उस अध्यापक को अपना आदर्श मानना चाहिए जो :

A. सुगठित शरीर का हो

B. अत्यन्त लोकप्रिय हो

C. वही करता हो जो कहता हो

D. सबकी हां में हां करता हो

147. विद्यालय से छात्रों के भागने का कारण है :

A. रुचिकर कक्षा शिक्षण न होना

B. छात्रों की शिक्षा में रुचि न होना

C. छात्रों को दण्ड न देना

D. अध्यापकों की समस्या के प्रति उदासीनता

148. विद्यालय में छात्रों की प्रेरणा हेतु आप निम्न में से क्या करना चाहेंगे?

A. प्रेरित लोगों के उदाहरण देंगे
B. प्रेरणा के महत्त्व पर भाषण देंगे
C. छात्रों में प्रतिस्पर्धा की भावना का विकास करेंगे
D. छात्रों में पारितोषिक वितरण

149. सामान्य व्यवसाय की अपेक्षा अध्यापन व्यवसाय को लोग कम महत्त्व देते हैं इसका प्रमुख कारण है :
A. अन्य व्यवसायों की अपेक्षा इसमें आमदनी के सीमित साधन हैं
B. व्यवसाय की दृष्टि से अध्यापन ठीक नहीं है
C. अध्यापन कार्य में समय का बंधन होता है
D. अध्यापन कार्य में नैतिकता का बंधन होता है

150. शिक्षक छात्रों को व्यवसाय के चयन के लिए सहायता तथा निर्देशन इसलिए देते हैं कि :
A. उनको विद्यार्थियों की रुचि का ज्ञान होता है
B. उन्हें सब व्यवसायों का ज्ञान होता है
C. वह विषय विशेषज्ञ होते हैं
D. वह इस प्रकार की सहायता द्वारा अपनी कुशलता प्रदर्शित करते हैं

151. शिक्षक को अपनी विषय-वस्तु में निरन्तर नये ज्ञान का समावेश करते रहना चाहिए जिससे :
A. वह छात्रों को नवीनतम ज्ञान दे सके
B. छात्र कक्षा में शान्त रह सकें
C. छात्र शिक्षक की योग्यता का लोहा मानें
D. अध्यापक का ज्ञान बढ़ सके

152. कहा जाता है कि प्राथमिक कक्षाओं में अध्यापकों की अपेक्षा अध्यापिकाओं का शिक्षण अधिक प्रभावी होता है क्योंकिः
A. वे गीत सुनाकर बच्चों को बहलाती हैं
B. वे बच्चों को दण्ड नहीं देती
C. उनसे बच्चों को डर नहीं लगता है
D. वे बच्चों से मातृत्व स्नेह करती हैं

153. यदि आपको प्रशिक्षण हेतु भेजा जाए तो वहाँ आप :
A. शिक्षकों से मिल-जुलकर अपना काम निकाल लेंगे
B. शिक्षण की नई-नई विधियाँ सीखेंगे
C. शिक्षकों से केवल प्रश्न पूछेंगे
D. अपने अनुभव वहाँ के शिक्षकों को देंगे

154. छात्रों की समस्याओं को जानने के लिए आप क्या करेंगे :
A. आत्मीय संबंध बनायेंगे
B. खुद छात्र बनकर उनकी समस्या को समझ सकते हैं
C. छात्रों की पिटाई करके उनकी समस्या पूछ सकते हैं
D. इनमें से कोई नहीं

155. छात्रों को चरित्रवान एवं अनुशासित बनाने के लिए आप :
A. छात्रों को इसका प्रशिक्षण देंगे
B. उनके माता-पिता को इस दिशा में प्रयत्नशील करेंगे
C. स्वयं चरित्रवान और अनुशासित होंगे
D. उन्हें अच्छे कार्य के लिए प्रोत्साहित करेंगे

156. आप एक प्रभावी अध्यापक के लिए आवश्यक नहीं मानते हैं :
A. वह उत्तम वक्ता हो
B. केवल दण्ड देने वाला हो
C. सृजनशील हो
D. वह विषय को रोचक बनाता हो

157. नैतिक शिक्षा का उत्तरदायित्व होना चाहिए :
A. समाज के ऊपर   B. अभिभावक के ऊपर
C. स्कूल के ऊपर   D. धर्म गुरु के ऊपर

158. शिक्षण में हर व्यक्ति प्रवीण नहीं हो सकता है, आप मानते हैं कि :
A. शिक्षण एक कला है
B. शिक्षण एक जटिल प्रक्रिया है
C. शिक्षण अनुभव के द्वारा होता है
D. शिक्षण का क्षेत्र बहुत व्यापक है

159. एक अध्यापक के विषय में आपका विचार है :
A. पढ़ाने के लिए अपनी किताब खुद लानी चाहिए
B. उसे किसी बच्चे से किताब ले लेनी चाहिए
C. उसे बिना किसी किताब के ही पढ़ाना चाहिए
D. उसे किताब के अलावा सहायक सामग्री के साथ पढ़ाना चाहिए

160. शिक्षण कार्य में आदर्श और नैतिकता से आप क्या समझते हैं?
A. अच्छी शिक्षण व्यवस्था
B. शिक्षा को आदर्श और नैतिकता से जोड़ना
C. शिक्षक का शिक्षण कार्य में नैतिकता का समावेश
D. शिक्षक और छात्रों में आदर्श और नैतिकता का बोधगम्य

161. आप शिक्षण व्यवसाय को क्यों अपनाना चाहते हैं ?
A. आत्म संतुष्टि के लिए
B. सामाजिक प्रतिष्ठा के लिए
C. छात्रों के साथ नए-नए अनुभव प्राप्त करने के लिए
D. अपने ज्ञान को बढ़ाने के लिए

162. आप अपने शिक्षण के माध्यम से अपने छात्रों को क्या बनाना चाहते हैं?
A. उत्तम नागरिक जो राष्ट्र के विकास में योगदान दे
B. समाज सुधारक जो समाज में व्याप्त भ्रष्टाचार एवं अन्याय को दूर करे
C. कुशल व्यावसायिक जो शिक्षा के बाद खूब धन अर्जित करे
D. एक अच्छा नेता जो देश को सही दिशा में ले जाए

163. अध्यापक का प्रमुख दायित्व है :
A. नियमित रूप से समय पर स्कूल आना
B. बच्चों के विकास पर समुचित ध्यान देना
C. नियमित रूप से कक्षा में पढ़ाना
D. स्कूल के कार्यों में सहयोग देना

164. एक अध्यापक के रूप में आप प्राथमिकता देंगे :
A. विज्ञान विषयों को
B. आस्था को
C. उच्च विचारों को
D. वैज्ञानिक दृष्टिकोण एवं विचार को

165. आपकी दृष्टि में अध्यापन व्यवसाय है :
A. ट्यूशन के द्वारा भारी धन कमाने का
B. थोड़े वेतन में संतुष्ट जीवन जीने का
C. जीवन पर्यन्त पठन-पाठन का
D. उपरोक्त सभी

166. अध्यापक के किस व्यवहार का छात्रों पर सर्वाधिक हानिकारक प्रभाव पड़ता है ?
A. अध्यापक का कक्षा में देर से आना
B. छात्रों को परीक्षा में कम अंक देना
C. छात्रों को छोटी-छोटी बातों पर दण्ड देना
D. अध्यापक का कुछ छात्रों के साथ पक्षपातपूर्ण व्यवहार

167. कक्षा में छात्र शिक्षण के बावजूद वह नहीं सीख पा रहे हैं जो सीखना चाहिए तो ऐसे में अध्यापक को क्या करना चाहिए ?

A. शिक्षण विधि में परिवर्तन
B. मूल्यांकन के बिना शिक्षण
C. बालकों की सृजनशीलता को उभारना
D. छात्रों को कुछ समय के लिए बिल्कुल स्वतन्त्र छोड़ देना चाहिए

168. प्रभावी शिक्षक की कौन-सी बात छात्र को अच्छी लगती है ?
A. उसका पहनावा
B. उसकी बोली
C. उसका पूरा व्यक्तित्व
D. उसकी विद्वता

169. जो छात्र कक्षा में निरन्तर प्रश्न पूछते रहते हैं उन्हें:
A. दण्डित किया जाना चाहिए
B. प्रश्नों का उत्तर स्वयं ढूंढने के लिए प्रोत्साहित किया जाना चाहिए
C. उन्हें लगातार प्रश्न पूछने के लिए प्रोत्साहित किया जाना चाहिए
D. उन्हें कक्षा के वाद-विवाद में भाग लेने के लिए प्रोत्साहित किया जाना चाहिए

170. आपके विचार में शिक्षा का उद्देश्य :
A. बालक को ज्ञान देना है
B. बालक में आत्मविश्वास पैदा करना है
C. बालक को बुराइयों से बचाना है
D. उपरोक्त सभी

171. शिक्षण कार्य में शिक्षक सदैव सीखता रहता है, क्योंकि:
A. वह नियमित समाचार-पत्र पढ़ता रहता है
B. वह छात्रों की कापियाँ जाँचता रहता है
C. वह तरह-तरह के छात्रों और अभिभावकों से मिलता रहता है
D. अपने विषय ज्ञान को बढ़ाने के लिए सदैव अध्ययनशील रहता है

172. एक विद्यार्थी के असामाजिक व्यवहार को सुधारने के लिए कौन-सा कार्य नहीं करना चाहिए ?
A. दूसरे विद्यार्थियों से कहना कि वह उसके साथ न रहे
B. विद्यार्थी से समस्या पर विचार करना
C. उसको परामर्शदाता के पास भेजना
D. उसके परिवार के सदस्यों रो वात करना

173. आक्रामक आवेगों को सभ्य सामाजिक क्रियाओं में लगानाः

A. समाजीकरण (Socialisation) कहलाता है

B. उदात्तीकरण (Sublimation) कहलाता है

C. बौद्धिक औचित्य (Rationalisation) कहलाता है

D. उपरोक्त में से कोई भी नहीं

174. कक्षा शिक्षण की विश्लेषणात्मक विधि (Analytic method) के अधीन छात्रः

A. अज्ञात से ज्ञात की ओर बढ़ता है

B. ज्ञात से अज्ञात की ओर बढ़ता है

C. दो ज्ञात तथ्यों का विश्लेषण करता है

D. दो ज्ञात तथ्यों की तुलना करता है

175. कक्षा-शिक्षण के दौरान शिक्षक एक प्रश्न पूछता है। यदि एक छात्र उसका उत्तर नहीं दे पाता, तो शिक्षक कोः

A. उसका उत्तर स्वयं बता देना चाहिए

B. कई छात्रों से पूछने के बाद यदि सही उत्तर न मिले, तब स्वयं सही उत्तर बताना चाहिए

C. एक-एक करके सभी छात्रों से उसका उत्तर पूछना चाहिए

D. उस छात्र की निंदा करनी चाहिए

176. स्कूल में कक्षा में टेलीविजन पर साप्ताहिक शिक्षण कार्यक्रम दिखाया जाता है। कुछ अभिभावक शिक्षक से मिलकर शिकायत करते हैं कि उनके बच्चे घर पर ही काफी समय टेलीविजन देखने में व्यतीत करते हैं। अभिभावक चाहते हैं कि उनके बच्चों को स्कूल में टेलीविजन का कार्यक्रम न दिखाया जाए। ऐसी स्थिति में शिक्षक को क्या करना चाहिए?

A. उसे अभिभावकों को सलाह देनी चाहिए कि घर पर टेलीविजन देखने पर बच्चों पर स्वयं नियंत्रण लगाएं

B. उसे अभिभावकों की शिकायत पर साप्ताहिक टेलीविजन शिक्षण कार्यक्रम बंद कर देना चाहिए

C. उसे अभिभावकों से बातचीत करके छात्रों को समझाने की जिम्मेदारी अपने ऊपर ले लेनी चाहिए

D. उसे अभिभावकों को साप्ताहिक टेलीविजन शिक्षण कार्यक्रम देखने के लिए आमंत्रित करना चाहिए ताकि वे स्वयं देखें कि वह कार्यक्रम बच्चों के लिए कितना उपयोगी और ज्ञानवर्द्धक है

177. कक्षा-शिक्षण की संश्लेषणात्मक विधि (Synthetic method) के अधीन छात्रः

A. अज्ञात से ज्ञात की ओर बढ़ता है

B. ज्ञात से अज्ञात की ओर बढ़ता है

C. तर्कशक्ति का पूरा प्रयोग करता है

D. सक्रिय भागीदार नहीं बन पाता

178. कक्षा-शिक्षण के दौरान अध्यापक द्वारा पूछे गए किसी प्रश्न का उत्तर कक्षा के अधिकांश छात्र नहीं दे पाते, तो इसका संभव कारण यह हो सकता है किः

A. कक्षा शिक्षण के दौरान छात्रों को जो पढ़ाया गया है, वह उनकी समझ में नहीं आया है

B. वह प्रश्न उस ज्ञान पर आधारित नहीं है, जो छात्रों को शिक्षण के दौरान दिया गया है

C. प्रश्न छात्रों की समझ के स्तर से बहुत ऊंचे स्तर का है

D. उपरोक्त में से कोई भी एक

179. यह कथन किस विद्वान का है–''जिसमें कुछ करने की शक्ति होती है, वह काम करता हैः जो कुछ नहीं कर सकता, वह अध्यापन करता है।''

A. कार्ल जुंग   B. हेनरी बर्नार्ड

C. जार्ज बर्नार्ड शा   D. एलेक्जेण्डर पोप

180. शिक्षा एक त्रिकोणीय प्रक्रिया है। इसके तीनों कोण हैंः

A. छात्र, शिक्षक, सामाजिक परिवेश

B. पाठशाला, छात्र, शिक्षक

C. छात्र, पाठशाला, ज्ञानार्जन

D. अध्यापक, छात्र, ज्ञान

181. आप कक्षा में छात्रों से एक प्रश्न पूछते हैं। एक छात्र उसका उत्तर देता है। वह उत्तर सही नहीं है। ऐसी स्थिति में आपः

A. छात्रों को सही उत्तर बता देंगे

B. अन्य छात्रों को भी उस प्रश्न का उत्तर देने का अवसर देंगे

C. केवल उन्हीं छात्रों से उसका उत्तर पूछेंगे, जो उत्तर देने के लिए हाथ उठायें

D. कई छात्रों से उत्तर प्राप्त करने के बाद ही उन्हें प्रश्न का सही उत्तर बताएंगे

182. यदि कक्षा-शिक्षण के दौरान बीच-बीच में छात्रों को हंसने का मौका मिलता रहे या थोड़ा मनोरंजन होता रहे, तो:
A. पढ़ाई का आधा असर नष्ट हो जाता है
B. कक्षा का अनुशासन ढीला हो जाता है
C. पढ़ाई रोचक बन जाती है
D. उपरोक्त सभी

183. निम्नलिखित शिक्षण-विधियों में से कौन-सी विधि वास्तविक अनुभवों को प्रदान करने के दृष्टिकोण से उत्तम है?
A. भ्रमण विधि
B. पाठ्य पुस्तक विधि
C. भाषण विधि
D. प्रॉजेक्ट विधि

184. शिक्षण का कार्य:
A. हर व्यक्ति कर सकता है
B. हर व्यक्ति के वश का नहीं
C. पढ़ा-लिखा व्यक्ति कर सकता है
D. बहुत-से शिक्षक भी नहीं कर पाते

185. शिक्षण अभियोग्यता (Teaching Aptitude) का अर्थ है:
A. शिक्षक बनने की इच्छा
B. शिक्षण कार्य में लगन
C. शिक्षक का कार्य करने हेतु अपेक्षित सभी योग्यताएं
D. उपरोक्त में से कोई नहीं

186. नीचे अच्छे शिक्षण की कुछ विशेषताएं दी हुई हैं। इनमें कौन-सी गलत है?
A. अच्छा शिक्षण आदेशात्मक होता है
B. अच्छा शिक्षण प्रेरणादायक होता है
C. अच्छा शिक्षण सुनियोजित होता है
D. अच्छा शिक्षण पथ प्रदर्शक होता है

187. सीखने का मुख्य तत्त्व (Main factor of learning) है:
A. सीखने की इच्छा   B. प्रेरणा
C. अनुकूल परिवेश   D. उपरोक्त सभी

188. अभिप्रेरणा (Motivation) :
A. उस अनुकूल परिस्थिति को कहते हैं जिसमें बच्चे सीखते हैं
B. बालकों को नई बातें सीखने को उकसाती हैं
C. अभिप्रेरणा और सीखने की इच्छा दोनों एक ही बात है
D. परीक्षण का परिणाम है

189. अच्छे शिक्षक को किसका ज्ञान होना चाहिए?
A. बाल मनोविज्ञान
B. शिक्षा मनोविज्ञान
C. व्यावहारिक मनोविज्ञान
D. उपरोक्त सभी

190. शिक्षा के 'क्रियाशीलता के सिद्धांत' का क्या अर्थ है?
A. शिक्षक को कक्षा में अत्यधिक क्रियाशील रहना चाहिए
B. बालक क्रियाशील होते हैं। उन्हें करके सीखने का अवसर दिया जाना चाहिए
C. क्रियाशील बालकों को काम में व्यस्त रखना चाहिए। अन्यथा वे अनुशासनहीन बन जाते हैं
D. उपरोक्त सभी

191. शिक्षा के 'प्रेरणा के सिद्धांत' का क्या अर्थ है?
A. प्रेरणा छात्रों में रुचि उत्पन्न करती है
B. प्रेरणा छात्रों की स्मरण शक्ति को तीव्र करती है
C. प्रेरणा छात्रों को अनुभव प्रदान करती है
D. प्रेरणा द्वारा छात्र अपने नए अनुभव को पुराने अनुभवों से जोड़ता है

192. छात्र को 'क्या' और 'कितना' पढ़ाया जाए, इस बात का निर्णय अध्यापक करता है। यह शिक्षा के किस सिद्धांत के अंतर्गत आता है?
A. निश्चित उद्देश्य का सिद्धांत
B. चयन का सिद्धांत
C. नियोजन का सिद्धांत
D. रुचि का सिद्धांत

193. एक अच्छी परीक्षा में तीन गुण जरूरी होते हैं:
A. वैधता, विश्वसनीयता और व्यावहारिकता
B. व्यापकता, मूल्यांकन और प्रयोगात्मकता
C. वैधता, मूल्यांकन और व्यावहारिकता
D. व्यापकता, मूल्यांकन और व्यावहारिकता

194. पाठ-योजना तभी सही बन सकेगी जब शिक्षक को:
A. छात्रों के पूर्व ज्ञान का पता हो
B. विभिन्न शिक्षण विधियों का ज्ञान हो
C. शिक्षण सिद्धान्तों का ज्ञान हो
D. उपरोक्त सभी

195. कक्षा-शिक्षण की उत्तम प्रणाली वह है जिसमें:

A. प्रश्नोत्तर की आवश्यकता न पड़े

B. अध्यापक छात्रों से प्रश्न पूछे

C. छात्र अध्यापक से शंका-समाधान करे

D. अध्यापक और छात्र दोनों प्रश्न पूछें

196. छात्रों के आवेगों (Impulses) का दमन करने से सम्भवतः

A. वे अनुशासन मानने लगते हैं

B. उनमें विद्रोह भावना पनपने लगती है

C. उनकी सृजनात्मक शक्ति कुंठित हो जाती है

D. (B) और (C) दोनों

197. पाठ-शिक्षण के दौरान आप छात्रों से प्रश्न पूछते हैं और उनके समक्ष पाठ-सामग्री प्रस्तुत करते हैं। क्यों?

A. इसलिए कि पाठ-योजना में इसका वर्णन है

B. इसलिए कि बच्चों को भली-भांति समझ में आ जाए

C. इसलिए कि बाद में छात्रों को गृह-कार्य दिया जाए, उसे वे स्वयं कर सकें

D. उन्हें प्रेरित करने के उद्देश्य से, ताकि उनमें रुचि पैदा हो और वे खुलकर अपनी शंकाओं का समाधान कर लें

198. कक्षा-शिक्षण के दौरान प्रायः छात्र प्रश्न पूछने में या अपनी शंकाएं प्रस्तुत करने में या यह कहने में झिझकते हैं कि जो पढ़ाया जा रहा है वह उनकी समझ में नहीं आ रहा है। इसका सबसे बड़ा कारण क्या होता/हो सकता है?

A. शिक्षक ने पाठ में छात्रों की रुचि पैदा ही न कर पाया है

B. शिक्षण-विधि उपयुक्त और आकर्षक नहीं है

C. छात्र अध्यापक से भयभीत हैं

D. अध्यापक और छात्रों के बीच वह संबंध नहीं है, जो उत्तम शिक्षा के लिए जरूरी है

199. शिक्षण की डाल्टन विधि आरम्भ करने का श्रेय किसे है?

A. डा. डाल्टन   B. पार्कहर्स्ट

C. किलपैट्रिक   D. पिन्सेंट

200. पाठ्यक्रम लोचशील (Flexible) होना चाहिए। यदि ऐसा नहीं होगा, तोः

A. उससे अलग-अलग व्यक्तित्व वाले छात्रों का विकास नहीं हो पाएगा

B. वह विषय-केन्द्रित हो जाएगा

C. वह सामाजिक भावनाओं को प्रोत्साहित नहीं कर पाएगा

D. वह छात्रों में लोकप्रिय नहीं हो पाएगा

201. क्या कक्षा-शिक्षण के समय ही शिक्षक को पता लग जाता है कि शिक्षण को छात्र भली-भांति समझ रहे हैं?

A. नहीं

B. हां

C. शायद ही कभी

D. उपरोक्त में से कोई भी नहीं

202. शिक्षक को कक्षा-शिक्षण के दौरान इस बात का पूरा ध्यान रखना चाहिए कि:

A. छात्र प्रसन्नतापूर्वक पढ़ें

B. कोई छात्र इधर-उधर न ध्यान दे

C. पाठ के उद्देश्य पूर्ण हों

D. पाठ पढ़ाने का कार्य पीरियड के समय में पूरा हो जाए

203. कक्षा-शिक्षण के दौरान छात्र प्रश्न पूछकर पाठ को आगे बढ़ाने की क्रिया (शिक्षण क्रिया) में तब तक सहभागी नहीं बनेंगे, जब तक कि शिक्षक उन्हें इसके लिए:

A. कहेगा नहीं

B. बाध्य नहीं करेगा

C. प्रेरित नहीं करेगा

D. आदत नहीं डालेगा

204. ''शिक्षक की कथनी और करनी में भेद नहीं होना चाहिए'' यह कथन किसका है?

A. रवीन्द्रनाथ टैगोर

B. मदनमोहन मालवीय

C. जाकिर हुसैन

D. महात्मा गांधी

205. सांकेतिक संप्रेषण कब लिखित या मौखिक संप्रेषण से भी अधिक कारगर होता है?

A. जब सन्देश प्रेषक एवं संदेश प्राप्तकर्त्ता दोनों के बीच इतनी दूरी हो कि दोनों एक-दूसरे की बात सुन नहीं सकते हों

B. जब वातावरण में बहुत शोर हो

C. जब क्रिया का प्रदर्शन आवश्यक हो

D. उपरोक्त सभी

206. निम्न में से कौन-सा अवरोध संप्रेषण के लिए ज्यादा बड़ी रुकावट है?

A. भौतिक अवरोध

B. अन्तःक्रिया संबंधी अवरोध

C. संवेगात्मक अवरोध

D. उपरोक्त कोई नहीं

207. सामूहिक संचार की प्रमुख परिसीमा यह है किः

A. यह बहुत महंगा होता है

B. फीडबैक प्रणाली कमजोर होती है

C. संदेश प्रस्तुत करने के लिए अधिक समय की जरूरत होती है

D. सफलता ज्यादातर प्रस्तुतकर्ता पर निर्भर करती है

208. किस शैली के शिक्षण को आधुनिक युग में उत्तम माना जाता है?

A. आदर्शवादी शिक्षण

B. व्यक्तिगत भिन्नता पर आधारित मनोवैज्ञानिक शिक्षण

C. प्रयोगात्मक शिक्षण

D. उपरोक्त में से कोई नहीं

209. प्रभावकारी शिक्षण फलन हैः

A. स्पष्ट एवं यथातथ्य संप्रेषण का

B. उचित कक्षानुशासन का

C. नियमित अध्ययन का

D. कक्षा में अविलम्ब नियमित रूप से आना

210. कक्षा में सम्प्रेषण की सबसे शक्तिशाली बाधा हैः

A. बाहरी हस्तक्षेप

B. कक्षा में शोरगुल

C. शिक्षक के स्तर पर भ्रांति

D. शिक्षण सामग्री का अभाव

211. निम्न में से कौन-सा कथन सर्वाधिक सही है?

A. एक अच्छा सम्प्रेषक सदैव एक अच्छा शिक्षक होता है

B. एक अच्छा सम्प्रेषक भाषा पर पूर्ण अधिकार रखता है और स्वयं को ग्राहक की भाषा के अनुरूप ढाल लेता है

C. एक अच्छा सम्प्रेषण एक अच्छा हास्य बोध रखता है

D. एक अच्छा सम्प्रेषक सदैव व्यापक अध्ययन वाला होता है

212. लोकतान्त्रिक शिक्षण प्रणाली मेंः

A. छात्रों को कक्षा में प्रश्न पूछने की पूरी स्वतन्त्रता होती है

B. अध्यापक छात्रों की आवश्यकताओं एवं रुचियों को ध्यान में रखकर शिक्षण करता है

C. वह उस समय शिक्षण नहीं करता जब छात्र अधिगम के लिए तैयार नहीं होते

D. उपरोक्त सभी

213. पाठ को रुचिकर बनाने के लिए अध्यापक को क्या करना चाहिए?

A. शिक्षण तकनीकों का प्रयोग करना चाहिए

B. छात्रों की क्रियाओं को नियन्त्रित करना चाहिए

C. छात्रों को अतिरिक्त क्रियाओं द्वारा पाठ में शामिल करना चाहिए

D. उपरोक्त सभी

214. कक्षा शिक्षण में छात्रों की तल्लीनता को भंग होने से बचाने के लिए अध्यापक को चाहिए किः

A. वह छात्रों को पिकनिक पर ले जाएं

B. वह अपनी आवाज में उतार-चढ़ाव लाता रहे

C. विषय को रोचक बनाने के लिए वह उचित शिक्षण सामग्रियों एवं तकनीकों का प्रयोग करता रहे

D. छात्रों से निरंतर प्रश्न पूछता रहे

215. यदि आप शिक्षक की नौकरी पाने से पूर्व अपनी शिक्षण क्षमताओं का पता लगाना चाहते हैं तो आप को चाहिए कि आपः

A. किसी कोचिंग सेन्टर पर कुछ माह पढ़ायें और छात्रों के परीक्षा परिणामों पर नजर रखें

B. अपने घर के बच्चों को लगातार कुछ दिनों तक पढ़ायें और अपनी सफलताओं का आंकलन करते रहें

C. अनुभवी अध्यापकों के साथ शिक्षण के विभिन्न पहलुओं पर चर्चा करें

D. शिक्षक की भर्ती के लिए आयोजित की जाने वाली परीक्षाओं के प्रश्न पत्रों को हल करें

216. कक्षा में अध्यापक द्वारा छात्रों से पूछे गए प्रश्न कैसे होने चाहिए?

A. जिनका उत्तर हर छात्र आसानी से दे सके

B. जिनका उत्तर हर छात्र आसानी से न दे सके

C. जिनसे यह आंका जा सके कि बच्चे पाठ को ठीक से समझ रहे हैं या नहीं

D. जिनसे यह पता लगे कि सब बच्चे अध्यापन से प्रभावित हैं या नहीं

217. यदि छात्र पाठ में रुचि न ले रहे हों, तो अध्यापक को चाहिए कि वह:

A. छात्रों को बताए कि पाठ में रुचि लेने में उनका कल्याण है

B. छात्रों से पूछे कि वे पाठ में रुचि क्यों नहीं ले रहे हैं

C. रुचि पैदा करने के लिए नई रणनीतियां अपनाए और सहायक शिक्षण सामग्री का प्रयोग करें

D. इस बारे में प्रधानाध्यापक से शिकायत करें

218. एक शिक्षक के रूप में आप किस स्थान पर शिक्षण करना पसंद करेंगे?

A. अपने गांव के स्कूल में

B. अपने जिले के उस स्कूल में जहां धनी व्यक्तियों के बच्चे पढ़ते हैं

C. जहां के प्रधानाध्यापक आपके परिचित हों

D. किसी भी पाठशाला में जहाँ पढ़ने-पढ़ाने का वातावरण हो

219. कक्षा में दृश्य-श्रव्य (Visual-Audio) सामग्री का प्रयोग:

A. धीमी गति से सीखने वाले छात्रों के लिए अधिक उपयोगी होता है

B. मेधावी छात्रों के लिए अधिक उपयोगी होता है

C. बालकों की जिज्ञासा बढ़ाता है

D. छात्रों का ध्यान मूल विषय से दूर हटाता है

220. आजकल समाज में शिक्षक को पहले जैसी प्रतिष्ठा प्राप्त नहीं है। इसका कारण है:

A. शिक्षक ट्यूशन करते हैं

B. शिक्षकों का आचरण पहले जैसा श्रेष्ठ नहीं है

C. शिक्षक अपने कर्त्तव्य का निष्ठापूर्वक पालन नहीं करते

D. उपरोक्त तीनों

221. शिक्षा-मनोविज्ञान का सम्बन्ध शिक्षा के निम्न में से किस पहलू से है?

A. 'कब और कैसे'

B. 'किसे और कब तक'

C. 'किसको और क्यों'

D. उपरोक्त सभी से

222. आप शिक्षक हैं और अपना कार्य निष्ठापूर्वक करते हैं। क्या आप अपेक्षा करते हैं कि:

A. आपको पुरस्कृत किया जाए

B. आपका नाम अखबारों में छपे

C. किसी विशेष अवसर पर आपकी प्रशंसा में दो शब्द कह दिए जाएं

D. आपको अग्रिम वेतन-वृद्धि दी जाए

223. शिक्षण में भिन्न-भिन्न शिक्षण-विधि का प्रयोग करने से:

A. छात्रों का ध्यान केंद्रित रहता है

B. कक्षा की पढ़ाई रोचक बन जाती है

C. छात्रों को भली प्रकार समझ में आता है

D. उपरोक्त सभी

224. आप अपनी कक्षा के छात्रों द्वारा पूछे गए प्रश्नों का स्वागत करेंगे:

A. कक्षा-शिक्षण के दौरान ही बीच-बीच में

B. कक्षा-शिक्षण के बाद अंत में

C. अगले दिन कक्षा-शिक्षण के पहले

D. अगले दिन किसी समय

225. छोटे बच्चों को पाठशाला में एक ही अध्यापक पूरे समय तक पढ़ाता है। क्या आप उसे लाभप्रद मानते हैं?

A. इससे कोई अंतर नहीं पड़ता

B. यह लाभप्रद है

C. यह प्रथा उबाऊ है

D. इसमें अध्यापक और छात्र दोनों को हानि होती है

226. छोटे बच्चों के लिए विद्यालय में दोपहर के भोजन की व्यवस्था क्यों आवश्यक होती है?

A. बच्चे बार-बार खाने के आदी होते हैं

B. दोपहर के भोजन के लालच में बच्चे स्कूल से गैरहाजिर नहीं होते

C. बच्चों को कुछ पौष्टिक भोजन मिल जाता है

D. बच्चों की सुस्ती दूर हो जाती है

227. देर से सीखने वाले बच्चों (slow learners) की कक्षा को पढ़ाने वाले अध्यापक को इस बात का ज्ञान होना चाहिए किः
A. देर से सीखने वाले बच्चे शारीरिक शक्ति वाले कार्यों में अन्य बच्चों से बेहतर होते हैं
B. देर से सीखने वाले बच्चे अपनी प्रशंसा पसंद नहीं करते
C. देर से सीखने वाले बच्चे मनचले होते हैं
D. देर से सीखने वाले बच्चे अन्य बच्चों के समान ही सफलता के इच्छुक होते हैं

228. कक्षा के लिए पाठ-योजना तैयार करते समय अध्यापक को मुख्यतः किस बात का ध्यान रखना चाहिए?
A. कक्षा के औसत दर्जे के छात्रों को लाभ हो
B. प्रकरण के लिये निर्धारित शिक्षण उद्देश्य प्राप्त हो जाए
C. पाठ्यचर्या के लक्ष्य पूरे हों
D. उपरोक्त सभी

229. निम्नलिखित में से कौन-सा कार्य ऐसा है, जिसे छात्र पढ़कर समझने की बजाय हाथ से करके बेहतर सीख सकते हैं?
A. किसी मकान में बिजली की घण्टी लगाना
B. मकान में बिजली का फ्यूज बांधना
C. बीज बोकर पौधे उगाना
D. उपरोक्त सभी

230. शिक्षक का कर्तव्य है कि कक्षा में पढ़ाते समय वहः
A. छोटे बच्चों को आगे की सीट पर बिठाएं
B. छोटे बच्चों को पीछे की सीट पर बिठाएं
C. पढ़ाई में कमजोर बच्चों को आगे बिठाएं
D. किसी भी छात्र को कहीं भी बिठाए

231. शिक्षा का प्रचार-प्रसार क्यों आवश्यक है?
A. साक्षरता का प्रतिशत बढ़ाने के लिए
B. लोगों को शिक्षा के प्रति आकृष्ट करने हेतु
C. शिक्षकों को नौकरी देने हेतु
D. लोगों को समाज का उपयोगी अंग बनाने के लिए

232. एक अच्छी पाठ-योजना में सबसे अधिक समय दिया जाना चाहिएः
A. भूमिका को
B. विषय के प्रस्तुतीकरण को

C. गृह कार्य को
D. छात्रों की शंकाओं के निवारण को

233. छोटा-सा बच्चा 'गाय' पहचानता है। आप उसे गाय की दुम के उपयोग या उसके जुगाली करने की आदत का ज्ञान कराते हैं। पढ़ाने की यह रीति कौन-सी है?
A. प्रत्यक्ष से अप्रत्यक्ष की ओर
B. अनिश्चित से निश्चित की ओर
C. अनुभव से तर्क की ओर
D. स्थूल से सूक्ष्म की ओर

234. कक्षा-शिक्षण में हर्बर्ट ने पांच चरणों का सुझाव दिया है। उद्देश्य-कथन चरणः
A. प्रस्तावना से पहले आता है
B. प्रस्तावना और प्रस्तुतीकरण के बीच आता है
C. प्रस्तावना और प्रस्तुतीकरण के बाद आता है
D. सामान्यीकरण के बाद आता है?

235. यह कथन किस शिक्षण पद्धति के बारे में है?
"यह पद्धति बालक को स्वयं अपने प्रयास से तथ्यों, नियमों और सिद्धान्तों की खोज करने, ग्रहण किए गए ज्ञान को व्यवस्थित करने और सामान्य नियम निर्धारित करने का प्रशिक्षण देती है।"
A. मॉन्टेसरी पद्धति   B. किंडरगार्टन पद्धति
C. ह्युरिस्टिक पद्धति   D. खेल विधि पद्धति

236. किसके व्यवहार का छात्रों पर अधिक प्रभाव पड़ता है?
A. प्रधानाध्यापक के
B. राजनेता के
C. अध्यापक के
D. ट्यूटर के

237. किस विधि से छात्र सबसे अधिक और अच्छी तरह सीखते हैं?
A. देखकर   B. पढ़कर
C. सुनकर   D. स्वयं करके

238. कक्षा-शिक्षण में छात्रों की रुचि बनाये रखने के लिए अध्यापक को क्या करना चाहिए?
A. यथार्थ जीवन के उदाहरणों का भरपूर प्रयोग
B. शिक्षण-सामग्री का खूब प्रयोग
C. छात्रों को चर्चा का भरपूर अवसर देना
D. उपरोक्त सभी

239. शिक्षण में भिन्न-भिन्न विधियों का प्रयोग क्यों उपयोगी है?
A. शिक्षण को सुबोध बनाने के लिए
B. शिक्षण को रोचक बनाने के लिए
C. विद्यार्थियों का ध्यान आकृष्ट करने के लिए
D. उपरोक्त सभी

240. शिक्षक-शिक्षण विधि सबसे अधिक सीखता है, अपनेः
A. प्रधानाध्यापक से　　B. पुस्तकों से
C. प्रशंसकों से　　D. छात्रों से

241. शिक्षण-अधिगम प्रक्रिया (Teaching-Learning Process) का एक महत्वपूर्ण अंग पाठ्यचर्या (Curriculum) है। पाठ्यचर्या बच्चों (छात्रों) की/केः
A. आकांक्षाओं को ध्यान में रखकर बनाया जाना चाहिए
B. आवश्यकताओं को ध्यान में रखकर बनाया जाना चाहिए
C. जीवन की आवश्यकताओं को ध्यान में रखकर बनाया जाना चाहिए
D. उपरोक्त तीनों

242. अभिप्रेरणा (Motivation) एकः
A. भौतिक अवस्था है
B. मनोवैज्ञानिक अवस्था है
C. नैसर्गिक अवस्था है
D. सहज अवस्था है

243. ''योग्य छात्र ही योग्य अध्यापक होगा'' इस युक्ति का क्या अभिप्राय है?
A. जो छात्र पढ़ाई में ठीक नहीं है वह कभी भी अच्छा अध्यापक नहीं बन सकता
B. अध्यापन का कार्य अयोग्य छात्रों के बस की बात नहीं हैं
C. उपरोक्त दोनों
D. जो व्यक्ति सदैव अध्ययनशील रहेगा वही अच्छा अध्यापक बन पायेगा

244. करके सीखना अच्छा है क्योंकिः
A. बच्चे कुछ-न-कुछ करते रहना चाहते हैं
B. इसमें बच्चे काम में लगे रहते हैं
C. यह सीखने की रोचक विधि है
D. इससे बच्चों की आकांक्षा की पूर्ति होती है

245. आप किसी कार्यक्रम के बारे में अपनी कक्षा के छात्रों को कुछ हिदायतें देते हैं। यदि कोई छात्र उन हिदायतों को समझ नहीं पाता, तो आप क्या करेंगे?
A. उसकी ओर ध्यान नहीं देंगे
B. जोर से बोलकर हिदायतें देंगे
C. हिदायतों को सरल भाषा और छोटे-छोटे टुकड़ों में बांटकर उसे समझाएंगे
D. उस छात्र की अयोग्यता पर उसे झाड़ देंगे

246. कक्षा-शिक्षण के दौरान जब बच्चे स्वयं प्रश्न पूछते हैं और शिक्षक द्वारा पूछे गए प्रश्नों का उत्तर देते हैं, तो इससेः
A. पढ़ाई में बच्चों की सहभागिता बढ़ती है
B. पढ़ाई अधिक रोचक हो जाती है
C. बच्चों का अधिक ज्ञानवर्द्धन होता है
D. उपरोक्त सभी

247. कक्षा-शिक्षण के दौरान शिक्षक कोः
A. प्रश्नों को दोहराना नहीं चाहिए
B. उत्तरों को दोहराना नहीं चाहिए
C. ऐसे प्रश्न नहीं पूछना चाहिए जिनके उत्तर का सुझाव प्रश्न में ही दिया गया हो
D. (A) तथा (C) दोनों

248. शिक्षक को अपने विषय का विद्वान होना ही चाहिए। इसके अलावा उसेः
A. शिक्षण विधियों का भी ज्ञान होना चाहिए
B. पाठ्यचर्या के उद्देश्यों का भी ज्ञान होना चाहिए
C. अपने छात्र को भी जानना चाहिए
D. उपरोक्त तीनों

249. कक्षा-शिक्षण के दौरान छात्र प्रश्न पूछते और प्रश्नों का उत्तर देते हैं। इस विधि सेः
A. अध्यापक को पता लगता है कि छात्र पाठ को कितना समझ रहे हैं
B. छात्रों में आत्म-विश्वास पैदा होता है और बढ़ता है
C. छात्रों को अपनी बात ठीक ढंग से पूछने (अभिव्यक्ति) का प्रशिक्षण मिलता है
D. उपरोक्त सभी

250. 'कहानी सुनाना' शिक्षण की एक विधि है। इस सम्बन्ध में कौन-सा कथन सही नहीं है?
   A. कहानी पढ़ी नहीं जानी चाहिए
   B. कहानी बालकों के मानसिक स्तर के अनुरूप और सोद्देश्य होनी चाहिए
   C. कहानी छात्रों के निजी अनुभवों से जुड़ी होनी चाहिए
   D. कहानी कहते समय हाव-भाव प्रदर्शन या अभिनय नहीं किया जाना चाहिए

251. शिक्षा की प्रयोगात्मक विधि का प्रयोगः
   A. सभी विषयों के शिक्षण के लिए किया जा सकता है
   B. केवल कुछ ही विषयों के शिक्षण के लिए सफलतापूर्वक किया जा सकता है
   C. सुनकर ज्ञान प्राप्त करने के लिए किया जाता है
   D. छात्र को 'सामान्य से विशिष्ट की ओर' ले जाता है

252. शिक्षण की परियोजना पद्धति (Project Method):
   A. पाठ्य-पुस्तक केन्द्रित है
   B. शिक्षक केन्द्रित है
   C. बालक केन्द्रित है
   D. प्रोजेक्ट केन्द्रित है

253. प्रोजेक्ट शिक्षण विधि छात्र को व्यावहारिक ज्ञान प्रदान करती है क्योंकिः
   A. यह व्यक्तिगत विभिन्नताओं को स्वीकार करती है
   B. यह छात्र की अन्तर्निहित शक्तियों का विकास करती है
   C. इसमें छात्र के ज्ञान का आधार उसका निजी अनुभव होता है
   D. यह तर्क विचार और वाद-विवाद का अवसर प्रदान करती है

254. शिक्षकों द्वारा अभिभावकों के पास छात्रों की मासिक रिपोर्ट भेजने सेः
   A. शिक्षक को गप्पें हांकने का वक्त मिल जाता है
   B. शिक्षकों को ऐसा कार्य करना पड़ता है, जो उन्हें अलोकप्रिय बनाता है
   C. शिक्षकों और अभिभावकों का सम्बन्ध बना रहता है
   D. छात्र के प्रति शिक्षक का उत्तरदायित्व कम हो जाता है

255. निबन्धात्मक परीक्षाएं विश्वसनीय नहीं होतीं क्योंकिः
   A. इनके परिणाम सदैव समान नहीं होते
   B. इनके उत्तर प्रायः बहुत भिन्न होते हैं
   C. इनकी जांच की विधियां अलग-अलग होती हैं
   D. इनके उत्तरों की शैलियां अलग-अलग होती हैं

256. किसी भी प्रभावी संचार प्रणाली में प्रतिपुष्टि का प्रयोग किया जाता हैः
   A. प्रक्रिया में आवश्यक संशोधन करने के लिए
   B. विषय वस्तु को और गहराई से जानने के लिए
   C. प्रेषण के दोषों का पता लगाने के लिए
   D. ग्राहक (छात्र) के दोषों का पता लगाने के लिए

257. परिचर्चा विधि कक्षा शिक्षण में बहुत कारगर हो सकती है यदिः
   A. चर्चा का विषय चर्चा से तुरन्त पहले बताया जाए
   B. चर्चा का विषय विद्यार्थियों को पहले से बता दिए जाएं
   C. प्रकरण को श्यामपट पर लिख दिया जाए
   D. उपरोक्त में से कोई नहीं

258. मुझे इस प्रशिक्षण में प्रवेश इसलिये लेना है, क्योंकि–
   A. अन्य नौकरी मिलना कठिन है
   B. मेरी हार्दिक इच्छा है
   C. मेरी माता जी की इच्छा है
   D. इसे पा लेना सबसे आसान है

259. आपके विचार से एक सफल शिक्षक वह है जो–
   A. नियमित रूप से गृह कार्य देता है
   B. परीक्षा में अच्छे अंक देता है
   C. छात्रों की प्रगति में रुचि लेता है
   D. समय से विद्यालय आता है

260. आपके अनुसार शिक्षक का व्यक्तित्व आकर्षक होना चाहिए जिससे वह–
   A. समाज में पहचाना जा सके
   B. विद्वान दिखाई दे
   C. छात्रों से अलग दिखाई दे
   D. छात्रों को प्रभावित कर सके

261. एक अध्यापक को अपने उस विद्यार्थी पर गर्व करना चाहिये जो–
   A. जिस भी व्यवसाय में है, उसमें समर्पित है
   B. व्यापार से प्रचुर धन उपार्जन कर रहा है

C. फिल्म में उत्तम अभिनय कर रहा है

D. शिक्षक बनकर समर्पित भाव से छात्रों का निर्माण कर रहा है

262. परीक्षा समीप आने पर शिक्षक को चाहिये कि वह—

A. कुछ चुने हुए प्रश्नों को हल करवा दे

B. छात्रों को आदेश दें कि वे स्वयं पाठ्यक्रम पूरा कर ले

C. अतिरिक्त समय देकर पाठ्यक्रम को पूरा कर दे

D. परीक्षा समाप्त होने तक अवकाश ले लें

263. आपके कक्षा शिक्षण में एक छात्र प्रायः पीछे बैठकर रेखाचित्र बनाता है, आप—

A. उसे दण्ड देंगे

B. प्रधानाचार्य से उसकी शिकायत करेंगे

C. अभिभावक को शिकायत भेजेंगे

D. उसकी कला-प्रतिभा को उचित दिशा प्रदान करेंगे

264. खेल प्रतियोगिता के लिये आपको अपने विद्यालय के क्रिकेट टीम का कप्तान नियुक्त करने का दायित्व दिया गया है, आप—

A. छात्र नेता को चुनेंगे

B. उच्च अधिकारी के पुत्र को चुनेंगे

C. सक्षम खिलाड़ी को चुनेंगे

D. अपने सम्बन्धी के पुत्र को चुनेंगे

265. आज के वैज्ञानिक युग में छात्रों को आध्यामिकता का ज्ञान देना आप के विचार में—

A. पिछड़ापन है   B. असम्भव है

C. अनावश्यक है   D. आवश्यक है

266. किन्हीं कारणों से आपकी प्रधानाचार्या प्रायः देर से विद्यालय आती हैं, ऐसी दशा में आप—

A. उनका अनुसरण करेंगी

B. अपने समयानुसार कार्य करेंगी

C. उनकी आलोचना करेंगी

D. छात्र/छात्राओं को उनके विरुद्ध भड़कायेंगी

267. विद्यालय में कार्यानुभव के अन्तर्गत नर्सरी तैयार करानी है, किन्तु छात्र काम करने से कतरा रहे हैं, आप उन्हें—

A. अपने कठोर अनुशासन के बल पर काम करने को विवश करेंगे

B. सामाजिक कार्य पर प्रभावात्मक भाषण देंगे

C. स्वयं कार्य में भाग लेकर प्रेरित करेंगे

D. स्वतन्त्र छोड़ देंगे

268. वाद-विवाद प्रतियोगिता में आपको निर्णायक बनाये जाने पर आप—

A. साथी निर्णायक के निर्णय के अनुरूप निर्णय देंगे

B. प्रभावी वक्ता को प्रमुखता देंगे

C. अपने विद्यालय के छात्र को प्रमुखता देंगे

D. छात्र नेता को प्रमुखता देंगे

269. विद्यालय में अवकाश की घण्टी बजने पर आप—

A. तुरन्त घर चले जायेंगे

B. अपने सहयोगियों से मेल मिलाप करेंगे

C. छात्रों को जाने देंगे

D. छात्रों को पंक्तिबद्ध कराने में सहायता करेंगे

270. आपकी नियुक्ति किसी ऐसे स्थान पर हो गई है, जहाँ की स्थानीय भाषा आप नहीं समझते, ऐसी स्थिति में आप—

A. उस स्थानीय भाषा को सीखने का प्रयास करेंगे

B. अन्यत्र अपने स्थानान्तरण का प्रयास करेंगे

C. एकदम परेशान हो जायेंगे

D. अवकाश लेकर बैठ जायेंगे

271. आपके विद्यालय के छात्र मध्यान्तर अवकाश के बाद प्रायः विद्यालय से चले जाते हैं। ऐसी स्थिति में आप—

A. उनके चले जाने पर ध्यान नहीं देंगे

B. अध्यापक कक्षा में बैठकर गृह कार्य देखेंगे

C. प्रधानाचार्य को सूचित कर देंगे

D. माहौल बदलने का हर संभव प्रयास करेंगे

272. शिक्षा देने से पूर्व शिक्षक के लिये आवश्यक है कि वह—

A. सहकर्मियों को बुला ले

B. अपने को सुसज्जित कर ले

C. कक्षा का अनुशासन ठीक कर ले

D. छात्रों के मानसिक स्तर की जानकारी कर ले

273. कक्षा में छात्रों की धर्म और जाति जानना आवश्यक है—

A. सरकार को देने वाली सूचनाओं के लिये

B. कक्षा के अच्छे अनुशासन के लिये

C. योग्यतानुसार शिक्षा देने के लिये

D. आवश्यक नहीं है

274. दो छात्र विज्ञान के एक विवादग्रस्त प्रश्न का उत्तर जानने हेतु आपके पास मध्यान्तर में आते हैं, आप–
A. सही उत्तर बता देंगे
B. दोनों को डाँटकर भगा देंगे
C. पुस्तक से स्वयं पढ़ लेने को कहेंगे
D. 'फिर कभी बता दूंगा' कहेंगे

275. अध्यापक बनने पर आप पढ़ाना पसन्द करेंगे–
A. प्राथमिक कक्षा   B. माध्यमिक कक्षा
C. टेक्निकल कक्षा   D. कोई भी कक्षा

276. आपके कक्षा-शिक्षण में छात्र प्रायः उतना ध्यान नहीं देते जितना उन्हें देना चाहिए। ऐसी स्थिति में आप–
A. बार-बार ध्यान देने को कहेंगे
B. उन्हें दण्ड देंगे
C. अपने तरीके से पढ़ाते रहेंगे
D. विषय को अधिक रोचक बनायेंगे

277. विद्यालय के कुछ अध्यापक आपकी अच्छी कार्य आदतों के कारण आपको परेशान करते हैं ऐसी स्थिति में आप–
A. अपनी कार्य शैली पर स्थिर रहेंगे
B. उनसे मधुर सम्बन्ध नहीं रखेंगे
C. अपने को बदल कर उनसे समायोजन करेंगे
D. अपना सन्तुलन खो देंगे

278. कक्षा में छात्र/छात्राओं का ध्यान विकसित करने के लिए आप–
A. छात्र/छात्राओं में जिज्ञासा का विकास करेंगे
B. कक्षा में जोर से बोलेंगे
C. भाषण ठीक प्रकार से तैयार करेंगे
D. बच्चों को कहानियां सुनायेंगे

279. प्रैक्टिकल करके सीखना अधिक उपयोगी है क्योंकि–
A. यह अधिक रुचिकर है
B. कक्षा का अनुशासन बनता है
C. इससे बच्चे व्यस्त रहते हैं
D. बच्चे क्रियाशीलता पसन्द करते हैं

280. आपकी पसन्द के व्यवसाय में–
A. झंझट कम आराम अधिक हो
B. पठन-पाठन और ज्ञानवर्द्धन का अवसर हो
C. अधिकांश लोगों को अनुशासित करने का अवसर मिले
D. अधिक से अधिक व्यक्तियों से मिलने का अवसर मिले

281. मैं अध्यापिका बनना चाहती हूँ–
A. समाज सुधार के लिए
B. ट्यूशन करके धन कमाने के लिए
C. सम्मान के लिए
D. आन्तरिक इच्छा पूर्ति के लिए

282. मैं अपने उस सहकर्मी को अधिक पसन्द करूंगी जो–
A. प्रधानाचार्या के अति निकट हो
B. श्रम और निष्ठा में विश्वास रखती हो
C. उच्च परिवार से सम्बन्धित हो
D. कीमती कपड़े पहनती हो

283. एक अच्छे अध्यापक के लिए संतोष की वस्तु है–
A. उच्च पद   B. धन
C. आदर-सम्मान   D. जन समर्थन

284. एक प्रभावशाली और सफल अध्यापिका वह है, जो–
A. देखने में सुन्दर हो
B. विद्यालय नियमित रूप से आती हो
C. विषय ज्ञान और अभिव्यक्ति में अच्छी हो
D. प्रधानाचार्य की बहुत चहेती हो

285. शिक्षण कार्य का सबसे बड़ा आकर्षण है–
A. ट्यूशन से अच्छी कमाई
B. काम की कोई जिम्मेदारी नहीं
C. लम्बा अवकाश
D. आत्म-अभिव्यक्ति का अवसर

286. यदि किसी विद्यालय के छात्र आपस में झगड़ा कर रहे हों और आप वहाँ मौजूद हों तो आप क्या करेंगे?
A. पुलिस को मात्र सूचना दे देंगे
B. प्राचार्य को सूचित करेंगे
C. स्वयं बीच-बचाव करेंगे
D. कोई मतलब नहीं रखेंगे

287. यदि कोई छात्र खेल में अपने साथियों से सदैव झगड़ा करता है, तो अध्यापिका को चाहिए कि–
A. उसे अकेले खेलने को कहे
B. उसके अभिभावक को सूचित करें
C. दण्डस्वरूप उसे खेलने न दें
D. उसके कारणों का पता लगायें

288. अध्यापक के सुझाव के बावजूद कोई छात्र अपनी स्वच्छता का ध्यान नहीं रखता है, तो उसे चाहिए कि वह—
A. छात्र को अर्थ दण्ड दे
B. अन्य छात्रों के समक्ष उसे शर्मिन्दा करे
C. उसके अभिभावक को सूचित करे
D. कारण का पता करे

289. एक अध्यापिका के रूप में मुझे यह कार्य भी पसन्द है—
A. पुस्तकें और लेख लिखना
B. ट्यूशन द्वारा अतिरिक्त धन कमाना
C. किराये पर पुस्तकें देना
D. अतिरिक्त समय में ब्यूटी पार्लर चलाना

290. एक अध्यापक के रूप में मुझे यह कार्य भी पसन्द है—
A. नई पिक्चरें देखना
B. गृह वाटिका लगाना
C. कोचिंग कक्षायें चलाना
D. राजनीति की बातें करना

291. आप यह अनुभव करते हैं कि आपकी संस्था में आपके कुछ साथी अपने दायित्वों के प्रति लापरवाही दिखाने लगे हैं वह सोचते हैं कि उन्हें सेवा काल पूरा करना है तथा प्रशासक भी इस तरफ से उदासीन हैं ऐसे में आप—
A. स्वयं भी कार्य में ढील देने लगेंगे
B. उन साथियों को प्रेरित करेंगे कि वे अपना कार्य निष्ठा से करें
C. उनकी तरफ कोई ध्यान नहीं रखेंगे
D. अपने संस्थान के गिरते हुए स्तर की आलोचना करेंगे

292. प्रधानाचार्य के नाते अच्छा परीक्षाफल प्राप्त करने के लिए आप—
A. केवल होशियार बच्चों का दाखिला करेंगे
B. बच्चों को ट्यूशन पढ़ने की सलाह देंगे
C. विद्यालय की शिक्षण व्यवस्था दुरुस्त रखेंगे
D. बच्चों को कुंजी-गाइडों से पढ़ने के लिए कहेंगे

293. छात्र कक्षा विषयों में कमजोर हो, तो आप क्या करेंगे?
A. कारण जानने का प्रयास करेंगे
B. कमजोरी जानकर उसे दूर करने का प्रयास करेंगे
C. ट्यूशन की सलाह देंगे
D. प्रत्येक विषय की अलग-अलग कमजोरी का पता लगायेंगे

294. मैं बी.टी.सी. में प्रवेश इसलिए लेना चाहती हूँ, कि—
A. मेरी हार्दिक इच्छा है
B. अन्य प्रशिक्षण मिलना कठिन है
C. इसके प्रशिक्षण विद्यालय शहरों में स्थित हैं
D. इसमें रोजगार की गारन्टी है

295. मैं सी.टी. प्रशिक्षण में प्रवेश इसलिए लेना चाहती हूँ, कि—
A. छोटे बच्चों को पढ़ाने में कोई खास काम नहीं है
B. नर्सरी शिक्षा सबसे आसान है
C. छोटे बच्चों को पढ़ाने से मुझे आत्म-संतोष मिलता है
D. यह मेरे परिवार की इच्छा है

296. यदि बी.टी.सी. प्रशिक्षण के चयन में आप सफल नहीं होती हैं, तो—
A. शिक्षिका बनने की इच्छा त्याग देंगी
B. चयन प्रक्रिया को दोष देंगी
C. किसी अन्य प्रशिक्षण की खोज करेंगी
D. अगले वर्ष पुनः प्रयास करेंगी

297. यदि सी.टी. प्रशिक्षण के चयन में आप सफल नहीं होती हैं, तो कहेंगी—
A. मैं तो यों ही परीक्षा में बैठी थी
B. चयन प्रक्रिया में कहीं न कहीं दोष है
C. प्रश्न-पत्र स्तर से अधिक कठिन थे
D. मेहनत में कहीं कमी रह गई थी

298. यदि आपको अपनी प्रधानाचार्या से परेशानी हो, तो आप—
A. उनसे सीधे बात करेंगी
B. उनके विरुद्ध प्रचार करेंगी
C. जैसे को तैसा नीति के अनुसार काम करेंगी
D. उनकी शिकायत उच्च अधिकारियों से करेंगी

299. आप कक्षा में पढ़ा रही हैं, उस समय आचार्या द्वारा बुलाये जाने पर आप—
A. तुरन्त उनके पास चल देंगी
B. स्पष्ट मना कर देंगी
C. एक स्लिप पर परिस्थिति लिखकर भेजेंगी
D. घण्टा समाप्ति के बाद ही जायेंगी

300. मुझे अधिक प्रसन्नता होती है जब मेरे पास—
A. परिवार के सभी लोग हों
B. अच्छी पत्र-पत्रिकायें हों
C. लोग मेरा सम्मान करें
D. दूसरों की मदद के लिये खूब धन हो

301. मुझे ऐसे अवसरों पर प्रसन्नता होती है जब—
A. समाज सेवा का अवसर मिले
B. राजनैतिक व्यक्ति के स्वागत का अवसर मिले
C. अधिकारियों के घर पर उत्सव में निमन्त्रण मिले
D. सरकारी गोष्ठी में भाग लेना हो

302. यदि आपसे किसी गम्भीर विषय पर भाषण देने के लिए कहा जाए, तो आप—
A. कुछ देर का समय मांगेंगे
B. इस विषय पर मित्रों से सलाह लेंगे
C. सहर्ष तैयार हो जायेंगे
D. स्पष्ट मना कर देंगे

303. मेरे जीवन का बड़ा लक्ष्य है—
A. सम्पन्न महिला होना
B. अध्यापिका बनना
C. पत्रकार बनना
D. सफल गृहिणी बनना

304. यदि आपके घर वालों को आपका अध्यापिका बनना पसन्द नहीं है, तो आप—
A. अध्यापिका बनने का विचार छोड़ देंगी
B. घर वालों की कोई परवाह नहीं करेंगी
C. अध्यापन कार्य के पक्ष में दलील देंगी
D. उनकी इच्छानुसार कोई दूसरा व्यवसाय चुनेंगी

305. कोई भी अध्यापक छात्रों का प्रिय बन सकता है—
A. उनका कोर्स पूरा कराके
B. उन्हें कहानियां सुनाकर
C. उनके गृह कार्य में मदद देकर
D. उनके साथ सहानुभूति का व्यवहार करके

306. नयी-नयी बातों को सीखने के लिये आवश्यक है कि—
A. नवीन पुस्तकों का अध्ययन किया जाये
B. नये स्थलों का भ्रमण किया जाये
C. नयी फिल्में देखी जायें
D. चिन्तन किया जाये

307. मेरे विचार से विद्यालयों में खेल-कूद रैलियों के आयोजन से—
A. छात्रों की दूसरी अन्य प्रतिभाओं का विकास होता है
B. छात्रों का समय नष्ट होता है
C. छात्रों की शिक्षा पर बुरा असर पड़ता है
D. छात्रों में पार्टी-बन्दी बढ़ती है

308. ''भय और दण्ड का प्रभाव बच्चों को अनुशासनहीन बना सकता है'' इस कथन से आप—
A. पूर्ण सहमत हैं
B. पूर्ण असहमत हैं
C. आंशिक रूप से सहमत हैं
D. अनिश्चित हैं

309. एक अच्छा अध्यापक वह है जो कक्षा-शिक्षण में अधिक ध्यान देता है—
A. कमजोर छात्रों पर
B. सभी छात्रों पर
C. निर्धन और अपंग छात्रों पर
D. प्रतिभाशाली छात्रों पर

310. कक्षा में शान्त वातावरण तभी रह सकता है, जब—
A. कठोर अनुशासन हो
B. मनोरंजक कहानियाँ सुनाई जायें
C. केवल छात्रों का सहयोग हो
D. अध्यापक और छात्रों में परस्पर सहयोग हो

311. आप अपने बच्चे का प्रवेश ऐसी संस्था में कराने का प्रयत्न करेंगी जिसमें—
A. कठोर अनुशासन हो
B. समृद्ध व्यक्तियों के बच्चे पढ़ते हों
C. नकल कर के पास होने की सुविधा हो
D. छात्र के चतुर्मुखी विकास पर ध्यान दिया जाता हो

312. एक अध्यापक को सादी वेश-भूषा में रहना चाहिए, क्योंकि—
A. इससे अनावश्यक व्यय बचता है
B. सादी वेश-भूषा उच्च चिंतन का प्रतीक है
C. छात्रों को सादे जीवन की प्रेरणा मिलती है
D. इससे आध्यात्मिक शक्ति का विकास होता है

313. धन होने पर सर्वप्रथम चाहेंगे—
A. टी.वी. एवं फ्रिज
B. एक छोटा पुस्तकालय
C. स्कूटर
D. कीमती सोफासेट

314. वर्तमान परिस्थितियों में अध्यापिका को सबसे अधिक परेशानी होती है—
A. छात्राओं से
B. अभिभावकों से
C. प्रधानाचार्या से
D. जीवन मूल्यों में गिरावट से

315. यदि आपकी लाटरी खुल जाये तो उसका कुछ भाग खर्च करना चाहेंगी—
A. मंदिर के निर्माण पर
B. अच्छी पुस्तकों के क्रय पर
C. अपने लिए फैशनेबिल ड्रेस खरीदने पर
D. सैर-सपाटे पर

316. आपके अध्यापन करते समय यदि कोई छात्रा आपकी त्रुटियों की ओर संकेत करती है, तो आप—
A. स्वीकार कर लेंगी
B. छात्रा को चुप रहने के लिये कहेंगी
C. दूसरे दिन अच्छी तैयारी करके जायेंगी
D. छात्रा को कक्षा के बाद मिलने के लिए कहेंगी

317. आपको एक विचार गोष्ठी में जाना है तथा कक्षा में महत्वपूर्ण पाठ का अध्यापन भी करना है, तो आप—
A. विचार गोष्ठी में नहीं जायेंगे
B. किसी सहयोगी को पढ़ाने के लिये कहकर चले जायेंगे
C. विचार गोष्ठी के उपरान्त आकर बच्चों को अतिरिक्त समय में पढ़ायेंगे
D. विद्यालय से अवकाश ले लेंगे

318. कुछ विद्यार्थी आपके अध्यापन विषय में कमजोर हैं उनकी शैक्षिक प्रगति में सुधार के लिए—
A. कोई प्रयास नहीं करेंगे क्योंकि यह आपकी जिम्मेदारी नहीं है
B. उनके अभिभावकों को ट्यूशन करने को कहेंगे
C. उन्हें अधिक परिश्रम करने के लिए प्रेरित करेंगे
D. व्यक्तिगत सहायता देकर उनका स्तर ऊँचा उठायेंगे

319. मुझे प्रायः क्रोध आता है जब लोग—
A. मेरी बात नहीं मानते हैं
B. किसी निर्दोष को दोष देते हैं
C. अपने स्वार्थ की बात करते हैं
D. आपस में झगड़ा करते हैं

320. विद्यालय में कोई सहकर्मी महिला आपकी आलोचना करती है तो आप—
A. उचित-अनुचित का विचार किये बिना ईंट का जवाब पत्थर से देंगी
B. प्रधानाचार्या से शिकायत करेंगी
C. भद्र महिला के नाते सहन करेंगी
D. उचित-अनुचित का विचार कर कोई कदम उठायेंगी

321. आप द्वारा पढ़ाया गया पाठ यदि छात्राओं की समझ में नहीं आया है, तो आप—
A. समय न खर्च करते हुए आगे बढ़ जायेंगी
B. उस पर आधारित प्रश्नों के उत्तर लिखवा देंगी
C. उसे पुनः समझायेंगी
D. उस पाठ को छोड़ देंगी

322. कक्षा में कोई पाठ कई बार पढ़ाये जाने पर भी छात्रों की समझ में न आने पर आप—
A. सोचेंगे कि छात्रों के समझने का स्तर ही कम है
B. छात्रों को कुंजी-गाइड देखने को कहेंगे
C. सोचेंगे कि हमारे समझाने में ही कहीं न कहीं त्रुटि है
D. पुनः पर्याप्त तैयारी के साथ छात्रों को समझायेंगे

323. अध्यापिका बनने के उपरान्त किसी प्रतिष्ठित समाज में सम्मिलित होने पर—
A. यह बताने में संकोच करेंगी कि आप एक अध्यापिका हैं
B. यह कहना चाहेंगी कि आप प्रशासनिक सेवाओं में हैं
C. आपको यह बताने में गर्व होगा कि आप एक अध्यापिका हैं
D. ऐसे अवसर पर वहाँ से हट जायेंगी

324. कुछ लोग अच्छे आचरण का प्रयास नहीं करते क्योंकि वे—
A. जन्म से ही बुरे होते हैं
B. अच्छे आचरण की शिक्षा से वंचित रह गये हैं

C. जानबूझ कर कानून के उल्लंघन में आनंदित होते हैं
D. इसकी आवश्यकता नहीं समझते हैं

325. यदि कोई व्यक्ति मेरे मुँह पर मेरी प्रशंसा करता है, तो–
A. मुझे प्रसन्नता होती है
B. मैं समझता हूँ कि इसका कोई कार्य होगा
C. मुझे क्रोध आता है
D. मैं उसके आशय को समझने का प्रयास करता हूँ

326. यदि कोई व्यक्ति आपके मुँह पर किसी अन्य व्यक्ति की प्रशंसा करता है, तो आप–
A. समझेंगे कि जानबूझ कर ऐसा किया जा रहा है
B. सहज भाव से उसे स्वीकार करेंगे
C. सोचेंगे उसे ऐसा नहीं करना चाहिए
D. उसे अपने गुण भी बताने का प्रयास करेंगे

327. शिक्षकों को अच्छे शिक्षण हेतु निम्न में से प्रोत्साहन हेतु क्या उचित होगा?
A. समय-समय पर उनकी प्रशंसा करना
B. उनके वेतन में विशेष वृद्धि करना
C. उनको विशेष पारितोषिक देने की व्यवस्था करना
D. उनका प्रमोशन करना

328. स्व-अध्ययन की आदत आप छात्रों में किस प्रकार विकसित कर सकते हैं?
A. स्व-अध्ययन की उपलब्धियाँ गिनाकर
B. नवीन साहित्य उपलब्ध कराके
C. स्व-अध्ययन करने वाले व्यक्तियों का उदाहरण देकर
D. स्व-अध्ययन के प्रति प्रेरणा देकर

329. उच्च बौद्धिक क्षमता के लोग अध्यापन में तभी आते हैं, जब वे–
A. दूसरा कोई व्यवसाय नहीं पाते हैं
B. कम काम करना चाहते हैं
C. ट्यूशन द्वारा अधिक धन कमाना चाहते हैं
D. शिक्षक जैसा चुनौतीपूर्ण जीवन बिताना चाहते हैं

330. एक छात्र कक्षा में एक ही प्रश्न को चौथी बार पूछता है, अध्यापक को चाहिए कि उससे कहे कि
A. वह चुप रहे
B. वह बाद में मिल ले
C. वह किसी होशियार छात्र से समझ ले
D. इसका उत्तर समझना उसके वश की बात नहीं है

331. एक छात्र ने आपके प्रश्न का जो उत्तर दिया वह पाठ्य पुस्तक में नहीं है। अध्यापक के रूप में आप–
A. उसे नहीं मानेंगे
B. उत्तर को स्पष्ट करने के लिए प्रोत्साहित करेंगे
C. छात्र की शरारत मानेंगे
D. उसकी उपेक्षा करेंगे

332. अच्छी मनोदशा न होने पर भी यदि कोई छात्र आपसे कविता का अर्थ जानना चाहे तो आप उसे–
A. डांट कर भगा देंगे
B. दूसरे दिन आने को कहेंगे
C. किसी दूसरे के पास भेज देंगे
D. जैसे-तैसे उसका अर्थ बता देंगे

333. कई बार विद्यालय विलम्ब से पहुँचने पर प्रधानाचार्य द्वारा चेतावनी देने के बावजूद फिर यदि आप विद्यालय विलम्ब से पहुँचते हैं, तो आप–
A. कोई नया बहाना बता देंगे
B. उस दिन विद्यालय से अवकाश ले लेंगे
C. पूरे दिन प्रधानाचार्य से मिलने का प्रयास नहीं करेंगे
D. प्रधानाचार्य जो भी कहेंगे चुपचाप सुन लेंगे

334. शिक्षक को अवसर मिलने पर–
A. देशाटन करना चाहिए
B. पैतृक व्यवसाय करना चाहिए
C. व्यापार करना चाहिए
D. शत्रुओं से बदला लेना चाहिए

335. एक अच्छे शिक्षक के लिये संतोष की वस्तु होती है
A. सम्मान   B. उच्चपद
C. धन   D. लोकप्रियता

336. निम्नलिखित गुण समूहों में कौन-सा गुण शिक्षक के लिए उपयुक्त है–
A. क्षमा, सहयोग, क्रोध
B. ज्ञान, संयम, विवेक
C. ईमानदारी, ईर्ष्या, ज्ञान
D. सहनशीलता, करुणा

337. आपके प्रिय मित्र का लड़का गणित की परीक्षा दे रहा है जिसमें वह कुछ कमजोर है। निरीक्षक के रूप में आप–
A. उसकी कोई मदद नहीं करेंगे

B. दूसरे छात्र से सहायता के लिये कहेंगे

C. साथी निरीक्षक से सहायता के लिये कहेंगे

D. नजदीकी होने के नाते यथासंभव मदद कर देंगे

338. यदि दो छात्रायें मैदान में झगड़ रही हैं, तो आप—

A. दोनों की पिटाई करेंगी

B. दोनों को डांटकर अलग कर देंगी

C. उनका कारण जानकर दोषी को दण्ड देंगी

D. चुपचाप वहां से चली जायेंगी

339. खेल के मैदान में खेलते समय दो छात्रों के झगड़ने पर आप—

A. कमजोर छात्र का पक्ष लेंगे

B. अच्छे खिलाड़ी का पक्ष लेंगे

C. गरीब छात्र का पक्ष लेंगे

D. दोनों में से किसी का पक्ष नहीं लेंगे

340. यदि आपको अधिकार मिल जाये तो सबसे पहले आप करना चाहेंगे—

A. अच्छी शिक्षा व्यवस्था

B. भ्रष्टाचार उन्मूलन

C. वृद्धों के लिए पेन्शन योजना

D. स्वच्छ प्रशासन

341. वेतन और काम के घण्टे समान हों, तो आप बनना चाहेंगे—

A. पुलिस इन्स्पेक्टर   B. मजिस्ट्रेट

C. पुस्तकालयाध्यक्ष   D. होटल का मैनेजर

342. शिक्षक न बन पाने की स्थिति में आप बनना चाहेंगे?

A. फोटोग्राफर   B. दुकानदार

C. ठेकेदार   D. पत्रकार

343. आपके विचार से एक सफल अध्यापक के गुण होने चाहिए

A. सहयोग, करुणा, प्रभुत्त्व

B. ईमानदारी, सहानुभूति, निष्पक्षता

C. संयम, ज्ञान, अभिव्यक्ति

D. परिश्रम, ज्ञान, आक्रोश

344. आपसे अपने बच्चे के बारे में कोई सलाह मांगे तो सर्वप्रथम आप—

A. अध्यापक बनाने की सलाह देंगी

B. अध्यापक कभी न बनने की सलाह देंगी

C. बच्चे के बारे में विस्तार से जानकारी प्राप्त करना चाहेंगी

D. बच्चे को उसके भाग्य के भरोसे छोड़ देने को कहेंगी

345. शिक्षण कार्य में शिक्षक भी सदैव सीखता रहता है, क्योंकि—

A. वह नियमित समाचार-पत्र पढ़ता रहता है

B. वह छात्रों की कापियाँ जाँचता रहता है

C. वह तरह-तरह के छात्रों और अभिभावकों से मिलता रहता है

D. अपने विषय ज्ञान को बढ़ाने के लिये सदैव अध्ययनशील रहता है

346. यदि इस वर्ष बी.टी.सी. प्रशिक्षण के लिये आपका चयन न हो सका, तो—

A. इसे अपना दुर्भाग्य मानेंगी

B. आप पत्र लिखकर पूछेंगी कि आप का चुनाव क्यों नहीं हुआ

C. चुप रह कर स्थिति का अध्ययन करना चाहेंगी

D. नर्स बनने के लिये प्रयास करेंगी

347. एक अच्छा शिक्षक जीवनपर्यन्त विद्यार्थी बना रहता है, इस कथन का अभिप्राय है—

A. वह विद्यार्थियों के बीच सदा घिरा रहता है

B. अध्यापन के साथ अध्ययन भी जारी रहता है

C. अध्यापक का मस्तिष्क कभी परिपक्व नहीं होता है

D. अध्यापक का मस्तिष्क स्थाई नहीं होता है

348. एक अध्यापक के आचरण और योग्यता का सही मूल्यांकन करते हैं उसके—

A. छात्र   B. साथी अध्यापक

C. प्राचार्य   D. समाज के सम्पन्न लोग

349. यदि मैं प्रधानाचार्या बन जाऊँ तो मैं अपनी साथी अध्यापिकाओं का पक्ष लूंगी—

A. सभी दशाओं में

B. जब उनकी मांग उनके हित में होगी

C. जब उनकी मांग वेतन बढ़ाने से सम्बन्धित होगी

D. जब उनकी मांग उनके उत्तम कैरियर से सम्बन्धित होगी

350. अपनी छात्राओं को प्रभावित करने के लिये आप—
A. भड़कीले वस्त्र पहनेंगी
B. छात्राओं को भयभीत करेंगी
C. अपने पारिवारिक स्तर को बतायेंगी
D. अपने कार्य और व्यवहार को संतुलित रखेंगी

351. विद्यालय में अपना निश्चित स्थान बनाने के लिए शिक्षक को चाहिए कि वह—
A. छात्रों को अपने पक्ष में कर ले
B. साथियों का बड़ा समूह बना ले
C. अपने अधिकारियों के सम्पर्क में रहे
D. अपने उत्तरदायित्व में आस्था रखे

352. शिक्षण प्रभावशाली हो, इसके लिये—
A. प्राचार्य का कठोर नियन्त्रण होना चाहिए
B. शिक्षक को परिश्रमी होना चाहिए
C. छात्रों को कड़ा परिश्रम करना चाहिए
D. उपरोक्त सभी होने चाहिए

353. आपके विचार में विद्यालय के शरारती छात्रों को चाहिए—
A. प्यार, परामर्श, दण्ड
B. स्नेह, सुरक्षा, करुणा
C. परामर्श, प्रोत्साहन, सुरक्षा
D. दण्ड, परामर्श, सुरक्षा

354. अध्यापकों को नियमित रूप से समाचार पत्र और पत्रिकायें पढ़नी चाहिए जिससे वे—
A. अपने ज्ञान में वृद्धि कर सकें
B. अपने समय का सदुपयोग कर सकें
C. अपना बढ़ा हुआ जीवन स्तर दिखा सकें
D. छात्रों को समसामयिक ज्ञान दे सकें

355. आपके विचार से सह-शिक्षा का प्रमुख उद्देश्य है—
A. एक दूसरे को समझने का सुअवसर देना
B. बालिकाओं की हीन भावनाओं को रोकना
C. शिक्षा पर होने वाले व्यय को रोकना
D. बालिकाओं के लिये अलग से स्कूल न खोलना

356. ''अध्यापन कार्य ही सच्ची समाजसेवा है'', के कथन के बारे में आप—
A. पूर्णतः सहमत हैं
B. आंशिक रूप से सहमत हैं

C. असहमत हैं
D. इस आर्थिक युग में बकवास है

357. कक्षा में छात्रों को अनुशासित करने का सबसे प्रभावी उपाय है—
A. कुशल अध्यापन   B. भरपूर मनोरंजन
C. उपयुक्त दण्ड   D. कुशल नियन्त्रण

358. विद्यालय में बढ़ती हुई अनुशासनहीनता को कम किया जा सकता है—
A. छात्रों की संख्या कम करके
B. नये कानून बनाकर
C. छात्रों को अधिक से अधिक काम देकर
D. छात्रों को सही निर्देशन देकर

359. विद्यालय में बढ़ती हुई अनुशासनहीनता को कम किया जा सकता है—
A. अध्यापकों को अनुशासन में करके
B. छात्रसंघ पर प्रतिबन्ध लगाकर
C. सभी के प्रति निष्पक्ष व्यवहार करके
D. समाज का सहयोग लेकर

360. अध्यापक की सर्वाधिक उपयुक्त उपमा दी जा सकती है—
A. संरक्षक से   B. नेता से
C. माली से   D. सेवक से

361. यदि आपका स्थानान्तरण किसी ऐसे क्षेत्र में हो जाता है जहाँ की भाषा आपकी समझ में नहीं आती है तो आप—
A. वहाँ से स्थानान्तरण का प्रयास करेंगे
B. वहाँ जायेंगे और जैसा होगा वैसा करेंगे
C. वहाँ की भाषा सीखेंगे और काम करेंगे
D. साथियों से परामर्श करके ही कोई निर्णय लेंगे

362. एक अध्यापक को अपने उस विद्यार्थी पर गर्व करना चाहिए जो—
A. छात्रों के चरित्र निर्माण में सहायता कर रहा है
B. व्यापार में प्रचुर धन कमा रहा है
C. राजनीति में कामयाबी पा रहा है
D. फिल्मों में नाम कमा रहा है

363. कुछ छात्र परीक्षा भवन में दादागिरी से अनुचित साधन प्रयोग करना चाहते हैं, तो आप—

A. समय की नजाकत को देखते हुए लचीला रुख अपनायेंगे

B. सिद्धान्तों का समर्थन करते हुए नियमानुसार कार्य करेंगे

C. प्रधानाचार्य को सूचित करेंगे

D. साथियों से परामर्श करके कोई निर्णय लेंगे

364. आजकल न तो छात्र पढ़ना चाहते हैं और न ही अध्यापक पढ़ाना चाहते हैं अतः शिक्षा में सुधार—

A. की बहुत बड़ी आवश्यकता है

B. असम्भव है

C. एक अत्यन्त कठिन कार्य है

D. का ईश्वर ही मालिक है

365. आपके विचार से कक्षा-शिक्षण में छात्रों को अच्छी तरह पाठ्य-वस्तु सिखाने के लिए अध्यापक में आवश्यक है—

A. आदर्शवादी वस्त्र   B. गतिशील व्यक्तित्व

C. पर्याप्त आत्मविश्वास   D. प्रभावी अभिव्यक्ति

366. कुछ उद्दंड छात्र एक सीधे छात्र को पीट रहे हैं और आप वहाँ से गुजर रहे हैं, तो आप—

A. किसी झगड़े में नहीं पड़ेंगे

B. अन्य छात्रों से हस्तक्षेप के लिये कहेंगे

C. प्रधानाचार्य को सूचित करेंगे

D. परिणाम की परवाह किये बिना हस्तक्षेप करेंगे

367. यदि विद्यालय की किसी सभा में अचानक आपको किसी विषय पर भाषण देने के लिए कहा जाये, तो आप—

A. विनम्रतापूर्वक हाथ जोड़ लेंगे

B. बोलने के लिये तुरन्त तैयार हो जायेंगे

C. तैयारी के लिये कुछ समय मांगेंगे

D. स्वयं न बोल कर दूसरों को बोलने के लिए प्रेरित करेंगे

368. विद्यालय के सभी कार्यक्रमों में सह-भाग करना चाहिए क्योंकि इससे

A. सीखने का अवसर मिलता है

B. आत्मविश्वास के विकास में सहायता मिलती है

C. व्यक्तित्व का विकास होता है

D. उपरोक्त सभी सही हैं

369. विद्यालय में खेल-कूद, रैली और वाद-विवाद प्रतियोगिता के आयोजन के बारे में मेरी राय है कि—

A. यह समय और श्रम की बर्बादी है

B. यह मौज-मस्ती का अवसर होता है

C. इससे बच्चों की अनेक दक्षताओं का विकास होता है

D. छात्र के कैरियर के विकास में सहायक होता है

370. यदि वेतन और सुविधायें बराबर हों, तो मैं बनना चाहूँगा—

A. मंदिर का पुजारी   B. पुस्तक विक्रेता

C. होटल का स्वागती   D. साइकिल मिस्त्री

371. मेरे कुछ साथी अध्यापक प्रधानाचार्य के विरुद्ध मेरे सामने कुछ कहते हैं ऐसे में मैं—

A. प्रधानाचार्य को तुरन्त सूचित करुंगा

B. तटस्थ रहूँगा

C. साथियों को ऐसा करने से रोकूंगा

D. कारणों को जानकर ही कोई निर्णय लूंगा

372. अध्यापन कार्य में एक अध्यापक को तब अधिक परेशानी होती है, जब—

A. कक्षा में छात्रों की संख्या बहुत अधिक हो

B. विद्यालय उसके घर से दूर हो

C. कक्षा के अधिकांश छात्र गरीब परिवारों के हों

D. अभिभावकों का सहयोग न मिले

373. अपने छात्रों से व्यक्तिगत कार्य कराने के संदर्भ में आपका मत है, कि—

A. इससे गुरु-शिष्य के सम्बन्ध नजदीक होते हैं

B. गुरुओं की सेवा करना शिष्यों का धर्म होता है

C. जो सेवा करेगा उसे लाभ मिलेगा

D. सिद्धान्ततः यह कार्य गलत है

374. आप अपने खाली समय का उपयोग करना चाहते हैं—

A. चित्र बनाने, टी.वी. देखने तथा जादू का खेल देखने में

B. खेल-कूद में भाग लेने, पुस्तकें पढ़ने तथा समाज सेवा में

C. उपन्यास पढ़ने, खेल निरीक्षण तथा रोगी की सेवा करने में

D. व्यंजन बनाने, घर सजाने और फिल्म देखने में

375. विज्ञान के शिक्षक के लिए अधिक आवश्यक है—
A. समाचार-पत्र
B. विज्ञान की पत्रिकायें
C. धार्मिक पुस्तकें
D. उपन्यास

376. आपको अपने विद्यालय की क्रिकेट टीम के कप्तान को चयन करने का दायित्व सौंपा गया है, तो आप—
A. तेज गेंदबाज को चुनेंगे
B. अच्छे बल्लेबाज को चुनेंगे
C. अपने प्रिय छात्र को चुनेंगे
D. गेंदबाजी और बल्लेबाजी में दक्ष छात्र को चुनेंगे?

377. यदि छात्र के प्रश्न का उत्तर शिक्षक को न आता हो, तो उसे—
A. प्रश्न को अनसुना कर देना चाहिए
B. छात्र को डांटकर बैठा देना चाहिए
C. उल्टे छात्र से ही प्रश्न पूछ लेना चाहिए
D. बाद में बताने का आश्वासन दे देना चाहिए

378. एक छात्र दूसरे शिक्षक की कक्षा में पढ़ता है आपके विषय से सम्बन्धित प्रश्न लेकर मध्यान्तर में आपके पास आता है, तो—
A. मध्यान्तर के बाद आने को कहेंगे
B. अपने शिक्षक से ही पूछने को कहेंगे
C. उसी समय समझा देंगे
D. पुस्तक में देख लेने को कहेंगे

379. ''शिक्षक को प्रभावी शिक्षण के लिये छात्रों की वैयक्तिक भिन्नता को भी ध्यान में रखना चाहिए'' इस कथन से आप कहाँ तक सहमत हैं?
A. बिल्कुल नहीं   B. आंशिक रूप से
C. सामान्य रूप से   D. पूर्ण रूप से

380. शिक्षकों का समाज से ऊँचा स्थान होना चाहिए, क्योंकि वे—
A. शिक्षा का दान देते हैं
B. अधिक मानसिक श्रम करते हैं
C. देश के कर्णधारों का सर्वांगीण विकास का प्रयास करते हैं
D. संतोष की प्रतिमूर्ति होते हैं

381. एक सफल अध्यापक वह है जो सामान्यतया—
A. अपनी कक्षा का नियन्त्रण कर सके
B. प्रधानाचार्य को सन्तुष्ट कर सके
C. छात्रों की ज्ञान पिपासा पूरी कर सके
D. प्रभावी ढंग से अध्यापन कर सके

382. किसी भी विषय वस्तु को छात्रों को सरलता से सिखाने के लिये अध्यापक का सर्वप्रथम गुण होना चाहिए—
A. आत्मविश्वास
B. प्रभावी अभिव्यक्ति
C. सहृदयता
D. विषय-वस्तु का ज्ञान

383. यदि कोई छात्र कक्षा से बाहर अध्यापक से प्रश्न पूछता है, तो आप सोचती हैं कि—
A. वह पढ़ाई में कमजोर है
B. कक्षा में कुछ भूल गया होगा
C. वह दिखाना चाहता है कि वह बहुत परिश्रमी है
D. गरीब घर का है

384. बच्चे कक्षा में किसी दिन थके हुए हैं, वे पढ़ना नहीं चाहते हैं आप उन्हें—
A. घर जाने की छुट्टी दे देंगी
B. खेल खिलायेंगी
C. पढ़ने लिखने का महत्त्व समझायेंगी
D. किसी भी प्रकार पढ़ने को तैयार कर लेंगी

385. ''गुरु को ऐसा चाहिए, सिस से कुछ न लेइ सिस को ऐसा चाहिए, सब कछु गुरु को देई।'' यह कथन आज के समय में कितना प्रासंगिक है?
A. पूर्णतः प्रासंगिक है
B. अप्रासंगिक है
C. अनिश्चय की स्थिति है
D. आस्था और विश्वास के साथ प्रासंगिक है

386. आपकी एक शिक्षिका साथी विद्यालय में पढ़ने वाले अपने बच्चे को अपने साथ लाती है, ऐसी स्थिति में आप—
A. उसे वैसा न करने की सलाह देंगी
B. उससे लड़ेंगी
C. उसकी शिकायत प्रधानाचार्या से करेंगी
D. देखा-देखी आप भी अपने बच्चे को विद्यालय लायेंगी

387. आपकी पसन्द का वह बच्चा है जो—
A. सुन्दर हो और स्वस्थ हो
B. साफ-सुथरा हो
C. आज्ञाकारी हो
D. सक्रिय हो

388. आप विद्यालय में नये हैं कक्षा में अध्यापन के समय छात्र और बाहर सहकर्मी आपसे सन्तुष्ट प्रतीत नहीं होते हैं आप—
A. प्रधानाचार्य से निर्देश लेंगे
B. विषय की तैयारी करके पढ़ायेंगे
C. सहकर्मियों की सन्तुष्टि को प्राथमिकता देंगे
D. सोचेंगे कि शुरू में तो ऐसा होता ही है

389. एक छात्रा प्रायः कक्षा में भयभीत रहती है, आप—
A. कड़ाई से उसका कारण पूछेंगी
B. प्रधानाध्यापिका को सूचित करेंगी
C. अभिभावक को सूचित करेंगी
D. अपनत्व और प्यार से उसका उत्साहवर्धन करेंगी

390. विद्यालय से अतिरिक्त समय में आप करना चाहेंगे—
A. लाटरी के टिकट बेचना, अखबार पढ़ना, चित्र बनाना
B. ट्यूशन पढ़ाना, बागवानी करना, गीत गाना
C. सिलाई करना, राजनीति में भाग लेना, यात्रा करना
D. पत्र-मित्र बनाना, समाज सेवा करना, नृत्य करना

391. पहली अप्रैल को किसी छात्र ने आपको एक बंद पैकेट दिया, तो आप—
A. उसे नहीं लेंगे
B. वस्तु में कोई रुचि नहीं लेंगे और कहीं रख देंगे
C. वस्तु को खोलकर देखेंगे
D. सम्मिलित रूप से मनोरंजन करेंगे

392. परीक्षाओं में अनुचित साधनों के प्रयोग का बढ़ना आपकी दृष्टि में इसलिए है कि—
A. छात्र पढ़ नहीं रहे हैं
B. कक्षाओं में ठीक से पढ़ाई नहीं हो रही है
C. नैतिक मूल्यों का ह्रास हो रहा है
D. प्रश्न-पत्र कठिन आ रहे हैं

393. यदि किसी विद्यार्थी को परीक्षा में कोई प्रश्न नहीं आ रहा है, तो आप—
A. आगे वाले छात्र से पूछने को कहेंगे
B. उसका उत्तर बता देंगे
C. संकेत दे देंगे
D. मौन रहेंगे

394. आपका मानना है कि छात्र होते हैं—
A. एक समस्या, एक पहेली
B. निरीह और कोमल
C. स्फूर्ति, तेज और शक्ति के संगम
D. देश के भावी कर्णधार और रक्षक

395. आप ऐसा व्यवसाय पसन्द करेंगी जिसमें—
A. झंझट कम और आराम अधिक हो
B. अधिक से अधिक व्यक्तियों से मिलने का अवसर मिल सके
C. अधिकांश लोगों को अनुशासित करने का अवसर मिल सके
D. पठन, पाठन की शिक्षा और ज्ञानार्जन का अवसर मिले

396. बच्चों की शिक्षा में यह अधिक आवश्यक है कि—
A. बच्चों को गलत काम करने पर दंडित किया जाये
B. बच्चों का सर्वांगीण विकास हो
C. बच्चों को पर्याप्त स्नेह दिया जाये
D. बच्चों में सही आदतें डाली जायें

397. आपके विचार से शिक्षा के स्तरोन्नयन के लिए सर्वाधिक आवश्यक है—
A. अध्यापकों को उच्च वेतनमान देना
B. विद्यालय को पूरी सुविधा प्रदान करना
C. शिक्षण अधिगम प्रक्रिया को प्रभावी बनाना
D. छात्र-अध्यापक-अभिभावक सम्बन्ध सुदृढ़ करना

398. किसी भी स्थिति में लोगों से मैं—
A. ससंकोच बात करता हूं
B. बात करने में झिझकता हूं
C. अपनी बात मनवाने का प्रयास करता हूं
D. तर्कसंगत बात करता हूं

399. कक्षा में शान्ति स्थापित करने का महत्वपूर्ण ढंग है, उन्हें—
A. अत्यधिक अपनत्व प्रदान करना
B. आवश्यक नियन्त्रण रखना

C. नोट्स लिखवाना

D. विषय-वस्तु का अच्छा शिक्षण प्रदान करना

400. नई परिस्थितियों में आप–
A. शीघ्र परेशान हो जाते हैं
B. दूसरों का अनुकरण करते हैं
C. दूर हटने का प्रयास करते हैं
D. शीघ्रता से समायोजित हो जाते हैं

401. अध्यापक का प्रमुख कार्य है–
A. छात्र को सीखने के लिए अभिप्रेरित करना
B. छात्र को पढ़ाना
C. छात्र का ज्ञानवर्धन करना
D. छात्र को अच्छे संस्कारों में डालना

402. किसी भी कठिन कार्य को करने के लिए आवश्यक है कि व्यक्ति–
A. मृदुभाषी और व्यवहार कुशल हो
B. शान्त और निडर हो
C. धनी और सुविधा सम्पन्न हो
D. दृढ़ संकल्पी और आत्मविश्वासी हो

403. शिक्षण को रुचिकर और प्रभावकारी बनाने के लिए आवश्यक है–
A. पुस्तकों की सहायता से पढ़ाना
B. लम्बी-लम्बी कहानियों का समावेश करना
C. जीवनोपयोगी और व्यावहारिक उदाहरणों को प्रस्तुत करना
D. महत्वपूर्ण नोट्स लिखाना

404. आपकी कक्षा में बच्चों के बैठने का पर्याप्त साधन नहीं है, ऐसी स्थिति में आप–
A. छात्रों को छुट्टी दे देंगी
B. उन्हीं परिस्थितियों में समायोजन करके पढ़ायेंगी
C. संस्था व्यवस्था की आलोचना करेंगी
D. प्रधानाध्यापिका से प्रबन्ध करने को कहेंगी

405. अध्यापक नियुक्त होने पर आपका प्रयास यही रहेगा कि–
A. बच्चों को प्रसन्न रखें
B. साथी अध्यापकों को प्रसन्न रखें
C. स्वयं को सन्तुलित रखें
D. अधिकारियों को प्रसन्न रखें

406. "स्वस्थ शरीर में स्वस्थ मन का निर्माण" होता है, इस कथन से आप–
A. पूर्णतः सहमत हैं
B. आंशिक रूप से सहमत हैं
C. असहमत हैं
D. शरीर और मन का कोई सम्बन्ध नहीं होता

407. नयी-नयी बातों को सीखने के लिए आवश्यक नहीं है कि–
A. नवीनतम पुस्तकों का अध्ययन किया जाए
B. चिन्तन किया जाये
C. पर्यटन किया जाये
D. गोष्ठियों/परिचर्चाओं में भाग लिया जाये

408. जब कार्यक्रमों के संचालन से मेरे मित्र मुझे अलग कर देते हैं, तो मैं–
A. उनकी आलोचना करता हूं
B. उदासीन हो जाता हूं
C. परिस्थितियों की विवेचना करता हूं
D. यह सोचकर शान्त हो जाता हूं कि मेरी योग्यता में कहीं कोई कमी होगी

409. विद्यालय में पूर्ण अवकाश की घंटी बजने के बाद आप–
A. तुरन्त घर चली जायेंगी
B. साथियों से गपशप करेंगी
C. छात्रों के जाने के बाद ही जायेंगी
D. अधूरे कार्य पूरा करने के बाद जायेंगी

410. कोई व्यक्ति आपसे रुपया दान करने के लिए परामर्श लेता है तो आप दान देने के लिए सिफारिश करेंगे–
A. मंदिर, मस्जिद, गुरुद्वारा को
B. वैज्ञानिक शोध संस्था को
C. ऐसी संस्था को जो आपका नामपट्ट लगाये
D. विद्यालय को जो आर्थिक संकट के कारण बंद हो रहा है

411. आपकी राय में जीवन का मुख्य सिद्धान्त होना चाहिए–
A. प्रतिष्ठित पद और शक्ति
B. कठिन श्रम और धनवान बनना
C. गरीबों और असहायों की मदद
D. प्रत्येक वस्तु की प्रशंसा

412. यदि आपकी प्रधानाध्यापिका बिना किसी कारण नाराज हो जाए, तो आप—
A. कारण पूछेंगी और उन्हें समझायेंगीं
B. उनकी प्रसन्नता के लिए अपनी गलती मान लेंगीं
C. निर्भीकतापूर्वक अपने कर्त्तव्य का पालन करेंगीं
D. उनकी आलोचना करेंगीं

413. खेल में जीतने वाले खिलाड़ी के प्रति आप—
A. ईर्ष्या करेंगे
B. सराहना करेंगे
C. प्रतिद्वन्दियों को उसे नीचा दिखाने की सलाह देंगे
D. उदासीन हो जायेंगे

414. आपके विद्यालय के छात्र को सड़क पर यदि कोई बाहरी छात्र मार रहा है, तो आप—
A. अनदेखी करके चले जायेंगे
B. विद्यालय के अन्य छात्रों को साथ लेकर जायेंगे
C. स्वयं पहुंचकर मार खाने वाले छात्र को बचायेंगे
D. पुलिस में रिपोर्ट दर्ज करायेंगे

415. क्रीड़ास्थल पर दो छात्रों के आपसी झगड़े पर आप—
A. चीफ प्रोक्टर से निर्णय करायेंगे
B. दोनों की बात सुनकर न्यायपूर्ण फैसला करेंगे
C. जो बड़ा होगा उसे डांटेंगे
D. दोनों को दण्ड देंगे

416. शुभ या अशुभ अवसरों पर आप—
A. केवल दूसरों की बात कहेंगे
B. अवसर के अनुरूप बात कहेंगे
C. स्थिति का निरीक्षण करेंगे
D. सही बात कहेंगे

417. आज अध्यापक की घटती हुई प्रतिष्ठा का मुख्य कारण है—
A. समाज का भौतिकवादी दृष्टिकोण
B. अधिक धन कमाने की इच्छा
C. कर्त्तव्य के प्रति उदासीनता
D. अध्यापक का राजनीति में भाग लेना

418. शिक्षण कार्य के साथ अतिरिक्त समय में कार्य करना, आप समझते हैं—
A. सही है
B. समय के अनुसार है
C. अनुचित है
D. छात्रों के हित में नहीं है

419. आप प्राचार्य हैं, विद्यालय के कार्यक्रम में कोई शिक्षक समय पर नहीं आता है तो आप, क्या करेंगे?
A. उसको कार्यक्रम के पश्चात् मिलने को कहेंगे
B. उसको उसका उत्तरदायित्व बतायेंगे
C. उसको सबके सामने डांटेंगे
D. उसकी रिपोर्ट प्रबन्ध समिति को देंगे

420. विद्यालय में सभी शिक्षकों को समय पर आना चाहिए, क्योंकि इससे—
A. विद्यालय के सभी कार्यक्रम समय पर होंगे
B. छात्रों में अच्छी आदत का विकास होगा
C. विद्यालय में अनुशासन कायम होगा
D. उपरोक्त सभी बातों का विकास होगा

421. परिस्थितियों के कारण यदि कोई छात्र अधिक समय तक अनुपस्थित रहकर आपके घर निःशुल्क सहायता लेने आये, तो आप—
A. उसकी सहायता करेंगी
B. सद्भावपूर्ण बात करके लौटा देंगीं
C. उससे मिलेंगीं ही नहीं
D. अगले दिन आने के लिए कहेंगीं

422. आपके विद्यालय में कुछ शिक्षक गुट बना लेते हैं, इसके सम्बन्ध में आपकी प्रतिक्रिया होगी—
A. तटस्थ रहेंगे
B. उन शिक्षकों को गुट न बनाने की सलाह देंगे
C. प्रधानाचार्य को सूचित करेंगे
D. प्रबन्ध समिति को सूचित करेंगे

423. आप शिक्षण कार्य निम्नलिखित में से कहां पसन्द करेंगे?
A. अपने गांव या कस्बे में
B. अपने क्षेत्र में
C. अपने प्रदेश या प्रान्त में
D. देश के किसी भी स्थान पर

424. छात्र द्वारा पूछे गये प्रश्न का उत्तर ज्ञात न होने पर आपका प्रयास होगा—
A. प्रश्न को टाल दें
B. अनुशासनहीनता समझ कर फटकार दें
C. अगले दिन बताने का आश्वासन दें
D. जो उचित समझें, वही उत्तर दे दें

425. आपकी राय में छात्रों-अध्यापकों के बीच अच्छे सम्बन्ध न होने का कारण है–
A. पाठ्य-विषयों की अधिकता
B. शिक्षक के लगन व लगाव में कमी
C. विद्यालय में उपकरणों की कमी
D. अभिभावकों की उदासीनता

426. एक अच्छा शिक्षक वह है जो कक्षा-शिक्षण में अधिक ध्यान देता है–
A. गरीब तथा कमजोर छात्रों पर
B. प्रतिभाशाली छात्रों पर
C. अपंग तथा मानसिक रूप से पिछड़े छात्रों पर
D. सभी छात्रों पर

427. विद्यालय की समस्याओं के हल में एक अध्यापक को–
A. प्रधानाचार्य को आवश्यकतानुसार परामर्श देना चाहिए
B. प्रधानाचार्य को ही इसके लिए उत्तरदायी समझना चाहिए
C. पहल करके अपनी ओर से ही परामर्श देना चाहिए
D. प्रधानाचार्य को यथाशक्ति सहयोग देना चाहिए

428. नये और अपरिचित स्थान पर पहुंच जाने पर आप–
A. भयभीत हो जाते हैं
B. घुटन महसूस करते हैं
C. घर जैसा परिचित महसूस नहीं होता है
D. घर जैसा परिचित महसूस होता है

429. अध्यापन के प्रभावशाली होने का प्रमाण है कि–
A. कक्षा में सभी छात्र शान्त रहें
B. गृह-कार्य पूरा कर लें
C. सभी छात्र प्रश्नोत्तर में प्रतिभाग करें
D. परीक्षा में अच्छे अंक प्राप्त करें

430. मेरी निम्न में रुचि है–
A. चुनाव प्रचार करना
B. व्याख्यान देना
C. वस्तुओं का क्रय-विक्रय करना
D. सामाजिक अन्याय के विरुद्ध लेख लिखना

431. छात्र अधिक होशियार नहीं है। छात्र कला विषय छोड़कर विज्ञान विषय का अध्ययन करने के लिए आपके पास सलाह लेने आता है। आपकी सलाह होगी–
A. विज्ञान विषय छोड़कर कोई और विषय ले लीजिए
B. विज्ञान विषय लेने के लिए ट्यूशन लगानी पड़ेगी

C. साधारण छात्रों के लिए विज्ञान विषय उचित नहीं है
D. व्यावसायिक शिक्षा ले ले

432. बोध क्षमता सबसे अधिक कैसे प्राप्त की जा सकती है?
A. निर्देशित मौन पठन से
B. निर्देशित मौखिक पठन से
C. अव्यवस्थित मौन पठन से
D. कला के लिए शिक्षक के पठन से

433. छात्रों की पसन्द का वह शिक्षक है जो–
A. उसकी समस्याओं को सुनता है
B. समय का पाबन्द है
C. जल्दी नाराज नहीं होता है
D. भड़कीले वस्त्र पहनता है

434. प्रयोग करके सीखना अधिक उपयोगी है क्योंकि–
A. यह अधिक रुचिकर है
B. इससे बच्चे व्यस्त रहते हैं
C. कक्षा में अनुशासन बनता है
D. बच्चे क्रियाशीलता पसन्द करते हैं

435. छात्रों में अच्छे आचरण का विकास किया जा सकता है–
A. अच्छे कपड़े पहनकर
B. लच्छेदार कहानियां सुनाकर
C. उनके मनोविज्ञान की जानकारी लेकर
D. स्वयं अच्छा आचरण अपनाकर

436. छात्रों में ईमानदारी तथा अन्य गुणों का विकास सम्भव है–
A. भाषण देकर
B. उदाहरण देकर
C. कक्षा के किसी ईमानदार छात्र का उदाहरण देकर
D. स्वयं अपना उदाहरण देकर

437. अपने विद्यालय के छात्रों को अनुशासित रखने हेतु निम्न में से कौन-सा उपाय सर्वोत्तम है?
A. अनुशासन पर भाषण देना
B. अनुशासन पर छात्रों को लेख लिखने के लिए कहना
C. शिक्षकों का अनुशासन में रहना
D. अनुशासित छात्रों को पुरस्कार देना

438. यदि कोई छात्र आपके प्रश्न का उत्तर नहीं दे पाता है तो आप—
A. स्वयं बता देंगे
B. उसे कक्षा में खड़ा होने को कहेंगे
C. छात्र के उत्तर न दे सकने के कारण जानने का प्रयास करेंगे
D. अन्य छात्रों को उत्तर देने को कहेंगे

439. माध्यमिक छात्रों की परीक्षा के लिए स्वकेन्द्र परीक्षा प्रणाली उपयुक्त है क्योंकि—
A. छात्रों को विद्यालय से दूर नहीं जाना पड़ता
B. छात्रों को नकल में सुविधा मिलती है
C. अपने केन्द्र पर छात्र अनुशासित रहते हैं
D. दूसरे परीक्षा केन्द्रों पर छात्र निराश हो जाते हैं

440. छात्र प्रायः आपके विषय को ध्यान से नहीं पढ़ते हैं, तो उनके लिए—
A. दण्ड की व्यवस्था करनी चाहिए
B. विषय को मनोरंजक बनाना चाहिए
C. रुचि की कमी का कारण जानना चाहिए
D. इसकी शिकायत प्रधानाचार्य से करनी चाहिए

441. कक्षा में शिक्षक को अधिकाधिक प्रश्न पूछने चाहिए क्योंकि इससे—
A. प्रधानाचार्य प्रसन्न होते हैं
B. कक्षा का अनुशासन बनता है
C. छात्रों को अभिव्यक्ति का अवसर मिलता है
D. शिक्षक को अभिव्यक्ति का अवसर मिलता है

442. आपके विचार से एक सफल शिक्षक वह है जो—
A. विद्यालय समय से आता है
B. परीक्षा में अच्छे अंक देता है
C. नियमित रूप से गृहकार्य देता है
D. छात्रों की प्रगति में रुचि लेता है

443. आपके अनुसार शिक्षक का व्यक्तित्व आकर्षक होना चाहिए जिससे वह—
A. छात्रों से अलग दिखाई दे
B. छात्रों को प्रभावित कर सके
C. विद्वान दिखाई दे
D. समाज में अलग पहचाना जा सके

444. शिक्षा के क्षेत्र में किस तरह के लोगों को जाना चाहिए—

A. मेधावी
B. साधारण
C. आर्थिक रूप से कमजोर
D. लगन वाले

445. एक छात्र के रूप में कक्षा में अच्छा अनुशासन रखने के बारे में आपका मत है—
A. शिक्षक को छात्रों से सहानुभूति रखनी चाहिए
B. शिक्षक को विषय विशेषज्ञ होना चाहिए
C. छात्रों को समझाने की शैली अच्छी होनी चाहिए
D. कक्षा में अधिकाधिक काम देना चाहिए

446. छात्र उस अध्यापिका को अधिक पसन्द करते हैं, जो—
A. शीघ्र नाराज नहीं होती
B. समय की पाबन्द होती है
C. छात्रों की समस्याओं को सुनती है
D. उपर्युक्त सभी

447. छात्र अध्यापक को आदर्श मानते हैं क्योंकि—
A. वह परीक्षा में उत्तीर्ण कर सकता है
B. वह विद्वान होता है
C. वह शिक्षण कार्य परिश्रम से करता है
D. वह छात्रहित में अपना हित देखता है

448. विद्यालय के छात्रों को अनुशासित करने हेतु अध्यापिकाओं को चाहिए कि वे—
A. अनुशासन पर भाषण दें
B. अनुशासन पर लेख लिखायें
C. अनुशासित छात्रों को पुरस्कार दें
D. अनुशासनहीन छात्रों को दण्ड दें

449. छात्र ऐसे अध्यापक से अधिक प्रभावित होते हैं जो—
A. कक्षा में अच्छे चित्र बनाते हैं
B. गृहकार्य नहीं देते हैं
C. कभी भी दण्ड नहीं देते हैं
D. विद्यालय के हर क्रियाकलाप में रुचि रखते हैं

450. आप ऐसे अध्यापक से अधिक प्रभावित होते हैं जो—
A. परीक्षा में छात्रों को पास कराने का दायित्व लेते हैं
B. कक्षा में रोचक कहानियां सुनाते हैं
C. केवल पाठ्य-पुस्तक पढ़ाते हैं
D. अपने कर्त्तव्यपालन पर विशेष ध्यान देते हैं

451. आपकी राय में अध्यापिका का महत्वपूर्ण गुण है–
A. देशप्रेम
B. मानसिक श्रम
C. विषय ज्ञान
D. खेल भावना

452. विद्यालय में प्रार्थना स्थल पर प्रार्थना के लिए पर्याप्त संख्या में छात्र उपस्थित नहीं होते हैं, प्रधानाचार्य के रूप में आप–
A. छात्रों को प्रार्थना का महत्व समझायेंगे
B. प्रार्थना स्थल पर मनोरंजक कार्यक्रम करायेंगे
C. सभी साथियों से इस समस्या पर गौर करने के लिए कहेंगे
D. प्रार्थना स्थल पर ही छात्रों की उपस्थिति करायेंगे

453. यदि एक छात्रा प्रतिदिन कक्षा छोड़ देती है, तो आप–
A. इसका कारण पता लगायेंगी
B. छात्रा को सभी छात्राओं के सामने दण्डित करेंगी
C. अभिभावक से शिकायत करेंगी
D. अर्थदण्ड करवा देंगी

454. मुझे विश्वास है कि अध्यापन व्यवसाय के लिये–
A. प्रशिक्षण आवश्यक है
B. प्रशिक्षण आवश्यक नहीं है
C. ऊँची सिफारिश आवश्यक है
D. ऊँची योग्यता आवश्यक है

455. अध्यापन के अतिरिक्त आप करना चाहेंगीं–
A. समाज सेवा
B. गरीबों की सहायता
C. घर की आय-व्यय का लेखा-जोखा रखना
D. तितलियों का एलबम बनाना

456. यदि मेरी कक्षा के अधिकांश बच्चे शरारती हैं, तो उनके वांछित व्यवहार परिवर्तन के लिए सबसे अच्छा तरीका होगा–
A. शारीरिक दण्ड
B. कक्षा से निष्कासन
C. पुरस्कार
D. निर्देशन और परामर्श

457. विद्यार्थियों में सहयोग की भावना का विकास किया जा सकता है–
A. सहयोग की भावना का उदाहरण देकर
B. सहयोग पर फिल्म दिखाकर
C. रचनात्मक कार्य करा कर
D. ऐसा काम देकर जिसमें सब मिल कर काम करें

458. आपके विचार में वही शिक्षक वास्तविक सम्मान का अधिकारी है जो–
A. अच्छा परीक्षाफल देता हो
B. छात्रों में प्रिय हो
C. सभी की बातें मानता हो
D. अपने पद के दायित्वों का निर्वाह करता हो

459. आप उस छात्र को पसन्द करेंगे जो–
A. मृदुभाषी हो
B. बड़ों का आदर करता हो
C. विद्या अध्ययन में परिश्रमी हो
D. उक्त सभी गुण हों

460. वह छात्र समूह अच्छा लगता है जिसमें निम्न गुण हों–
A. सेवा, आदर, परिश्रमी
B. मृदुभाषी, दूसरों की प्रशंसा करना, चतुर
C. लगनशील, विद्या-अध्ययन, आदर-सत्कार
D. परिश्रमी, खिलाड़ी, अधिक बोलना

461. आपके विद्यालय का कक्षा आठ का एक छात्र आपको एक पत्र देता है, जिसमें उसने आपसे अपने प्रेम प्रकट किया है। इस सन्दर्भ में आपकी प्रतिक्रिया होगी–
A. अगले दिन पूरी कक्षा के सामने उसकी खिल्ली उड़ायेंगीं
B. उससे अकेले में मिलकर अपने विवाहित होने की मजबूरी बतायेंगीं
C. उसे अकेले में डांट देंगी और उससे कहेंगीं कि अपना ध्यान पढ़ाई में लगाओ
D. उसके घर जाकर उसके अभिभावक से उसकी इस मनोदशा के बारे में विस्तार से बात करेंगीं तथा उसे सुधारने के लिए अभिभावकों के साथ सामूहिक प्रयास करेंगीं

462. विद्यालय में वार्षिकोत्सव की तैयारी करनी है, किन्तु छात्र काम करने से कतरा रहे हैं, तो उन्हें आप–
A. कठोर अनुशासन द्वारा काम करवायेंगे
B. स्वतन्त्र छोड़ देंगे
C. कार्य में स्वयं भाग लेकर उन्हें प्रेरित करेंगे
D. प्रधानाचार्य से शिकायत करेंगे

463. एक विद्यार्थी को अपने उस अध्यापक को अपना आदर्श मानना चाहिए जो–
A. सुगठित शरीर का हो
B. अत्यन्त लोकप्रिय हो
C. वही करता हो जो कहता हो
D. सबकी हाँ में हाँ करता हो

464. बालक जन्मजात क्रियाशील होता है, इसलिए उसे प्रेरित करना चाहिए–
A. खेलों के लिए
B. शारीरिक विकास के लिए
C. ज्ञानार्जन के लिए
D. रचनात्मक कार्यों के लिए

465. विद्यालय से छात्रों के भागने का कारण है–
A. रुचिकर कक्षा-शिक्षण न होना
B. छात्रों की शिक्षा में रुचि न होना
C. छात्रों को दण्ड न देना
D. अध्यापकों की समस्या के प्रति उदासीनता

466. छात्रों की शिक्षा में रुचि न होने का कारण है–
A. शिक्षा का भविष्य न दिखाई देना
B. संस्कारों का अभाव होना
C. अभिभावकों की उदासीनता
D. शिक्षा का पाठ्यक्रम सही न होना

467. छात्रों को शैक्षिक कार्यक्रम हेतु दूरदर्शन का प्रयोग आपके विचार से उनके–
A. बहुमूल्य समय का अपव्यय है
B. मनोरंजन का अच्छा साधन है
C. पठन-पाठन की क्रिया को सुदृढ़ करने का उपाय है
D. ऊपर अतिरिक्त बोझ है

468. शिक्षकों द्वारा शैक्षिक क्रियात्मक अनुसंधान करने के विषय में आपका मत है कि–
A. पठन-पाठन कार्य बाधित होता है
B. अध्यापक का मूल कार्य पढ़ाना है
C. शैक्षिक विकास के लिए इसकी कोई उपयोगिता नहीं है
D. यह अध्ययन कार्य को परिष्कृत करने में सहायक होता है

469. वर्तमान शिक्षा प्रणाली के विषय में आपकी राय है–
A. यह ठीक है
B. इसमें सुधार की आवश्यकता है
C. लाभ कम और हानि ज्यादा है
D. न तो खराब है और न ही अच्छी

470. शिक्षा के स्वरूप के विषय में आपकी राय है–
A. धार्मिक शिक्षा होनी चाहिए
B. व्यावसायिक शिक्षा होनी चाहिए
C. तकनीकी शिक्षा होनी चाहिए
D. सैनिक शिक्षा होनी चाहिए

471. छात्रों के पाठ्यक्रम में नैतिक शिक्षा के विषय में आपका विचार है–
A. यह छात्रों के ऊपर एक अतिरिक्त बोझ है
B. छात्रों के चरित्र के विकास के लिए लाभकारी है
C. यह समय की मांग है
D. अनैतिक समय में नैतिक शिक्षा का कोई औचित्य नहीं है

472. छात्राओं को अनुशासित बनाया जा सकता है–
A. धार्मिक शिक्षा द्वारा
B. भाषण और उदाहरण द्वारा
C. उनकी मांगें मानकर
D. स्वयं को अनुशासन में रखकर

473. आपके विचार से छात्रों को कक्षा में प्रश्न पूछने की छूट होनी चाहिए–
A. कभी-कभी
B. जब शिक्षक चाहे
C. जब भी छात्र कठिनाई का अनुभव करें
D. पाठ के समाप्त होने पर

474. कक्षा-शिक्षण तब अच्छा होता है जब छात्र–
A. प्रश्न पूछते रहते हैं
B. अनुशासित रहते हैं
C. मन लगाकर सुनते हैं
D. अध्यापक के व्याख्यान को चुपचाप लिखते रहते हैं

475. छात्रों में श्यामपट्ट कार्य को आकर्षक बनाने हेतु निम्नलिखित में से कौन-सा अधिक उपयोगी है–
A. अच्छे लेख और श्यामपट्ट कार्य के महत्व पर भाषण देना

B. सभी छात्रों को समय-समय पर श्यामपट्ट पर अभ्यास कराना

C. शिक्षक का स्वयं श्यामपट्ट पर कार्य करना

D. अच्छे लेख वाले छात्र का उदाहरण देना

476. प्रभावशाली विज्ञान शिक्षण के लिए आवश्यक है–

A. विद्यार्थियों को पुस्तक से पाठ पढ़ने को कहना

B. विद्यार्थियों के लिए सरल प्रयोगों का आयोजन करना

C. व्याख्यान विधि से पाठ पढ़ाना

D. वैज्ञानिक अवधारणाओं की व्याख्या करना

477. राष्ट्रीय शिक्षा नीति में किस क्षेत्र पर मुख्य जोर दिया गया है?

A. परीक्षा तथा मूल्यांकन के क्षेत्र पर

B. अनुसंधान पर

C. व्यवसायीकरण पर

D. छात्रों के दिशा-निर्देश पर

478. शिक्षण में भिन्न-भिन्न विधियों के प्रयोग करने के कारण

A. छात्र अधिक ध्यान देते हैं

B. शिक्षण सरल हो जाता है

C. शिक्षण रुचिकर हो जाता है

D. उपरोक्त सभी

479. विद्यालय में छात्रों की प्रेरणा हेतु आप निम्न में से क्या करना चाहेंगे?

A. प्रेरित लोगों के उदाहरण देंगे

B. प्रेरणा के महत्व पर भाषण देंगे

C. छात्रों में प्रतिस्पर्धा की भावना का विकास करेंगे

D. छात्रों को परितोषिक का वितरण

480. एक विद्यार्थी के असामाजिक व्यवहार को सुधारने के लिए कौन-सा कार्य नहीं करना चाहिए?

A. दूसरे विद्यार्थियों से कहना कि वह उसके साथ न रहें

B. विद्यार्थी से समस्या पर विचार करना

C. उसको परामर्शदाता के पास भेजना

D. उसके परिवार के सदस्यों से बात करना

481. आपके विद्यालय में कुछ शिक्षक ट्यूशन को अपना व्यवसाय समझते हैं तो आप इस स्थिति में क्या करेंगे?

A. उससे होने वाली हानियों को बतायेंगे

B. स्वयं भी उस समूह में शामिल हो जायेंगे

C. प्राचार्य से रिपोर्ट करेंगे

D. उससे कोई मतलब नहीं रखेंगे

482. एक शिक्षक की उपयोगिता निर्भर करती है–

A. उसके साथियों के समूह पर

B. उसके विद्यालय की उपस्थिति पर

C. उसकी कार्य निष्ठा पर

D. उसकी आय पर

483. शिक्षण व्यवसाय की सबसे अच्छी बात यह है कि इसमें–

A. काम की तुलना में वेतन अधिक है

B. अतिरिक्त समय में दूसरा धंधा भी किया जा सकता है

C. बच्चों के साथ रहने का आनन्द है

D. खतरा और जिम्मेदारी बहुत कम है

484. शिक्षक होने के नाते आपका हड़ताल के बारे में विचार है–

A. अन्य मजदूर संघों की तरह ही अपनी मांगों के समर्थन में हमें हड़ताल करनी चाहिए

B. हड़ताल से छात्र प्रसन्न रहते हैं

C. हड़ताल से अधिकारियों पर दबाव बनाया जा सकता है

D. हड़ताल से समाज में हमारी निंदा होती है

485. आप शिक्षण व्यवसाय अपनाना चाहते हैं, क्योंकि–

A. रोटी-रोजी का दूसरा साधन नहीं है

B. आपके परिवार में और भी शिक्षक हैं

C. राष्ट्र के भावी नागरिकों को संभालने का अवसर मिलता है

D. बच्चे आदर-सम्मान अधिक देते हैं

486. व्यवसाय की दृष्टि से आपकी राय में सबसे अच्छा है–

A. डॉक्टर   B. प्रशासक

C. अध्यापक   D. फिल्म अभिनेता

487. आजकल शहरों में बहुत-से छोटे-छोटे अंग्रेजी मान्टेसरी स्कूल खुल गये हैं, आपके विचार से इनके खुलने का उद्देश्य है–

A. शिक्षा का प्रसार

B. बच्चों में अच्छे संस्कारों का प्रसार

C. धन पैदा करना

D. घरों के पास ही बच्चों की शिक्षा देना

488. आपकी राय में वह व्यवसाय अच्छा है जहां अवसर मिले—

A. पदोन्नती और अधिकार का

B. रुतबा और अतिरिक्त आय का

C. आराम और सरल कार्य का

D. सम्मान और आत्म-संतोष का

489. यदि शिक्षा को व्यवसायोन्मुखी बनाया जा सके तो—

A. समय और धन का सदुपयोग होगा

B. बेरोजगारी में कमी होगी

C. छात्रों में अध्ययन के प्रति रुचि बढ़ेगी

D. राष्ट्रीय अर्थव्यवस्था में सुधार होगा

490. सामान्य व्यवसाय की अपेक्षा अध्यापन व्यवसाय को लोग कम महत्व देते हैं इसका प्रमुख कारण है—

A. अन्य व्यवसायों की अपेक्षा इससे आमदनी के सीमित साधन हैं

B. व्यवसाय की दृष्टि से अध्यापन ठीक नहीं

C. अध्यापन कार्य में समय का बंधन होता है

D. अध्यापन कार्य में नैतिकता का बंधन होता है

491. बेरोजगारी की समस्या का समाधान किया जा सकता है—

A. सभी को साक्षर करके

B. चरित्र निर्माण पर ध्यान देकर

C. विद्यालयों में व्यावसायिक शिक्षा लागू करके

D. उच्च शिक्षा द्वारा

492. शिक्षक को शिक्षा के क्षेत्र में प्रचलित समस्याओं को जानना आवश्यक है, क्योंकि—

A. शिक्षक ही उनके समाधान के बारे में कुछ कर सकता है

B. शिक्षक ही उन्हें प्रधानाचार्य को बता सकता है

C. वह अन्य शिक्षकों को बता सकता है

D. समाज की रचना का जानकार होता है

493. राष्ट्रीय आपदा (भूकम्प) के लिए विद्यालय में चंदा जमा किया जा रहा है, तो आप—

A. सहृदय दान देंगे ताकि छात्रों का उत्साहवर्धन हो

B. छात्रों की दान देने के लिए प्रशंसा करेंगे

C. उदासीन रहेंगे क्योंकि यह सही व्यक्तियों तक नहीं पहुंच पाता है

D. जैसा प्रधानाचार्य चाहेंगे वैसा करेंगे

494. एक अच्छी पाठ्य-पुस्तक वह है जो अन्य विशेषताओं के अतिरिक्त अनिवार्य रूप से सम्मिलित करती है—

A. शिक्षकों को निर्देश

B. परीक्षकों को निर्देश

C. प्रकरणों की सूची

D. बहुत-से गृहकार्य के अभ्यास

495. शिक्षक छात्रों को व्यवसाय के चयन के लिए सहायता तथा निर्देशन इसलिए देते हैं कि—

A. उनको विद्यार्थियों की रुचि का ज्ञान होता है

B. उन्हें सब व्यवसायों का ज्ञान होता है

C. वह विषय विशेषज्ञ होते हैं

D. वह इस प्रकार की सहायता द्वारा अपनी कुशलता प्रदर्शित करते हैं

496. 'शिक्षण एक व्यवसाय नहीं है', इस कथन से आप—

A. पूर्णतः सहमत हैं

B. आंशिक रूप से सहमत हैं

C. असहमत हैं

D. वर्तमान समय में इसका कोई अर्थ नहीं है

497. वर्तमान में बहुत से छोटे-छोटे शहरों में भी मान्टेसरी स्कूल खुल गए हैं, इसके पीछे मुख्य उद्देश्य है, केवल—

A. शिक्षा का प्रसार

B. ईसाई धर्म का प्रसार

C. पैसा कमाना

D. साक्षरता का स्तर प्राप्त करना

498. वर्तमान समय में प्राइमरी शिक्षा की दुर्दशा का मुख्य कारण है—

A. दूरदर्शन में अधिक समय व्यतीत करना

B. शिक्षक-छात्र का विषम अनुपात

C. गाइड पुस्तकों पर भरोसा

D. एकाकी परिवार

499. वर्तमान समय में नैतिक शिक्षा के ह्रास का मुख्य कारण है—

A. राष्ट्रीय चरित्र का अभाव

B. धार्मिक शिक्षा का अभाव

C. एकाकी परिवार

D. समाज में धन की प्रमुखता

500. आज अध्यापक की घटती प्रतिष्ठा का मुख्य कारण है—

A. समाज का भौतिकवादी दृष्टिकोण

B. कर्त्तव्य के प्रति अवहेलना

C. अधिक धन कमाने की इच्छा

D. अध्यापक के प्रति उदासीनता

501. आपकी पड़ोसी महिला यदि आपकी आलोचना करती है, तो आप—

A. उसका मुंहतोड़ जवाब देंगीं

B. उसके खिलाफ प्रचार करेंगीं

C. उसके परिवार में उसकी शिकायत करेंगीं

D. उससे मिलकर उसका कारण पूछेंगीं

502. बच्चों में अध्यापक की अच्छी आदतों का निर्माण जरूरी है यह मुख्य दायित्व है—

A. अध्यापक का   B. अभिभावक का

C. माता-पिता का   D. उपरोक्त सभी का

503. प्रौढ़ शिक्षा किन व्यक्तियों के अधिकार में होनी चाहिए—

A. सरकार के हाथ में

B. गैर-सरकारी समितियों के हाथ में

C. शिक्षित व्यक्तियों के हाथ में

D. उपरोक्त सभी के हाथ में

504. आजकल समाज में अध्यापिकाओं की मर्यादा घट गई है इसका मुख्य कारण है—

A. अपने कर्त्तव्य के प्रति उदासीनता

B. छात्राओं की अनुशासनहीनता

C. राजनैतिक हस्तक्षेप

D. ट्यूशन द्वारा अधिक धन कमाने की प्रवृत्ति

505. शिक्षक को अपनी विषय-वस्तु में निरन्तर नये ज्ञान का समावेश करते रहना चाहिए जिससे—

A. छात्रों को नवीनतम ज्ञान दे सके

B. छात्र कक्षा में शान्त रह सकें

C. छात्र शिक्षक की योग्यता का लोहा मानें

D. अध्यापक का ज्ञान बढ़ सके

506. यदि कोई अभिभावक आपसे मिलने कभी नहीं आता है तो आप क्या करेंगे—

A. बालक पर ध्यान नहीं देंगे

B. अभिभावक को लिखेंगे

C. उनसे स्वयं मिलने जायेंगे

D. बालक को दण्ड देना प्रारम्भ कर देंगे

507. छात्रों और अभिभावकों को प्रसन्न करने के लिए शिक्षकों को—

A. अभिभावकों के समक्ष बच्चे की प्रशंसा करनी चाहिए

B. छात्रों का शैक्षणिक रिकार्ड अच्छा करना चाहिए

C. अपना कार्य निष्पक्ष रखना चाहिए

D. छात्रों और अभिभावकों की रुचि के अनुसार कार्य करना चाहिए

508. प्राथमिक शिक्षकों से जनगणना, साक्षरता जैसे कार्य कराने के संदर्भ में आपकी राय है—

A. राष्ट्रीय कार्य है, इसलिए करना चाहिए

B. अतिरिक्त कार्य है, अतिरिक्त पैसा मिलना चाहिए

C. इनसे शिक्षण कार्य बाधित होता है

D. शिक्षकों से ये कार्य नहीं कराने चाहिए

509. आपकी चुनाव में ड्यूटी लगती है, तो आप—

A. चुनाव निरस्त करवाने का प्रयास करेंगे

B. अपनी जगह किसी अन्य साथी को भेजने का प्रयास करेंगे

C. इसलिए जाना चाहिए कि इसके उल्लंघन पर दण्ड का प्रावधान है

D. सहर्ष जाएंगे क्योंकि नियम का पालन करना हमारा कर्त्तव्य है

510. शिक्षण के अतिरिक्त स्कूल की अन्य प्रक्रियाओं के बारे में एक अध्यापक के रूप में आप किस प्रकार की अभिवृत्ति प्रदर्शित करेंगे?

A. सकारात्मक   B. नकारात्मक

C. उदासीन   D. निष्क्रिय

511. एक छात्र लड़कियों से छेड़छाड़ में सम्मिलित है आप उसके साथ किस प्रकार का व्यवहार करेंगे?—

A. विद्यालय से निकाल देंगे

B. लड़कियों के सामने उसे अपमानित करेंगे

C. उसे सलाह देंगे कि वह यह बुरा व्यवहार छोड़ दे

D. उसकी आयु की कुछ लड़कियों के साथ उसका परिचय करा देंगे

512. छात्रों में एक साथ बैठ कर खाने की आदत डालने के लिए आप क्या करेंगे?

A. साथ खाने के महत्व पर भाषण कराना

B. शिक्षक तथा छात्रों के लिए एक साथ मिल कर खाने की व्यवस्था करना

C. साथ खाने के लाभ पर गोष्ठी करना

D. इस विषय पर छात्रों में परिचर्चा करना

513. छात्रों में दया के गुण को विकसित करने हेतु—

A. उसके महत्व को बतायेंगे

B. उदाहरण देंगे

C. दयालु व्यक्तियों का व्यवहार दिखायेंगे

D. विद्यालय में दया सम्बन्धी पाठ्य सहकामी क्रियाओं की व्यवस्था करेंगे

514. छात्रों में श्रम के महत्व के विकास हेतु—

A. शिक्षक को स्वयं श्रम करना चाहिए

B. श्रम के महत्व पर भाषण देना चाहिए

C. छात्रों को समय-समय पर श्रम करने का अवसर देना चाहिए

D. छात्रों को श्रमजीवी लोगों के उदाहरण देने चाहिए

515. डॉ. राधाकृष्णन के प्रति आपके मन में सम्मान है, क्योंकि वे—

A. भारत के राष्ट्रपति थे

B. एक उच्च कोटि के अध्यापक थे

C. एक महान दार्शनिक थे

D. एक आदर्श मानव थे

516. पड़ोसी के घर बड़ी दुर्घटना हो जाने पर आप—

A. अपने घर में बने रहेंगे

B. कार्यक्रम के अनुसार अपना कार्य करेंगे

C. स्वयं घबरा जायेंगे

D. लोगों को धैर्यपूर्वक सान्त्वना देंगे

517. शिक्षण का प्रभाव आशाजनक हो, इसके लिए—

A. शिक्षक को परिश्रमी होना चाहिए

B. छात्रों को परिश्रम करना चाहिए

C. विद्यालय में अनुशासन होना चाहिए

D. उपर्युक्त में सभी होने चाहिए

518. एक सामान्य नारी बनना चाहेगी—

A. अध्यापिका   B. समाज सुधारक

C. सफल गृहणी   D. डॉक्टर

519. एक जागरुक नारी बनना चाहेगी—

A. अध्यापिका

B. सफल गृहणी

C. अधिकार और कर्त्तव्यों के प्रति सजग

D. प्रशासक

520. कहा जाता है कि प्राथमिक कक्षाओं में अध्यापकों की अपेक्षा अध्यापिकाओं का शिक्षण अधिक प्रभावी होता है, क्योंकि—

A. वे गीत सुनाकर बच्चों को बहलाती हैं

B. वे बच्चों को दण्ड नहीं देतीं

C. उनसे बच्चों को डर नहीं लगता है

D. वे बच्चों से मातृवत स्नेह करती हैं

521. ''जीवन ही शिक्षा है'' इस कथन का सही अभिप्राय है—

A. व्यक्ति जीवनपर्यन्त सीखता रहता है

B. जन्म से मृत्यु तक व्यक्ति पढ़ता रहता है

C. जिसने पढ़ना लिखना नहीं सीखा, उसका जीना व्यर्थ है

D. उसी का जीवन सार्थक है जो पढ़ा लिखा है

522. आपकी राय में केवल शिक्षक ही समाज और देश में जागृति ला सकता है, क्योंकि—

A. वह सदैव पठन-पाठन करता है

B. उसका नैतिक आदर्श ऊंचा होता है

C. वह छात्रों और समाज को दिशा देता है

D. वह नवीन खोज करता है

523. कोई भी देश तभी बड़ा माना जायेगा जब—

A. दूसरे देशों की अपेक्षा उसके पास अधिक शक्ति हो

B. देश के अधिक से अधिक लोग राष्ट्रवादी और शिक्षित हों

C. उस देश में नये-नये आविष्कार होते रहें

D. धार्मिक कट्टरता हो

524. शिक्षकों को अच्छे कार्य के लिए सबसे अच्छा प्रोत्साहन क्या है?

A. ऊँचे वेतनमान

B. धन तथा प्रमाण पत्र के रूप में पुरस्कार

C. छात्रों द्वारा प्रशंसा

D. प्रधानाचार्य द्वारा प्रशंसा

525. शिक्षकों के बीच संघर्ष का सबसे दूषित परिणाम होता है–
A. छात्रों का व्यवहार बिगड़ जाना
B. शिक्षण समय में कमी
C. पाठ्य सहगामी क्रियायें प्रभावित होना
D. प्रधानाध्यापक तथा अध्यापकों के सम्बन्ध खराब हो जाना

526. एक विद्यार्थी आपके पास पारिवारिक समस्या लेकर आता है एक अध्यापक के रूप में आप–
A. उस पर ध्यान नहीं देंगे
B. उसे बतायेंगे कि इस समस्या का सम्बन्ध स्कूल से नहीं है
C. इस बारे में उसके परिवार से बात करेंगे
D. उसे ठीक से सुनेंगे तथा उसको उचित सलाह देंगे

527. शिक्षकों को चाहिए कि–
A. विद्यार्थियों के साथ मित्रता रखें
B. विद्यार्थियों के साथ पर्याप्त दूरी बनाये रखें
C. उनसे बिल्कुल अलग रहें
D. उनसे बिल्कुल घुला-मिला रहें

528. अध्यापक के लिए निम्नलिखित में से कौन-सा सबसे महत्वपूर्ण है?
A. विषय जिसे वह पढ़ा रहा है
B. कक्षानुशासन
C. कक्षा के विद्यार्थी
D. शिक्षण के लिए उपलब्ध समय

529. एक अध्यापक के रूप में, किसी छात्र के एक अवांछित व्यवहार को स्थायी रूप से परिष्कृत करने के लिए यह प्रभावी होता है कि जब भी छात्र यह व्यवहार करे–
A. उसकी ओर ध्यान न दिया जाए
B. उसे दंड दिया जाए
C. उसकी प्रशंसा की जाए
D. छात्र, जिसने यह व्यवहार किया है उसी से इसकी चर्चा की जाए

530. विश्वविद्यालय अनुदान आयोग (UGC) का स्थापना वर्ष है–
A. 1949
B. 1953
C. 1966
D. 1956

531. एक अध्यापक के रूप में कुछ विद्यार्थी आप पर टिप्पणी करते हैं, आप–
A. उनको विद्यालय से निष्कासित करेंगे
B. उनको दंड देंगे
C. उनसे बदला उस समय लेंगे जब आप उनकी आन्तरिक परीक्षा की उत्तर-पुस्तिकाओं का मूल्यांकन कर रहे हों
D. उत्तर-पुस्तिकाओं का मूल्यांकन करते समय निष्पक्ष रहेंगे

532. छात्रों द्वारा जब एक प्रश्न का उत्तर सही नहीं दिया जाता, तो अध्यापक की भूमिका में आप–
A. विद्यार्थियों को गलत उत्तर देने के लिए दंड देंगे
B. उत्तर में उनकी गलती को सही करके उन्हें बताएंगे
C. छात्रों की सहायता से उत्तर को सही करेंगे
D. उस प्रश्न को छोड़ देंगे और दूसरा प्रश्न लेंगे

533. विद्यालय में विद्यार्थियों के लिए सबसे अच्छा प्रेरणादायी होता है–
A. कक्षाध्यापक
B. प्रधानाध्यापक
C. विषयाध्यापक
D. सहपाठी वर्ग

534. यदि कोई अध्यापक गंदे चुटकुले सुनाने में व्यस्त हैं और आप भी अध्यापक के रूप में वहीं पर हैं पर उन्हें मना नहीं कर पा रहे हैं, तो आप–
A. उन्हें शालीनता से समझाने की चेष्टा करेंगे कि वे गंदे चुटकुले सुनाने में अपना समय न गवाएं
B. एकान्त में रहेंगे और इस समूह को बदल लेंगे
C. उन्हें कहेंगे कि खाली समय व्यतीत करते समय अपनी भाषा पर ध्यान दें
D. उनकी आलोचना करेंगे और उन्हें उनके शालीन व्यवसाय का ध्यान दिलायेंगे

535. एक नए अध्यापक के रूप में सबसे पहले आपको चाहिए–
A. कक्षा में कड़ाई से अनुशासन लागू करना
B. विद्यार्थियों से संपर्क स्थापित करना
C. विद्यार्थियों से अपनी योग्यता का बखान करना
D. विद्यार्थियों से मजाक करना

536. शिक्षण में प्रवीणता प्राप्त करने के लिए निम्नलिखित में से क्या जानना जरूरी है?
A. शिक्षण के मूल तत्व

B. शिक्षण विधियाँ

C. बच्चे कैसे सीखते हैं

D. विषय का ज्ञान

537. मुझे अध्यापन सबसे अच्छा व्यवसाय इसलिए लगता है क्योंकि—

A. यह कम योग्यता वाले लोगों के लिए भी एक आश्रय है

B. यह एक शान्तिपूर्ण व्यवसाय है

C. यह कुछ कर दिखाने वाला व्यवसाय है

D. यह एक लाभदायक व्यवसाय है, और इसमें प्राइवेट ट्यूशन की बहुत संभावना है

538. 10+2 प्रणाली का प्रारम्भ हुआ था—

A. 1964 के अंत में   B. 1977 के अंत में

C. 1973 के अंत में   D. 1975 के अंत में

539. शिक्षा का सबसे महत्वपूर्ण कार्य है—

A. आर्थिक विकास   B. मानव संसाधन विकास

C. राजनीतिक विकास   D. औद्योगिक विकास

540. अध्यापक का कार्य है—

A. बच्चों को पढ़ाना

B. बच्चों की गलतियाँ बताना

C. ऐसी स्थिति पैदा करना है कि बच्चे गलती न करें

D. बच्चों को स्वयं सीखने में सहायता करना

541. पाठ्यक्रम को अधिक उपयोगी बनाया जा सकता है—

A. स्थानीय ज्ञान द्वारा

B. भारतीय इतिहास द्वारा

C. भारत के भौगोलिक ज्ञान द्वारा

D. भारत के सांस्कृतिक ज्ञान द्वारा

542. एक अध्यापक होने के नाते आप जिस विषय को पढ़ाते हैं, उस पर पुस्तक लिखना चाहते हैं, आप करेंगे—

A. छुट्टियों में विषय से सम्बन्धित उपयुक्त सामग्री पुस्तकालय से इकट्ठा कर अपने मूल विचारों में इसको सम्मिलित करेंगे

B. बाजार में विषय से सम्बन्धित उपलब्ध पुस्तकों को पढ़कर उनमें रह गयी कमियों को समझने की चेष्टा करेंगे

C. पुस्तक से सम्बन्धित सामग्री को बच्चों के बौद्धिक स्तर के अनुरूप क्रमित कर अपने अनुभवी साथियों से सलाह एवं सुझाव लेंगे

D. उपर्युक्त तीनों का अनुसरण करेंगे

543. जो कुछ अध्यापक ने कक्षा में पढ़ाया विद्यार्थी उसको नहीं समझे, ऐसी स्थिति में अध्यापक को—

A. एक बार पुनः पाठ की पुनरावृत्ति करनी चाहिए

B. दोबारा उसी पाठ को बहुत सारे उदाहरण देकर पढ़ाना चाहिए

C. पाठ्यक्रम समय से पूरा हो जाए इसलिए अगले पाठ को पढ़ाना चाहिए

D. पाठ से सम्बन्धित छात्रों के पूर्व ज्ञान का परीक्षण करना चाहिए

544. आपके मित्र को कैन्सर है और वे बीमार होकर बिस्तर पर पड़े हैं, तो आप—

A. अपने मित्र को इस बीमारी से अवगत करायेंगे और इस बीमारी के उपचार करने के लिए अपना पूरा सहयोग देंगे

B. अपने मित्र को इस बीमारी के बारे में नहीं बतायेंगे

C. उसके परिवार वालों को इस बीमारी के बारे में बतायेंगे और उन्हें सलाह देंगे कि वे धैर्य रखें

D. आप कुछ नहीं करेंगे

545. यदि आपका चयन अध्यापक के लिए नहीं हुआ, तो आप क्या करेंगे?

A. शिक्षक होने की अपनी इच्छा का त्याग कर दूँगा

B. किसी अन्य व्यवसाय की तलाश कर लूँगा

C. मैं अध्यापक के लिए पुनः परीक्षा दूँगा

D. मैं चयन सम्बन्धी कमियाँ लोगों को बताऊँगा

546. एक शिक्षक समाज में उच्च स्थान प्राप्त कर सकता है, यदि वह—

A. सामाजिक क्रियाकलापों में सक्रियता से भाग ले

B. राजनीतिक सत्ता में जो पार्टी है उसके एक सक्रिय सदस्य की भूमिका में हो

C. अपने कर्तव्यों का निर्वहन ईमानदारी से करे

D. एक विद्वान और मौलिक चिन्तक हो

547. अपने जीवन में एक व्यक्ति सफल हो सकता है, यदि—

A. वह मेहनती और निरन्तर प्रयासरत रहे

B. उसका भाग्य अच्छा हो

C. वह बहुत बुद्धिमान हो

D. उसने बहुत ध्यान से सफल व्यक्तियों के जीवन इतिहास का अध्ययन किया हो

548. एक अध्यापक का प्रत्येक छात्र से व्यवहार होना चाहिए—
A. एक जैसा
B. व्यक्तिगत
C. छात्र से कोई मतलब नहीं
D. मित्र जैसा

549. विद्यार्थियों के गृह-कार्य में रुचि लेने के लिए उसे होना चाहिए—
A. एक स्तर का
B. विद्यार्थियों की योग्यता के अनुसार
C. निर्धारित पाठ्य-पुस्तिका से ही
D. निर्धारित पाठ्य-पुस्तिका से नहीं

550. एक कक्षा में विद्यार्थियों का ध्यान किस प्रकार आकर्षित किया जा सकता है?
A. विद्यार्थियों में जिज्ञासा उत्पन्न कर
B. कक्षा में जोर से बोलकर
C. विशेष प्रकार के कपड़े पहनकर
D. अपना व्याख्यान ठीक प्रकार से तैयार कर

551. विद्यार्थियों की झूठ बोलने की आदत को किस प्रकार छुड़ाया जा सकता है?
A. डाँटकर
B. झूठ बोलने का गलत प्रभाव पर व्याख्यान देकर
C. सत्य बोलने वाले विद्यार्थियों के उदाहरण देकर
D. उन विद्यार्थियों को, जो सत्य बोलते हैं, पारितोषिक देकर

552. प्राथमिक शिक्षा पर सबसे अधिक धन व्यय करने वाला प्रदेश है—
A. महाराष्ट्र
B. केरल
C. गुजरात
D. तमिलनाडु

553. वर्तमान भारतीय शिक्षा की प्रमुख समस्या है—
A. अर्थाभाव
B. जनसंख्या विस्फोट
C. राजनीति
D. दोषपूर्ण प्रशासन

554. दूरस्थ शिक्षा का साधन है—
A. सिनेमा
B. उत्सव
C. टेलीविजन
D. उपर्युक्त सभी

555. आप अपना अवकाशकाल किस काम में लगाना पसन्द करेंगे?
A. ट्यूशन पढ़ाने में
B. किसी व्यवसाय में
C. किताबें पढ़ने में
D. राजनीति में

556. एक छात्रा प्रायः कक्षा में भयभीत रहती है, आप—
A. उसे दण्डित करेंगी
B. प्रधानाध्यापिका को सूचित करेंगी
C. अभिभावक को सूचित करेंगी
D. अपनत्व और प्यार से उसका उत्साहवर्धन करेंगी

557. एक शिक्षिका के रूप में उसी का चयन होना चाहिए जिसमें—
A. शिक्षिका बनने की रुचि हो
B. शिक्षिका बनने की सामर्थ्य हो
C. शिक्षिका बनने की शैक्षिक योग्यता हो
D. शिक्षण की अभिरुचि हो

558. पूर्व प्राथमिक स्तर पर महिलाओं का शिक्षण कार्य करना अच्छा होता है, क्योंकि वे—
A. सम्भाषण में मधुर होती हैं
B. बच्चों की देखरेख माँ की तरह कर सकती हैं
C. समय की पाबन्द होती हैं
D. देखने में सुन्दर होती हैं

559. अध्यापक का स्थान समाज में सम्माननीय होता है, क्योंकि—
A. बिना उनकी कृपा के कोई डॉक्टर या इंजीनियर नहीं बन सकता
B. वे किसी गरीब राष्ट्र के भाग्य के निर्माता होते हैं
C. वे सामाजिक कार्यकर्ताओं और राजनीतिज्ञों के गुरु होते हैं
D. अध्यापक सरलता और ज्ञान के प्रतीक होते हैं

560. मेरी राय में धार्मिकता का आशय है—
A. नियमित रूप से पूजा-पाठ करना
B. भाग्य पर पूरी तरह निर्भर रहना
C. अपने धर्म को सबसे बड़ा मानना
D. सबके कल्याण के लिए कार्य करना

561. कई प्रयास के बाद भी यदि कोई पाठ छात्राओं की समझ में नहीं आता है, तो ऐसी परिस्थिति में—
A. उस पाठ को छोड़ देना चाहिए
B. उस पर आधारित प्रश्नों के उत्तर लिखवा देने चाहिए
C. नए उत्साह के साथ पुनः प्रयास करना चाहिए
D. प्रधानाचार्य को सूचित करना चाहिए

562. आजकल अध्यापक व्यवसाय को लोग कम महत्व देते हैं, इसका प्रमुख कारण है—
A. अध्यापक की कम आय
B. अध्यापक का अपने पेशे से उदासीन होना
C. अध्यापकों की राजनीति में रुचि
D. अध्यापकों में विषय ज्ञान की अधूरी जानकारी

563. आप अपने खाली समय का उपयोग करना चाहते हैं—
A. कहानी पढ़ने, राजनीति में भाग लेने तथा समाज सेवा में
B. चित्र बनाने, टी॰वी॰ देखने तथा जादू का खेल देखने में
C. खेल निरीक्षण, पत्रिका पढ़ने तथा रोगी की सेवा करने में
D. खेलकूद में भाग लेने, पुस्तकों के पढ़ने तथा सिलाई-कढ़ाई करने में

564. प्रभावशाली शिक्षण के लिए अध्यापिका में होना आवश्यक है—
A. सभी विषयों का ज्ञान
B. पढ़ाने की अच्छी विधि
C. कठोर नियन्त्रण की योग्यता
D. भड़कीले वस्त्र

565. प्रतिदिन विलम्ब से आने वाली छात्रा को आप—
A. कठोर दण्ड प्रस्तावित करेंगीं
B. उसकी शिकायत प्रधानाचार्य से करेंगीं
C. नाम काट कर विद्यालय से निकाल देंगीं
D. कारणों का पता लगा कर उसे नियमित बनाने का प्रयास करेंगीं

566. किसी विषय का अध्यापन करने का तात्पर्य है—
A. उसे छात्रों के अनुभवों से जोड़ना
B. विषय-वस्तु में तर्कसंगत सह-सम्बन्ध पैदा करना
C. विषय-वस्तु का जीवन में प्रयोग
D. विषय का सीखना रुचिकर बनाना

567. सामूहिक-चेतना से अभिप्राय है—
A. जो लोग प्रायः सोचते एवं महसूस करते हैं
B. समाज के प्रति परिणामों की सजगता
C. जनता के समान हितों की चेतना
D. सर्वोच्च सत्ता के विषय में प्रकाश डालना

568. ''क्योंकि आपने ऐसा कहा इसलिए मैं सहमत नहीं'' से अभिप्राय है—
A. व्यक्ति की अपने बारे में कठोर धारणा
B. दूसरे के दृष्टिकोण के ऊपर अपना दृष्टिकोण
C. दूसरे से अधिक अपने आप की महत्ता
D. एकदम मूर्खता

569. अध्यापक प्रायः नाखुश होते हैं जब—
A. उनकी कक्षा शोर मचाए
B. उनके विद्यार्थी उनका आदर न करें
C. वे विद्यार्थियों के प्रश्नों के उत्तर न दे पाए
D. विद्यार्थी अपना गृह-कार्य न करें

570. मैं दूसरों को क्षुब्ध नहीं करना चाहूँगा, क्योंकि—
A. ऐसा करना अभद्र व्यवहार है
B. दूसरों की हानि होती है
C. ऐसा मेरे साथ भी किया जा सकता है
D. इससे सह-सम्बन्धों में विषमता आती है

571. असफलता सफलता की सीढ़ी है, क्योंकि इससे—
A. कमियों का ज्ञान होता है
B. अच्छा करने का विश्वास जगता है
C. कभी-कभी हतोत्साहन होता है
D. यथार्थवादी होते हैं

572. प्रयोगात्मक अध्यापकों की पहचान है उनकी—
A. अध्यापन की कार्य-कुशलता
B. अध्यापन की अभिनयता
C. अध्यापन में रोमांचकता
D. सृजनात्मक अध्यापन

573. किसी प्रश्न का समुचित उत्तर निर्भर करता है—
A. तथ्यों की जागरूकता पर
B. तथ्यों की आत्मसात पर
C. व्यक्ति की तत्परता पर
D. भावनात्मक समवेदना पर

574. मानसिक-विकास क्रम सम्बन्धित है—
A. समुचित आयुक्रम से
B. सीखने की क्षमताओं से
C. अध्यापन व्यूह-रचनाओं से
D. विषय-वस्तु की क्रमबद्धता से

575. छात्रों के साथ व्यवहार करते समय अध्यापक को—
A. गरिमामय व प्रभुत्वपूर्ण होना चाहिए

B. अपनी बात ही चलानी चाहिए

C. छात्रों को पाठ पढ़ाना चाहिए

D. काफी कठोर व निर्देशित होना चाहिए

576. अध्यापन कार्य के लिए प्रशिक्षण आवश्यक है, क्योंकि–

A. इससे सृजन शक्ति मिलती है

B. शिक्षण-अधिगम प्रक्रिया के सम्बन्ध में अन्तर्दृष्टि प्राप्त होती है

C. प्रशिक्षण नयी चीजें सिखाता है

D. उपर्युक्त में से कोई नहीं

577. अध्यापन वृत्ति में एक पेशे के रूप में आकर्षक बात क्या है?

A. आत्म विकास के अवसर

B. सामाजिक प्रतिष्ठा

C. अच्छा वेतन

D. छात्रों का सम्बन्ध

578. कक्षा में उदासीन तथा असावधान रहने वाले छात्र के प्रति क्या करेंगे?

A. माता-पिता को बुलायेंगे

B. उसको कक्षा से निष्कासित कर देंगे

C. छात्र की समस्या सुनकर उसको हल कर देंगे

D. उपर्युक्त में से कोई नहीं

579. भावनात्मक एकता के संवर्द्धन हेतु क्या करेंगे?

A. छात्रों को सिनेमा दिखाएंगे

B. अपनी ओर से ऐसा उदाहरण पेश करेंगे कि छात्रों में भावनात्मक एकता का विकास हो

C. छात्रों को प्रदर्शनी दिखाएंगे

D. विद्यालय में कार्यक्रम रखेंगे

580. विद्यालय में क्रीड़ा-दिवस पर एक छात्र को गम्भीर चोट लग गयी है, उस स्थिति में आप क्या करेंगे?

A. पहले दुर्घटना रजिस्टर में अंकित करेंगे

B. प्रधानाध्यापक व छात्र के माता-पिता को विद्यालय बुलाएंगे

C. तुरन्त अस्पताल भिजवाएंगे

D. विद्यालय में चल रहे खेल को बन्द कर देंगे

581. आपके किसी कार्य से आपके विद्यालय के प्रधानाचार्य नाखुश हैं, जोकि वास्तव में यह कार्य आपने किया ही नहीं है, तो ऐसी स्थिति में आप क्या करेंगे?

A. तुरन्त ही तनावग्रस्त हो जाएंगे

B. अपराध का भाव लिए गुस्सा सहेंगे

C. प्रधानाचार्य से उसी समय तर्क-वितर्क करेंगे

D. प्रधानाचार्य से अलग समय लेकर उन्हें वस्तुस्थिति से अवगत कराएंगे

582. उत्कृष्ट कक्षा-शिक्षण व्यवस्था कौनसी है?

A. एकल

B. बाह्य ज्यादा हो

C. आंतरिक अनुशासन ठीक हो

D. बाह्य व आन्तरिक दोनों का अनुशासन अच्छा हो

583. कक्षा अनुशासन तब सुनिश्चित हो सकता है, जबकि–

A. शिक्षक ज्यादा उग्र हो

B. छात्र सीधे हों

C. पढ़ाई रुचिपूर्ण हो

D. उपर्युक्त में से कोई नहीं

584. शिक्षा पद्धति जो प्राचीन सांस्कृतिक मूल्यों व परम्पराओं की पोषक हो, को पाठ्यचर्या में किसे शामिल करके उपयोगी बनाया जा सकता है?

A. सामाजिक आकांक्षाओं को

B. राजनीति को

C. खेलों को

D. मानवीय मूल्यों को

585. सर्वोत्तम परीक्षा प्रणाली कौनसी है?

A. बाह्य

B. आन्तरिक

C. बाह्य व आन्तरिक दोनों

D. उपर्युक्त में से कोई नहीं

586. यदि किसी छात्र को अधिक पढ़ने के बाद मानसिक थकान का अनुभव हो, तो ऐसी स्थिति में आप क्या करेंगे?

A. छात्र को विश्राम देंगे

B. उसे अन्य कार्य देंगे

C. ग्लूकोज पिलाकर पुनः कार्य करवाएंगे

D. प्रधानाचार्य से शिकायत करेंगे

587. विद्यालय कार्यक्रम के भाग के रूप में खेलों के आयोजन की कसौटी क्या हो?

A. रोजगारपरक

B. मानसिक थकान दूर करने का लक्ष्य

C. शारीरिक सौष्ठव

D. उपर्युक्त में से कोई नहीं

588. शिक्षक का प्राथमिक दायित्व क्या है?
A. अनुशासन B. लचीलापन
C. उत्कृष्ट शिक्षण D. पाठ्यक्रम समाप्त करना

589. सहानुभूतिपूर्ण शिक्षक वह है, जो–
A. परीक्षा में सरल प्रश्न पूछता है
B. छात्रों के साथ भावनात्मक सम्बन्ध रखता है
C. छात्रों की हर सम्भावित मदद करता है
D. छात्रों के साथ घुल-मिल जाता है

590. शिक्षण की कौनसी विधि सर्वोत्तम है?
A. करके सीखने की विधि
B. खेल विधि
C. दृश्य-श्रव्य विधि
D. उपर्युक्त में से कोई नहीं

591. कक्षा में छात्र पढ़ाई में रुचि नहीं ले रहे हैं, ऐसी स्थिति में आप क्या करेंगे?
A. रुचिपूर्ण शिक्षण विधि का प्रयोग करेंगे
B. कहानियाँ सुनाएंगे
C. कक्षा छोड़ देंगे
D. उपर्युक्त में से कोई नहीं

592. मैं अध्यापक व्यवसाय में जाना चाहता हूँ/चाहती हूँ, क्योंकि यह व्यवसाय प्रदान करता है–
A. प्रशंसा B. सम्मान
C. मानसिक शान्ति D. आराम

593. यदि आप कक्षा में शिक्षण कर रहे हैं तथा छात्र आपके शिक्षण पर ध्यान केन्द्रित नहीं कर पा रहे हैं, तो इसका सम्भावित कारण होगा–
A. आपकी अनुचित शिक्षण विधि
B. आपका अनुचित कक्षा-प्रबंधन
C. उपर्युक्त (A) तथा (B) दोनों ही
D. उपर्युक्त (A) तथा (B) दोनों ही नहीं

594. आप अपने किस शिक्षक-सहयोगी को अपना हितैषी मानती हैं?
A. जो समय-समय पर आपके दुःख-दर्द बाँटे
B. जो समय-कुसमय घर आकर अपना वक्त बर्बाद करे
C. जो समय-समय पर आपकी रुचि का साहित्य लाकर दे तथा ज्ञान-चर्चा करे
D. जो समय-समय पर आपकी प्रशंसा एवं चापलूसी करे

595. अध्यापन व्यवसाय से जुड़ने के प्रयास करना चाहिए-
A. उन सभी व्यक्तियों को जो अन्य व्यवसायों में अयोग्य सिद्ध हो चुके हैं
B. उन सभी व्यक्तियों को जो इस व्यवसाय के प्रति अभीष्ट अभिरुचि रखते हों
C. उन सभी व्यक्तियों को जो जीवन-भर आराम से गुजारा करना चाहते हों
D. उन सभी व्यक्तियों को जो पढ़ने से भयभीत बने रहे हों

596. प्राथमिक शिक्षकों के प्रशिक्षण के लिए प्रतियोगी परीक्षा का आयोजन किया जाता है, क्योंकि वे होते हैं–
A. ज्ञान शून्य
B. शिक्षिकोचित गुणों से अनभिज्ञ
C. शिक्षण क्षमता रहित
D. भग्नाशापूर्ण

597. आज भी अध्यापक को समाज में श्रेष्ठ स्थान प्राप्त है, क्योंकि वह होता है–
A. समाज-समर्पित B. राष्ट्र-समर्पित
C. ज्ञान-भण्डार D. निजहित समर्पित

598. मैं क्रोध करती हूँ/करता हूँ, जबकि–
A. छात्र आदेशों का अनुपालन नहीं करते हैं
B. गम्भीरता से शिक्षण करने के पश्चात् भी छात्र सीखने में असमर्थ रहते हैं
C. छात्र धोखा देते हैं
D. छात्र चापलूसी करते हैं

599. 'नाच न जाने-आंगन टेढ़ा' यह उक्ति कौनसे शिक्षक पर अधिक सटीक रहेगी?
A. जो शिक्षक काम से जी चुराता है तथा दोष प्रधानाचार्य को देता है
B. जो शिक्षक पढ़ाने की क्षमताओं में दुर्बल है तथा दोष छात्रों पर मढ़ता है
C. जो शिक्षक पढ़ाने के नाम पर ट्यूशन करना अपना दायित्व मान बैठा है
D. जो शिक्षक विद्यालय परिवेश में कार्य कुशलताओं में शून्य है

600. प्रायः लोग अध्यापन व्यवसाय को पर्याप्त सम्मान देने से कतराने लगे हैं, क्योंकि–

A. अध्यापक अपने व्यवसाय की उपेक्षा स्वयं करते हैं

B. अध्यापक आर्थिक उन्नति से वंचित है

C. अध्यापक राजनीतिक रूप से दुर्बल है

D. अध्यापक की सामाजिक स्थिति दयनीय है

601. आप अध्यापिका बनने पर स्वयं से प्रत्याशा करेंगीं—

A. आप अपने व्यवसाय में महारत एवं प्रशंसा हासिल करें

B. आप अपने छात्रों के हृदय में निवास करें

C. आप केवल वेतन हेतु कार्य करें

D. आप सदैव कम कार्य के लिए लड़ें-झगड़ें

602. निम्नलिखित में से कौन-सा विकल्प अर्थपूर्ण शिक्षा को प्रतिबिम्बित करता है?

A. परीक्षा में अच्छा प्रदर्शन

B. उच्च दर्जे की धारण करने की शक्ति

C. शिक्षा को विभिन्न परिस्थितियों में उपयोग/अंतरण करने की क्षमता

D. आवश्यकता के समय स्मरण की क्षमता

603. आप कक्षा में पढ़ा रहे हैं और कक्षा के अंत के समय एक विद्यार्थी कक्षा में देर से आता है और अन्दर घुसने की आज्ञा मांगता है। एक अच्छे अध्यापक के नाते, आप—

A. आज्ञा नहीं देंगे, क्योंकि देर से आने का कोई औचित्य नहीं है

B. नाराज होंगे, क्योंकि आप विक्षुब्ध हैं

C. विद्यार्थी से देर से आने का कारण पूछेंगे और तब कोई निर्णय लेंगे

D. आने की आज्ञा दे देंगे और कक्षा के अंत में देर से आने का कारण पूछेंगे

604. आप अपनी नियमित कक्षा में आने के बाद उस दिन विद्यार्थियों में पढ़ाई के प्रति अनिच्छा देखते हैं, तो आप—

A. विद्यार्थियों के समय के महत्व को जानते हुए अपने कार्यक्रम के अनुसार पढ़ायेंगे

B. विद्यार्थियों की अनिच्छा को देखते हुए बुरा महसूस करेंगे और नाराज होंगे

C. विद्यार्थियों को उनका तरीका बदलने को कहेंगे

D. विद्यार्थियों को अपने विचार प्रकट करने की आजादी देंगे कि वे क्या करना चाहते हैं और धीरे धीरे उनको अपनी योजना से जोड़ देंगे

605. एक अध्यापक जो अध्यापन में रुचि विकसित कर चुका है-

A. छात्रों के व्यवहार की समस्याओं का अध्ययन करता है

B. विभिन्न परीक्षणों की तुलना करता है

C. कड़े अनुशासन द्वारा नियंत्रित नहीं होना चाहता

D. बालकों से प्रभावकारी ढंग से नहीं निपट सकता

606. निम्नलिखित में से एक भिन्न है-

A. Recall   B. Recognition

C. Trace   D. Remembering

607. .... के द्वारा अभिप्रेरण का अनुसरण होना चाहिए

A. पुरस्कार   B. भर्त्सना

C. परिणाम का ज्ञान   D. प्रोत्साहन

608. अधिगम जिसमें प्रेरक अंग हो, कहलाता है-

A. संवेगी अधिगम   B. प्रेरक अधिगम

C. मौखिक अधिगम   D. संवेगी-प्रेरक अधिगम

609. एक प्रभावशाली शिक्षक-

A. अपनी कक्षा को अच्छे से संभालता है

B. अपने विषय को अच्छे से जानता है

C. अपने विद्यार्थियों का ध्यान रखता है

D. अपने विद्यार्थियों को सच्चा शिक्षार्थी बनाता है

610. अध्यापन, अध्यापकों के लिए भी एक विद्यार्जन का विषय है-

A. इससे अध्यापकों में अपने विषय के प्रति गहरी समझ विकसित होती है

B. अध्यापकों को क्रियात्मक अनुसंधान की आवश्यकता होती है

C. अध्यापक अपने विद्यार्थियों से भी बहुत कुछ सीखते हैं

D. अध्यापन एक प्रक्रिया है न कि एक उत्पाद

611. आपकी पुत्री का विवाह होने को है। वरपक्ष आपसे दहेज की मांग करता है। ऐसी स्थिति में आप-

A. उनके सामने गिड़गिड़ाएंगे

B. ऋण लेकर दहेज की मांग पूरी करेंगे

C. दहेज की मांग नहीं करने के लिए उन्हें समझाने का प्रयास करेंगे

D. अन्य लड़के से उसकी शादी करने पर विचार करेंगे

612. शिक्षक का दायित्व है–
A. केवल विद्यालय के प्रति
B. केवल स्वयं के प्रति
C. विद्यालय एवं समाज के प्रति
D. इनमें से कोई नहीं

613. शिक्षक समाज के परिवर्तन का मुख्य घटक है। यह कथन है–
A. असत्य   B. पूर्ण सत्य
C. आंशिक सत्य   D. कुछ नहीं कह सकते

614. एक नेता के रूप में शिक्षक का कक्षा में व्यवहार होना चाहिए–
A. नकारात्मक   B. कठोरतापूर्ण
C. नीरसतापूर्ण   D. उत्साहपूर्ण

615. शिक्षक की रुचि का अध्यापन कार्य में महत्व है–
A. कुछ नहीं   B. कम
C. बहुत कम   D. बहुत अधिक

616. एक शिक्षक के लिए सफल शिक्षण कार्य हेतु आवश्यक है–
A. विषय पर पकड़   B. धन दौलत
C. अच्छी वेशभूषा   D. इनमें से कोई नहीं

617. एक शिक्षक के रूप में आप शिक्षण-कार्य के अलावा अपनी रुचि के अनुसार अन्य कार्य करना–
A. पसन्द नहीं करेंगे   B. अपमान समझेंगे
C. पसन्द करेंगे   D. इनमें से कोई नहीं

618. अध्यापक प्रवेश परीक्षा देने का आपका मुख्य उद्देश्य है–
A. समय पास करना
B. नौकरी पाने का प्रयास
C. प्रतियोगी परीक्षा का अभ्यास करना
D. अध्यापन कार्य के प्रति रुचि

619. शिक्षण प्रशिक्षण का मूलभूत उद्देश्य है–
A. छात्रों को पहचानने की योग्यता विकसित करना
B. शिक्षकों में आवश्यक कौशल विकसित करना
C. शिक्षकों की बढ़ती माँग की पूर्ति करना
D. इनमें से कोई नहीं

620. प्राचार्य तथा अन्य शिक्षकों के मध्य जो सम्बन्ध होते हैं, उस पर विद्यालय का सम्पूर्ण वातावरण निर्भर करता है–

A. प्रायः   B. सम्भवतः
C. कभी नहीं   D. सदैव

621. कक्षा में अच्छे वातावरण के लिए आवश्यक है कि–
A. छात्र शान्ति से बैठे रहें
B. छात्रों का मनोरंजन होता रहे
C. छात्र शिक्षक से भयभीत रहें
D. अध्यापक एवं छात्रों के मध्य सौहार्द्रपूर्ण सम्बन्ध हों

622. आप एक अध्यापक हैं। आपकी सहयोगी अध्यापिका के साथ आपका व्यवहार होगा–
A. विशेष   B. कठोर
C. अनिश्चित   D. सामान्य

623. एक शिक्षक के लिए अध्यापन कार्य जितना महत्वपूर्ण है, छात्रों के लिए पूछे गए प्रश्नों के उत्तर देना भी उतना ही महत्वपूर्ण है। आप इस कथन से कहाँ तक सहमत हैं?
A. पूर्णतः सहमत   B. पूर्णतः असहमत
C. आंशिक असहमत   D. आंशिक सहमत

624. शिक्षक को अपने व्याख्यान को रोचक तथा ज्ञानवर्धक बनाने के लिए इनका प्रयोग करना चाहिए–
A. जटिल शब्दों का   B. प्रश्नों का
C. चुटकुलों का   D. उदाहरणों का

625. शैक्षिक प्रौद्योगिकी शिक्षक की सहायता करती है–
A. कालांश पूरा करने में
B. काम बढ़ाने में
C. मनोरंजन करने में
D. शिक्षण प्रभावी बनाने में

626. मताधिकार की आयु कम हो जाने पर शिक्षार्थियों में चेतना–
A. बहुत घटी है   B. घटी है
C. बढ़ी है   D. कोई प्रभाव नहीं

627. यदि आप कोई त्रुटि करते हैं, तो आप–
A. दोबारा त्रुटि नहीं करेंगे
B. उसकी परवाह नहीं करेंगे
C. अन्य लोगों के दबाव में त्रुटि स्वीकार करेंगे
D. अपनी त्रुटि स्वीकार कर क्षमा मांग लेंगे

628. शिक्षक को अपने शिक्षण-कार्य के अलावा विद्यार्थियों के स्वास्थ्य के सम्बन्ध में भी सजग रहना चाहिए। इस कथन से आप–

A. पूर्णतः सहमत हैं   B. आंशिक सहमत हैं
C. अविदित है   D. इनमें से कोई नहीं

629. अध्यापक को अपने विद्यार्थियों को समाज में उचित स्थान दिलवाने हेतु क्या करना चाहिए?
A. उन्हें अनुशासित बनाए
B. उनके सामाजिक दृष्टिकोण का विकास करे
C. अधिक शिक्षण कराए
D. परिवार व समाज की सम्पूर्ण जानकारी एवं पृष्ठभूमि बताए

630. आपके मतानुसार एक अच्छा शिक्षक जाना जाता है, जो विद्यार्थियों–
A. में उच्च आदर्शों का अनुसरण करने की प्रकृति का विकास कर सके
B. को आज्ञाकारी बनाए
C. को ट्यूशन के लिए प्रेरित कर सके
D. में स्वतंत्र चिन्तन पैदा करने की क्षमता रखता है

631. अध्यापन कार्य हेतु प्रशिक्षण के क्या लाभ हैं?
A. इससे सृजन शक्ति मिलती है
B. शिक्षण एवं अधिगम प्रक्रिया की समझ विकसित होती है
C. इससे नई चीजें सीखने को मिलती है
D. उपर्युक्त में सभी

632. एक अध्यापक जिसकी शिक्षण में अभिरुचि विकसित हो गई है, वह–
A. छात्रों के व्यवहार सम्बन्धी समस्याओं का अध्ययन करता है
B. विभिन्न प्रकार के परीक्षणों की तुलना करता है
C. पारम्परिक नियमों से प्रभावित नहीं होता है
D. बालकों के साथ प्रभावपूर्ण रवैया नहीं अपनाता है

633. एक शिक्षक जो शिक्षा मनोविज्ञान के सिद्धान्तों को व्यवहार में लाता है, उसे (वह)–
A. शिक्षण व्यवसाय में गर्व की अनुभूति होती है
B. प्रश्नों के त्वरित तैयार किये गए समाधान प्रस्तुत करता है
C. छात्रों की व्यक्तिगत आवश्यकताओं के अनुकूल अपनी शिक्षण विधि को समायोजित करता है
D. अधिगम सिद्धान्तों में तुलना करता है

634. प्रेरक व्यवहार उत्पन्न करते हैं तथा इसे निर्देशित करते हैं–

A. उचित लक्ष्य की ओर
B. निष्कर्ष की ओर
C. पूर्वकथन की ओर
D. उपर्युक्त में से कोई नहीं

635. वह अधिगम जिसमें गामक अंग निहित रहते हैं, उसे कहते हैं–
A. संवेदी अधिगम   B. गामक अधिगम
C. शाब्दिक अधिगम   D. संवेदी-गामक अधिगम

636. निम्नलिखित में से पृथक् विकल्प है–
A. पुनर्वहन   B. पहचान
C. चिन्ह   D. याद करना

637. प्रेरणा का अनुसरण करना चाहिए–
A. पुरस्कार का   B. निन्दा का
C. परिणाम के ज्ञान का   D. प्रलोभन का

638. एक प्रेरित शिक्षक में गुण होते हैं–
A. आशाओं का अयथार्थ स्तर
B. लक्ष्यनिर्देशित व्यवहार
C. असन्तोष
D. आवश्यकता वंचना

639. एक अध्यापक को उन्नत करना चाहिए-
A. छात्रों में चिन्ता की भावना एवं पाठ्यक्रम को हड़बड़ी में समाप्त करने की स्थिति के द्वारा
B. छात्रों को गृहकार्य पूर्ण करने के लिए तंग कर के
C. छात्रों में अंतःक्रियात्मक सम्प्रेषण को बढ़ावा दे कर के
D. छात्रों को प्रश्न पूछने पर दण्डित कर के

640. प्रायः शिक्षक एवं माता-पिता छात्रों में बुद्धि के विकास को अधिक महत्व देते हैं, क्योंकि यह समुन्नत बनाती है-
A. शैक्षिक उपलब्धि एवं सामाजिक उत्तरदायित्व सम्बन्धी भावनाओं को
B. संयत व्यवहार को
C. निर्भरता सम्बन्धी व्यवहार को
D. आज्ञाकारितापूर्ण व्यवहार को

641. एक शिक्षक जिसने अधिगमकर्ता के प्रति सकारात्मक अभिवृत्ति विकसित कर ली है, वह–
A. आयु वृद्धि के साथ-साथ अपने बालकों के लिए संवेदनशील होता जाता है

B. कुसमायोजन के कारणों को व्यक्त करता है

C. स्मृति के विभिन्न पक्षों की व्याख्या करता है

D. व्यवहार के अर्जित एवं जन्मजात स्वरूप में विभेद करता है

642. इन दोनों के मध्य घनिष्ठ सम्बन्ध है–

A. शिक्षकों एवं शिक्षाविदों में

B. नियोजित एवं अनियोजित विद्यालय अधिगम में

C. समाज एवं विद्यालय में

D. माता-पिता एवं बालकों के चिन्तन में

643. किसी प्रेरणा आव्यूह के सफल होने के लिए कक्षा में चार आवश्यक दशाओं में से एक दशा का होना अवश्यम्भावी है–

A. शिक्षक को सहयोगी होना चाहिए

B. कक्षा को असंगठित होना चाहिए

C. छात्रों के लिए नियत कार्य प्रामाणिक नहीं होना चाहिए

D. कक्षा में निरन्तर शोर होना चाहिए

644. भारत सरकार की शिक्षा-नीति शिक्षा को मानती है–

A. उपभोक्ता सामग्री   B. पूंजी निवेश

C. आमदनी का साधन   D. व्यय

645. प्रेरणा लक्ष्योन्मुखी बनाने के साथ-साथ ..... मुक्त करती है

A. अभिमान से   B. तनाव से

C. ज्ञान से   D. शक्ति से

646. कौन-सा सम्प्रत्यय व्यक्ति/पशु के लक्ष्योन्मुखी व्यवहार को अभिव्यक्त करता है?

A. क्षमता   B. सम्बन्ध

C. प्रेरणा   D. स्वात्मीकरण

647. मनोवैज्ञानिक, जोकि अधिगम समस्याओं की पहचान करते हैं तथा उनका निदान खोजते हैं, उन्हें कहते हैं–

A. समाज मनोवैज्ञानिक

B. समुदाय मनोवैज्ञानिक

C. विद्यालय मनोवैज्ञानिक

D. चिकित्सीय मनोवैज्ञानिक

648. मनोवैज्ञानिक प्रकृति के उत्तम परीक्षण का लक्षण है–

A. विश्वसनीयता

B. कीमत की दृष्टि से सस्ता

C. अनुमान लगाने की शक्ति पर आधारित

D. रटने की कला पर आधारित

649. निम्नलिखित में अध्येता के लिए सूचना-प्रसारण का सर्वोत्तम साधन कौन-सा है?

A. शिक्षक   B. माध्यम

C. संवाद   D. अधिगम संवेष्टन

650. किसी छात्र द्वारा दिए गए प्रश्न के गलत उत्तर के उपचार का सबसे अधिक अच्छा तरीका कौन-सा है?

A. पाठ न सीखने के कारण झिड़कना

B. सही उत्तर प्राप्त करने के लिए प्रश्न को दोबारा गठित करना

C. आंशिक उत्तर देते हुए प्रश्न को दोबारा गठित करना

D. व्याख्या कर सही उत्तर बता देना

651. निम्नलिखित में से कौन-सा कौशल विज्ञान सीखने में अच्छा नहीं है?

A. अवलोकन   B. उपकरणों को सैट करना

C. निष्कर्ष निकालना   D. सुनना

652. यदि आपके द्वारा पढ़ाए गए पाठ को विद्यार्थी नहीं समझें, तो आपको क्या करना चाहिए?

A. छात्रों के पूर्व ज्ञान की फिर से जांच करेंगे

B. पाठ को दोबारा पढ़ाएंगे

C. पाठ को और अधिक उदाहरणों के साथ दोबारा पढ़ाएंगे

D. बाद में पढ़ाने के उदेश्य से फिलहाल इस पाठ को छोड़ देंगे

653. निम्नलिखित में से कौन-सा क्रम आपको सर्वाधिक स्वीकार होगा?

[यदि M $\rightarrow$ अभिप्रेरणा, I $\rightarrow$ स्पष्टीकरण, P $\rightarrow$ प्रस्तुतीकरण तथा R $\rightarrow$ सारकथन]

A. MIPR   B. PMIR

C. PMRI   D. MPRI

654. समय-सारणी (Time-Table) बनाते समय निम्नलिखित में से किसका ध्यान सबसे अधिक रखना चाहिए?

A. न्याय का सिद्धान्त

B. थकान की घटना का सिद्धान्त

C. विविधता का सिद्धान्त

D. लचीलेपन का सिद्धान्त

655. निम्नलिखित में से कौनसी बात शिक्षा की गुणवत्ता बढ़ा सकती है?
- A. एक घण्टे का कार्यकाल बढ़ाकर
- B. सेवाकालीन अध्यापक प्रशिक्षण
- C. नैदानिक व उपचारी शिक्षण
- D. सहायक पाठ्यपुस्तकों द्वारा

656. निम्नलिखित में से कौनसी बात कौशल सीखने की एक प्रावस्था नहीं हो सकती है?
- A. संविधि
- B. भेद-बोध
- C. अभ्यास
- D. कल्पना

657. शिक्षण कार्य के लिए निम्नलिखित में से कौन सबसे अधिक निर्णायक है?
- A. अधिगम को प्रभावी बनाना
- B. ज्ञान देना
- C. कक्षा का संप्रबन्धन
- D. छात्रों के साथ संप्रेषण

658. आपकी कक्षा के कुछ छात्र परीक्षा में अनुचित साधन का प्रयोग करना चाहते हैं। आपको क्या करना चाहिए?
- A. आपको चुप रहना चाहिए
- B. आपको उनकी सहायता करनी चाहिए
- C. आपको यह प्रयास करना चाहिए कि वे परीक्षा में अनुचित साधनों का प्रयोग न कर सकें
- D. आपको प्रधानाचार्य से उनकी रिपोर्ट करनी चाहिए

659. आपकी कक्षा का एक छात्र कुछ छात्राओं के साथ दुर्व्यवहार करता है, बताइए आप क्या करेंगे?
- A. आप उसके माता-पिता के पास लिखकर भेजेंगे
- B. आप प्रधानाचार्य से उसकी शिकायत करेंगे
- C. आप उससे सहानुभूतिपूर्वक बात करेंगे तथा उससे भविष्य में ऐसी चेष्टा न करने के लिए कहेंगे
- D. आप कुछ नहीं करेंगे

660. एक बालक कक्षा में देर से आता है। आप उसके साथ क्या व्यवहार करेंगे?
- A. उसे कक्षा से बाहर खड़ा रखेंगे
- B. उसे आप कक्षा में प्रवेश करने देंगे
- C. उसे आप कक्षा में बेंच पर खड़ा कर देंगे
- D. आप उसकी कठिनाइयों को जानने का प्रयास करेंगे

661. एक अध्यापक प्रशिक्षित क्यों होना चाहिए?
- A. उसकी शिक्षण-विधि को उन्नत करने के लिए
- B. उसके ज्ञानवर्द्धन के लिए
- C. विद्यार्थियों के किसी भी प्रश्न का उत्तर देने योग्य होने के लिए
- D. भय दूर करने के लिए

662. मान लीजिए आपकी कक्षा के छात्र बहुत शरारती हैं। वे अपने शिक्षकों के लिए अनेक अशोभनीय बातें कक्षा के श्याम-पट पर लिख देते हैं, ऐसी स्थिति में आप क्या करेंगे?
- A. आप कक्षा नायक को अपने विश्वास में लेंगे तथा ऐसे शरारती छात्रों की पहचान करेंगे
- B. आप अपने अवकाश काल में ऐसे छात्रों पर निगाह रखेंगे और उन्हें पहचानेंगे
- C. आप सम्पूर्ण कक्षा पर आर्थिक दण्ड लागू करेंगे
- D. आप सम्पूर्ण कक्षा के प्रति कठोर अनुशासनात्मक कार्यवाही के लिए प्रधानाचार्य से कहेंगे

663. अध्यापक को सामाजिक कार्यकलाप में हिस्सा लेना चाहिए—
- A. कभी-कभी
- B. केवल तभी जब आवश्यकता हो
- C. बारम्बार
- D. कभी नहीं

664. यदि कोई विद्यार्थी आपकी कक्षा में उत्तर नहीं दे पाता तो आप—
- A. किसी अन्य विद्यार्थी से उत्तर देने के लिए कहेंगे
- B. आसान प्रश्न पूछेंगे
- C. उसे दण्ड देंगे
- D. उसे बैठ जाने के लिए कहेंगे

665. अध्यापक के आत्मविश्वास के लिए क्या आवश्यक है?
- A. उसके विषय पर उसकी पकड़
- B. उसका सामाजिक होना
- C. उसका आकर्षक व्यक्तित्व
- D. उसका अमीर होना

666. अध्यापक का मुख्य कार्य होता है—
- A. अपने विद्यार्थियों में से अच्छे नागरिक तैयार करना
- B. निहित सिलेबस पूरा करना
- C. ज्ञान को बढ़ाना
- D. स्कूल में राजनीति करना

667. आपकी राय में स्त्री शिक्षा को प्रोत्साहित करने का क्या परिणाम होगा?

A. समाज प्रगति करेगा

B. वह स्त्रियों की वित्तीय स्थिति में सुधार लाएगा

C. यह घरेलू कामकाज में रुकावट बनेगा

D. यह स्त्रियों को स्वतंत्र बना देगा

668. अध्यापक का कौन-सा सामाजिक गुण उसके सम्मान में वृद्धि करता है?

A. विद्यार्थियों के शिविर का आयोजन

B. कविता पाठ

C. साहित्यिक रुचि

D. सामुदायिक सेवा

669. कक्षा अध्यापक की मुख्य जिम्मेदारी क्या होती है?

A. विद्यार्थियों में अनुशासन बनाए रखना

B. विद्यार्थियों से फीस वसूल करना

C. क्लास के सभी विद्यार्थियों के रिकॉर्ड रखना

D. क्लास के विद्यार्थियों के स्वास्थ्य के बारे में सचेत रहना

670. अध्यापन सामग्री का चयन मुख्यतः किसके द्वारा किया जाना चाहिए?

A. प्रधानाचार्य द्वारा   B. अध्यापकों द्वारा

C. स्कूल परिषद् द्वारा   D. विक्रय प्रतिनिधि द्वारा

671. अध्यापक को कब सन्तुष्ट महसूस करना चाहिए?

A. जब उसका वेतन बढ़ा दिया जाए

B. जब उसके जीवन-यापन का स्तर ऊँचा हो जाए

C. जब उसके विद्यार्थी जीवन में सफल हो जाएं

D. जब वरिष्ठ अधिकारी उसकी प्रशंसा करें

672. यदि छात्रों को परीक्षा समाप्त होने के तत्काल बाद उन्हें अंकों की जानकारी प्रदान की जाए, तो इससे लाभ होगा—

A. दुर्बल छात्रों को डांटने-फटकारने में

B. उत्तम छात्रों को प्रोत्साहन प्रदान करने में

C. छात्रों की व्याकुलता शांत करने में

D. छात्रों की प्रेरणाओं को पुनर्बलन प्रदान करने में

673. यदि एक छात्र आपके द्वारा पूछे गए प्रश्न का उत्तर नहीं दे पाता है, तो आपकी क्या प्रतिक्रिया होगी?

A. आप अन्य छात्र से संकेत द्वारा उक्त प्रश्न का उत्तर पूछेंगे

B. आप उक्त छात्र से उससे सम्बन्धित दूसरा सरल प्रश्न पूछेंगे

C. आप उक्त छात्र का अपमान करेंगे

D. आप उक्त छात्र को तब तक बैठने नहीं देंगे जब तक कि आपके प्रश्न का सही उत्तर नहीं मिल जाता है

674. आपका स्वयं के प्रति ईमानदारी के विषय में क्या विचार है?

A. आप पूर्णरूपेण ईमानदार हैं

B. आप कभी भी जीवन में प्रलोभन के शिकार नहीं हुए हैं

C. आप अन्य व्यक्तियों के सापेक्ष ईमानदार हैं

D. आपके समक्ष यदि बेईमानी की सशक्त परिस्थिति उपस्थित हो, तो आप ईमानदार नहीं रह पाएंगे

675. एक अध्यापक के आत्मविश्वास का प्रतीक है—

A. विषयवस्तु पर सम्पूर्ण अधिकार

B. छात्रों से लाड़-प्यार

C. निरंकुशता का प्रचार-प्रसार

D. कृत्रिम व्यवहार

676. आजकल विद्यालय निम्नलिखित लक्ष्य को पूरा कर पाने में असमर्थ है—

A. छात्रों में नैतिक मूल्यों का विकास

B. छात्रों में व्यावसायिक कुशलताओं की वृद्धि

C. छात्रों में परीक्षाओं के प्रति ईमानदारी

D. छात्रों में विश्वबन्धुत्व की भावना

677. एक अध्यापक को बाल-मनोविज्ञान का ज्ञान होना आवश्यक है, क्योंकि—

A. यह आत्मविश्वास में वृद्धि करता है

B. यह शिक्षा-प्रक्रिया में योगदान देता है

C. यह सहानुभूति का उन्नयन करता है

D. यह शिक्षण को प्रभावशाली बनाता है

678. आपके घर के सदस्य देर रात तक टीवी देखना पसंद करते हैं जिससे कि घर में सोने के समय कठिनाई उत्पन्न होती है। आप इस परिस्थिति में कैसे परिवर्तन करेंगे?

A. आप उन्हें समझाएंगे कि देर रात तक टीवी देखना स्वास्थ्यप्रद नहीं है

B. आप उनके टीवी से डिश एन्टेना/केबिल निकलवा देंगे

C. आप उन्हें स्वस्थ मनोरंजन के साथ-साथ निश्चित समय तक टीवी देखने की सलाह देंगे

D. आप अपना शयनकक्ष एकान्त स्थान पर स्थानान्तरित कर लेंगे

679. विद्यालय में छात्रों को गृहकार्य देने की प्रथा है, क्योंकि—

A. छात्र घर जाकर विषयवस्तु की पुनरावृत्ति करते हैं

B. छात्र अपने कार्य में व्यस्त रहते हैं

C. छात्र स्वतंत्र अध्ययन की प्रवृत्ति का विकास करते हैं

D. छात्र कुसंगति से बच जाते हैं

680. यदि आपके शिक्षण के दौरान कक्षा शांत नहीं है, तो इसका कारण हो सकता है—

A. आप छात्रों को अनुशासित कर पाने में असमर्थ हैं

B. आप स्वयं शिक्षण में पर्याप्त रुचि नहीं ले रहे हैं

C. आपकी शिक्षण विधि अरुचिकर है

D. आप केवल समय गवाँ रहे हैं

681. छात्रों को तात्कालिक प्रेरणाएं प्राप्त हो सकती हैं—

A. छात्रों को महापुरुषों के जीवन से उद्धरण देने से

B. छात्रों को पुरस्कृत करने से

C. छात्रों को व्याख्यान देने से

D. छात्रों को डांटने-फटकारने से

682. एक शिक्षक को कक्षा में उत्तम अनुशासन बनाए रखने के लिए उपाय करना चाहिए—

A. छात्रों के लिए उचित दण्ड व्यवस्था का प्रावधान करके

B. अनुभवी शिक्षकों के अनुभवों से लाभ प्राप्त करके

C. छात्रों को उत्तम ढंग से पढ़ा करके

D. छात्रों से मित्रता करके

683. आपका अपनी सामाजिक प्रतिष्ठा के सन्दर्भ में विचार है कि—

A. मैं एक कर्त्तव्यनिष्ठ शिक्षक हूँ अतः मेरी समाज में उच्च प्रतिष्ठा है

B. मैं शिक्षक के साथ-साथ एक सामाजिक प्राणी भी हूँ। अतः व्यक्ति सुलभ कमियाँ मुझमें विद्यमान हैं

C. मैं सदैव अपने अवगुणों पर तीखी नजर रखता हूँ तथा उन पर विजय प्राप्त करने की चेष्टा करता हूँ

D. मैं एक धर्मनिष्ठ व्यक्ति हूँ

684. यदि आपकी कक्षा में कोई छात्र विघ्न उत्पन्न कर रहा है, तो आप उससे कैसे निपटेंगे?

A. उसे कक्षा से बाहर निकाल देंगे

B. उसे उचित ढंग से कक्षा में बैठने का परामर्श देंगे

C. उसके उक्त व्यवहारगत समस्या के कारणों को खोजेंगे

D. उसे अतिरिक्त गृह कार्य देंगे

685. यदि किसी छात्र ने अपना गृहकार्य पूर्ण नहीं किया है, तो आप उसे कैसे सम्बोधित करेंगे?

A. आप यह गृहकार्य कब तक पूरा कर लेंगे?

B. आपने गृहकार्य पूरा क्यों नहीं किया है? आगे से ऐसा नहीं होना चाहिए

C. आप कक्षा में जब आएं जब गृहकार्य पूरा हो जाए

D. अच्छा हो अगर आप इस कार्य को भूल जाएं

उत्तरमाला

1	2	3	4	5	6	7	8	9	10
A	D	D	B	C	C	C	B	A	A
11	**12**	**13**	**14**	**15**	**16**	**17**	**18**	**19**	**20**
D	B	B	C	C	D	B	D	C	C
21	**22**	**23**	**24**	**25**	**26**	**27**	**28**	**29**	**30**
A	C	D	A	A	D	D	A	D	D
31	**32**	**33**	**34**	**35**	**36**	**37**	**38**	**39**	**40**
D	D	C	B	D	D	A	C	C	A

41	42	43	44	45	46	47	48	49	50
D	A	A	D	B	B	D	A	D	A
51	52	53	54	55	56	57	58	59	60
C	D	A	C	B	D	D	C	A	B
61	62	63	64	65	66	67	68	69	70
D	C	B	C	A	B	A	D	D	B
71	72	73	74	75	76	77	78	79	80
B	D	B	D	D	C	C	B	C	A
81	82	83	84	85	86	87	88	89	90
B	D	C	B	D	A	A	C	C	D
91	92	93	94	95	96	97	98	99	100
C	C	A	B	B	B	C	B	D	D
101	102	103	104	105	106	107	108	109	110
A	B	A	B	B	A	B	B	D	A
111	112	113	114	115	116	117	118	119	120
D	D	B	C	B	A	B	D	D	B
121	122	123	124	125	126	127	128	129	130
C	D	D	A	D	B	D	D	D	A
131	132	133	134	135	136	137	138	139	140
C	D	D	D	B	C	D	D	D	C
141	142	143	144	145	146	147	148	149	150
A	B	D	D	D	C	D	C	D	A
151	152	153	154	155	156	157	158	159	160
A	D	B	A	C	B	C	D	D	D
161	162	163	164	165	166	167	168	169	170
C	A	B	D	C	D	A	C	C	B
171	172	173	174	175	176	177	178	179	180
D	A	B	A	B	D	B	D	C	A
181	182	183	184	185	186	187	188	189	190
D	C	A	B	C	A	D	B	D	B
191	192	193	194	195	196	197	198	199	200
A	B	A	D	D	D	D	D	B	A
201	202	203	204	205	206	207	208	209	210
B	C	C	D	D	C	B	B	A	C
211	212	213	214	215	216	217	218	219	220
B	D	D	C	B	C	C	D	A	D
221	222	223	224	225	226	227	228	229	230
A	C	D	A	C	C	D	D	D	A
231	232	233	234	235	236	237	238	239	240
D	B	D	B	C	C	D	D	D	D
241	242	243	244	245	246	247	248	249	250
D	B	D	A	C	D	D	D	D	D
251	252	253	254	255	256	257	258	259	260
A	C	C	C	A	A	B	B	C	D
261	262	263	264	265	266	267	268	269	270
D	C	D	C	D	B	C	B	D	A

271	272	273	274	275	276	277	278	279	280
D	D	A	A	D	A	A	A	D	B
281	282	283	284	285	286	287	288	289	290
D	B	C	C	D	C	D	D	A	B
291	292	293	294	295	296	297	298	299	300
B	C	B	A	C	D	D	A	D	B
301	302	303	304	305	306	307	308	309	310
A	C	D	C	D	B	A	D	B	D
311	312	313	314	315	316	317	318	319	320
D	C	B	D	B	A	C	C	B	D
321	322	323	324	325	326	327	328	329	330
C	D	C	B	D	B	C	D	D	B
331	332	333	334	335	336	337	338	339	340
B	B	B	A	A	B	A	C	B	A
341	342	343	344	345	346	347	348	349	350
C	D	C	C	D	D	B	A	D	D
351	352	353	354	355	356	357	358	359	360
D	B	A	D	B	A	A	D	C	C
361	362	363	364	365	366	367	368	369	370
C	A	B	A	D	D	B	D	C	B
371	372	373	374	375	376	377	378	379	380
D	D	D	B	B	D	D	C	A	C
381	382	383	384	385	386	387	388	389	390
D	B	B	B	D	A	D	B	D	B
391	392	393	394	395	396	397	398	399	400
D	C	D	D	D	B	C	D	D	D
401	402	403	404	405	406	407	408	409	410
A	D	C	B	C	A	B	C	C	D
411	412	413	414	415	416	417	418	419	420
C	C	B	C	B	B	C	B	B	D
421	422	423	424	425	426	427	428	429	430
A	B	D	C	B	D	D	C	C	D
431	432	433	434	435	436	437	438	439	440
D	A	A	D	D	C	D	C	A	B
441	442	443	444	445	446	447	448	449	450
C	D	B	D	C	D	D	C	D	D
451	452	453	454	455	456	457	458	459	460
C	C	D	A	C	D	D	D	D	C
461	462	463	464	465	466	467	468	469	470
D	C	B	D	D	A	C	D	B	C
471	472	473	474	475	476	477	478	479	480
B	D	C	C	B	B	D	D	C	A
481	482	483	484	485	486	487	488	489	490
A	C	C	D	C	A	C	D	C	D
491	492	493	494	495	496	497	498	499	500
C	A	A	D	A	A	C	D	A	D

501	502	503	504	505	506	507	508	509	510
D	D	B	A	A	B	C	A	D	A
511	512	513	514	515	516	517	518	519	520
C	B	D	C	C	D	D	C	C	D
521	522	523	524	525	526	527	528	529	530
A	C	B	C	B	D	A	C	D	D
531	532	533	534	535	536	537	538	539	540
B	C	A	A	A	B	C	A	B	D
541	542	543	544	545	546	547	548	549	550
A	D	A	C	C	C	A	D	B	A
551	552	553	554	555	556	557	558	559	560
D	A	D	C	C	D	D	B	B	D
561	562	563	564	565	566	567	568	569	570
C	B	D	B	D	A	B	C	A	B
571	572	573	574	575	576	577	578	579	580
A	D	B	A	A	B	A	C	B	C
581	582	583	584	585	586	587	588	589	590
D	D	C	A	C	A	B	C	B	A
591	592	593	594	595	596	597	598	599	600
A	C	C	C	B	B	B	B	B	A
601	602	603	604	605	606	607	608	609	610
B	C	D	D	A	D	A	B	C	D
611	612	613	614	615	616	617	618	619	620
C	C	D	D	D	A	C	D	B	D
621	622	623	624	625	626	627	628	629	630
D	D	D	D	D	D	D	A	A	D
631	632	633	634	635	636	637	638	639	640
D	A	C	A	B	C	A	B	C	A
641	642	643	644	645	646	647	648	649	650
C	C	A	D	B	C	C	A	D	D
651	652	653	654	655	656	657	658	659	660
D	C	B	B	B	A	A	C	C	D
661	662	663	664	665	666	667	668	669	670
A	D	C	B	A	A	A	D	A	B
671	672	673	674	675	676	677	678	679	680
C	B	A	C	A	A	D	C	C	C
681	682	683	684	685					
B	C	A	C	B					

Section–D

विविध

1. मनोविज्ञान का सम्बन्ध प्राणिमात्र के व्यवहार के अध्ययन से है जबकि शिक्षा मनोविज्ञान का क्षेत्र–
   A. मात्र मानवीय व्यवहार के अध्ययन से है
   B. केवल शैक्षिक संस्थितियों में मानव व्यवहार से है
   C. (A) और (B) दोनों
   D. उपरोक्त में से कोई नहीं

2. निम्नांकित मनोविज्ञान के अध्याय की विवरण पद्धति नहीं है–
   A. तुलनात्मक पद्धति
   B. प्रयोगात्मक पद्धति
   C. व्यक्ति इतिहास पद्धति
   D. विकासात्मक पद्धति

3. मूल्यांकन का क्षेत्र है–
   A. सीमित
   B. असीमित
   C. संकुचित
   D. व्यापक

4. मूल्यांकन को मापने की विधि है–
   A. परिमाणात्मक विधि
   B. गुणात्मक विधि
   C. उपरोक्त (A) व (B) दोनों
   D. उपरोक्त में से कोई नहीं

5. शिक्षण प्रक्रिया के अंग हैं–
   A. शिक्षण के उद्देश्य
   B. शिक्षण को सार्थक बनाने वाले ज्ञानानुभव
   C. शिक्षण का मूल्यांकन
   D. उपरोक्त सभी

6. शिक्षा-मनोविज्ञान का मूल उद्देश्य है–
   A. जो बालकों द्वारा किसी बात के सीखे जाने को प्रभावित नहीं करती।
   B. भिन्न परिस्थितियों में अधिगम को अनुकूल रूप से प्रभावित नहीं करती है।
   C. विद्यार्थियों की योग्यताओं एवं क्षमताओं को ध्यान में रखते हुए उनके द्वारा किसी बात को सीखे जाने से सम्बन्धित बात को प्रभावित करता है।
   D. उपरोक्त में से कोई नहीं।

7. मनोविज्ञान के उपयोग की कठिनाई है–
   A. मनोविज्ञान की जानकारी का उपयोग सभी शिक्षक कुशलतापूर्वक कर सकते हैं।
   B. मनोविज्ञान में उपकरण परिस्थिति सापेक्ष नहीं होते हैं।
   C. मनोविज्ञान परीक्षण मूल्य की दृष्टि से इतने महंगे होते हैं कि सभी पाठशालाओं में उन्हें उपलब्ध नहीं कराया जा सकता।
   D. उपरोक्त में से कोई नहीं।

8. शिक्षा का सम्बन्ध है–
   A. शिक्षा के उद्देश्यों से
   B. शिक्षार्थी व शिक्षक से

C. कक्षा पर्यावरण व वातावरण से
D. उपरोक्त सभी से

9. ''मनोविज्ञान व्यवहार का शुद्ध विज्ञान है।'' इस परिभाषा के प्रतिपादक हैं–
A. ई. वाटसन   B. जेम्स ट्रेवर
C. सी. वुडवर्थ   D. चार्ल्स ई. स्किनर

10. अचेतन मन का अध्ययन किया जाता है–
A. मनोविश्लेषण विधियों द्वारा
B. अन्तरंग विधियों द्वारा
C. बहिरंग विधियों द्वारा
D. निरीक्षण द्वारा

11. मनोविश्लेषणात्मक प्रणाली के जन्मदाता हैं–
A. सिगमंड फ्रायड   B. जी. लेसर ऐण्डरसन
C. सी. एच. जुड   D. स्टाउट

12. निम्नांकित में से मनोविज्ञान की अध्ययन विधियों में से प्राचीनतम विधि है–
A. अन्तर्दर्शन विधि   B. प्रयोगात्मक विधि
C. व्यक्ति इतिहास विधि D. विकासात्मक विधि

13. वुडवर्थ ने सबसे पहले निर्माण किया–
A. प्रश्नावली   B. निर्धारण मापनी
C. साक्षात्कार   D. बुद्धि परीक्षण

14. बालक के व्यक्तिगत अध्ययन की मनोवैज्ञानिक विधि है–
A. रेटिंग स्केल   B. प्रश्नावली
C. केस स्टडी   D. प्रायोगिक विधि

15. वर्तमान समय में मनोविज्ञान है–
A. चेतना का विज्ञान   B. व्यवहार का विज्ञान
C. मस्तिष्क का विज्ञान D. आत्मा का विज्ञान

16. एक समूह की बनावट का अध्ययन करने में प्रयुक्त होती है–
A. प्रश्नावली विधि   B. साक्षात्कार विधि
C. व्यक्ति इतिहास विधि D. समाजमिति विधि

17. शिक्षा मनोविज्ञान का विषय क्षेत्र नहीं है–
A. सीखने की प्रक्रिया   B. शैक्षिक मूल्यांकन
C. खेलों का प्रशिक्षण   D. व्यक्तित्व का व्यवस्थापन

18. निम्नांकित में खेल पर आधारित शिक्षण विधि नहीं है–
A. माण्टेसरी विधि   B. डाल्टन विधि
C. व्याख्यान विधि   D. किण्डरगार्टन विधि

19. शिक्षा-मनोविज्ञान की प्रकृति के सम्बन्ध में कहा जा सकता है–
A. इसमें लचीलापन नहीं है
B. अति संकुचित है
C. इसमें व्यापकता नहीं है
D. यह सर्वव्यापी है तो सार्वभौमिक भी

20. मनोविज्ञान की प्रकृति का कारण है–
A. एक ओर जहां यह शुद्ध विज्ञान है, वहीं दूसरी ओर सामाजिक विज्ञान है।
B. एक ओर जहां यह शिशुओं के व्यवहार और उनकी शिक्षा पर विचार करता है, वहीं दूसरी ओर प्रौढ़ों के व्यवहार और शिक्षा पर भी।
C. एक ओर जहां इसका सम्बन्ध लड़कियों के व्यवहार और तद्नुरूप शिक्षा पर विचार करना है, वहीं दूसरी और लड़कों के व्यवहार और उनकी शिक्षा पर भी।
D. उपरोक्त सभी

21. मनोविज्ञान के अन्तर्गत–
A. मानव का अध्ययन किया जाता है
B. जीव-जन्तुओं का अध्ययन किया जाता है
C. संसार के अन्य सभी प्राणियों का अध्ययन किया जाता है
D. उपरोक्त सभी

22. शिक्षा-मनोविज्ञान अध्ययन का उद्देश्य है –
A. विद्यार्थियों द्वारा किसी बात के सीखे जाने को प्रभावित करना
B. शिक्षा के उद्देश्यों की पूर्ति में सहायक न होना।
C. छात्र की योग्यताओं एवं क्षमताओं को ध्यान में न रखना।
D. उपरोक्त में से कोई नहीं।

23. सांख्यिकी है–
A. कला
B. विज्ञान
C. कला व विज्ञान दोनों
D. उपरोक्त में से कोई नहीं

24. मनोविज्ञान शिक्षा के क्षेत्र में सहायता देता है तथा स्पष्ट करता है–
A. शिक्षा के आदर्शों का निर्माण कैसे किया जाए
B. शिक्षा के किन उद्देश्यों का निर्धारण करें

C. शिक्षा के उद्देश्यों की संभावना
D. शिक्षा के उद्देश्यों का निर्धारण कैसे करें

25. शिक्षक को शिक्षा मनोविज्ञान से जुड़े निम्न में से किसके अध्ययन की प्रत्यक्ष आवश्यकता नहीं है–
A. बाल व्यवहार का अध्ययन
B. शारीरिक सुडौलता
C. व्यक्तिगत विभिन्नताओं की समझ
D. अनुशासन व कक्षा व्यवस्था

26. 'शिक्षा किसी निश्चित स्थान पर प्रदान की जाती है।' यह कथन शिक्षा के किस अर्थ में प्रयुक्त होता है?
A. शिक्षा का संकुचित अर्थ
B. शिक्षा का विस्तृत अर्थ
C. शिक्षा का वास्तविक अर्थ
D. उपरोक्त में से कोई नहीं

27. 'साइकी' का अर्थ है –
A. मानवीय आत्मा या मन
B. ज्ञान का पिण्ड
C. बुद्धि व मन को जानना
D. इनमें से कोई नहीं

28. मनोविज्ञान को व्यवहार का विज्ञान कहा–
A. वुडवर्थ ने   B. वाटसन ने
C. गैरिसन ने   D. वोरिंग ने

29. किसी बालक की समस्या के कारणों को ढूंढ़ने में निम्नांकित में से सबसे कम उपयोगी मनोवैज्ञानिक विधि है–
A. प्रयोगात्मक   B. व्यक्ति इतिहास
C. निरीक्षण   D. परीक्षण

30. शैशवावस्था में बालक में पाया जाता है–
A. अनुकरण करना   B. सहयोग लेना
C. आश्रितता   D. उपरोक्त सभी

31. ''मनोविज्ञान मन का वैज्ञानिक अध्ययन है, जिसके अन्तर्गत न केवल बौद्धिक, अपितु संवेगात्मक अनुभूतियों, उत्प्रेरक शक्तियों तथा कार्य या व्यवहार भी सम्मिलित है।'' यह कथन है–
A. सी. डब्ल्यू. वैलेन्टाइन
B. चार्ल्स ई. स्किनर
C. गार्डनर मर्फी
D. सी. वुडवर्थ

32. मनोविज्ञान–
A. आत्मा का विज्ञान है
B. मन का विज्ञान है
C. चेतना का विज्ञान है
D. उपरोक्त सभी

33. मानव मन को प्रभावित करने वाला कारक है–
A. व्यक्ति की रुचियां
B. अभिक्षमताएं
C. अभियोग्यताएं व वातावरण
D. उपरोक्त सभी

34. मनोविज्ञान को शुद्ध विज्ञान माना है–
A. स्टीफन ने   B. एण्डरसन ने
C. जेम्स ड्रैवर ने   D. स्टाउट ने

35. शिक्षा-मनोविज्ञान–
A. मनोविज्ञान का अंग नहीं है
B. शिक्षा का एक अंग है
C. मनोविज्ञान का एक अंग है
D. उपरोक्त में से कोई नहीं

36. शिक्षक मनोविज्ञान के ज्ञान द्वारा बालकों की–
A. बुद्धि तथा रुचियों की जानकारी करके शिक्षा देता है
B. प्रकृति को जानकर शिक्षा देता है
C. आर्थिक स्थिति तथा पारिवारिक स्थिति की जानकारी लेकर शिक्षा देता है
D. उपरोक्त सभी

37. मनोविज्ञान का शिक्षा के क्षेत्र में योगदान है–
A. अब शिक्षा बाल केन्द्रित हो गई है
B. शिक्षक बालकों से निकट का सम्पर्क स्थापित करने का प्रयास करता है
C. शिक्षक को छात्रों की आवश्यकता का ज्ञान हो सकता है
D. उपरोक्त सभी

38. शिक्षा मनोविज्ञान एक विज्ञान है–
A. मानव व्यवहार का
B. मानव सिद्धान्तों का
C. शैक्षिक सिद्धान्तों का
D. मानव की व्यक्तिगत विभिन्नताओं का

39. शिक्षा मनोविज्ञान की उत्पत्ति मानी जाती है–
A. वर्ष 1947 से   B. वर्ष 1920 से
C. वर्ष 1900 से   D. वर्ष 1940 से

40. 'मनोविज्ञान' शब्द के समानान्तर अंग्रेजी भाषा के शब्द 'साइकोलॉजी' की व्युत्पत्ति किस भाषा से हुई है?
A. लैटिन भाषा से   B. ग्रीक भाषा से
C. संस्कृत भाषा से   D. फ्रेंच भाषा से

41. शिक्षा मनोविज्ञान का अध्ययन अध्यापक को इसलिए करना चाहिए, ताकि–
A. इससे शिक्षक को आत्म संतुष्टि मिल सके
B. इससे वह दूसरों को प्रभावित कर सके
C. इससे वह अपनी परीक्षाओं में प्रथम आ सके
D. इसकी सहायता से अपने शिक्षण को अधिक प्रभावशाली बना सके

42. मनोविज्ञान शिक्षा के क्षेत्र में सहायता देता है तथा बताता है–
A. शिक्षा के कौन-कौन से उद्देश्य निर्धारित करें
B. शिक्षा के आदर्शों का निर्माण कैसे करें
C. शिक्षा के उद्देश्य सम्भावित हैं अथवा नहीं
D. शिक्षा के उद्देश्यों का निर्धारण कैसे करें

43. किस मनोवैज्ञानिक अध्ययन विधि में उत्तरदाता प्रश्नकर्ता के सम्मुख नहीं बैठता?
A. केस स्टडी विधि   B. प्रश्नावली विधि
C. साक्षात्कार विधि   D. निरीक्षण विधि

44. निम्नांकित में से मनोविज्ञान की अध्ययन विधियों में से प्राचीनतम विधि है–
A. अन्तर्दर्शन विधि   B. प्रयोगात्मक विधि
C. व्यक्तिविधि इतिहास   D. विकासात्मक विधि

45. आंकड़ों का व्यवस्थापन करने हेतु संकलित आंकड़ों के सम्बन्ध में निम्नलिखित कार्य करना होता है–
A. वर्गीकरण   B. सारणीयन
C. आलेखी निरूपण   D. उपरोक्त सभी

46. शिक्षा मनोविज्ञान में जिन बालकों के व्यवहार का अध्ययन किया जाता है, वह है–
A. मंद बुद्धि   B. पिछड़े हुए
C. समस्यात्मक   D. उपरोक्त सभी

47. सीखने की प्रक्रिया के अन्तर्गत शिक्षा मनोविज्ञान अध्ययन करता है–
A. प्रेरणा व पुनर्बलन के प्रभाव का
B. वंशानुक्रम व वातावरण का
C. ध्यान व रुचि का
D. वैयक्तिक भेदों का

48. "मनोविज्ञान मन का विज्ञान है।" यह कथन है–
A. रेवनी का   B. अरस्तू का
C. डेकार्ट का   D. स्किनर का

49. "शिक्षा मनोविज्ञान, अध्यापकों की तैयारी की आधारशिला है।" यह कथन है–
A. प्लेटो का   B. पी. एन. झा का
C. स्किनर का   D. हरबर्ट का

50. शिक्षा मनोविज्ञान का सम्बन्ध है–
A. मात्र शिक्षा से   B. मात्र दर्शन से
C. मात्र मनोविज्ञान से   D. सभी विषयों से

51. शिक्षा का शाब्दिक अर्थ है–
A. पालन-पोषण करना   B. सामने लाना
C. नेतृत्व देना   D. इनमें से सभी

52. "मनोविज्ञान वातावरण के सम्पर्क में आने वाले व्यक्तियों के क्रियाकलापों का विज्ञान है।" यह कथन है–
A. वुडवर्थ का   B. मैक्डूगल का
C. स्किनर का   D. वारेन का

53. "मनोविज्ञान शिक्षा का आधारभूत विज्ञान है" यह कथन है–
A. स्किनर का   B. रायबर्थ का
C. जे. एस. मेकेन्जी का   D. डेकार्ट का

54. शिक्षा मनोविज्ञान की विषय-सामग्री का सम्बन्ध है–
A. पढ़ना   B. लिखना
C. बोलना   D. सीखना

55. वैयक्तिक भेदों का अध्ययन तथा सामान्यीकरण का अध्ययन किया जाता है–
A. विभेदात्मक विधि में   B. परीक्षण विधि में
C. तुलनात्मक विधि में   D. गाथा विधि में

56. यह परिभाषा किसकी है "मनोविज्ञान, शिक्षा का आधारभूत विज्ञान है"–
A. डेविस   B. स्किनर
C. बी. एन. झा   D. वुडवर्थ

57. एक माता-पिता के अलग-अलग रंग की संतान होती है, इसका कारण है–
A. रक्त   B. मौसम
C. जीव कोष   D. वंश

58. मूल्यांकन प्रत्यय है–
A. संकीर्ण   B. विस्तृत
C. व्यापक   D. अतिसंकुचित

59. कितने माह का शिशु प्रौढ़ व्यक्ति की मुख मुद्रा को पहचानने लगता है–
A. 4-5 मास का शिशु   B. 8-9 मास का शिशु
C. 5-7 मास का शिशु   D. 3 मास का शिशु

60. मानसिक विकास के लिए अध्यापक का कार्य है–
A. बालकों को सीखने के पूरे-पूरे अवसर प्रदान करें।
B. छात्र-छात्राओं के शारीरिक स्वास्थ्य की ओर पूरा-पूरा ध्यान दें।
C. व्यक्तिगत भेदों की ओर ध्यान देते हुए उनके लिए समुचित वातावरण की व्यवस्था करें।
D. उपरोक्त सभी।

61. वाटसन ने नवजात शिशु में मुख्य रूप से किन संवेगों की बात कही है?
A. उत्तेजना   B. कष्ट व प्रसन्नता
C. भय, क्रोध व स्नेह   D. इनमें से कोई नहीं

62. निम्नलिखित में से किशोरावस्था की मुख्य समस्याएं हैं–
A. शारीरिक विकास की समस्याएं
B. समायोजन की समस्याएं
C. काम और संवेगात्मक समस्याएं
D. उपरोक्त सभी

63. शैशवावस्था होती है–
A. जन्म से 4 वर्ष तक   B. जन्म से 5 वर्ष तक
C. जन्म से 7 वर्ष तक   D. उपरोक्त में कोई नहीं

64. सृजनशील बालकों का लक्षण है–
A. समस्याओं के प्रति सजगता का अभाव
B. गतिशील चिंतन का अभाव
C. अनमनीयता
D. जिज्ञासा

65. जिस आयु में बालक की मानसिक योग्यता का लगभग पूर्ण विकास हो जाता है, वह है–
A. 14 वर्ष   B. 11 वर्ष
C. 9 वर्ष   D. 6 वर्ष

66. ''मस्तिष्क द्वारा अपनी स्वयं की क्रियाओं का निरीक्षण किया जाता है।''
A. विभेदात्मक विधि में   B. तुलनात्मक विधि में
C. निरीक्षण विधि में   D. आत्म-निरीक्षण विधि में

67. विकासात्मक पद्धति को कहते हैं–
A. उपचारात्मक विधि   B. सांख्यिकीय विधि
C. उत्पत्तिमूलक विधि   D. जीवन इतिहास पद्धति

68. प्रयोगात्मक विधि में सामना नहीं करना पड़ता है–
A. सजातीयता का अभाव
B. प्रयोग स्थल की कठिनाई
C. घटनाओं की जटिलता
D. समस्या का चुनाव

69. मानव विकास जिन दो कारकों पर निर्भर करता है, वह है–
A. जैविक और आर्थिक
B. जैविक और सामाजिक
C. सामाजिक और राजनीतिक
D. सामाजिक और आर्थिक

70. शिक्षक बालकों की पाठ में रुचि उत्पन्न कर सकता है–
A. वृद्धि से   B. शिक्षा से
C. संवेगों से   D. दंड से

71. विकास एक प्रक्रिया है–
A. खण्डित   B. निरन्तर
C. पूर्ण   D. अपूर्ण

72. किस विधि में एक ही बालक का अध्ययन किया जाता है?
A. क्षैतिज विधि   B. लम्बात्मक विधि
C. सांख्यिकीय विधि   D. प्रयोगात्मक विधि

73. विद्यालय का यह कर्तव्य है कि वह व्यापक दृष्टिकोण अपनाए, अंगोपांग तथा समस्त दोनों रूपों को देखे एवं श्रेष्ठ विचारकों, अच्छे कार्यकर्ताओं और अच्छे व्यापारियों का निर्माण करने के साथ-साथ उन सभी को उतने ही पुरुष एवं नारी बना सके। यह कथन है–
A. गोडफ्रे का   B. स्टेनली हॉल का
C. विग एवं हण्ट का   D. इनमें से कोई नहीं

74. ''किशोरावस्था अपराध प्रवृत्ति के विकास का नाजुक समय है। पक्के अपराधियों की एक विशाल संख्या किशोरावस्था में ही व्यावसायिक जीवन को गम्भीरतापूर्वक आरम्भ करती है।'' यह कथन है–
A. वैलेण्टाइन का   B. ब्लेयर और जोन्स का
C. कोल और ब्रुस का   D. स्टेनली हॉल का

75. बालक के निजी व्यवहार का अंकन करने में कौन-सी विधि सहायक होती है?
A. नियंत्रण निरीक्षण विधि
B. मनोभौतिकी विधि
C. चिकित्सालय विधि
D. आत्मनिष्ठ अंकन विधि

76. किस मत के अनुयायियों का कथन है कि विकास की क्रिया का आरम्भ सिर से होता है?
A. सामान्य से विशिष्ट की ओर
B. विकास प्रक्रिया के समान प्रतिमान
C. मस्तबोध-मुखी सिद्धान्त
D. संगठित प्रक्रिया

77. किस विधि में उद्दीपन, अनुक्रिया के मध्य होने वाले सम्बन्धों का अध्ययन किया जाता है?
A. प्रश्नकर्ता विधि
B. मनोभौतिकी विधि
C. आत्मनिष्ठ अंकन विधि
D. प्रयोगात्मक विधि

78. शिक्षा मनोविज्ञान का क्षेत्र है–
A. संकुचित   B. व्यापक
C. विस्तृत   D. वृहत्

79. निम्न में से कौन-सा बाल विकास को प्रेरित करने वाला कारक नहीं है?
A. बुद्धि   B. पोषण
C. परिपक्वता   D. इनमें से कोई नहीं

80. बाल्यावस्था में मस्तिष्क का विकास हो जाता है–
A. 60μ   B. 80μ
C. 90μ   D. 59μ

81. अन्तर्दर्शन विधि में बल दिया जाता है–
A. स्वयं के अध्ययन पर
B. समाज के अध्ययन पर
C. बालकों के अध्ययन पर
D. शिक्षकों के अध्ययन पर

82. बालक को आनन्ददायक सरल कहानियों द्वारा नैतिक शिक्षा प्रदान करनी चाहिए यह कथन है–
A. स्ट्रेंग का   B. पियाजे का
C. ब्रूनर का   D. कोलेसेनिक का

83. छात्रों के व्यक्तित्व को मापने और परामर्श देने के लिए जिस पद्धति का प्रयोग किया जाता है–
A. निरीक्षणात्मक पद्धति   B. साक्षात्कार विधि
C. प्रयोगात्मक पद्धति   D. सैद्धान्तिक पद्धति

84. किस मनोवैज्ञानिक का कहना है कि सभी बालक जन्म के समय समान होते हैं?
A. क्रो और क्रो   B. वाटसन
C. क्लर्क और बीर्च   D. मैक्डूगल

85. विकास के संदर्भ में मैक्डूगल ने–
A. व्यक्तित्व का विश्लेषण किया
B. मूल प्रवृत्यात्मक व्यवहार का विश्लेषण किया
C. बालक के शारीरिक विकास का विश्लेषण किया
D. उपरोक्त में से कोई नहीं

86. जब हम किसी भी व्यक्ति के विकास के विषय में चिंतन करते हैं तो हमारा आशय–
A. उसकी कार्यक्षमता से होता है
B. उसकी परिपक्वता से होता है
C. उसकी शक्ति ग्रहण करने से होता है
D. उपरोक्त सभी

87. निम्नांकित में से कौन-सा चारित्रिक विकास का प्रतीक है?
A. इच्छा शक्ति   B. उत्तेजना
C. स्थायी भाव   D. आदतों का समूह

88. वृद्धि और विकास हैं–
A. एक-दूसरे के विरोधी   B. एक-दूसरे के समान
C. एक-दूसरे के पूरक   D. इनमें से कोई नहीं

89. एक बालक की बुद्धिलब्धि 150 है वह बालक कहलायेगा–
A. मंदबुद्धि   B. पिछड़ा बालक
C. प्रतिभाशाली   D. असंतुलित

90. सृजनशील छात्र-छात्राओं के विशिष्ट शिक्षण हेतु निम्नलिखित में से कौन-सा उपाय अत्यधिक प्रभावी रहेगा–
A. कक्षा में मॉनीटर बनाना
B. खेलकूद में विशिष्ट स्थान देना

C. विद्यालय छात्र-परिषद का नेता बनाना

D. सोद्देश्य बढ़त के अवसर पर परामर्श देना

91. संवेगात्मक विकास में किस अवस्था में तीव्र परिवर्तन होता है?

A. शिशु अवस्था   B. युवावस्था

C. बाल्यावस्था   D. किशोरावस्था

92. मूल प्रवृत्तियों में जिसका वर्गीकरण मौलिक और सर्वमान्य है, वह है—

A. जेम्स   B. ड्रेवर

C. वैलेण्टीन   D. मैक्डूगल

93. भाषा विकास के विभिन्न अंग कौन-से हैं?

A. अक्षर ज्ञान

B. सुनकर भाषा समझना

C. ध्वनि पैदा करके भाषा बोलना

D. उपरोक्त सभी

94. स्टर्न के अनुसार खेल क्या है?

A. खेल एक जन्मजात प्रवृत्ति है

B. खेल कार्य में एक प्रकार का मनोरंजन है

C. खेल वह है जो हम करते हैं

D. खेल एक ऐच्छिक, आत्म-नियंत्रित क्रिया है

95. संवेगात्मक स्थिरता का लक्षण है—

A. झगड़ालू   B. विनोदी

C. समायोजित   D. भीरू

96. लड़कियों में बाह्य परिवर्तन किस अवस्था में होने लगते हैं?

A. शैशवावस्था   B. बाल्यावस्था

C. किशोरावस्था   D. प्रौढ़ावस्था

97. वह खेल जिसमें बालक स्वयं कुछ बनाता है—

A. रचनात्मक   B. काल्पनिक

C. स्वतंत्र   D. इनमें से कोई नहीं

98. प्राथमिक विद्यालयी बालकों में गत्यात्मक कौशल विकसित करने में निम्नलिखित सहायक नहीं होती है—

A. अभ्यास   B. अवांछित विश्राम

C. हस्तलेखन   D. व्यवस्थित अधिगम प्रक्रिया

99. सृजनशील बालकों का लक्षण है—

A. समस्याओं के प्रति सजगता का अभाव

B. गतिशील चिंतन का अभाव

C. अनमनीयता

D. जिज्ञासा

100. किशोरावस्था की प्रमुख विशेषता नहीं है—

A. संवेगों का आधिक्य   B. संचय की प्रवृत्ति

C. कल्पना की बहुलता   D. मानसिक विकास

101. बालक का समाजीकरण निम्नलिखित तकनीकी से निर्धारित होता है—

A. साक्षात्कार तकनीक

B. समाजनीति तकनीक

C. निरीक्षण तकनीक

D. जीवनवृत्त अध्ययन तकनीक

102. ''बालक की शक्ति का वह अंश जो किसी काम में नहीं आता है, वह खेलों के माध्यम से बाहर निकाल दिया जाता है।'' यह तथ्य कौन-सा सिद्धान्त कहता है—

A. रेचन का सिद्धांत

B. क्षतिपूर्ति का सिद्धांत

C. अतिरिक्त शक्ति का सिद्धांत

D. उपरोक्त सभी

103. उत्तर बाल्यकाल का समय कब होता है—

A. 1 से 3 वर्ष तक   B. 3 से 6 वर्ष तक

C. 6 से 12 वर्ष तक   D. 12 से 18 वर्ष तक

104. बालकों के विकास की किस अवस्था को सबसे कठिन काल के रूप में जाना जाता है?

A. बाल्यावस्था   B. शैशवावस्था

C. किशोरावस्था   D. उपरोक्त सभी

105. सामान्य बुद्धि बालक प्रायः किस अवस्था में बोलना सीख जाते हैं?

A. 11 माह   B. 16 माह

C. 34 माह   D. 51 माह

106. बालक के चारित्रिक विकास के स्तर हैं—

A. मूल प्रवृत्यात्मक   B. पुरस्कार व दण्ड

C. सामाजिकता   D. उपरोक्त सभी

107. बालक के समाजीकरण का प्राथमिक घटक है—

A. परिवार   B. राजनीतिक दल

C. विद्यालय   D. क्रीड़ा स्थल

108. संकल्प शक्ति के कितने अंग हैं?
    A. चार   B. छः
    C. तीन   D. दो

109. सात वर्ष की आयु तक पहुंचते-पहुंचते एक सामान्य बालक का शब्द भंडार हो जाता है–
    A. 1000 शब्द   B. 6000 शब्द
    C. 11000 शब्द   D. 16000 शब्द

110. निम्नांकित में से कौन-सा परीक्षण निष्पादन परीक्षण है–
    A. आकृतिफलक परीक्षण   B. भूलभुलैया परीक्षण
    C. वस्तु संयोजन   D. इनमें से सभी

111. सूक्ष्म तथा अमोघ प्रश्नों का चिंतन तथा मनन द्वारा हल करती है–
    A. मूर्त बुद्धि   B. अमूर्त बुद्धि
    C. सामाजिक बुद्धि   D. उपरोक्त में कोई नहीं

112. मंद-बुद्धि बालक की विशेषता नहीं होती है–
    A. त्रुटियां अधिक करना
    B. जटिल परिस्थितियों को समझने में असमर्थ
    C. बुद्धिलब्धि 105 से 110 के बीच होना
    D. कार्य कारण संबंधों को समझने में असफल

113. शिक्षा का कार्य है–
    A. अर्जित रुचियों को स्वाभाविक बनाना
    B. जन्मजात रुचियों को बदलना
    C. जन्मजात व अर्जित रुचियों को अलग करना
    D. जन्मजात व अर्जित रुचियों को मिलाना

114. जिस विधि के द्वारा बालक को आत्म निर्देशन के माध्यम से बुरी आदतों को छुड़वाने का प्रयास किया जाता है, वह विधि है–
    A. अभावात्मक विधि   B. थकावट विधि
    C. आत्मनिर्देश विधि   D. उपरोक्त सभी

115. आदतों का शैक्षिक महत्व है–
    A. समय तथा शक्ति की बचत
    B. बालकों के चरित्र निर्माण में सहायक
    C. आदतों के माध्यम से समायोजन क्षमता का विकास
    D. उपरोक्त सभी

116. कोई व्यक्ति डॉक्टर बनने की योग्यता रखता है तो कोई व्यक्ति शिक्षक बनने की योग्यता। यह किस कारण से होती है–
    A. आदत के कारण
    B. अभिरुचि के कारण
    C. बुद्धि के कारण
    D. उपरोक्त सभी

117. आदतों का निर्माण किया जा सकता है–
    A. अभ्यास द्वारा
    B. संकल्प की दृढ़ता द्वारा
    C. उद्देश्यों को स्पष्ट करके
    D. उपरोक्त सभी द्वारा

118. निम्नांकित में से खेल पर आधारित विधि है–
    A. समस्या समाधान विधि
    B. वाद-विवाद विधि
    C. व्याख्यान विधि
    D. किण्डर गार्टन विधि

119. जिस बुद्धि का कार्य सूक्ष्म तथा अमूर्त प्रश्नों का चिंतन तथा मनन द्वारा हल करना है, वह है–
    A. मूर्त बुद्धि   B. अमूर्त बुद्धि
    C. सामाजिक बुद्धि   D. इनमें से सभी

120. भाषा विकास के क्रम में अंतिम क्रम (सोपान) है–
    A. ध्वनि पहचानना   B. ध्वनि उच्चारण
    C. शब्दोच्चारण   D. भाषा विकास की पूर्णावस्था

121. कार्लग्रूस मनोवैज्ञानिक खेल के किस सिद्धांत के प्रवर्तक हैं–
    A. पुनरावृत्ति का सिद्धांत B. मनोरंजन का सिद्धांत
    C. पूर्वाभिनय सिद्धांत   D. मनोवैज्ञानिक सिद्धांत

122. किशोरावस्था में रुचियां होती हैं–
    A. सामाजिक रुचियां   B. व्यावसायिक रुचियां
    C. व्यक्तिगत रुचियां   D. उपरोक्त सभी

123. शिक्षा मनोविज्ञान का केन्द्र है–
    A. बालक   B. शिक्षक
    C. पाठ्यक्रम   D. पुस्तक

124. सामान्य बुद्धि बालक प्रायः किस अवस्था में बोलना सीखता है–
    A. 11 माह   B. 16 माह
    C. 34 माह   D. 51 माह

125. जिस आयु में बालक की मानसिक योग्यता का लगभग पूर्ण विकास हो जाता है, वह है–
    A. 14 वर्ष   B. 11 वर्ष
    C. 9 वर्ष   D. 6 वर्ष

126. चरित्र को निश्चित करने वाला महत्वपूर्ण कारक है–
    A. शारीरिक कारक   B. मानसिक कारक
    C. सामाजिक कारण   D. मनोरंजन सम्बन्धी कारक

127. बालक का शारीरिक, मानसिक, सामाजिक और संवेगात्मक विकास किस अवस्था में पूर्णता को प्राप्त होता है–
    A. शैशवावस्था   B. युवावस्था
    C. बाल्यावस्था   D. किशोरावस्था

128. संवेगात्मक विकास में किस अवस्था में तीव्र परिवर्तन होता है–
    A. शिशु अवस्था   B. युवावस्था
    C. बाल्यावस्था   D. किशोरावस्था

129. बाल्यावस्था की प्रमुख विशेषता नहीं है –
    A. प्रबल जिज्ञासा प्रवृत्ति   B. अनुकरण की प्रवृत्ति
    C. अन्तर्मुखी व्यक्तित्व   D. संचय की प्रवृत्ति

130. व्यक्ति की मूल प्रवृत्ति से सम्बन्धित रुचि कहलाती है–
    A. जन्मजात रुचि   B. अर्जित रुचि
    C. शैक्षिक रुचि   D. उपरोक्त सभी

131. ''अभियोग्यता वर्तमान दशा है जो व्यक्ति की भविष्य की क्षमताओं की ओर संकेत करती है।'' यह परिभाषा दी है–
    A. बिंघम ने   B. जेम्स ड्रेवर ने
    C. ट्रेक्सलर ने   D. वॉरेन ने

132. बालक के सामाजिक विकास में सबसे महत्वपूर्ण कारक कौन-सा है?
    A. जाति भेद
    B. आनुवंशिकता
    C. वातावरण
    D. आनुवंशिकता तथा वातावरण

133. एक बालक की बुद्धि लब्धि 150 है, तो वह बालक है–
    A. प्रतिभाशाली बालक   B. पिछड़ा बालक
    C. मंद बुद्धि बालक   D. असंतुलित बालक

134. बुद्धि लब्धि (I.Q.) के लिए विशिष्ट श्रेय किस मनोवैज्ञानिक को जाता है–
    A. सिगमंड फ्रायड   B. मेक्डूगल
    C. कोहलर   D. स्टर्न

135. मूल्यांकन होता है–
    A. छात्र के व्यक्तित्व का
    B. छात्र के कौशल का
    C. छात्र की रुचियों का
    D. प्राप्त उद्देश्यों की प्राप्ति का

136. 'व्यक्तित्व, व्यक्ति से सम्बन्धित समस्त मनोवैज्ञानिक क्रियाओं एवं दिशाओं का सम्मिलित स्वरूप है।'' यह कहा है–
    A. आलपोर्ट ने   B. वारेन ने
    C. लिण्टन ने   D. वाट्सन ने

137. संगठित व्यक्तित्व की विशेषता नहीं है–
    A. गतिशीलता
    B. संतोष, उच्च आकांक्षा तथा उद्देश्यपूर्णता
    C. असामाजिकता
    D. समायोजन शक्ति

138. व्यक्तित्व को समझने के लिए व्यक्तित्व के शील गुणों का अध्ययन किस मनोवैज्ञानिक ने किया?
    A. गैरिट ने
    B. आलपोर्ट ने
    C. आलपोर्ट तथा कैटिल ने
    D. उपरोक्त में से कोई नहीं

139. व्यक्तित्व आत्मज्ञान का ही दूसरा नाम है। यह किस दृष्टिकोण से सम्बन्धित है?
    A. समाजशास्त्रीय दृष्टिकोण
    B. मनोवैज्ञानिक दृष्टिकोण
    C. दार्शनिक दृष्टिकोण
    D. उपरोक्त में से कोई नहीं

140. अन्तर्मुखी व्यक्तित्व वाले व्यक्ति रुचि रखते हैं–
    A. सामाजिक कार्यों में   B. भौतिक कार्यों में
    C. अन्य व्यक्तियों में   D. स्वयं अपने में

141. सिसरो के व्यक्तित्व सम्बन्धी मत को निम्न में से किस मत के तहत रखा जा सकता है?
    A. प्राचीन मत   B. आधुनिक मत
    C. मध्यकालीन मत   D. इनमें से कोई नहीं

142. शैल्डन ने शारीरिक गुणों के आधार पर व्यक्तित्व को कितने भागों में बांटा है?
    A. कोमल एवं गोलाकार   B. गोलाकार व आयताकार
    C. लम्बाकार व कोमल   D. उपरोक्त सभी

143. गत्यात्मक प्रतिरूप से तात्पर्य है–
A. व्यक्ति विशेष के प्रेरकों एवं संवेगों का प्रभाव, जो उसके व्यवहार में परिवर्तन उत्पन्न करता है
B. व्यक्ति विशेष की आन्तरिक आवश्यकताओं की पूर्ति से है
C. मानसिक प्रक्रिया से है
D. उपरोक्त में से कोई नहीं

144. वेदांत दर्शन के आधार पर शरीर की रचना किस कोष से नहीं मानी जाती है?
A. अन्नमय कोष व प्राणमय कोष
B. मनोमय कोष व आनन्दमय कोष
C. ज्ञान व विज्ञानमय कोष
D. भावना कोष

145. थार्नडाइक ने व्यक्ति को किस आधार पर बांटा है–
A. चिंतन व कल्पना शक्ति के आधार पर
B. कठोर हृदय व कोमल हृदय के आधार पर
C. प्रभुतापूर्ण व अधीनस्थ पूर्ण आधार पर
D. उपरोक्त में से कोई नहीं

146. ''व्यक्तित्व शब्द का प्रयोग व्यक्ति के शारीरिक, मानसिक, नैतिक और सामाजिक गुणों के सुसंगठित तथा गत्यात्मक संगठन के लिए किया जाता है, जिसे वह अन्य व्यक्तियों के साथ अपने सामाजिक जीवन के आदान-प्रदान में प्रकट करता है।'' यह कथन है–
A. ऑलपोर्ट   B. स्किनर
C. ड्रेवर   D. इनमें से कोई नहीं

147. 'Personality' शब्द का उद्गम–
A. लैटिन भाषा से हुआ है
B. ग्रीक भाषा से हुआ है
C. संस्कृत भाषा से हुआ है
D. उपरोक्त में से कोई नहीं

148. बहिर्मुखी व्यक्ति होता है–
A. आत्म केन्द्रित
B. दूसरों के समक्ष कम बोलता है
C. उसकी सामाजिक कार्यो में विशेष रुचि होती है
D. उपरोक्त में से कोई नहीं

149. सांवेगिक स्थिरता में किस वस्तु के प्रति निर्वेद अधिगम को बढ़ाते हैं?
A. साहस   B. जिज्ञासा
C. भौतिक वस्तु   D. उपरोक्त सभी

150. रक्त प्रधान व्यक्ति–
A. प्रसन्नचित्त होते हैं   B. चंचल होते हैं
C. क्रियाशील होते हैं   D. उपरोक्त सभी

151. व्यक्तित्व को प्रभावित करने वाले तत्व हैं–
A. वंशानुक्रम
B. वातावरण
C. वंशानुक्रम तथा वातावरण
D. उपरोक्त में से कोई नहीं

152. व्यक्तित्व, व्यक्ति की सम्पूर्ण प्रतिक्रियाओं एवं प्रतिक्रिया सम्भावनाओं का संस्थान है, जैसा कि उसके परिवेश में जो सामाजिक प्राणी है, उसके द्वारा आंका जाता है। यह व्यक्ति के व्यवहारों का एक समायोजित संकलन है, जो व्यक्ति अपने सामाजिक व्यवस्थापन के लिए करता है। यह कथन है–
A. डैशील   B. स्किनर
C. कॉण्ट व न्यूटन   D. शेल्डन व युंग

153. शारीरिक रूप से व्यक्ति-व्यक्ति के मध्य जो भिन्नता दिखाई देती है, वह कहलाती है–
A. बाहरी विभिन्नता   B. आन्तरिक विभिन्नता
C. व्यक्तित्व   D. उपरोक्त सभी

154. व्यक्तिगत विभेद को ज्ञात करने की विधि है–
A. बुद्धि परीक्षण   B. व्यक्ति इतिहास विधि
C. रुचि परीक्षण   D. उपरोक्त सभी

155. निम्नलिखित में से कौन-सा कथन सही है–
A. दो व्यक्ति समान नहीं होते हैं
B. वैयक्तिक भिन्नताओं का मापन संभव है
C. वैयक्तिक भिन्नता सार्वभौमिक होती है
D. उपरोक्त सभी

156. व्यक्तिगत भिन्नता होती है–
A. बौद्धिक   B. शारीरिक
C. व्यक्तित्व सम्बन्धी   D. उपरोक्त सभी

157. आलपोर्ट ने व्यक्तित्व के शील के गुण से सम्बन्धित शब्द बताए थे–
A. 100   B. 500
C. 4,000   D. 4,500

158. निम्न में से वह जो व्यक्तित्व को प्रभावित नहीं करता है, है–
A. वंशानुक्रम   B. वातावरण
C. देखना   D. व्यायाम करना

159. जिस साक्षात्कार के माध्यम से छात्र के घर तथा वातावरण के सम्बन्ध में सूचनाएं प्राप्त की जाती हैं, वह है–
A. सूचनात्मक साक्षात्कार
B. परामर्श साक्षात्कार
C. उपचारात्मक साक्षात्कार
D. निदानात्मक साक्षात्कार

160. निम्न में से जो व्यक्तित्व परीक्षण की विधि नहीं है, वह है–
A. निरीक्षण   B. भ्रमण
C. शारीरिक परीक्षण   D. साक्षात्कार

161. व्यक्तिगत-विभिन्नताओं के आधार पर शिक्षक को सहायता मिलती है–
A. शैक्षिक व व्यावसायिक निर्देशन में
B. छात्रों के वर्गीकरण में
C. शिक्षण-विधि के चयन में
D. उपरोक्त सभी में

162. मानसिक विभेद के अन्तर्गत नहीं आता है–
A. रुचि सम्बन्धी भेद
B. योग्यता सम्बन्धी भेद
C. स्वभावगत भेद
D. शारीरिक संरचना सम्बन्धी भेद

163. मनोशारीरिक असमानताओं को कहा जाता है–
A. व्यक्तित्व   B. समायोजन
C. व्यक्तिगत विभिन्नता D. भग्नाशा

164. व्यक्तिगत विभिन्नता को प्रभावित करने वाले तत्व हैं–
A. वंशानुक्रम
B. वातावरण
C. वंशानुक्रम तथा वातावरण
D. उपरोक्त में से कोई नहीं

165. बाह्य रूप से दो व्यक्ति एकसमान हैं, लेकिन वे अन्य आन्तरिक योग्यताओं की दृष्टि से समरूप नहीं हैं, ऐसी व्यक्तिगत विभिन्नता कहलाती है–
A. व्यक्तित्व   B. बाह्य विभिन्नता
C. आन्तरिक विभिन्नता D. इनमें से कोई नहीं

166. व्यक्तिगत शिक्षण में निम्नलिखित विधि नहीं आती है–
A. डाल्टन पद्धति
B. सामूहिक शिक्षण की पद्धति
C. कन्डक्ट पद्धति
D. प्रोजेक्ट योजना

167. ''मापन किया जाने वाला व्यक्तित्व का प्रत्येक पहलू वैयक्तिक भिन्नता का अंश है।'' यह परिभाषा दी है–
A. कर्ट लेविन ने   B. स्किनर ने
C. जेम्स ड्रेवर ने   D. इनमें से कोई नहीं

168. शिक्षा का अर्थ नहीं है–
A. सा विद्या या विमुक्तये
B. तानं मनुजस्य तृतीयं नेत्रं
C. योग्यताओं का विकास
D. शारीरिक विकास

169. व्यक्तिगत शिक्षण में निम्नलिखित पद्धति काम में नहीं आती है–
A. डाल्टन पद्धति   B. सामूहिक शिक्षण पद्धति
C. कन्डेक्ट पद्धति   D. प्रोजेक्ट योजना

170. बाह्य रूप से दो व्यक्ति एकसमान हैं, लेकिन वे अन्य आन्तरिक योग्यताओं की दृष्टि से समरूप नहीं हैं, ऐसी व्यक्तिगत विभिन्नता कहलाती है–
A. व्यक्तित्व   B. बाह्य विभिन्नता
C. आन्तरिक विभिन्नता D. उपरोक्त में से कोई नहीं

171. निम्नलिखित में से कौन-सा कथन सही है–
A. दो व्यक्ति समान नहीं होते हैं
B. वैयक्तिक भिन्नताओं का मापन सम्भव है
C. वैयक्तिक भिन्नता सार्वभौमिक होती है
D. उपरोक्त सभी

172. मोटे रूप में व्यक्तिगत विभेद को कितने भागों में विभाजित किया गया है–
A. दो   B. चार
C. तीन   D. इनमें से कोई नहीं

173. संगठित व्यक्तित्व में निम्नांकित पक्ष विकसित होते हैं–
A. मानसिक   B. संवेगात्मक
C. सामाजिक   D. उपरोक्त सभी

174. मनोविज्ञान है–
A. सामाजिक विज्ञान   B. विधायक विज्ञान
C. शुद्ध विज्ञान   D. प्राकृतिक विज्ञान

175. व्यक्तित्व शारीरिक, मानसिक, सामाजिक संवेगात्मक क्रियाओं का एक रूप है, जो–
A. सामाजिक दृष्टिकोण है
B. जो गत्यात्मक संगठन है
C. जो आत्म-चेतना का प्रादुर्भाव है
D. उपर्युक्त में से कोई नहीं

176. जैवकीय कारकों को कितने भागों में बांटा जा सकता है–
A. शरीर रचना व नलिकाविहीन ग्रन्थियां
B. शारीरिक रसायन
C. परिवार रचना
D. (A) व (B) दोनों

177. आकर्षक व्यक्तित्व हमें सततू अपने जीवन पथ पर आगे बढ़ने की प्रेरणा देता रहता है। यह है–
A. वातावरण के साथ समायोजन
B. आत्म चेतना व सामाजिकता
C. ध्येय की ओर अग्रसर होना
D. उपरोक्त में से कोई नहीं

178. निम्न में से कौन-सा सृजनात्मकता की विशेषता नहीं है?
A. नवीन चिंतन   B. मौलिकता
C. उत्पादकता   D. अपरिवर्तनशीलता

179. "व्यक्तित्व को प्रभावित करने में प्राकृतिक (भौतिक) वातावरण की उपेक्षा नहीं की जा सकती।" यह कथन है–
A. ऑगबर्न व निमकॉफ   B. धुंग व निमकॉफ
C. फारिस व वुडवर्थ   D. शैल्डन व स्टर्न

180. अन्तर्मुखी बालक होता है–
A. सभी के साथ मिलकर चलने वाला
B. समस्याओं को पारस्परिक रूप से समझने वाला
C. एकान्त में विश्वास करने वाला
D. स्वयं को यथार्थ के अनुकूल ढालने वाला

181. जब किसी व्यक्ति का अवलोकन निश्चित परिस्थितियों में ही किया जाता है, तो वह कहलाता है–
A. नियन्त्रित अवलोकन
B. बाह्य अवलोकन
C. स्वाभाविक अवलोकन
D. तथ्यात्मक अवलोकन

182. जिन तथ्यों का निर्धारण किया जाता है, उनका सार निकालकर संख्यात्मक रूप में व्यक्त करना कहलाता है –
A. आत्मकथा   B. व्यक्ति इतिहास अध्ययन
C. समाजमिति   D. निर्धारण मान

183. मनोविश्लेषणात्मक दृष्टिकोण के अन्तर्गत शामिल है–
A. इदम्   B. अहम्
C. परम अहम्   D. उपरोक्त सभी

184. निम्नांकित पद्धति में से कौन व्यक्तिगत भेद को ध्यान में नहीं रखकर शिक्षण में प्रयुक्त की जाती है–
A. डाल्टन योजना   B. व्याख्यान पद्धति
C. बिनेटिका योजना   D. प्रायोजना पद्धति

185. यह वह शक्ति है जिसके द्वारा व्यक्ति अपने सम्बन्ध में जानता है कि वह क्या है तथा दूसरे व्यक्ति उसके बारे में क्या सोचते हैं–इस शक्ति का नाम है?
A. गतिशीलता   B. संकल्प शक्ति
C. समायोजन शक्ति   D. आत्म चेतना

186. कैटिल ने व्यक्तित्व के प्राथमिक शील-गुण बताए हैं–
A. बारह   B. बीस
C. दस   D. तेरह

187. निम्न में से कौन-सा वातावरण का प्रकार नहीं है?
A. पारिवारिक वातावरण व विद्यालय वातावरण
B. पास-पड़ोस का वातावरण
C. मित्र मण्डली का वातावरण
D. व्यक्ति व उसका स्वयं का व्यक्तित्व

188. व्यक्तित्व की संरचना के अन्तर्गत गत्यात्मकता तथा स्थलाकृतिक पक्ष का अध्ययन किस मनोवैज्ञानिक ने किया?
A. फ्रायड   B. लेविन व फ्रायड
C. स्मिथ व लेविन   D. इनमें से कोई नहीं

189. सामाजिक स्थिति वंशानुक्रमणीय–
A. होती है   B. नहीं होती है
C. कुछ होती है   D. एकमद नहीं होती

190. सीखने के मुख्य नियमों के अतिरिक्त गौण नियम भी हैं जो मुख्य नियमों को विस्तार देते हैं। गौण नियम हैं–
A. प्रयत्न व भूल का नियम
B. बहुप्रतिक्रिया नियम
C. अभ्यास का नियम
D. प्रभाव का नियम

191. कक्षा वातावरण में सीखने का महत्वपूर्ण नियम है–
    A. रटने का नियम   B. अवांछित विश्राम
    C. हस्तलेखन   D. व्यवस्थित अधिगम प्रक्रिया

192. सीखी गई क्रिया का अन्य समान परिस्थितियों में उपयोग किया जाना कहलाता है–
    A. अधिगम   B. अधिगम स्थानान्तरण
    C. परिपक्वता   D. इनमें से कोई नहीं

193. शिक्षा मनोविज्ञान जरूरी है–
    A. शिक्षण के लिए   B. छात्र के लिए
    C. अभिभावक के लिए   D. सभी के लिए

194. अधिगम की निम्नांकित परिभाषा किसने दी है–'सीखना विकास की प्रक्रिया है।''–
    A. वुडवर्थ   B. क्रो एंड क्रो
    C. स्किनर   D. गिलफोर्ड

195. सीखना प्रभावित होता है–
    A. मन   B. आत्मा
    C. वृद्धि   D. प्रेरणा

196. ''सीखना सम्बन्ध स्थापित करना है। सम्बन्ध स्थापित करने का कार्य, मनुष्य का मस्तिष्क करता है।'' यह कथन है–
    A. वुडवर्थ   B. थार्नडाइक
    C. रायबर्न   D. स्किनर

197. थार्नडाइक का अधिगम सिद्धान्त निम्नलिखित नाम से जाना जाता है–
    A. प्रयास व त्रुटि का सिद्धांत
    B. पुनर्बलन का सिद्धांत
    C. अन्तर्दृष्टि का सिद्धांत
    D. इनमें से कोई नहीं

198. निम्नलिखित में से सीखने का मुख्य नियम है–
    A. बहुप्रतिक्रिया नियम
    B. अभ्यास का नियम
    C. अपूर्ण क्रिया का नियम
    D. सादृश्यीकरण का नियम

199. मूल प्रवृत्ति का प्रभाव शक्ति प्रदान करता है–
    A. बालक के व्यवहार को
    B. बालक के विकारा को

C. व्यक्ति के विकास को
D. व्यक्ति के व्यवहार को

200. जिन आदतों का सम्बन्ध मस्तिष्क से होता है, वह है–
    A. यान्त्रिक आदतें
    B. नाड़ीमण्डल सम्बन्धी आदतें
    C. भावना सम्बन्धी आदतें
    D. विचार सम्बन्धी आदतें

201. क्रियात्मक अनुबंधन का सिद्धांत किसकी देन माना जाता है–
    A. थार्नडाइक की   B. पॉवलव की
    C. स्किनर की   D. उपरोक्त में से कोई नहीं

202. मूल प्रवृत्तियां एक जाति के प्राणियों में एक-सी होती हैं, यह कथन है–
    A. जेम्स का   B. भाटिया का
    C. वैलेनटीन का   D. झा का

203. निम्न में से जो वंचित वर्ग से सम्बन्धित नहीं है, वह है–
    A. महिला वर्ग   B. अमीर वर्ग
    C. पिछड़ा वर्ग   D. विकलांग वर्ग

204. निम्न में से जो अधिगम के स्थानान्तरण का सिद्धांत नहीं है, वह है–
    A. समान अंशों का सिद्धांत
    B. असमान अंशों का सिद्धांत
    C. सामान्यीकरण का सिद्धांत
    D. द्विपक्षीय सिद्धांत

205. 'संवेग' शब्द का शब्दिक अर्थ है–
    A. क्रोध तथा भय
    B. भावों में उथन-पुथल
    C. स्नेह तथा प्रेम
    D. उपरोक्त में से कोई नहीं

206. आदत का निर्माण हो सकता है–
    A. अभ्यास से   B. संकल्प से
    C. स्पष्ट उद्देश्य से   D. उपरोक्त में से सभी से

207. लड़के मारपीट, झगड़ा, खेलकूद अधिक पसन्द करते हैं, जबकि लड़कियां वस्त्र पहनने, गुड़िया खेलने तथा घरों में काम में ध्यान लगाती हैं, यह विभेद कहलाता है–
    A. सीखने में भेद   B. योग्यता सम्बन्धी भेद
    C. रुचि सम्बन्धी भेद   D. इनमें से कोई नहीं

208. पावलोव ने अधिगम का जो सिद्धांत प्रतिपादित किया था, वह है–
A. बहुक्रिया   B. आंशिक क्रिया
C. अनुकूलित अनुक्रिया   D. आत्मीकरण

209. मूल प्रवृत्तियों में आवश्यक होता है–
A. अनुभव   B. संवेग
C. प्रयोजन   D. बुद्धि

210. ''मापन किया जाने वाला व्यक्तित्व का प्रत्येक पहलू वैयक्तिक भिन्नता का अंश है।'' उपरोक्त परिभाषा दी है–
A. कर्ट लेविन ने   B. स्किनर ने
C. जेम्स ड्रेवर ने   D. इनमें से कोई नहीं

211. थार्नडाइक का सीखने का मुख्य नियम नहीं है–
A. अभ्यास का नियम   B. तत्परता का नियम
C. परिणाम का नियम   D. सादृश्यीकरण का नियम

212. अन्तर्दृष्टि पर प्रभाव डालने वाले तत्व हैं–
A. बुद्धि   B. अनुभव
C. प्रयत्न एवं त्रुटि   D. उपरोक्त सभी

213. व्यक्तित्व के निर्माण का महत्वपूर्ण साधन है–
A. भाव   B. संवेग
C. अनुकरण   D. सहयोग

214. हम दुःखी मनुष्य को देखकर भी उसकी सहायता नहीं करते, यह है–
A. सक्रिय सहानुभूति   B. निष्क्रिय सहानुभूति
C. सकारात्मक सहानुभूति D. नकारात्मक सहानुभूति

215. जिस सहानुभूति में क्रियाशीलता होती है, वह है–
A. सक्रिय   B. निष्क्रिय
C. सामूहिक   D. वैयक्तिक

216. बालक को सामाजिक व्यवहार की शिक्षा दी जा सकती है–
A. वेशभूषा से
B. विभिन्न सामाजिक क्रियाओं से
C. शारीरिक गतियों से
D. पाठ्यक्रम से

217. दूसरे व्यक्तियों में संवेग देखकर हम उसका .... करने लगते हैं।
A. अनुकरण   B. दमन
C. अनुभव   D. घृणा

218. निष्क्रिय सहानुभूति होती है–
A. मौखिक   B. लिखित
C. कृत्रिम   D. मौखिक व कृत्रिम

219. स्किनर ने कितने प्रकार के उपपुनर्बलन का प्रयोग किया है–
A. तीन प्रकार के   B. चार प्रकार के
C. छः प्रकार के   D. दो प्रकार के

220. 'कोहलर' का अधिगम-सिद्धांत निम्नलिखित नाम से जाना जाता है–
A. पुनर्बलन का सिद्धांत
B. प्रयास एवं त्रुटि का सिद्धांत
C. अन्तर्दृष्टि का सिद्धांत
D. उद्दीपन-अनुक्रिया का सिद्धांत

221. अधिगम को प्रभावित करने वाले घटक हैं–
A. उचित वातावरण   B. प्रेरणा
C. परिपक्वता   D. उपरोक्त सभी

222. अधिगम तब तक संभव नहीं है जब तक कि व्यक्ति शारीरिक तथा मानसिक रूप से........ नहीं हो–
A. तत्पर   B. परिपक्व
C. सूझ-बूझ वाला   D. उपरोक्त सभी

223. ''संवेगात्मक जीवन में स्थानान्तरण का नियम एक वास्तविक तथ्य है।'' यह कथन है–
A. स्टाउट   B. झा
C. मैलोन   D. ब्लेयर

224. कक्षा में समूह-क्रियाएँ प्रोत्साहित की जाती हैं, उन्नत करने को–
A. प्रतिस्पर्द्धा   B. दुश्मनी
C. सहयोग   D. मित्रता

225. हम जो भी नया काम करते हैं उसे आत्मसात कर लेते हैं। यह सम्बन्धित है–
A. आत्मीकरण के नियम से
B. आंशिक क्रिया के नियम से
C. अभ्यास के नियम से
D. परिणाम के नियम से

226. सीखने के प्रकार हैं–
A. ज्ञानात्मक अधिगम   B. गामक अधिगम
C. संवेदनात्मक अधिगम D. उपरोक्त सभी

227. प्रारम्भिक कक्षाओं में सीखने की जिन विधियों को महत्व दिया जाता है, वह है–
A. निरीक्षण विधि   B. कार्य विधि
C. सामूहिक विधि   D. वाद-विवाद विधि

228. छात्रों द्वारा विचार-विनियम किया जाता है–
A. वाद-विवाद
B. सम्मेलन व विचार गोष्ठी
C. प्रोजेक्ट
D. किसी विशेष स्थिति में।

229. सीखने के लिए विषय सामग्री का स्वरूप होना चाहिए–
A. सरल   B. कठिन
C. सरल से कठिन   D. कठिन से सरल

230. सीखने के बिना सम्भव नहीं है–
A. वृद्धि   B. अभिवृद्धि
C. उत्तेजना   D. A और B दोनों

231. ''सीखने की असफलताओं का कारण समझने की असफलताएं हैं।'' यह कथन है–
A. मर्सेल का   B. क्रानबेक का
C. गिलीलैण्ड का   D. मार्गन का

232. निम्नांकित में वंचित वर्ग में शामिल होते हैं–
A. अनुसूचित श्राति   B. अनुसूचित जनजाति
C. विकलांग बालक   D. उपरोक्त सभी

233. थार्नडाइक मनोवैज्ञानिक थे–
A. ब्रिटेन के   B. अमेरिका के
C. भारत के   D. रूस के

234. संवेग में प्रवृत्ति होती है–
A. गतिशील   B. अनुमित
C. उचित   D. स्थिरता

235. सीखने को प्रभावित करता है, कक्षा का–
A. सामाजिक वातावरण   B. मनोविज्ञान वातावरण
C. आर्थिक वातावरण   D. प्रशासनिक वातावरण

236. तत्परता के द्वारा हम कार्य सीख लेते हैं–
A. धीरे-धीरे   B. शीघ्र
C. अधूरा   D. पूर्ण

237. जब किसी वस्तु को देखकर या स्पर्श कर ज्ञान प्राप्त किया जाता है तो वह अधिगम (सीखना) कहलाता है–
A. प्रत्यक्षात्मक अधिगम
B. ज्ञानात्मक अधिगम

C. साहचर्यात्मक अधिगम
D. करके अधिगम

238. प्राथमिक आवश्यकताएं होती हैं–
A. समाज में सम्मान रखने की
B. व्यक्ति के बनाए रखने की
C. विद्यालय के अस्तित्व को बनाए रखने की
D. उपरोक्त में से कोई नहीं

239. स्वाभाविक प्रेरक है–
A. दण्ड   B. पुरस्कार
C. अनुकरण   D. प्रशंसा

240. स्वधारण अभिप्रेरक है–
A. सामाजिक
B. व्यक्तिगत
C. बाह्य
D. चेतावनीपूर्ण आन्तरिक धारणा

241. अधिगम या व्यवहार सिद्धांत के प्रतिपादक हैं–
A. कर्ट लेविन   B. मैक्डूगल
C. फ्रॉयड   D. क्लार्क हल

242. कौन-सा प्रेरक जन्मजात नहीं है–
A. आकांक्षा का स्तर   B. मद-व्यसन
C. भूख   D. नींद

243. विद्यालय में पुरस्कारों से हानि होती है–
A. आनंद प्राप्ति
B. मनोबल में वृद्धि
C. उत्साहवर्द्धक
D. केवल पुरस्कार के लिए कार्य करना

244. प्रेरणा के स्रोत हैं–
A. चालक   B. प्रेरक
C. उद्दीपन   D. उपरोक्त सभी

245. किसी कार्य को आरम्भ करने, जारी रखने और नियमित बनाने की प्रक्रिया को प्रेरणा कहते हैं। यह मत है–
A. गुड का   B. गिलफोर्ड का
C. फ्रेण्डसन का   D. लोवेल का

246. प्रेरणा का प्रमुख स्थान है–
A. सीखने में   B. लक्ष्य की प्राप्ति में
C. चरित्र निर्माण में   D. उपरोक्त सभी में

247. प्रेरणा होती है–
   A. सकारात्मक   B. नकारात्मक
   C. भावात्मक   D. A और B दोनों

248. अभिप्रेरणा द्वारा व्यवहार किया जाता है–
   A. दृढ़   B. कठोर
   C. उत्तेजित   D. अभिप्रेरित

249. जो प्रेरक सीखे जाते हैं, उसे कहते हैं–
   A. अर्जित प्रेरक   B. जन्मजात प्रेरक
   C. मनोवैज्ञानिक प्रेरक   D. सामाजिक प्रेरक

250. मोटम धातु का अर्थ है–
   A. मूव मोटर   B. मोशन
   C. इनसाइट टू ऐक्शन   D. उपरोक्त सभी

251. बाह्य प्रेरणा को कहते हैं–
   A. नकारात्मक प्रेरणा   B. कृत्रिम प्रेरणा
   C. व्यक्तिगत प्रेरणा   D. मनोदैहिक प्रेरणा

252. मोटीवेशन शब्द की उत्पत्ति हुई है, लैटिन भाषा के–
   A. मी धातु से   B. मोट धातु से
   C. मोटम धातु से   D. मोम धातु से

253. सहानुभूति का महत्व है–
   A. शिक्षक के लिए
   B. बालक के लिए
   C. A व B दोनों के लिए
   D. परिवार के लिए

254. बालक में स्पर्द्धा को प्रोत्साहन देना है–
   A. ईर्ष्या को बढ़ावा   B. ईर्ष्या का दमन
   C. क्रोध को बढ़ावा   D. क्रोध का दमन

255. सहानुभूति का मुख्य अर्थ है–
   A. संवेग का दमन
   B. संवेग की उत्पत्ति
   C. संवेग का धीरे-धीरे ह्रास
   D. इनमें से कोई नहीं

256. सहानुभूति में निहित है–
   A. क्रिया   B. प्रतिक्रिया
   C. अभिव्यक्ति   D. क्रिया व अभिक्रिया

257. बालक किसी कार्य को अपनी इच्छा से करता है, यह है–
   A. व्यक्तिगत प्रेरणा   B. सामाजिक प्रेरणा
   C. मनोदैहिक प्रेरणा   D. सकारात्मक प्रेरणा

258. फ्रॉयड ने सबसे अधिक बल किस मूल प्रवृत्ति पर दिया है–
   A. काम प्रवृत्ति   B. रचना प्रवृत्ति
   C. संचय प्रवृत्ति   D. समूह प्रवृत्ति

259. जन्मजात प्रेरक नहीं है–
   A. भूख   B. प्यास
   C. आदत   D. नींद

260. वह कारक जो व्यक्ति को कार्य करने के लिए उत्साह बढ़ाता या घटाता है, उसे कहते हैं–
   A. अधिगम   B. स्वधारणा
   C. अभिप्रेरण   D. इनमें से कोई नहीं

261. जो प्रेरक वातावरण के सम्पर्क में आने से विकसित होता है, वह है–
   A. जन्मजात प्रेरक   B. प्राकृतिक प्रेरक
   C. अर्जित प्रेरक   D. उपरोक्त सभी

262. अर्जित प्रेरक के अन्तर्गत आते हैं–
   A. जीवन लक्ष्य व मनोवृत्तियां
   B. मद-व्यसन
   C. आदत की विवशता
   D. उपरोक्त सभी

263. निम्न में से जो अभिप्रेरणा का सिद्धांत नहीं है, वह है–
   A. हंसने का सिद्धांत
   B. शारीरिक सिद्धांत
   C. आवश्यकता का सिद्धांत
   D. आन्तरिक प्रेरणा का सिद्धांत

264. निम्न में से जो जन्मजात अभिप्रेरक नहीं है, वह है–
   A. भूख   B. पुस्तक
   C. प्यार   D. काम

265. ऐसे प्रेरक जो विभिन्न व्यक्तियों के विभिन्न परिस्थितियों में पलने के कारण विकसित होते हैं, वे कहलाते हैं–
   A. सामाजिक प्रेरक   B. जन्मजात प्रेरक
   C. व्यक्तित्व प्रेरक   D. इनमें से कोई नहीं

266. प्रेरणा की विधि है–
   A. रुचि   B. सफलता
   C. सामूहिक कार्य   D. उपरोक्त सभी

267. निम्न में से जो बालक को प्रेरित नहीं करता, वह है–
A. पुरस्कार B. प्रतियोगिता
C. अरुचि D. रुचि

268. प्रेरक के वर्ग में शामिल नहीं है–
A. सामाजिक प्रेरक B. अर्जित प्रेरक
C. विद्यालयी प्रेरक D. जन्मजात प्रेरक

269. कक्षा शिक्षण में बालकों को प्रेरित करते समय निम्नलिखित बात का ध्यान रखना चाहिए–
A. बालक से कठिन अभ्यास कराना
B. बालक में आत्मविश्वास की भावना विकसित करना
C. बालक की अधिकाधिक कमियां ढूंढना
D. सभी बालकों को समान रूप से शिक्षा देना

270. जिस साक्षात्कार के माध्यम से छात्र के घर तथा वातावरण के सम्बन्ध में सूचनाएं प्राप्त की जाती हैं, वह है–
A. सूचनात्मक साक्षात्कार
B. परामर्श साक्षात्कार
C. उपचारात्मक साक्षात्कार
D. निदानात्मक साक्षात्कार

271. वर्तमान में सर्वोत्तम माने जाने वाले व्यक्तित्व के प्रकारों का वर्गीकरण किसकी देन है?
A. आलपोर्ट की B. कैटिल व आलपोर्ट की
C. जुंग की D. उपरोक्त सभी की

272. समाजमिति से जिस सामान्य तथ्य का पता चलता है, वह है–
A. तटस्थता B. नायक गुण
C. तिरस्कार D. उपरोक्त सभी

273. कौन-सा प्रेरक अर्जित प्रेरक नहीं है?
A. मद-व्यसन B. आदत की विवशता
C. आकांक्षा स्तर D. क्रोध

274. अधिगम का मुख्य चालक कहलाता है–
A. अभिप्रेरणा B. शिक्षण-विधि
C. पाठ्य पुस्तकें D. सहपाठी

275. अचेतन मन का अध्ययन किया जाता है–
A. मनोविश्लेषण विधियों द्वारा
B. अवलोकन विधि द्वारा

C. साक्षात्कार द्वारा
D. आत्मकथा द्वारा

276. व्यक्तित्व मापन के लिए व्यक्ति की सम्पूर्ण सूचनाएं प्राप्त करने की विधि है–
A. अवलोकन विधि
B. निर्धारण मान
C. व्यक्ति इतिहास विधि
D. साक्षात्कार विधि

277. अधिगम की सफलता का मुख्य आधार माना जाता है–
A. दण्ड व आरोप
B. पुरस्कार व प्रशंसा
C. लक्ष्य प्राप्ति की उत्कृष्ट इच्छा
D. अधिकारी बनने की इच्छा

278. अभिप्रेरणा (Motivation) को प्रभावित करने वाले कारक हैं–
A. आवश्यकताएं B. आकांक्षा स्तर एवं रुचि
C. संवेगात्मक स्थिति D. उपरोक्त सभी

279. निम्न में से जिसमें अभिप्रेरणा योगदान नहीं करती, वह है–
A. चरित्र निर्माण B. उचित शिक्षा
C. अनुशासन D. कुशासन

280. ऐसे प्रेरक जो विभिन्न व्यक्तियों के विभिन्न परिस्थितियों में पलने के कारण विकसित होते हैं, वे कहलाते हैं–
A. सामाजिक प्रेरक B. जन्मजात प्रेरक
C. व्यक्तिगत प्रेरक D. इनमें से कोई नहीं

281. निम्न में से जो बालक के लिए प्रेरक नहीं है, वह है–
A. उच्च पद B. सम्मान
C. कुसंग D. रुचि

282. अधिगम की सफलता का मुख्य आधार माना जाता है–
A. दण्ड व आरोप
B. पुरस्कार व प्रशंसा
C. लक्ष्य प्राप्ति की उत्कृष्ट इच्छा
D. अधिकारी बनने की इच्छा

283. प्राथमिक आवश्यकताओं से जन्म लेती हैं–
A. शारीरिक आवश्यकताएं
B. सामाजिक आवश्यकताएं

C. द्वितीयक आवश्यकताएं

D. उपरोक्त सभी

284. सृजनात्मक योग्यता वाले बालकों की बुद्धि–

A. निम्न होती है

B. प्रखर होती है

C. न निम्न और न ही प्रखर

D. उपरोक्त में से कोई नहीं

285. ''सृजनात्मकता नई वस्तु का सृजन करने की योग्यता है। व्यापक अर्थ में, सृजनात्मकता से तात्पर्य, नए विचारों एवं प्रतिभाओं के योग की कल्पना से है तथा (जब स्वयं प्रेरित हों, दूसरे का अनुकरण न करें) जिसमें विचारों का संश्लेषण हो और जहां मानसिक कार्य केवल दूसरों के विचार का योग न हो।'' उपरोक्त कथन है–

A. जेम्स ड्रेवर   B. गिलफोर्ड

C. थर्स्टन   D. वारेन

286. जटिल (समस्यात्मक) बालक के लक्षण हैं–

A. सूक्ष्म चिंतन की ओर रुचि रखना

B. परोपकार व सहयोग की भावना रखना

C. माता-पिता का मानसिक असंतुलन

D. विशेष प्रकार की शारीरिक रचना

287. समायोजन मुख्य रूप से–

A. व्यक्ति की आन्तरिक शक्तियों पर निर्भर होती है

B. पर्यावरण की अनुकूलता पर निर्भर होती है

C. (A) और (B) दोनों

D. इनमें से कोई नहीं

288. ''परामर्श का उद्देश्य है छात्र की अपनी विशिष्ट योग्यताओं और उचित दृष्टिकोण का विकास करने में समाधान में सहायता देना।'' यह कथन है–

A. जे.सी. अग्रवाल   B. रोबर्टस

C. डन्समूर   D. हार्डी

289. निर्देशन की आवश्यकता होती है–

A. समायोजना के लिए

B. अपनी रुचियों/योग्यताओं एवं सामाजिक आवश्यकताओं के अनुसार भावी जीवन की योजना के लिए

C. विकास के लिए

D. उपरोक्त में से कोई नहीं

290. छात्र-परामर्श का सम्बन्ध है–

A. छात्र की क्षमताओं के अनुकूल उचित स्थिति प्राप्त करने से

B. शैक्षिक जीवन को प्रभावित करने वाली समस्याओं से

C. उसके जीवन साथी चुनने में सहायता से

D. उपरोक्त में से कोई नहीं

291. ''निर्देशन द्वारा व्यक्ति को इस बात में सहायता प्राप्त होती है कि वह अपनी विशेषताओं को पहचान सके, प्राप्त अवसरों को जान सके और समाज के हित को ध्यान में रखते हुए एक समायोजित जीवन व्यतीत कर सके।'' यह परिभाषा दी है–

A. जोन्स   B. चाई शोलम

C. बी.मॉरिस   D. ट्रेक्सलर

292. निम्नलिखित में से कौन-कौन बाह्य प्रेरक है?

A. दण्ड एवं आरोप   B. पुरस्कार व प्रशंसा

C. सम्मान   D. उपरोक्त सभी

293. विद्यालय में शिक्षक बालकों के समायोजन के लिए कौन-सा कार्य नहीं करेगा?

A. व्यक्तिगत शिक्षण की व्यवस्था

B. संवेगात्मक स्थिरता लाने का प्रयास

C. कठोर दण्ड देकर कार्य करवाना

D. सहानुभूतिपूर्ण व्यवहार

294. समायोजन नहीं कर पाने का कारण है–

A. द्वंद्व   B. तनाव

C. कुण्ठा   D. उपरोक्त सभी

295. व्यक्ति की मूल प्रवृत्ति से सम्बन्धित रुचि कहलाती है–

A. जन्मजात रुचि   B. अर्जित रुचि

C. शैक्षिक रुचि   D. उपरोक्त सभी

296. व्यक्तित्व का कुसमायोजन प्रकट होता है–

A. झगड़ालू प्रवृत्तियों में

B. पलायनवादी प्रवृत्तियों में

C. आक्रमणकारी के रूप में

D. उपरोक्त सभी में

297. निम्न में से कुसमायोजित बालक है–

A. परिवेश को अनुकूल बनाने में समर्थ होता है

B. असामाजिक, स्वार्थी व सर्वथा दुःखी होता है

    C. साधारण-सी बाधा उत्पन्न होने पर मानसिक संतुलन
       खो देता है

    D. उपरोक्त सभी

298. अन्तर्मुखी बालक होता है–
    A. सभी के साथ मिलकर चलने वाला
    B. समस्याओं को पारस्परिक रूप से समझने वाला
    C. एकान्त में विश्वास रखने वाला
    D. स्वयं को यथार्थ के अनुकूल ढालने वाला

299. समायोजन की प्रक्रिया है–
    A. गतिशीलता   B. स्थिरता
    C. स्थानापन्न   D. मानसिक

300. मूल प्रवृत्ति अभिप्रेरणा सिद्धांत के प्रवर्तक कौन कहलाते हैं?
    A. फ्रायड तथा युंग   B. कर्ट लेविन
    C. मैक्डूगल   D. स्किनर

301. ऐसा कौन-सा अभिप्रेरणा का सिद्धांत है जो कि संकल्प शक्ति पर बल देता है?
    A. शारीरिक सिद्धांत   B. मनोविश्लेषणात्मक सिद्धांत
    C. ऐच्छिक सिद्धांत   D. उपरोक्त सभी

302. अभिप्रेरणा से सम्बन्धित व्यवहार का लक्षण है–
    A. उत्सुकता   B. दिवास्वप्न
    C. भ्रान्ति   D. कुसमायोजन

303. व्यक्ति की वह दशा है जो किसी निश्चित उद्देश्य की पूर्ति के लिए निश्चित व्यवहार स्पष्ट करती है–
    A. अभिप्रेरक   B. अधिगम
    C. स्व-धारणा   D. आदत

304. एक समायोजित व्यक्ति की विशेषता नहीं है–
    A. उत्तरदायित्व की स्वीकृति
    B. उचित संवेगों का प्रदर्शन
    C. वैयक्तिक उद्देश्यों का प्रदर्शन
    D. दूसरों के साथ सम्बन्ध बनाने की योग्यता

305. समायोजन दूषित होता है–
    A. कुण्ठा से   B. संघर्ष से
    C. उपरोक्त दोनों से   D. धन से

306. तनावपूर्ण परिस्थिति, पीड़ा व दुःख से बचने के लिए–
    A. प्रत्यक्ष उपयों का प्रयोग करना चाहिए
    B. अप्रत्यक्ष उपायों का प्रयोग करना चाहिए
    C. क्षतिपूरक विधियों को अपनाना चाहिए
    D. उपरोक्त में से कोई नहीं

307. अधिगम का मुख्य नियम है–
    A. आत्मीकरण   B. मनोवृत्ति
    C. तत्परता   D. बहुप्रतिक्रिया

308. व्यक्ति अपना संतुलन स्थापित करने में समर्थ होता है–
    A. उद्देश्यों में परिवर्तन करके
    B. विश्लेषण व निर्णय द्वारा
    C. बाधाओं का समाधान के द्वारा
    D. उपरोक्त में से कोई नहीं

309. छात्रों को अपना अधिकतम विकास करने में सहायता देने के लिए–
    A. समायोजन की आवश्यकता पड़ती है
    B. निर्देशन की आवश्यकता पड़ती है
    C. परामर्श की आवश्यकता पड़ती है
    D. उपरोक्त में से कोई नहीं

310. ''सामाजिक व्यक्तियों के लिए जीव का व्यवहार ग्राह्य और अग्राह्य हो सकता है जिसे समायोजन और कुसमायोजन की संज्ञा दी जाती है। जीव के व्यवहार का परिक्षेत्र सामाजिक नियम, स्तर, आदतें और रूढ़ियों एवं व्यवहार के विभिन्न तरीकों से लगाया जाता है।''
यह कथन है–
    A. बरनार्ड और फुलमर
    B. जोन्स
    C. गैसा फेयर व हीवरी
    D. ब्रीवर

311. सुधारात्मक शिक्षण उपयोगी है–
    A. सामान्य बालकों के लिए
    B. अध्यापकों के लिए
    C. अभिभावकों के लिए
    D. असामान्य बालकों के लिए

312. सीखने का सूझ के सिद्धांत में किस जानवर पर प्रयोग किया गया–
    A. बंदर पर   B. चिम्पैंजी पर
    C. कुत्ते पर   D. बिल्ली पर

313. शारीरिक अस्वस्थता, काम प्रवृत्ति का प्रवाह तथा मंद गति के विकास बालापराध के किस कारण के अन्तर्गत आते हैं–
A. मनोवैज्ञानिक कारण
B. सामाजिक कारण
C. व्यक्तिगत कारण
D. विद्यालय के वातावरण के कारण

314. जटिल बालकों के दो प्रकार किस विद्वान द्वारा बताए गए हैं–
A. बर्ट द्वारा
B. फ्रायड द्वारा
C. स्किनर द्वारा
D. इनमें से कोई नहीं

315. प्रतिभाशाली बालकों की शिक्षण विधि है–
A. गतिवर्द्धन
B. सम्पन्नीकरण
C. विशिष्ट कक्षाएं
D. उपरोक्त सभी

316. मंद बुद्धि बालकों की विशेषता नहीं है–
A. सीखने की मंद गति
B. अमूर्त चिंतन का अभाव
C. शारीरिक दोष
D. मौलिकता

317. शिक्षण और अधिगम हैं–
A. एक सिक्के के दो पहलू हैं
B. शिक्षण से अधिगम तथा अधिगम से शिक्षण की प्राप्ति होती है
C. दोनों गत्यात्मक प्रक्रियाएं हैं
D. उपरोक्त सभी

318. निम्न में से अधिगम की विधि है–
A. अवलोकन विधि
B. करके सीखना
C. सुप्त अधिगम व सामूहिक विधि
D. उपरोक्त सभी

319. बालक को सीखने के समय ही जिस क्रिया को सीखना होता है, टेपरिकॉर्डर पर रिकॉर्ड करके उसका सम्बन्ध मस्तिष्क से कर दिया जाता है। यह कथन है–
A. अनुकरण द्वारा सीखना
B. सामूहिक विधियां
C. सुप्त अधिगम
D. इनमें से कोई नहीं

320. वैयक्तिक विभिन्नता का मुख्य कारण निम्नलिखित में से है–
A. वंशानुक्रम का प्रभाव
B. वातावरण का प्रभाव
C. आयु एवं बुद्धि का प्रभाव
D. उपरोक्त सभी

321. अन्धे बालकों को शिक्षण दिया जाता है–
A. दृश्य-श्रव्य सामग्री द्वारा
B. टंकण द्वारा
C. ब्रेल पद्धति द्वारा
D. गाने-बजाने द्वारा

322. "किसी व्यक्ति को कौन-से विषय पढ़ने चाहिए, कौन-से व्यवसाय करने चाहिए, किस क्षेत्र में उसे अधिक सफलता मिल सकती है। अभिरुचि निर्देशन करने के लिए अभिरुचियों के मापन की आवश्यकता पड़ती है। अभिरुचि परीक्षण का मुख्य अभिप्राय मानवीय पदार्थ का उत्तम प्रयोग करना है और अतिशय को रोकना है।" उपरोक्त कथन है–
A. एन. तिवारी का
B. जानवेस्ट महोदय का
C. गैरेट महोदय का
D. स्किनर महोदय का

323. निम्नलिखित में से विशिष्ट योग्यता की मुख्य विशेषता है–
A. विशिष्ट योग्यता व्यक्ति में भिन्न-भिन्न मात्रा में पाई जाती है
B. इस योग्यता को प्रयास द्वारा अर्जित किया जा सकता है
C. यह योग्यता अनेक प्रकार की होती है
D. उपरोक्त सभी

324. मनोविज्ञान के अनुसार निम्न विधि काम में लाई जा सकती है–
A. मनोनाटकीय विधि
B. समाज नाटकीय विधि
C. अनैदेशिक विधि
D. उपरोक्त सभी

325. प्रतिभाशाली बालकों की समस्या है–
A. गिरोहों में शामिल होना
B. अध्यापन विधियां
C. स्कूल विषयों और व्यवसायों के चयन की समस्या
D. उपरोक्त सभी

326. बालक के लिए मानसिक स्वास्थ्य के विकास के लिए पाठयक्रम होना चाहिए–
A. अत्यधिक बोझिल
B. अत्यंत सरल

C. रुचियों के अनुकूल
D. क्षमताओं के प्रतिकूल

327. असामान्यता के जैविक कारणों के अन्तर्गत शामिल होते हैं—
A. वंशानुक्रम व शरीर संरचना
B. अंतःस्रावी ग्रन्थियों का प्रभाव
C. जन्मजात व अर्जित दोष
D. उपरोक्त सभी

328. मौलिकता का गुण पाया जाता है—
A. प्रतिभाशाली बालकों में
B. सृजनशील बालकों में
C. धनी परिवार के बालकों में
D. शिक्षित माता-पिता के बालकों में

329. विकलांग बालकों के अन्तर्गत आते हैं—
A. नेत्रहीन बालक
B. शारीरिक विकलांग बालक
C. गूंगे तथा बहरे बालक
D. उपरोक्त सभी

330. विद्यालय में बालकों के मानसिक स्वास्थ्य को कौन-सा कारक प्रभावित करता है—
A. प्रतियोगिता का अभाव
B. मित्रता
C. अत्यधिक गृह कार्य
D. समान श्रेणियां

331. 'एक बालक प्रतिदिन कक्षा से भाग जाता है।' वह बालक है—
A. सामान्य बालक   B. विकलांग बालक
C. पिछड़ा बालक   D. असमायोजित बालक

332. सृजनशील बालक की विशेषता नहीं है—
A. साहस की उपलब्धि B. अत्यधिक जिज्ञासु
C. परिश्रमी   D. मंद बुद्धि

333. विद्यालयों में तीव्र एवं मंद बुद्धि बालकों के लिए निम्न में से शैक्षणिक व्यवस्था होनी चाहिए—
A. अवसर की समानता B. पाठ्यक्रम में समृद्धि
C. अहमन्यता को रोकना D. उपरोक्त सभी

334. व्यक्तित्व आकलन विधि है—
A. खेल का अभिनय विधि
B. बी.एफ. स्किनर का टैग्टोफोन

C. कहानी पूर्ति परीक्षण
D. उपरोक्त सभी

335. निम्न में से पलायनशीलता का कारण है—
A. कल्पना की अधिकता
B. कुसमायोजन
C. दोषपूर्ण शिक्षण पद्धति
D. उपरोक्त सभी

336. बालकों में सृजनशीलता के विकास हेतु सकारात्मक अभिवृत्ति के निर्माण में विद्यालय की महत्वपूर्ण भूमिका है। उक्त कथन है—
A. स्किनर का   B. डॉ. एस. एस. चौहान का
C. कॉल्सनिक का   D. वुडवर्थ का

337. ''बालकों में सृजनशीलता के विकास हेतु सकारात्मक अभिवृत्ति के निर्माण में विद्यालय की महत्वपूर्ण भूमिका हो सकती है।'' उक्त कथन है—
A. डॉ. एस. एस. चौहान का
B. डॉ. ओ. एस. मित्तल का
C. फ्रायड का
D. गिलफोर्ड का

338. ''सृजनात्मक वह कार्य है जिसका परिणाम नवीन हो और जो किसी समय किसी समूह द्वारा उपयोगी या सन्तोषजनक रूप में मान्य हो।'' यह परिभाषा किसने प्रतिपादित की?
A. स्टेन ने   B. कार्वोस्की ने
C. गिलफोर्ड ने   D. मैडनिक ने

339. शिक्षा मनोविज्ञान सहायक है—
A. अनुशासन में   B. बाल विकास के ज्ञान में
C. मूल्यांकन में   D. सर्वांगीण विकास में

340. अधिगम को प्रभावित करने वाले कारक हैं—
A. भूख एवं परिपक्वता
B. प्रशंसा एवं निन्दा
C. शिक्षण-पद्धति एवं अभ्यास
D. उपरोक्त सभी

341. सीखने में रुकावट आने का कारण है—
A. पुरानी आदतों का नई आदतों से संघर्ष
B. कार्य की जटिलता
C. शारीरिक सीमा
D. उपर्युक्त सभी

342. लक्ष्य प्राप्ति में सूझ का महत्व माना है–
A. गैरिसन ने   B. मैक्डुगल ने
C. ड्रेवर ने   D. स्किनर ने

343. "सीखने की प्रक्रिया की एक प्रमुख विशेषता पठार है।" यह कथन है–
A. सोरेन्सन का   B. रौस का
C. रैक्स का   D. नाइट का

344. "कक्षा-शिक्षण में जो सबसे महत्वपूर्ण प्रभाव है, वह दूसरों के साथ अन्तःक्रिया करना है।" उक्त कथन है–
A. बर्ट का   B. ट्रो का
C. वुडवर्थ का   D. रिट का

345. निम्न में से निर्देशन दिया जा सकता है–
A. अध्यापक को   B. डॉक्टरों को
C. छात्रों को   D. उपरोक्त सभी को

346. जो निर्देशन एक व्यक्ति को उसकी व्यावसायिक तथा जीविका में उन्नति सम्बन्धी समस्याओं को हल करने के लिए उसकी व्यक्तिगत विशेषताओं को उसके जीविका सम्बन्धी अवसरों के सम्बन्ध में ध्यान रखते हुए दी जाती है, वह कहलाता है–
A. शैक्षिक निर्देशन   B. व्यावसायिक निर्देशन
C. आर्थिक निर्देशन   D. उपरोक्त सभी

347. निम्न में से मित्र के वरण में प्रभाव डालने वाला तत्व है–
A. समीपता   B. समानता
C. उम्र   D. उपरोक्त सभी

348. हैडफील्ड के अनुसार अपचार के कितने प्रकार होते हैं–
A. 4   B. 6
C. 8   D. 5

349. "प्रभावशाली बालक वे होते हैं जिनका नाड़ी संस्थान श्रेष्ठ होता है।" उक्त कथन है–
A. सम्पसन का   B. तयूकिंग का
C. दोनों का   D. उपरोक्त में से कोई नहीं

350. "ऐसे व्यक्ति जिनमें ऐसा शारीरिक दोष होता है जो किसी भी रूप में उसे साधारण क्रियाओं में भाग लेने से रोकता है या उसे सीमित रखता है ऐसे व्यक्ति को हम विकलांग व्यक्ति कह सकते हैं।" उक्त कथन है–
A. वुडवर्थ का   B. क्रो व क्रो का
C. ट्रो का   D. फ्रायड का

351. यदि बालक ने यौन प्रवृति से सम्बन्ध कोई अपराध किया है तो आप क्या करेंगे–
A. पीटेंगे
B. उसके माता-पिता से शिकायत करेंगे
C. उसे नाटक, साहित्य, नृत्य व काव्य की तरफ मोड़ा जा सकता है।
D. उपरोक्त सभी

352. मनोविश्लेषण पद्धति के प्रवर्त्तक हैं–
A. फ्राइडयुंग   B. एडलर
C. फ्राइडयुंग व एडलर   D. कार्ल रोज

353. बाल अपराध का कारण दूषित वातावरण भी होता है। दूषित वातावरण से आशय है–
A. वैश्यालय   B. शराबखाना
C. जुआघर   D. उपरोक्त सभी

354. "विशिष्ट बालक वे हैं जो मानसिक, शारीरिक व सामाजिक विशेषताओं से युक्त होते हैं," उक्त कथन है–
A. क्रो व क्रो   B. किक
C. ट्रिक   D. इनमें से कोई नहीं

355. मंदगति से सीखने वाले बालकों की शिक्षा के लिए क्या कदम उठाना चाहिए?
A. आवासीय विद्यालय   B. विशेष विद्यालय
C. विशेष कक्षा   D. उपरोक्त सभी

356. सृजनात्मक बालक की प्रकृति होती है–
A. सृजनात्मक बालक सदैव सफलता की ओर उन्मुख रहते हैं
B. सृजनात्मक बालक आलस्य युक्त होते हैं
C. सृजनात्मक बालक अमान्य कार्य करते हैं
D. उपरोक्त सभी

357. सीखने की गति निर्भर करती है–
A. सीखने वाले की रुचि पर
B. जिज्ञासा पर
C. सीखने वाले की प्रेरणा पर
D. उपरोक्त सभी पर

358. सीखने की अन्तिम अवस्था में सीखने की गति होती है—
   A. तीव्र   B. धीमी
   C. अतितीव्र   D. निश्चित नहीं है

359. ''शिक्षक सहानुभूति के द्वारा बालकों का संवेगात्मक विकास कर सकता है।'' यह कथन है—
   A. झा का   B. थाउल्स का
   C. मैलोन्स का   D. अकोलकर का

360. संवेग हमारे कार्यों में प्रदान करते हैं—
   A. रुकावट   B. गति
   C. संयम   D. कुशलता

361. ''शिक्षा मनोविज्ञान शैक्षणिक विकास का क्रमिक अध्ययन है।'' यह परिभाषा किस मनोवैज्ञानिक ने दी थी?
   A. कॉलेसनिक   B. स्टीफन
   C. स्किनर   D. एच. आर. भाटिया

362. ''मानसिक स्वास्थ्य सम्पूर्ण व्यक्तित्व का सामंजस्यपूर्ण कृत्य है'' यह कथन किस मनोवैज्ञानिक का है—
   A. हैडफील्ड   B. बिने
   C. कोहलर   D. पियाजे

363. मानसिक रूप से पिछड़े बालकों की बुद्धिलब्धि (I.Q.) मानी गई है—
   A. 20 से नीचे   B. 30 से 50 के बीच
   C. 70 से 80 के बीच   D. 100 से ऊपर

364. मानसिक स्वास्थ्य विज्ञान का महत्व है—
   A. रोकथाम की दृष्टि से
   B. निराकरण की दृष्टि से
   C. संरक्षणात्मक दृष्टि से
   D. उपरोक्त सभी

365. शिक्षक की आवश्यकताएं हैं—
   A. शिक्षक को नौकरी की सुरक्षा चाहिए
   B. शिक्षक को समय पर पदोन्नति चाहिए
   C. शिक्षक को समाज में आदत सम्मान चाहिए
   D. उपरोक्त सभी

366. वृद्धि से अभिप्राय है—
   A. शारीरिक एवं व्यावहारिक परिवर्तन
   B. शारीरिक एवं मानसिक परिपक्वता
   C. निश्चित आयु के पश्चात् रुकना
   D. उपरोक्त सभी

367. विकास से अभिप्राय है—
   A. शारीरिक, मानसिक तथा व्यावहारिक संगठन
   B. वातावरण से सम्बन्धित
   C. जीवन-पर्यन्त सम्भव
   D. उपरोक्त सभी

368. बुद्धि के सिद्धांत हैं—
   A. द्वि-तत्व सिद्धांत
   B. असत्तात्मक सिद्धांत
   C. क्रमिक महत्व का सिद्धांत
   D. उपरोक्त सभी

369. ''घनिष्ठ और व्यक्तिगत मित्रता उत्तम किशोरावस्था की विशेषता है।'' यह कथन है—
   A. बी. एन. झा का   B. वैलेन्टीन का
   C. कोलसनिक का   D. रॉस का

370. किशोरों के शारीरिक विकास के लिए आयोजन करना चाहिए—
   A. विभिन्न प्रकार के शारीरिक व्यायाम
   B. संवेगों का दमन
   C. पाठ्यक्रम सहगामी क्रियाएं
   D. उनकी मांगों की पूर्ति

371. खेल सबसे अधिक महत्वपूर्ण साधन है—
   A. सामाजिक प्रशिक्षण का
   B. नैतिक प्रशिक्षण का
   C. मानसिक प्रशिक्षण का
   D. शैक्षिक प्रशिक्षण का

372. समायोजन के प्रकार हैं—
   A. रचनात्मक समायोजन   B. मानसिक समायोजन
   C. स्थानापन्न समायोजन D. उपरोक्त सभी

373. समायोजन वह प्रक्रिया है जिसके द्वारा प्राणी अपनी आवश्यकताओं और इन आवश्यकताओं की पूर्ति को प्रभावित करने वाली परिस्थितियों में संतुलन रखता है। उपरोक्त कथन है—
   A. बौरिंग, लैंगफैलड एवं बैलड
   B. गैट्स एवं अन्य
   C. गैसा फेयर व हीवरी
   D. उपरोक्त में से कोई नहीं

374. विकास के स्वरूप माने गए हैं—
   A. 6   B. 5
   C. 4   D. 3

375. व्यक्ति के मानसिक तनाव को कम करने की प्रत्यक्ष विधि है–
A. उदारीकरण
B. निवर्तित व्यवहार
C. तादात्म्य
D. बाधा दूर करना

376. बाल्यावस्था में बालक दृष्टिकोण अपनाना आरम्भ करता है–
A. कल्पनावादी दृष्टिकोण
B. यथार्थवादी दृष्टिकोण
C. सांसारिक दृष्टिकोण
D. बहिर्मुखी दृष्टिकोण

377. सीखने में जब हमारी उन्नति पूर्णत– रुक जाती है, तब उसे कहते हैं-
A. सीखने का वक्र
B. सीखने का पठार

C. सीखने का पहाड़
D. सीखने का ग्राफ

378. मनोवैज्ञानिक विधि के अन्तर्गत विधि आती है–
A. मनोनाटकीय विधि
B. स्वतंत्र साहचर्य विधि
C. स्वप्न विश्लेषण विधि
D. इनमें से कोई नहीं

379. व्यक्तित्व के विभिन्न पहलुओं के मापन तथा आकलन की युक्तियां हैं–
A. व्यक्तिनिष्ठ युक्तियां
B. वस्तुनिष्ठ युक्तियां
C. प्रक्षेपी युक्तियां
D. उपरोक्त सभी

380. सीखने का सबसे बड़ा क्षेत्र माना गया है–
A. वृद्धि को
B. खेल को
C. अनुकरण को
D. शिक्षा को

उत्तरमाला

1	2	3	4	5	6	7	8	9	10
C	B	A	C	D	C	C	D	A	A

11	12	13	14	15	16	17	18	19	20
A	A	A	C	B	D	B	C	D	D

21	22	23	24	25	26	27	28	29	30
D	A	C	C	B	A	A	B	D	D

31	32	33	34	35	36	37	38	39	40
A	D	D	C	C	D	D	A	C	B

41	42	43	44	45	46	47	48	49	50
D	C	B	A	D	D	A	B	C	D

51	52	53	54	55	56	57	58	59	60
D	A	A	D	A	B	C	B	A	D

61	62	63	64	65	66	67	68	69	70
C	C	C	D	A	D	C	D	B	C

71	72	73	74	75	76	77	78	79	80
B	B	A	A	A	C	B	B	C	C

81	82	83	84	85	86	87	88	89	90
A	D	B	B	B	D	B	C	B	D

91	92	93	94	95	96	97	98	99	100
D	D	D	D	D	C	A	B	D	D

101	102	103	104	105	106	107	108	109	110
B	C	C	C	A	D	D	C	B	D

111	112	113	114	115	116	117	118	119	120
B	C	A	C	D	B	D	D	B	D

121	122	123	124	125	126	127	128	129	130
C	D	A	A	A	D	D	D	C	A

131	132	133	134	135	136	137	138	139	140
C	C	A	D	D	C	C	C	C	D

141	142	143	144	145	146	147	148	149	150
A	D	A	D	A	C	A	C	D	D
151	152	153	154	155	156	157	158	159	160
C	A	A	D	D	D	D	C	D	B
161	162	163	164	165	166	167	168	169	170
D	D	C	C	C	B	B	D	B	C
171	172	173	174	175	176	177	178	179	180
D	A	D	B	D	D	C	D	A	C
181	182	183	184	185	186	187	188	189	190
A	D	D	B	D	A	D	A	A	B
191	192	193	194	195	196	197	198	199	200
C	D	D	A	D	B	A	B	D	B
201	202	203	204	205	206	207	208	209	210
C	B	B	B	B	D	C	C	A	B
211	212	213	214	215	216	217	218	219	220
D	D	C	B	A	B	C	D	B	D
221	222	223	224	225	226	227	228	229	230
D	B	C	C	A	D	B	B	C	D
231	232	233	234	235	236	237	238	239	240
A	D	B	D	B	B	A	B	C	D
241	242	243	244	245	246	247	248	249	250
D	A	D	D	A	D	D	A	A	D
251	252	253	254	255	256	257	258	259	260
A	**C**	**C**	**C**	**B**	**D**	**D**	A	C	C
261	262	263	264	265	266	267	268	269	270
C	D	A	B	C	D	C	C	B	D
271	272	273	274	275	276	277	278	279	280
C	D	D	A	A	C	C	D	D	C
281	282	283	284	285	286	287	288	289	290
C	C	C	B	A	D	C	A	B	B
291	292	293	294	295	296	297	298	299	300
B	D	C	D	A	D	D	C	A	C
301	302	303	304	305	306	307	308	309	310
C	A	A	C	C	B	C	B	C	C
311	312	313	314	315	316	317	318	319	320
D	B	C	A	D	D	D	D	C	C
321	322	323	324	325	326	327	328	329	330
C	A	D	D	D	C	D	B	D	B
331	332	333	334	335	336	337	338	339	340
C	D	D	D	D	B	A	A	D	D
341	342	343	344	345	346	347	348	349	350
D	C	B	D	D	B	D	D	C	B
351	352	353	354	355	356	357	358	359	360
C	C	D	B	D	A	D	B	A	**B**
361	362	363	364	365	366	367	368	369	370
B	A	C	D	D	D	D	D	B	A
371	372	373	374	375	376	377	378	379	380
B	D	A	A	D	B	A	A	D	D

शब्दावली

कर्ता-प्रेक्षक प्रभाव (Actor-observer effect) : स्वयं अपने अनुभव या व्यवहार के लिए (कर्ता) और दूसरे व्यक्ति (प्रेक्षक) के उसी अनुभव या व्यवहार के लिए अलग-अलग गुणारोपण करने की प्रवृत्ति।

अनुकूलन (Adaptation) : संरचनात्मक या प्रकार्यात्मक परिवर्तन जो किसी जीव के उत्तरजीविता मूल्य में वृद्धि करता है।

आक्रमण (Aggression) : शारीरिक या शाब्दिक तौर पर किसी को चोट पहुँचाने के आशय से किया गया व्यवहार।

वायु प्रदूषण (Air pollution) : वायु की गुणवत्ता का निम्नीकरण।

सचेत प्रतिक्रिया (Alarm reaction) : सामान्य अनुकूलन संलक्षण की पहली अवस्था, जिसमें अधिवृक्कीय और अनुकंपी क्रिया के जरिए ऊर्जा के सक्रियण द्वारा आपाती प्रतिक्रिया होती है।

विसंबंधन (Alienation) : किसी समाज या समूह का अंग न होने की भावना।

गुवीय अवस्था (Anal stage) : फ्रायड द्वारा वर्णित मनोलैंगिक अवस्थाओं में दूसरी, जो शिशु के दूसरे वर्ष में घटित होती है। इसमें सुख की प्रतीति गुदा पर और मल के प्रतिमारण और निष्कासन पर केंद्रित रहती है।

क्षुधा-अभाव (Anorexia nervosa) : ऐसा विकार, जिसमें शारीरिक वजन में अत्यधिक कमी निहित है और इसमें वजन बढ़ने या 'मोटा' होने का तीव्र भय उत्पन्न होता है।

समाजविरोधी व्यक्तित्व (Antisocial personality) : ऐसा व्यवहार विकार जिसमें पलायनवृत्ति, अपराधशीलता, स्वैच्छाचारिता, चोरी, ध्वंसकारिता, लड़ना, सामान्य सामाजिक नियमों का उल्लंघन, खराब काम का इतिहास, आवेगशीलता, अविवेक, आक्रामकता, दुस्साहसी व्यवहार तथा आगे की योजना बनाने की अयोग्यता आदि विशेषताएँ पायी जाती हैं। एक व्यक्ति से दूसरे व्यक्ति में ऐसे व्यवहार का विशिष्ट स्वरूप अलग-अलग होता है।

दुश्चिंता (Anxiety) : मानसिक व्यथा की एक दशा, जिसमें भय, आशंका और शरीरक्रिया भाव प्रबोधन उद्वेलन पाया जाता है।

दुश्चिंता विकार (Anxiety disorders) : ऐसे विकार जिसमें दुश्चिंता ही प्रमुख लक्षण होती है। इस विकार में सुभेद्यता की भावना, आशंका या भय पाया जाता है।

अनुप्रयुक्त मनोविज्ञान (Applied Psychology) : सैद्धांतिक और प्रयोगात्मक मनोविज्ञान के परिणाम स्वरूप मन, मस्तिष्क एवं व्यवहार के संबंध में मिले ज्ञान का व्यावहारिक अनुप्रयोग।

अभिक्षमता (Aptitude) : ऐसी विशेषताओं का संयोग जो व्यक्ति को प्रशिक्षण द्वारा कुछ विशिष्ट कौशलों को अर्जित करने की समर्थता का सूचक होता है।

अभिक्षमता परीक्षण (Aptitude tests) : व्यक्ति के भावी निष्पादन की क्षमता का मापन करने वाले परीक्षण।

आद्यप्ररूप (Archetypes) : सामूहिक अचेतन की अंतर्वस्तुओं के लिए युंग द्वारा प्रयुक्त पद; अनुभव के संगठन के लिए वंशागत प्रतिरूपों को अभिव्यक्त करने वाली प्रतिमाएँ या प्रतीक।

भाव प्रबोधन (Arousal) : दूसरों के उपस्थित रहने या निष्पादन के मूल्यांकित होने के विचार से अनुभूत तनाव।

अभिवृत्तियाँ (Attitudes) : किसी विषय पर मन, विचारों या प्रत्ययों की वे स्थितियाँ, जिनमें संज्ञानात्मक, भावात्मक और व्यवहारात्मक घटक होता है।

अभिवृत्ति विषय (Attitude object) : किसी अभिवृत्ति का लक्ष्य।

गुणारोपण (Attribution) : अपने अथवा दूसरों के व्यवहार की व्याख्या करने के लिए उस व्यवहार के कारणों का विवरण देना।

सत्ता या प्रभुत्व (Authority) : किसी पद (जैसे-प्रबंधकीय) में निहित अधिकार, जिनके आधार पर आदेश देना और उनका पालन किए जाने की अपेक्षा करना।

स्वलीनता (Autism) : शैशवावस्था में प्रारंभ होने वाला व्यापक विकासात्मक विकार, जिसमें अनेक प्रकार की असामान्यताएँ निहित होती हैं, जैसे – भाषागत, प्रात्यक्षिक और गतिपरक विकास में न्यूनता, दोषपूर्ण वास्तविक परीक्षण और सामाजिक विरक्ति आदि।

निरपेक्ष सीमा (Absolute threshold) : किसी उद्दीपक के पता लगने की आवश्यक न्यूनतम तीव्रता।

समंजन (Accommodation) : लेंस की आकृति को बदलने के लिए पक्ष्माभिकी पेशी की चाक्षुष क्रिया।

परसंस्कृतिग्रहण (Acculturation) : दो भिन्न सांस्कृतिक समूहों में प्रथम एवं सतत संपर्क के परिणामस्वरूप उत्पन्न होने वाले सांस्कृतिक एवं मनोवैज्ञानिक परिवर्तन।

उपलब्धि की आवश्यकता (Achievement need) : सफल होना, अग्रगण्य होना, दूसरों से अच्छा कार्य निष्पादन करने की आवश्यकता, ऐसे चुनौतीपूर्ण कार्यों को करना जो व्यक्ति की योग्यता का प्रदर्शन करें।

तीक्ष्णता (Acuity) : दृष्टि की तीक्ष्णता।

किशोरावस्था (Adolescence) : बाल्यावस्था से वयस्क होने के पहले की विकासात्मक अवधि, जो कि लगभग 10 -12 वर्ष की उम्र से प्रारंभ होकर 18 से 22 वर्ष की उम्र तक विस्तृत है।

एड्रिनलीन (Adrenaline) : मानव शरीर का एक अत्यंत महत्वपूर्ण हार्मोन जो किसी को लड़ने, भागने या भयभीत होने की प्रतिक्रिया के लिए तैयार करता है।

एड्रीनोकॉर्टिकोट्रॉफिक हार्मोन (Adrenocorticotrophic hormone - ACTH) : अग्रपीयूष ग्रंथि द्वारा स्रावित एक हार्मोन, जो एड्रिनल को उद्दीप्त करता है कि वह अपना कॉर्टिकोयड हार्मोन स्रावित करे।

आकाशी परिप्रेक्ष्य (Aerial perspective) : गहराई के प्रत्यक्षीकरण के लिए एक एकनेत्री संकेत, जो विभिन्न वायुमंडलीय परिस्थितियों के अंतर्गत वस्तुओं की सापेक्षिक स्पष्टता को व्यक्त करता है। निकट की वस्तुएँ सामान्यत: सूक्ष्म विशेषताओं के साथ अधिक स्पष्ट होती हैं, जबकि दूर की वस्तुएँ कम स्पष्ट होती हैं।

अभिवाही तंत्रिका कोशिका (Afferent neuron) : सूचना भेजने की प्रक्रिया में लगी हुई तंत्रिका कोशिकाएँ।

उत्तर प्रतिमा (After image) : वह बिंब जो किसी उद्दीपन के खत्म हो जाने या दूर हो जाने के बाद भी बना रहता है।

पूर्ण या शून्य नियम (All-or-none law) : इस नियम के अनुसार एक तंत्रिका कोशिका किसी उद्दीपन के प्रति या तो अपनी पूरी शक्ति के साथ प्रतिक्रिया करेगी अथवा बिलकुल ही प्रतिक्रिया नहीं करेगी, भले ही उद्दीपन की मात्रा कितनी भी तीव्र क्यों न हो।

आयाम (Amplitude) : ध्वनि तरंगों में, आधार रेखा से प्रत्येक सिंसिसॉयडल तरंग के शीर्ष तक की दूरी। ई.ई.जी. मापन में, ई.ई.जी. अभिलेख (रिकॉर्ड) में अधिकतम और न्यूनतम वोल्टेज से दूरी। प्रत्येक मामले में सामान्यत: तीव्रता के माप के रूप में इसका उपयोग होता है।

गलतुंडिका (Amygdala) : बादाम के आकार के दो तंत्रिका गुच्छ जो उपवल्कुटीय तंत्र के घटक हैं तथा संवेगों से जुड़े होते हैं।

जीववाद (Animism) : पूर्ण-संक्रियात्मक चिंतन का एक पक्ष या विश्वास कि निर्जीव वस्तुओं में 'जीवन जैसे' गुण होते हैं और वे कार्य करने में सक्षम हैं।

उपागम-उपागम द्वंद्व (Approach-approach conflict) : दो समान प्रिय या इच्छित लक्ष्यों के बीच चयन का द्वंद्व।

उपागम-परिहार द्वंद्व (Approach-avoidance conflict): किसी स्थिति के कारण उत्पन्न द्वंद्व जिसके सकारात्मक और नकारात्मक दोनों ही पक्ष हैं। वह व्यक्ति, जो समान लक्ष्य द्वारा विकर्षित एवं आकर्षित है, दुविधा की अनुभूति का प्रदर्शन करता है।

भाव प्रबोधन या उद्वेलन (Arousal) : उद्वेलन शरीर की क्रियात्मक अवस्था है।

कृत्रिम बुद्धि (Artificial intelligence - AI) : यह क्षेत्र मशीनों की निर्मिति (जैसे- कंप्यूटर) से संबद्ध है, जो कि जटिल काम कर सकती हैं, जिसके लिए पहले मानव बुद्धि की आवश्यकता समझी जाती थी।

सहचारी अधिगम (Associative learning) : ऐसा अधिगम जिसमें कुछ घटनाएँ साथ-साथ घटित होती हैं। ये घटनाएँ दो उद्दीपक हो सकती हैं (जैसा कि प्राचीन अनुबंधन में) या एक अनुक्रिया और उसका परिणाम (जैसाकि क्रियाप्रसूत अनुबंधन में) हो सकती हैं।

आसक्ति (Attachment) : शिशु और माता-पिता अथवा परिचर्या करने वाले के बीच एक गहन संवेगात्मक बंधन।

गुणारोपण (Attribution) : बाह्य कारकों (संकेतों) के प्रत्यक्षण के आधार पर किसी व्यक्ति की आंतरिक स्थिति के बारे में अनुमान।

प्राधिकारिक संततिपालन (Authoritative parenting) : बच्चों के पालन-पोषण की एक शैली, जिसमें माता-पिता बच्चे को स्वतंत्र होने के लिए प्रोत्साहित करते हैं लेकिन उनके कार्यों की सीमा रेखा तय करते हैं एवं उन पर नियंत्रण रखते हैं।

स्वायत्त तंत्रिका तंत्र (Autonomic nervous system) : परिधीय तंत्रिका तंत्र का एक भाग जो कुछ चिकनी ग्रंथियों अर्थात अंगों एवं ग्रंथियों की क्रियाओं में मदद करता है; जिसमें अनुकंपी और परानुकंपी तंत्रिका तंत्र शामिल हैं जो संवेगात्मक व्यवहार के लिए महत्वपूर्ण हैं।

परिहार-परिहार द्वंद्व (Avoidance-avoidance conflict) : दो समान अवांछनीय अथवा भयोत्पादक लक्ष्यों के बीच द्वंद्व; प्राय: इसका समाधान नहीं हो पाता है।

अक्षतंतु (Axon) : तंत्रिका कोशिका का वह भाग, जो कार्य कोशिका से दूसरी कोशिकाओं तक सूचनाएँ ले जाता है।

संतुलन (Balance) : अभिवृत्ति व्यवस्था की वह स्थिति जिसमें एक व्यक्ति (P) और दूसरे व्यक्ति (O) के बीच, व्यक्ति (P) और अभिवृत्ति विषय (X) के बीच, तथा दूसरे व्यक्ति (O) और अभिवृत्ति विषय (X) के बीच अभिवृत्तियाँ एक ही दिशा में होती हैं या तार्किक रूप से एक-दूसरे से संगत होती है।

व्यवहार चिकित्सा (Behaviour therapy) : ऐसी उपचार पद्धति जो दुरनुकूलक व्यवहार को परिवर्तित करने के लिए व्यवहारवादी अधिगम सिद्धांतों के नियमों पर आधारित होती है।

विश्वास (Beliefs) : किसी विषय से संबंधित विचारों या प्रत्ययों का संज्ञानात्मक घटक।

मूल संवेग (Basic emotions) : भाव अवस्थाएँ जो मनुष्य जाति में सामान्य हैं, जिनसे अन्य भाव अवस्थाएँ उत्पन्न होती हैं।

व्यवहार आनुवंशिकी (Behaviour genetics) : व्यवहार पर आनुवंशिक और पारिस्थितिक प्रभावों की शक्ति और सीमाओं का अध्ययन।

व्यवहार (Behaviour) : कोई भी प्रकट क्रिया/प्रतिक्रिया जो मनुष्य या जानवर करता है तथा जिसका किसी प्रकार प्रेक्षण किया जा सकता हो।

व्यवहारवाद (Behaviourism) : एक विचारधारा जो वस्तुनिष्ठता, प्रेक्षणीय व्यवहारात्मक अनुक्रियाओं, पर्यावरणी निर्धारकों और सीखने पर बल देती है।

द्विभाषिकता (Bilingualism) : दो भाषाओं को सीखना जिसमें भिन्न वाक्-स्वन, शब्दावली एवं व्याकरणिक नियम हों।

द्विनेत्री संकेत (Binocular cues) : गहराई के संकेत, जैसे कि दृष्टिपटलीय विषमता और अभिसरण, जो दो आँखों के उपयोग पर निर्भर करते हैं।

जैवप्रतिप्राप्ति (Biofeedback) : एक ऐसी प्रविधि जिससे व्यक्ति अपनी शरीरक्रियात्मक प्रक्रियाओं का जिनके प्रति वह सामान्यत: अनभिज्ञ रहता है परिवीक्षण कर सके (जैसे, हृदयगति, रक्तचाप इत्यादि) तथा उन्हें नियंत्रित करना सीख सके।

अंध बिंदु (Blind spot) : वह बिंदु, जहाँ दृष्टि स्नायु आँख से बाहर जाती है और एक 'अंध' बिंदु निर्मित करती है क्योंकि वहाँ कोई संग्राहक कोशिकाएँ नहीं होतीं।

ऊर्ध्वगामी प्रक्रमण (Bottom-up processing) : आकृति प्रत्यक्षण में अंश से पूर्ण की ओर प्रगति।

मस्तिष्क स्तंभ (Brainstem) : मस्तिष्क का सबसे पुराना भाग और केंद्रीय आंतरिक हिस्सा, यह वहाँ से प्रारंभ होता है जहाँ मेरुरज्जु खोपड़ी में प्रवेश करते समय फूल जाती है; यह स्वचालित जीवनरक्षक क्रियाओं के लिए उत्तरदायी है।

विचारावेश (Brainstorming) : समस्या समाधान युक्ति जिसमें व्यक्ति या समूह समस्त संभावित विचारों को एकत्र करते हैं और तभी मूल्यांकन करते हैं जब सारे विचार एकत्र कर लिए गए हों।

द्युति (Brightness) : प्रकाश की तीव्रता अथवा तरंग-आयाम के साथ संबंधित मनोवैज्ञानिक अनुभव।

प्रमुख विशेषक या शीलगुण (Cardinal trait) : आलपोर्ट के अनुसार, वह एकल विशेषक जो व्यक्ति के संपूर्ण व्यक्तित्व में प्रमुखता से विद्यमान रहता है।

व्यक्ति अध्ययन (Case study) : व्यवहार के संबंध में सामान्य विकसित करने के लिए किसी व्यक्ति या स्थिति का गहन अध्ययन।

केंद्रीय विशेषक या शीलगुण (Central traits) : दूसरों के बारे में विचार निर्मित करने के लिए ध्यान देने योग्य मुख्य विशेषक।

अभिवृत्ति की केंद्रिकता (Centrality of attitude) : वह मात्रा जहाँ तक कोई एक विशिष्ट अभिवृत्ति पूरी अभिवृत्ति व्यवस्था को प्रभावित करती है।

सेवार्थी-केंद्रित (रोजर्स की) चिकित्सा (Client-centred (Rogerian) therapy) : कार्ल रोजर्स द्वारा विकसित चिकित्सा उपागम, जिसमें चिकित्सक सेवार्थियों को अपनी सही भावनाओं को स्पष्ट करने और वे कौन हैं उसका मूल्यांकन करने में उनकी सहायता करता है।

सहकार्य (Coaction) : ऐसी स्थिति जिसमें बहुत से लोग दूसरों की उपस्थिति में उसी कार्य को करते हैं।

संज्ञान (Cognition) : जानने की प्रक्रिया। ऐसी मानसिक क्रियाएँ जो चिंतन, निर्णयन, भाषा के उपयोग तथा अन्य उच्चतर मानसिक प्रक्रियाओं से संबद्ध होती हैं।

संज्ञानात्मक मूल्यांकन प्रणाली (Cognitive assessment system) : परीक्षणों की एक माला, जिसका निर्माण चार आधारभूत पास (PASS) प्रक्रियाओं - योजना-अवधान-सहकालिक-आनुक्रमिक- का मापन करने के लिए किया गया है।

संज्ञानात्मक संगति (Cognitive consistency) : ऐसी स्थिति जिसमें विचार या प्रत्यय तार्किक दृष्टि से एक-दूसरे के सुसंगत होते हैं।

संज्ञानात्मक विसंगति (Cognitive dissonance) : किसी अभिवृत्ति व्यवस्था की वह स्थिति, जिसमें दो संज्ञानात्मक तत्व तार्किक दृष्टि से विरोधात्मक या असंगत होते हैं।

संज्ञानात्मक चिकित्सा (Cognitive therapies) : विकृत और दुरनुकूलक विचार प्रतिरूपों को परिवर्तन करने पर केंद्रित चिकित्सा की विधि।

संसक्तता (Cohesiveness) : सभी शक्तियाँ(कारक) जो समूह के सदस्यों को समूह में बने रहने का निमित्त बनती हैं।

सामूहिक अचेतन (Collective unconscious) : कार्ल युंग द्वारा अभिगृहीत अचेतन का वंशागत अंश। वह अचेतन जो सभी मानवों में समान रूप से विद्यमान है।

संक्रामक या संचारी रोग (Communicable disease) : किसी विशिष्ट संक्रामक कारक द्वारा उत्पन्न ऐसी बीमारी जो मनुष्य से मनुष्य में, पशु से पशु में या पर्यावरण से मनुष्य या पशु में प्रत्यक्ष या अप्रत्यक्ष रूप से संचारित या अंतरित होती है।

प्रतिस्पर्धा (Competition) : एक ही उद्देश्य की प्राप्ति के लिए दो व्यक्तियों या समूहों में परस्पर होड़ उत्पन्न होना।

प्रतिस्पर्धा सहिष्णुता (Competition tolerance) : किसी ऐसी स्थिति को सहन करने की योग्यता, जिसमें लोगों को भौतिक स्थान आदि बुनियादी संसाधनों तक के लिए अन्य बहुतों के साथ प्रतिस्पर्धा करनी पड़ती है।

अनुपालन (Compliance) : सामाजिक प्रभाव का एक प्रकार, जिसमें एक या अधिक व्यक्ति, प्रभुत्व न रखते हुए भी, एक या अधिक व्यक्तियों के सीधे अनुरोधों को स्वीकार कर लेते हैं।

घटकीय बुद्धि (Componential intelligence) : स्टर्नबर्ग के त्रिचापीय सिद्धांत में यह आलोचनात्मक और विश्लेषणात्मक दृष्टि से सोचने की योग्यता का द्योतक है।

द्वंद्व (Conflict) : परस्पर-विरोधी अभिप्रेरकों, अंतर्नोदों, आवश्यकताओं या लक्ष्यों से उत्पन्न हुए विक्षोभ या तनाव की दशा।

अनुरूपता (Conformity) : सामाजिक प्रभाव का एक प्रकार जिसमें व्यक्ति वर्तमान सामाजिक मानकों का अनुपालन करते हुए अपनी अभिवृत्तियों या व्यवहार में परिवर्तन कर लेते हैं।

सर्वसम अभिवृत्ति परिवर्तन (Congruent attitude change) : विद्यमान अभिवृत्ति की ही दिशा में अभिवृत्ति में परिवर्तन।

सांदर्भिक बुद्धि (Contextual intelligence) : स्टर्नबर्ग के त्रिचापीय सिद्धांत में यह व्यावहारिक बुद्धि है जिसका उपयोग दैनिक समस्याओं के समाधान में किया जाता है।

सामना करना (Coping) : ऐसी माँगों के प्रबंधन का प्रयास करने की प्रक्रिया जो प्रयत्नसाध्य या व्यक्ति के संसाधनों की सीमा का अतिक्रमण करने वाली समझी जाती है।

परामर्श या उपबोधन (Counselling) : समायोजन की प्राप्ति में व्यक्ति की सहायता के लिए विविध प्रकार की कार्यविधियों का सामान्य द्योतक शब्द है, जैसे - सलाह देना, चिकित्सात्मक विचार-विमर्श, परीक्षण देना एवं उनकी व्याख्या करना तथा व्यावसायिक सहायता।

परामर्शी साक्षात्कार (Counselling interview) : ऐसा साक्षात्कार, जिसका उद्देश्य व्यक्तित्व और व्यवसाय चयन

आदि के क्षेत्र में परामर्श या मार्गदर्शन प्रदान करना है।

सर्जनात्मकता (Creativity) : विचारों एवं वस्तुओं को उत्पन्न करने की योग्यता तथा समस्या के ऐसे समाधानों को प्रस्तुत करने की योग्यता जिसमें नयापन हो एवं जो उपयुक्त हों।

भीड़ (Crowding) : अत्यंत कम स्थान की मनोवैज्ञानिक अनुभूति, अतिसंकीर्णता का प्रत्यक्षण।

भीड़ सहिष्णुता (Crowding tolerance) : उच्च सघनता या भीड़-भाड़ वाले पर्यावरण के प्रति मानसिक रूप से समायोजन करने की योग्यता, जैसे - भीड़ वाले घर में रहना।

संस्कृति-निरपेक्ष परीक्षण (Culture-fair test) : ऐसा परीक्षण, जो परीक्षार्थियों में सांस्कृतिक अनुभवों के आधार पर विभेदन नहीं करता।

कैनन-बार्ड सिद्धांत (Cannon-Bard theory) : संवेग का एक सिद्धांत, जिसके अनुसार शारीरिक परिवर्तन तथा संवेग की अनुभूति एक साथ घटित होती है।

व्यक्ति अध्ययन (Case study) : एक तकनीक, जिसमें एक व्यक्ति का गहन अध्ययन किया जाता है।

कोशिका (Cell) : किसी जीवित प्राणी की आधारभूत इकाई।

केंद्रीय तंत्रिका तंत्र (Central nervous system-CNS) : तंत्रिका तंत्र का उपतंत्र, जो मस्तिष्क और मेरुरज्जु से बना होता है।

केंद्रीकरण (Centration) : दूसरी सभी विशेषताओं को छोड़कर एक विशेषता पर ध्यान केंद्रित करना।

शिरःपदाभिमुख संरूप (Cephalocaudal pattern) : वह क्रम, जिसमें सबसे अधिक विकास शीर्ष पर होता है। आकार, वजन और रूप में शारीरिक वृद्धि के साथ विभेदन क्रमशः ऊपर से नीचे की ओर होता है।

अनुमस्तिष्क (Cerebellum) : खोपड़ी के निचले स्तर या आधार पर स्थित मस्तिष्क की संरचना, जो शारीरिक गति, स्थिति और संतुलन को व्यवस्थित करती है।

प्रमस्तिष्कीय वल्कुट (Cerebral cortex) : मस्तिष्क का वह हिस्सा जो मस्तिष्क के उच्चतर संज्ञानात्मक और संवेगात्मक कार्यों का नियमन करता है।

प्रमस्तिष्कीय गोलार्ध (Cerebral hemispheres) : प्रमस्तिष्कीय वल्कुट के दो लगभग समरूप आधे भाग।

गुणसूत्र (Chromosomes) : तंतुवत संरचनाएँ जो 23 जोड़ों में होती हैं, प्रत्येक जोड़े का एक सदस्य माता या पिता से आता है। गुणसूत्र में उल्लेखनीय आनुवंशिक पदार्थ डीऑक्सीराइबोन्यूक्लिक एसिड (डी.एन.ए.) होता है।

कालानुक्रमिक आयु (Chronological age) : उन वर्षों की संख्या जो किसी व्यक्ति के जन्म के बाद से लेकर गणना के समय तक गुजर गए; जिसका सामान्यतः 'उम्र' से तात्पर्य होता है।

खंडीयन (Chunking) : परिचित उद्दीपकों के समूह को एक इकाई के रूप में संचित करना।

प्राचीन अनुबंधन (Classical conditioning) : अधिगम का एक प्रकार, जिसमें कोई जीव उद्दीपकों को संबद्ध करना सीखता है। इसमें मुख्य लक्षण यह है कि मूलभूत रूप से तटस्थ लेकिन अनुबंधित उद्दीपक (CS) अननुबंधित उद्दीपक (US) के साथ बार-बार युग्मित किए जाने पर वही अनुक्रिया अर्जित कर लेता है जो किसी भी अननुबंधित उद्दीपक के लिए की जाती है।

संवरण (Closure) : संगठनात्मक प्रक्रिया जो कि अपूर्ण आकृतियों का पूर्ण के रूप में प्रत्यक्षण कराती है।

कर्णावर्त (Cochlea) : अंतर्कर्ण में द्रव्य से भरी कुंडलित सुरंग जिसमें सुनने के ग्राहक होते हैं।

संज्ञानात्मक उपागम (Cognitive approach) : वह दृष्टिकोण जो कि मानव चिंतन और जानने की सभी प्रक्रियाओं को मनोविज्ञान के अध्ययन के केंद्र में रखने पर बल देता है।

संज्ञानात्मक लाघव (Cognitive economy) : संप्रत्ययों के श्रेणीबद्ध संगठन द्वारा दीर्घकालिक स्मृति का अधिकाधिक एवं प्रभावकारी उपयोग बताने के लिए एक पारिभाषिक शब्द।

संज्ञानात्मक अधिगम (Cognitive learning) : वैसा अधिगम जिसमें प्रत्यक्षण, ज्ञान एवं विचार की पुनर्व्यवस्था अंतर्निहित होती है।

संज्ञानात्मक मानचित्र (Cognitive map) : एक व्यक्ति के परिवेश की रूपरेखा का मानसिक प्रतिरूप। उदाहरणार्थ, एक भूल-भुलैया की खोजबीन के बाद चूहे इस तरह व्यवहार करते हैं मानो उन्होंने उसका संज्ञानात्मक मानचित्र सीख लिया हो।

संज्ञानात्मक प्रक्रियाएँ (Cognitive processes) : व्यक्ति के चिंतन, बुद्धि और भाषा को संलग्न करने वाली मानसिक प्रक्रियाएँ।

वर्णांधता (Colour blindness) : रंगों का प्रत्यक्षण कर पाने में कुछ मात्रा में अक्षमता।

वर्ण स्थैर्य (Colour constancy) : किसी सुपरिचित वस्तु को उसके उसी एक रंग में ही देख पाने की प्रवृत्ति, भले ही प्रकाश में परिवर्तन होने से उसका वास्तविक रंग बदल गया हो।

संप्रत्यय (Concept) : विचारों, वस्तुओं, व्यक्तियों अथवा अनुभवों की एक सामान्य श्रेणी जिसके सदस्यों में कुछ समान गुण विद्यमान होते हैं।

मूर्त संक्रियात्मक अवस्था (Concrete operational stage): पियाजे की तीसरी अवस्था जो लगभग 7- 11 वर्ष तक रहती है। इस अवस्था में बच्चे तार्किक संक्रियाएँ तथा मूर्त उदाहरणों में तर्कना कर सकते हैं किंतु अमूर्त वस्तुओं पर विचार नहीं कर पाते।

अनुबंधित अनुक्रिया (Conditioned response-CR) : प्राचीन अनुबंधन में एक अनुबंधित उद्दीपक के प्रति सीखी गई या अर्जित अनुक्रिया।

अनुबंधित उद्दीपक (Conditioned stimulus-CS) : एक तटस्थ उद्दीपक, अननुबंधित उद्दीपक के साथ बार-बार के साहचर्य से, अनुबंधित अनुक्रिया प्राप्त करने में समर्थ हो जाता है।

अनुबंधन (Conditioning) : एक व्यवस्थित प्रक्रिया जिसके माध्यम से उद्दीपक के प्रति नयी अनुक्रियाएँ सीखी जाती हैं।

शंकु या कोन (Cones) : विशिष्ट चाक्षुष ग्राहक जो दिन के प्रकाश की दृष्टि एवं रंग दृष्टि में मुख्य भूमिका निभाते हैं।

गोपनीयता (Confidentiality) : शोधकर्ता जो भी प्रदत्त एकत्रित करते हैं उसे पूर्ण रूप से गोपनीय रखने के लिए उत्तरदायी होते हैं।

मिश्रण (Confounding) : किसी प्रयोग में परिवर्त्यों की उन क्रियाओं को व्यक्त करने के लिए एक पारिभाषिक शब्द, जो प्राप्त प्रदत्त की व्याख्या को एक दूसरे में मिला देते हैं या गड़बड़ कर देते हैं। यदि अनाश्रित परिवर्त्य किसी संबंधित किंतु अनियंत्रित परिवर्त्य से मिल जाता है तो प्रयोगकर्ता आश्रित परिवर्त्य के मापन में दोनों परिवर्त्यों के प्रभाव को अलग नहीं कर सकता।

चेतना (Consciousness) : अपने मानस की सामान्य स्थिति से अवगत रहना, विशेष मानसिक विषयवस्तु की जानकारी अथवा स्वयं अपने अस्तित्व के बारे में अवगत रहना।

संरक्षण (Conservation) : बाह्य परिवर्तनों के बावजूद स्थितियों अथवा वस्तुओं के कुछ गुणों में स्थायित्व या अपरिवर्तनीयता का विश्वास।

विषय विश्लेषण (Content analysis) : गुणात्मक प्रदत्त में आए हुए विशिष्ट विचारों, संप्रत्ययों और शब्दों तथा उनके संबंधों का विश्लेषण करने के लिए प्रयुक्त विधि।

नियंत्रित समूह (Control group) : किसी अध्ययन में वे प्रयोज्य जिन्हें वह विशिष्ट व्यवहार नहीं दिया जाता जो प्रायोगिक समूह को दिया जाता है।

नियंत्रित प्रक्रियाएँ (Control processes) : वे युक्तियाँ जो भंडारण के एक तंत्र से दूसरे तंत्र में सूचना के अंतरण को नियंत्रित करती हैं।

अभिसारी चिंतन (Convergent thinking) : ऐसा चिंतन जो समस्या के एक सही समाधान की ओर निर्देशित होता है।

महासंयोजक पिंड (Corpus callosum) : तंत्रिका तंतुओं का एक बंडल जो दो गोलार्द्धों को जोड़ता है और उनके मध्य संदेश का आदान-प्रदान करता है।

सहसंबंधात्मक अनुसंधान (Correlational research) : दो या दो से अधिक घटनाओं, विशेषताओं या परिवर्त्यों के मध्य संबंध की शक्ति बताने के उद्देश्य से किया गया शोध।

वल्कुट (Cortex) : प्रमस्तिष्क का धूसर, पतला, माइलिन आवरण।

संस्कृति (Culture) : एक समुदाय में व्यापक रूप से सहभाजित रीति-रिवाज, विश्वास, मूल्य, मानक, संगठन एवं अन्य उत्पाद जो पीढ़ियों में सामाजिक रूप से संचारित होते हैं।

रक्षा युक्तियाँ (Defence mechanisms) : फ्रायड के अनुसार वे तरीके जिनमें 'अहं' अचेतन रूप से 'इदम्' के अस्वीकार्य आवेगों का प्रयत्न करता है, जैसा कि दमन, प्रक्षेपण, प्रतिक्रिया-निर्माण, उदात्तीकरण, युक्तिकरण आदि में होता है।

संस्था-विमुक्ति (Deinstitutionalisation) : पूर्व मानसिक रोगियों को संस्थाओं से समुदाय में स्थानांतरित करने की प्रक्रिया।

भ्रमासक्ति (Delusions) : विरुद्ध ढंग का प्रभूत साक्ष्य रहने के बावजूद विद्यमान अतार्किक/उच्छृंखल विश्वास।

निर्वैयक्तिकीकरण या व्यक्तित्व-लोप विकार (Depersonalisation disorder) : ऐसा विच्छेदी या विसाहचर्य विकार जिसमें 'आत्म' का बोध समाप्त हो जाता है।

रोगोन्मुखता-दबाव मॉडल (Diathesis-stress model) : यह दृष्टिकोण कि जैविक पूर्वप्रवृत्ति और जीवन के दबाव आदि कारकों की अंत:क्रिया के परिणामस्वरूप कोई विशिष्ट विकार उत्पन्न हो सकता है।

दायित्व विसरण (Diffusions of responsibility) : यह विचार कि जब अन्य लोग उपस्थित हैं तो किसी कार्य को करने या न करने का उत्तरदायी किसी एक व्यक्ति को नहीं माना जा सकता; कार्य करने के लिए दूसरे सदस्य भी उतने ही उत्तरदायी हैं।

आपदा (Disaster) : आपदा एक अप्रत्याशित और प्राय: आकस्मिक घटना है जो किसी समाज की सामान्य दशाओं को विघटित कर देती है तथा व्यापक क्षति, विनाश और मानवीय कष्ट उत्पन्न करती है।

भेदभाव (Discrimination) : ऐसा व्यवहार जिसमें यह अनुभव हो कि दो या अधिक व्यक्तियों के बीच, प्राय: किसी व्यक्ति (या व्यक्तियों) के प्रति उनको किसी अन्य विशिष्ट समुदाय का सदस्य होने के आधार पर उसके प्रति विभेद किया जाना।

विस्थापन (Displacement) : किसी आवेश को कम संकटकारी या सुरक्षित लक्ष्य की ओर मोड़ देना; मनोविश्लेषणात्मक सिद्धांत का एक आधारभूत संप्रत्यय; एक रक्षा युक्ति।

विच्छेदन (Dissociation) : चेतनता में विखंडन जिसके कारण कुछ विचार, भावनाएँ या व्यवहार एक-दूसरे से स्वतंत्र होकर क्रियाशील होते हैं।

तम-व्यनुकूलन (Dark adaptation) : वह प्रक्रिया जिसमें आँखें कम प्रकाश में रोशनी के लिए संवेदनशील हो जाती हैं।

प्रदत्त या आँकड़ा (Data) : मानसिक प्रक्रियाओं एवं व्यवहार से संबंधित तथा लोगों से प्राप्त गुणात्मक एवं मात्रात्मक सूचनाएँ।

स्पष्टीकरण या खुलासा करना (Debriefing) : प्रयोग के सफलतापूर्वक संपन्न हो जाने के पश्चात प्रतिभागी को वास्तविक प्रयोजन के बारे में बताने की विधि। इसकी विशेष रूप से तब जरूरत पड़ती है जब प्रतिभागी प्रयोग के दौरान बुरी तरह भ्रमित हो।

निर्णयन (Decision-making) : विकल्पों के मूल्यांकन एवं उनमें से चुनाव करने की प्रक्रिया।

निगमनात्मक तर्कना (Deductive reasoning) : किसी तर्क की आधारिका को स्वीकार कर एक निष्कर्ष तक पहुँचना और फिर औपचारिक तार्किक नियमों का अनुसरण करना।

डीऑक्सीराइबोन्यूक्लिक एसिड (Deoxyribonuclic acid - DNA) : कोशिका का आनुवंशिक पदार्थ, जो केंद्रक में स्थित होता है।

आश्रित परिवर्त्य (Dependent variable) : किसी प्रयोग में जिस कारक का मापन किया जाता है; जो अनाश्रित परिवर्त्य के परिचालन के कारण परिवर्तित हो जाता है।

गहनता प्रत्यक्षण (Depth perception) : प्रेक्षक से किसी वस्तु की दूरी का प्रत्यक्षण या किसी ठोस वस्तु के सामने से पीछे की दूरी।

विकास (Development) : प्रगामी, क्रमिक एवं पूर्वकथनीय परिवर्तन का संरूप जो गर्भधारण के साथ प्रारंभ होता है और पूरे जीवन-विस्तृति के दौरान जारी रहता है।

भेद सीमा (Difference threshold) : उद्दीपक के जोड़े में वह न्यूनतम अंतर जिसका प्रत्यक्षण हो सके।

अपसारी चिंतन (Divergent thinking) : ऐसा चिंतन जो मौलिक, आविष्कारशील और लचीला है। ऐसे प्रश्न जिनके कई उत्तर हो सकते हैं, उन सभी प्रकार के उत्तरों को खोजने के लिए विभिन्न दिशाओं में चिंतन उन्मुख होता है और जो सर्जनात्मकता की विशेषता है।

विभक्त अवधान (Divided attention) : ऐसी प्रक्रिया जिसमें अवधान दो या अधिक उद्दीपकों के समुच्चय के मध्य विभक्त होता है।

द्वि-संकेतन सिद्धांत (Dual-coding theory) : पैवियो के सिद्धांत के अनुसार आर्थी और चाक्षुष संकेतों से स्मृति बढ़ती है, क्योंकि इनमें से कोई भी प्रत्याह्वान करा सकता है।

पठनवैकल्य (Dyslexia) : पढ़ने में होने वाली कठिनाई को व्यक्त करने के लिए एक पारिभाषिक शब्द।

पारिस्थितिकी (Ecology) : जीवविज्ञान की वह शाखा, जो जीवों का उनके पर्यावरण के साथ संबंधों का अध्ययन करती है।

अहं (Ego) : व्यक्तित्व का वह अंश जो इदम् और बाह्य जगत के बीच अंतर्रोधी का कार्य करता है।

विद्युत्-आक्षेपी चिकित्सा (Electroconvulsive therapy, ECT) : सामान्यतः इसे आघात चिकित्सा कहा जाता है। यह एकध्रुवीय अवसाद का एक जैविक उपचार है जिसमें रोगी के सिर से इलेक्ट्रोड संलग्न कर उसमें विद्युत धारा प्रवाहित करके मस्तिष्क तक पहुँचाई जाती है जिससे रोगी को आक्षेप हो जाता है। यह तीव्र अवसाद के रोगियों पर प्रभावी होती है जिन पर औषधि-चिकित्सा असफल हो जाती है।

सांवेगिक बुद्धि (Emotional intelligence) : जीवन के सांवेगिक पक्ष से संबंधित विशेषकों या योग्यताओं का समूह, जैसे - अपने निजी संवेगों की पहचान एवं प्रबंधन करने, दूसरों के संवेगों की पहचान एवं प्रबंधन करने, स्वयं अपने को उत्प्रेरित करने एवं अपने आवेगों को नियंत्रित रखने तथा प्रभावी ढंग से अंतर्वैयक्तिक संबंधों पर व्यवहार करने की योग्यताएँ। इसे एक सांवेगिक लब्धि प्राप्तांक (EQ) के रूप में व्यक्त किया जाता है।

तदनुभूति (Empathy) : दूसरे की भावनाओं के प्रति एक सांवेगिक अनुक्रिया करना जो दूसरे व्यक्ति की भावनाओं के समान हो।

पर्यावरण (Environment) : किसी जीव को प्रभावित करने वाली और उसके आस-पास के परिवेश में व्याप्त भौतिक और सामाजिक व्यवस्था की समग्रता।

पर्यावरणी मनोविज्ञान (Environmental Psychology) : मनोविज्ञान की एक शाखा जो भौतिक जगत और मानव व्यवहार के बीच अंतःक्रिया पर केंद्रित होती है।

मूल्यांकन बोध (Evaluation apprehension) : उपस्थित व्यक्तियों (श्रोताओं) द्वारा नकारात्मक रूप में मूल्यांकित होने का भय।

परिश्रांति (Exhaustion) : एक ऐसी दशा जिसमें ऊर्जा संसाधन व्यवहृत हो चुके रहते हैं तथा अनुक्रियाशीलता घटकर न्यूनतम हो जाती है।

झाड़फूँक या भूत अपसारण (Exorcism) : किसी 'आत्माग्रस्त' व्यक्ति से दुष्टात्माओं या शक्तियों को निकाल भगाने के लिए अभिकल्पित धर्म-प्रेरित उपचार विधि।

आनुभविक बुद्धि (Experiential intelligence) : स्टर्नबर्ग के त्रिचापीय सिद्धांत में पूर्णतः नयी समस्याओं का समाधान करने के लिए सर्जनात्मक ढंग से विगत अनुभवों के उपयोग की योग्यता।

बहिर्मुखता (Extraversion) : व्यक्तित्व की एक विमा जिसमें व्यक्ति की अभिरुचि अपने विचारों या भावनाओं की ओर अंतर्मुखी न होकर प्रकृति या अन्य व्यक्तियों की ओर बहिर्मुखी हो जाती है।

अभिवृत्ति की चरमसीमा (Extremeness of attitude) : तटस्थ बिन्दु से अभिवृत्ति की अधिकतम दूरी।

प्रतिध्वन्यात्मक स्मृति (Echoic memory) : ध्वन्यात्मक उद्दीपकों की क्षणिक संवेदी स्मृति; यदि अवधान कहीं और है तो भी 3 या 4 सेकंड के अंदर ध्वनि या शब्द का प्रत्याह्वान किया जा सकता है।

अपवाही तंत्रिका कोशिका (Efferent neurons) : यह तंत्रिका तंत्र के आवेग को केंद्रीय तंत्रिका तंत्र से दूर तक भेजते हैं तथा मांसपेशियों और ग्रंथियों की प्रभावक इकाई की ओर भेजते हैं।

अंहकेंद्रवाद (Egocentrism) : पूर्व-संक्रियात्मक चिंतन की एक प्रमुख विशेषता जो किसी व्यक्ति द्वारा अपने परिप्रेक्ष्य और किसी दूसरे के परिप्रेक्ष्य के बीच भेद न कर पाने की अयोग्यता की ओर संकेत करती है।

विस्तृत पूर्वाभ्यास (Elaborative rehearsals) : अल्पकालिक स्मृति में नयी सूचनाओं को दीर्घकालिक स्मृति में संचित परिचित सामग्री से जोड़ना।

संवेग (Emotion) : ऐसी स्थितियाँ जो व्यक्तिगत रूप से महत्वपूर्ण समझी जाती हैं, उनके प्रति अनुक्रियाओं में परिवर्तनों का एक जटिल प्रारूप, जिसमें शारीरिक उत्तेजन, अनुभूति, विचार और व्यवहार सम्मिलित होते हैं।

सांवेगिक बुद्धि (Emotional intelligence) : ऐसे कौशलों का समुच्चय जो संवेगों के सही आकलन, मूल्यांकन, अभिव्यक्ति और नियमन के आधार होते हैं।

मस्तिष्कीकरण (Encephalisation) : जैव उद्विकास संबंधी विकास के दौरान तंत्रिका तंत्र के व्यापक विस्तार की प्रवृत्ति जो जीव (प्राणी) के शीर्ष सिरे की ओर होती है।

कूट संकेतन (Encoding) : स्मृति तंत्र में पहली बार आने वाली सूचनाओं का अभिलेखन करने की प्रक्रिया।

अंतःस्रावी ग्रंथियाँ (Endocrine glands) : वे ग्रंथियाँ जो अपने हार्मोन सीधे रक्त प्रवाह में स्रावित करती हैं।

घटनापरक स्मृति (Episodic memory) : एक प्रकार की दीर्घकालिक स्मृति जो आत्मगत या निजी सूचनाएँ धारण करती है और जिसे विगत घटनाओं के लिए विशेष

कालावधि में संदर्भ हेतु कोड किया जाता है।

सम्मान संबंधी आवश्यकताएँ (Esteem needs) : मैस्लो के सिद्धांत में प्रतिष्ठा, सफलता और आत्म-सम्मान की आवश्यकताएँ। आत्मीयता और प्रेम संबंधी आवश्यकताओं के तुष्ट होने के बाद इन्हें पूरा किया जा सकता है।

क्रमविकास (Evolution) : चार्ल्स डार्विन द्वारा प्रस्तुत सिद्धांत जिसके अनुसार समय क्रम में प्राणी उत्पन्न होते हैं और अपने विशिष्ट पर्यावरण की अनुकूलन आवश्यकताओं के अनुसार ढल जाते हैं।

प्रयोग (Experiment) : चुने हुए परिवर्त्यों के मध्य कारण संबंध की जाँच के लिए नियंत्रित परिस्थितियों के अंतर्गत किए गए प्रेक्षणों की एक श्रृंखला।

प्रायोगिक समूह (Experimental group) : किसी प्रयोग में प्रयोज्यों का वह समूह जो अनाश्रित परिवर्त्य के संदर्भ में कोई विशेष व्यवहार प्राप्त करता है।

सुव्यक्त स्मृति (Explicit memory) : तथ्यों और अनुभवों की स्मृति जिसे कोई चेतन रूप से जानता है और उसे घोषित कर सकता है (इसे घोषणात्मक स्मृति भी कह सकते हैं)।

विलोप (Extinction) : किसी अनुबंधित अनुक्रिया का ह्रास; यह प्राचीन अनुबंधन में होता है, जब कोई अननुबंधित उद्दीपक किसी अनुबंधित उद्दीपक का अनुसरण नहीं करता; क्रियाप्रसूत अनुबंधन में तब होता है जब कोई अनुक्रिया प्रबलित नहीं रहती है।

कारक विश्लेषण (Factor analysis) : सहसंबंधों के उपयोग वाली गणितीय प्रक्रिया, जिससे विशेषक पदों या परीक्षण अनुक्रियाओं को गुच्छों या कारकों के रूप में अलग-अलग किया जाता है। इसका उपयोग मूल व्यक्तित्व विशेषकों का पता लगाने के लिए अभिकल्पित परीक्षणों के विकास में किया जाता है।

तरल बुद्धि (Fluid intelligence) : जटिल संबंधों का प्रत्यक्षण करने, अमूर्त रूप से तर्क करने तथा समस्याओं का समाधान करने की योग्यता।

मुक्त साहचर्य (Free association) : एक मनोगतिक तकनीक जिसमें रोगी मन में आए हुए किसी विचार, भावना या प्रतिमा का शाब्दिक वर्णन करता है, भले ही वह महत्वहीन क्यों न प्रतीत हो।

मूल गुणारोपण त्रुटि (Fundamental attribution error): व्यवहार के लिए बाह्य कारणों की अपेक्षा आंतरिक कारणों का अधिक गुणारोपण करने की प्रवृत्ति।

प्रतिप्राप्ति (Feedback) : किसी सीखने के काम के निष्पादन सबंधी सूचना, इसे परिणामों का ज्ञान भी कहते हैं।

क्षेत्र प्रयोग (Field experiment) : वास्तविक दुनिया के वातावरण में किया गया प्रयोग जिसमें परिवर्त्यों को किसी तरह संचालित किया जाता है और उनके प्रति प्रतिक्रियाओं का निरीक्षण किया जाता है।

संघर्ष अथवा पलायन संलक्षण (Fight or flight syndrome) : यह किसी दबाव के प्रति तीव्र प्रतिक्रिया है जिसमें कोई व्यक्ति दबाव के विरुद्ध लड़कर अथवा दबावमय उद्दीपक से पलायन कर उद्दीपक के प्रति प्रतिक्रिया करता है।

सूक्ष्म पेशीय कौशल (Fine motor skills) : पेशीय कौशल वे हैं जो अधिक सूक्ष्म गतियों से संबंधित हैं, जैसे - अंगुलियों का कौशल।

औपचारिक संक्रियात्मक अवस्था (Formal operational stage) : पियाजे की चौथी अवस्था जिसमें व्यक्ति वास्तविक कार्य के स्तर पर अनुभवों के संसार से परे जाता है और सूक्ष्म तथा अधिक तार्किक ढंग से सोचता है।

मुक्त पुनःस्मरण (Free recall) : स्मृति के प्रयोगों में प्रतिभागी द्वारा संचित पदों का किसी भी क्रम में पुनरुद्धार।

ललाट पालि (Frontal lobe) : अग्रमस्तिष्क के ठीक पीछे का प्रमस्तिष्कीय वल्कुट का भाग जो बोलने और मांसपेशी की गतियों और योजना बनाने तथा निर्णय करने के कार्यों को नियंत्रित करता है।

कुंठा (Frustration) : जब लक्ष्य की पूर्ति के लिए की जाने वाली क्रिया किसी तरह बाधित हो जाती है तो ऐसी स्थिति उत्पन्न होने की संभावना होती है।

फ्यूग अवस्था (Fugue state) : स्मृतिलोप के साथ वास्तविक भौतिक पलायन की स्थिति, व्यक्ति घंटों तक घूमता रह सकता है अथवा किसी दूसरे क्षेत्र में जा सकता है और एक नया जीवन शुरू कर सकता है।

प्रकार्यात्मक स्थिरता (Functional fixedness) : किसी भी चीज़ के बारे में केवल उनके सामान्य प्रकार्यों के संदर्भ में सोचना, जो समस्या समाधान के लिए एक बाधा होती है।

प्रकार्यवाद (Functionalism) : मनोविज्ञान की वह विचारधारा जो मानव मन अथवा चेतना के उपयोगितावादी, अनुकूलनपरक कार्यों पर बल देती है।

सामान्य अनुकूलन संलक्षण (General adaptation syndrome, GAS) : इसमें तीन अवस्थाएँ होती हैं– *सचेत अवस्था* जो अनुकंपी तंत्रिका तंत्र की क्रियाओं को अग्रसर करती है, *प्रतिरोध अवस्था* जिसमें जीव संकट का सामना करने का प्रयत्न करता है तथा *परिश्रांति अवस्था* जो तब घटित होती है जब जीव संकट पर विजय पाने में असफल रहता है तथा शरीरक्रियात्मक संसाधनों को निःशेष कर देता है।

आनुवंशिकी (Genetics) : जीवविज्ञान की वह शाखा, जिसके अंतर्गत प्राणियों में जीनों की गुणता स्थानांतरण का अध्ययन किया जाता है।

गेस्टाल्ट चिकित्सा (Gestalt therapy) : चिकित्सा का एक ऐसा उपागम जो सेवार्थी के विचारों, भावनाओं और व्यवहार को एक एकीकृत संपूर्ण में समाकलित करने का प्रयास करता है।

सा-कारक (g-factor) : बुद्धि की सभी अभिव्यक्तियों में निहित मूल बौद्धिक क्षमता का संकेत देने वाला सामान्य बुद्धि कारक।

समूह (Group) : दो या अधिक व्यक्ति जो एक-दूसरे से अंतर्क्रिया करते हैं, साझा लक्ष्य रखते हैं, एक-दूसरे पर निर्भर होते हैं तथा अपने को एक ही समूह का सदस्य समझते हैं।

समूह परीक्षण (Group test) : वैयक्तिक परीक्षण के विपरीत एक ही समय पर एक से अधिक व्यक्तियों को देने के लिए अभिकल्पित परीक्षण।

समूहचिंतन (Groupthink) : चिंतन करने का एक ढंग जिसमें सर्वसम्मत सहमति पर पहुँचने की इच्छा उचित तार्किक और निर्णयकारी प्रक्रियाओं पर हावी हो जाती है; समूह ध्रुवीकरण का एक उदाहरण।

गैल्वनिक त्वक् अनुक्रिया (Galvanic skin response-GSR) : त्वचा की, विद्युतीय संवाहकता या क्रिया में होने वाले परिवर्तन जो एक संवेदनशील गैल्वनोमीटर के द्वारा पता लगाए जाते हैं।

लिंग (Gender) : पुरुष अथवा महिला होने का सामाजिक आयाम।

लिंग पहचान (Gender identity) : पुरुष या महिला होने की समझ, जो 3 वर्ष की उम्र होने तक बच्चों में आती है।

लिंग भूमिका (Gender role) : प्रत्याशाओं का एक समुच्चय जो यह निर्धारित करता है कि किस प्रकार महिलाओं और पुरुषों को विचार करना चाहिए, कार्य करना चाहिए और अनुभव करना चाहिए।

सामान्यीकरण (Generalisation) : ऐसी प्रवृत्ति जिसमें यदि कोई अनुक्रिया अनुबंधित हो गई हो तो ऐसा उद्दीपक जो अनुबंधित उद्दीपक के समान हो, समान अनुक्रियाएँ उत्पन्न करेगा।

जीन (Genes) : आनुवंशिक सूचना की इकाइयाँ, डी.एन.ए. निर्मित गुणसूत्र खंड। जीन अपने को पुनः उत्पादित करने के लिए और जीवन को बनाए रखने वाले प्रोटीन के उत्पादन के लिए कोशिका के लिए ब्लूप्रिंट का काम करता है।

गेस्टाल्ट (Gestalt) : एक संगठित समग्र पूर्ण, सूचनाओं के अंश को एक अर्थपूर्ण समग्र में संगठित करने की हमारी प्रवृत्ति जिस पर गेस्टाल्ट मनोवैज्ञानिक ज़ोर देते हैं।

गेस्टाल्ट मनोविज्ञान (Gestalt Psychology) : मनोविज्ञान की एक शाखा जिसमें व्यवहार को, इसके अपने भागों के कुल योग की अपेक्षा, अधिक व्यापक और एकीकृत साकल्य माना जाता है।

व्याकरण (Grammar) : नियमों का समुच्चय जो यह बताता है कि भाषा के तत्वों को किस प्रकार मिश्रित किया जाए, जिससे बोधगम्य वाक्य बन सके।

स्थूल पेशीय कौशल (Gross motor skills) : पेशीय कौशल जिसमें मांसपेशियों के व्यापक रूप से क्रियाकलाप की आवश्यकता होती है, जैसे- टहलना।

विभ्रांति (Hallucination) : एक मिथ्या प्रत्यक्षण, जिसमें संगत और उपयुक्त वस्तु के दर्शनीय उद्दीपक के रूप में न रहने पर भी वस्तु की वास्तविकता का बाध्यकारी बोध होता है। यह एक अपसामान्य गोचर है।

परिवेश प्रभाव (Halo effect) : सकारात्मक गुणों को अन्य सकारात्मक गुणों के साथ, जिनके बारे में कोई जानकारी उपलब्ध नहीं है, संबद्ध करने की प्रवृत्ति।

वृढ़ता (Hardiness) : यह अपने बारे में, जगत के बारे में और इनकी अंतःक्रियाओं के संबंध में विश्वासों का एक

समुच्चय/सेट है। इसकी तीन विशेषताएँ होती हैं–प्रतिबद्धता, नियंत्रण तथा चुनौती।

समस्थिति (Homeostasis) : शरीर के भीतर शरीरक्रियात्मक संतुलन की दशा।

मानवतावादी उपागम (Humanistic approach) : वह सिद्धांत, जिसमें लोग मूलतः अच्छे होते हैं और कार्यशीलता के उच्चतर स्तर की ओर विकसित होने के लिए प्रवृत्त होते हैं।

मानवतावादी चिकित्सा (Humanistic therapy) : ऐसी चिकित्सा पद्धति, जिसमें निहित अभिग्रह यह है कि लोगों का अपने व्यवहार पर नियंत्रण होता है, वे स्वयं अपने जीवन के संबंध में चयन कर सकते हैं और अनिवार्य रूप से अपनी समस्याओं के समाधान के लिए उत्तरदायी होते हैं।

स्वकायवुर्श्चिता रोग (Hypochondriasis) : एक मनोवैज्ञानिक विकार, जिसमें व्यक्ति चिकित्सकों के बार-बार किसी बीमारी के न होने का आश्वासन दिए जाने के उपरांत भी शारीरिक प्रक्रियाओं के विषय में सोचता रहता है और काल्पनिक बीमारियों के भय से ग्रस्त रहता है।

गोलार्द्ध (Hemispheres) : प्रमस्तिष्क और अनुमस्तिष्क के दो समरूप अर्द्धभाग।

गोलार्द्ध प्रभाविता (Hemispheric dominance) : एक गोलार्द्ध, सामान्यतः बाएँ गोलार्द्ध, द्वारा प्रमुख पेशीय और संज्ञानात्मक कार्यों का नियंत्रण।

आनुवंशिकता (Heredity) : माता-पिता से संतान को गुणों का जैविकीय संचरण।

आवश्यकताओं का पदानुक्रम (Hierarchy of needs) : मैस्लो का पिरामिड आवश्यकताओं को एक पदानुक्रम में प्रस्तुत करता है। अधिक मूल आवश्यकताएँ जैसे शरीरक्रियात्मक एवं सुरक्षा आवश्यकता सबसे नीचे, उसके ऊपर उच्चस्तरीय आवश्यकताएँ जैसे प्रेम एवं सम्मान तथा आत्मसिद्धि आवश्यकता सबसे ऊपर होती है। इस पदानुक्रम में ऊपर जाने के लिए व्यक्ति की मूल शरीरक्रियात्मक आवश्यकताओं की पूर्ति आवश्यक है।

समस्थिति (Homeostasis) : भोजन, जल, वायु, निद्रा और तापमान के परिप्रेक्ष्य में आंतरिक, दैहिक अवस्था में संतुलन को बनाए रखने की शरीरक्रियात्मक प्रवृत्ति।

प्राज्ञ मानव (Homo sapiens) : आधुनिक मानव प्राणी का वैज्ञानिक नाम।

हार्मोन या अंतःस्राव (Hormones) : ग्रंथियों द्वारा रक्त प्रवाह में स्रावित किए जाने वाले रासायनिक पदार्थ।

वर्ण (Hue) : रंग।

मानवतावादी मनोविज्ञान (Humanistic Psychology) : मनोविज्ञान का वह उपागम जो व्यक्ति, अथवा स्व और व्यक्तिगत संवृद्धि और विकास पर बल देता है।

अधश्चेतक (Hypothalamus) : थैलेमस के नीचे स्थित एक तंत्रिका संरचना। यह पानी पीने, शरीर के तापमान और रख-रखाव के क्रियाकलापों को निर्देशित करता है, पीयूष ग्रंथि में अंतःस्राव को नियंत्रित करता है और संवेगों तथा अभिप्रेरणा से संबंध रखता है।

परिकल्पना या प्राक्कल्पना (Hypothesis) : किसी शोध प्रश्न के उत्तर में दो परिवर्त्यों के बीच संबंध का एक अस्थायी कथन।

इदम् या इड (Id) : फ्रायड के अनुसार, मानस का वह आवेगी एवं अचेतन अंश जो मूलप्रवृत्तिक अंतर्नोदों के परितोषण की ओर सुखेप्सा-सिद्धांत के माध्यम से क्रियाशील होता है। इड ही वास्तविक अचेतन या मानस का गहनतम अंश समझा जाता है।

आदर्श अहम् (Ideal self) : जिस प्रकार का व्यक्ति हम बनना चाहेंगे। इसे अहमादर्श या आदर्शीकृत आत्मबिंब भी कहा जाता है।

तादात्मीकरण या तादात्म्य (Identification) : सामान्यतः किसी दूसरे व्यक्ति को अधिक पसंद करने या अत्यधिक सम्मान देने के फलस्वरूप अपने को उस व्यक्ति की तरह समझने/महसूस करने की प्रक्रिया।

अनन्यता (Identity) : किस व्यक्ति के विशिष्ट लक्षण-हममें से हरेक कौन है, हमारी क्या भूमिकाएँ हैं और हम क्या-क्या कर सकते हैं।

विसंगत अभिवृत्ति परिवर्तन (Incongruent attitude change) : विद्यमान/वर्तमान अभिवृत्ति से विपरीत दिशा में अभिवृत्ति परिवर्तन।

व्यक्तिगत भिन्नताएँ (Individual differences) : लोगों की विशेषताओं और व्यवहार के स्वरूपों की स्पष्ट विविधताएँ और भिन्नताएँ।

वैयक्तिक परीक्षण (Individual test) : ऐसा परीक्षण, जो विशेष रूप से प्रशिक्षित व्यक्ति द्वारा एक समय में किसी एक अकेले व्यक्ति को ही दिया जा सकता है। बिने और वेश्लर बुद्धि परीक्षण वैयक्तिक परीक्षणों के उदाहरण हैं।

औद्योगिक/संगठनात्मक मनोविज्ञान (Industrial/ Organisational Psychology) : मनोविज्ञान की एक उप-शाखा, जो व्यक्ति और उसके कार्य के बीच संबंधों पर विशेष रूप से प्रकाश डालती है। समकालीन संदर्भ में महत्त्व औद्योगिक मनोविज्ञान से संगठनात्मक मनोविज्ञान की ओर खिसक गया है जिसमें औद्योगिक और अन्य सभी संगठन सम्मिलित हैं।

हीनता मनोग्रंथि (Inferiority complex) : एडलर के अनुसार, प्रौढ़ व्यक्तियों में विकसित हीनता की वह भावना, जिसका कारण यह होता है कि वे अपने बचपन की अवधि में उत्पन्न हीनता की भावना पर नियंत्रण नहीं पा सके हैं जब वे छोटे थे और दुनिया के बारे में उनका ज्ञान सीमित था।

अंत:समूह (Ingroup) : ऐसा सामाजिक समूह, जिसे कोई व्यक्ति अपना समूह समझता है और उससे जुड़ा रहता है (हम)। वह समूह जिससे कोई व्यक्ति तादात्म्य स्थापित करता है और अन्य समूह उसके लिए बाह्य समूह हैं।

नैमित्तिक परिप्रेक्ष्य (Instrumental perspective) : ऐसा उपागम, जो सुझाव देता है कि भौतिक पर्यावरण का अस्तित्व मुख्यत: मनुष्यों के सुख और कल्याण के हेतु उपयोग के लिए है।

बौद्धिक प्रतिभाशीलता (Intellectual giftedness) : विविध प्रकार के कृत्यों में श्रेष्ठ निष्पादन के रूप में प्रदर्शित असाधारण सामान्य बौद्धिक क्षमता।

बुद्धि (Intelligence) : चुनौतियों का सामना करते समय संसाधनों का प्रभावपूर्ण ढंग से उपयोग करने, सविवेक चिंतन करने और जगत को समझने की क्षमता।

बुद्धि लब्धि (Intelligence quotient, IQ) : कालानुक्रमिक आयु से मानसिक आयु का अनुपात इंगित करने वाला मानकीकृत बुद्धि परीक्षणों से प्राप्त एक सूचकांक।

बुद्धि परीक्षण (Intelligence tests) : किसी व्यक्ति की बुद्धि का स्तर मापने के लिए अभिकल्पित परीक्षण।

अभिरुचि (Interest) : एक या अधिक विशिष्ट क्रियाकलापों के लिए व्यक्ति की वरीयता।

साक्षात्कार (Interview) : किसी उत्तरदाता के बारे में सूचना एकत्र करने के लिए उस उत्तरदाता और शोधकर्ता के बीच शाब्दिक अंत:क्रिया।

अंतर्मुखता (Introversion) : व्यक्तित्व की एक विमा, जिसमें अभिरुचियाँ बाहर (बहिर्मुखी) के बजाय अंदर की ओर उन्मुख होती हैं।

पहचान बनाम भूमिका संभ्रम (Identity vs. role confusion) : इरिक्सन की विकासात्मक अवस्था जिसमें किशोर इस तरह के द्वंद्वों का सामना करते हैं कि वे कौन हैं, वे क्या हैं और जीवन में वे कहाँ जा रहे हैं।

प्रवीप्ति (Illumination) : सर्जनात्मक प्रक्रिया की एक अवस्था। विचार, समाधान और नए संबंध उभरते हैं और समस्या से संबंधित सारे तथ्य यथास्थान आ जाते हैं।

प्रासंगिक अधिगम (Incidental learning) : ऐसा अधिगम जो सुचिंतित, अथवा ऐच्छिक न हो और जो संभवत: अन्य असंबद्ध क्रियाकलाप के फलस्वरूप प्राप्त किया गया हो।

उद्भवन (Incubation) : सर्जनात्मक प्रक्रिया में एक अवस्था जिसमें सचेतन स्तर पर प्रगति प्रकट नहीं होती, जबकि अचेतन मन किसी विचार या समाधान पर कार्य कर सकता है।

अनाश्रित परिवर्त्य (Independent variable) : प्रयोगकर्ता द्वारा यह देखने के लिए कि प्रहस्तित घटना या स्थिति का किसी दूसरी घटना या स्थिति पर कोई पूर्वकथनीय प्रभाव होगा या नहीं।

आगमनात्मक तर्कना (Inductive reasoning) : वह तार्किक प्रक्रिया जिसके द्वारा विशेष घटनाओं से सामान्य सिद्धांतों तक पहुँचा जाता है।

शैशवावस्था (Infancy) : जन्म से लेकर 24 माह तक की विस्तृत विकासात्मक अवधि।

सूचना-प्रक्रमण उपागम (Information-processing approach) : एक उपागम जिसका इन बातों से संबंध है: व्यक्ति अपने जीवन-संसार के बारे में सूचनाएँ किस तरह प्रक्रमित करता है, किस प्रकार सूचनाएँ हमारे मन में प्रवेश करती हैं, किस प्रकार ये सूचनाएँ संचित की जाती हैं और रूपांतरित होती हैं, तथा किसी कार्य को करने, किसी समस्या का हल ढूँढ़ने और तर्कना के लिए इन्हें पुन: कैसे प्राप्त किया जाता है।

सुविज्ञ सहमति (Informed consent) : व्यक्ति या रोगी की प्रयोगात्मक अथवा चिकित्सीय प्रक्रिया की प्रकृति और संभावित खतरों की समझ के आधार पर उसके साथ अनुबंध।

उपक्रम बनाम ग्लानि (Initiative vs. guilt) : इरिक्सन की विकासात्मक अवस्था जिसमें विद्यालय जाना शुरू करने वाले बच्चे के सामने एक विस्तृत सामाजिक दुनिया होती है और उसके समक्ष यह चुनौती होती है कि क्रियाशील, प्रयोजनयुक्त व्यवहार विकसित करे ताकि इन चुनौतियों से निपटा जा सके। इसमें असफल होने से ग्लानि एवं शर्म की भावना विकसित होती है।

अंतर्वृष्टि (Insight) : नयी परिस्थितियों का प्रभावशाली ढंग से सामना कर सकने की योग्यता।

मूल प्रवृत्ति (Instinct) : एक जटिल सार्वभौम व्यवहार है जो एक प्रजाति के सभी सदस्यों में पाया जाता है और अधिगत नहीं होता है।

समग्रता बनाम भग्नाशा (Integrity vs. despair) : इरिक्सन की आठवीं तथा अंतिम विकासात्मक अवस्था जिसके दौरान व्यक्ति यह मूल्यांकन करने के लिए पीछे की ओर देखता है कि उसने अपने जीवन के साथ क्या किया। संतोष की अनुभूति समग्रता उत्पन्न करती है और असंतोष भग्नाशा उत्पन्न करता है।

अवरोध या व्यतिकरण (Interference) : अधिगम के सिद्धांत में, सीखने से पहले, या सीखने के बाद या सीखने की क्रिया के दौरान, अधिगमकर्ता के वे क्रियाकलाप सीखे जाने वाली सामग्री में अवरोध पैदा करते हैं, जिनसे विस्मरण होता है।

अंत:स्थिति या आच्छादन (Interposition) : गहनता प्रत्यक्षण का एक संकेत जो इस सिद्धांत पर आधारित है कि यदि एक वस्तु दूसरी को आच्छादित करती प्रतीत हो तो वह निकटतर होगी।

अंतर्भूत अभिप्रेरणा (Intrinsic motivation) : स्वयं अपने लिए किसी व्यवहार का प्रवर्तन करने और प्रभावशाली होने की अंतर्भूत इच्छा।

अंतर्निरीक्षण (Introspection) : अपने सचेतन अनुभवों और अनुभूतियों के अंदर देखने की प्रक्रिया।

जेम्स-लैंगे सिद्धांत (James-Lange theory) : संवेग का सिद्धांत, जिसके अनुसार किसी उद्दीपक के प्रति शरीर की प्रतिक्रिया संवेगात्मक प्रत्यक्षण पैदा करती है; संवेग का यह स्पष्ट अनुभव शारीरिक परिवर्तनों के परिणामस्वरूप होता है।

निर्णय (Judgement) : उपलब्ध सामग्री के आधार पर मत-निर्माण करने, निष्कर्ष पर पहुँचने और मूल्यांकन करने की प्रक्रिया; मूल्यांकन की प्रक्रिया का उत्पाद।

किशोर अपराध-वृत्ति (Juvenile delinquency) : विविध प्रकार के किशोर व्यवहार जिसमें सामाजिक रूप से अस्वीकार्य व्यवहार से लेकर प्रतिष्ठा से संबंधित दोष (जैसे-भाग जाना) से लेकर आपराधिक दोष (जैसे-चोरी) सम्मिलित हैं।

सत्य का आधार तत्व (Kernel of truth) : समूहों के बारे में विश्वासों के अतिसामान्यीकृत समुच्चय (रूढ़धारणाओं) में प्रत्यक्षित किया जा सकने वाला सत्य का सूक्ष्म तत्व।

कामप्रसुप्ति काल (Latency period) : फ्रायड की मनोलैंगिक अवस्थाओं के सिद्धांत में लैंगिक अवस्था और परिपक्व जननांगीय अवस्था के बीच की अवधि (4-5 की आयु से लेकर 12 की आयु तक) जिसमें 'काम' के प्रति कम अभिरुचि रहती है।

कामशक्ति या लिबिडो (Libido) : फ्रायड ने इस पद को प्रस्तावित किया। फ्रायड की विचारधारा में लिबिडो कामुकता की प्रत्यक्ष या अप्रत्यक्ष अभिव्यक्ति मात्र थी।

जीवन कौशल (Life skills) : अनुकूली और सकारात्मक व्यवहार की योग्यताएं जो व्यक्ति को पर्यावरण के साथ प्रभावी सामंजस्य स्थापित करने में समर्थ बनाती हैं।

जीवन शैली (Lifestyle) : स्वास्थ्य मनोविज्ञान के संदर्भ में व्यक्ति के स्वास्थ्य और जीवन की गुणवत्ता का निर्धारण करने वाले निर्णयों एवं व्यवहारों का समग्र प्रतिरूप।

भाषा (Language) : प्रतीकों का एक व्यवस्थित समुच्चय जो अर्थ प्रदान करता है तथा इन प्रतीकों को जोड़ने के कुछ नियम, जिनका उपयोग असंख्य प्रकार के संदेश उत्पन्न करने में किया जाता है।

निकटता का नियम (Law of proximity) : समूहीकरण नियम जो यह बताता है कि निकटतम उद्दीपक एक साथ समूहीकृत होते हैं।

समानता का नियम (Law of similarity) : समूहीकरण नियम जो यह बताता है कि समान उद्दीपक एक साथ समूहीकृत होते हैं।

अधिगम अशक्तताएँ (Learning disabilities) : सीखने की अशक्तता वाले बच्चे (i) सामान्य या सामान्य से अधिक बुद्धि वाले होते हैं, (ii) कई शैक्षिक क्षेत्रों में कठिनाई का अनुभव करते हैं किन्तु अन्य दूसरे क्षेत्रों में कोई कमी नहीं प्रदर्शित करते, तथा (iii) किन्हीं अन्य

दशाओं या विकारों से ग्रस्त नहीं होते जो उनकी सीखने की समस्याओं की व्याख्या कर सकें।

अधिगम (Learning) : अनुभव के कारण प्राणी के व्यवहार में होने वाला अपेक्षाकृत स्थायी परिवर्तन।

असत्य संसूचक (Lie detector) : एक उपकरण जिसका उपयोग इस विचार पर आधारित है कि झूठ बोलने के साथ प्रायः भय अथवा उत्तेजना के आंतरांगी घटक भी साथ होते हैं; जब किसी व्यक्ति के उत्तर सांवेगिक उत्तेजना के साथ होते हैं तो यह उपकरण उसे इंगित कर देता है।

प्रकाश अनुकूलन (Light adaptation) : प्रकाश (दीप्ति) में परिवर्तनों के साथ शलाकाओं और शंकुओं का समायोजन।

उपवल्कुटीय तंत्र (Limbic system) : मस्तिष्क तंत्र जो अभिप्रेरित व्यवहार, संवेगात्मक स्थितियों और स्मृति के कुछ प्रकारों को प्रक्रमित करता है।

रेखीय परिप्रेक्ष्य (Linear perspective) : दूरी का प्रत्यक्षण करने के लिए एक एकनेत्री संकेत; जिसे हम समांतर रेखाओं के रूप में जानते हैं, उनकी अभिबिंदुता का हम प्रत्यक्षण करते हैं जो कि बढ़ती हुई दूरी को बताता है।

तीव्रता (Loudness) : ध्वनि तरंगों के आयाम का प्रत्यक्षण।

ध्यान (Meditation) : अपनी एकाग्रता को अंतर्मुखी करने और चेतना की परिवर्तित अवस्था को प्राप्त करने की तकनीक।

मानसिक आयु (Mental age, MA) : आयु के रूप में अभिव्यक्त बौद्धिक कार्यशीलता का मापक।

मानसिक मंदन (Mental retardation) : बुद्धि की औसत से भी कम कार्यशीलता तथा उसके साथ की अनुकूली व्यवहार में अनेक कोटि की न्यूनताओं की विद्यमानता।

अध्यावश्यकताएँ (Metaneeds) : आवश्यकताओं के पदानुक्रम में शीर्षस्थ आवश्यकताएँ, जैसे - आत्मसिद्धि, आत्म-सम्मान, सौंदर्यपरक आदि जिनकी संतुष्टि निम्नतर क्रम की आवश्यकताओं की संतुष्टि के बाद ही की जा सकती है।

मॉडलिंग या प्रतिरूपण (Modelling) : अधिगम की एक प्रक्रिया जिसमें व्यक्ति दूसरों को देखकर और उनका अनुकरण करके अनुक्रियाएँ अर्जित करता है।

भाववशा विकार (Mood disorder) : किसी व्यक्ति की सांवेगिक अवस्था को प्रभावित करने वाले विकार, जिसमें अवसाद और द्विध्रुवीय विकार भी शामिल हैं।

अनुरक्षण पूर्वाभ्यास (Maintenance rehearsal) : किसी सूचना का सक्रियता से दुहराया जाना जो उसके अभिगमन को बढ़ा सके।

परिपक्वता (Maturation) : परिवर्तनों की क्रमबद्ध शृंखला जो प्रत्येक व्यक्ति के आनुवंशिक 'ब्लूप्रिंट' (रूपरेखा) से निर्धारित होती है।

मेडुला (Medulla) : मस्तिष्क स्तंभ का आधार; यह दिल की धड़कन और साँस लेने, टहलने, सोने को नियंत्रित करता है; मस्तिष्क और शरीर को जोड़ने वाले तंत्रिका तंतु मध्यांश पर एक-दूसरे को पार करते हैं।

मीम्स (Memes) : मानव समाज के डी.एन.ए. होते हैं जो मन, व्यवहार और संस्कृति के प्रत्येक पक्ष को प्रभावित करते हैं।

मासिक धर्म प्रारंभ (Menarche) : मासिक धर्म का प्रथम बार घटित होना।

मानस चित्रण (Mental representation) : किसी उद्दीपक या उद्दीपकों के वर्ग का मानसिक प्रतिरूप होना।

मानसिक विन्यास (Mental set) : किसी नयी समस्या/स्थिति के लिए पूर्व प्रयुक्त पद्धति से अनुक्रिया करने की प्रवृत्ति।

अधिसंज्ञान (Metacognition) : अपनी मानसिक प्रक्रियाओं का ज्ञान और समझ।

मन (Mind) : मन एक संप्रत्यय है जो व्यक्ति की संवेदनाओं, प्रत्यक्षणों, स्मृतियों, विचारों, सपनों, अभिप्रेरणाओं और संवेगात्मक अनुभूतियों के अनूठे समुच्चय से संबंधित है।

स्मृति-सहायक संकेत (Mnemonics) : वे युक्तियाँ या तकनीकें जो नयी सूचनाओं के भंडारण में परिचित साहचर्यों का उपयोग करती हैं ताकि उन्हें सहजता से याद रखा जा सके।

एकनेत्री संकेत (Monocular cues) : केवल एक आँख से प्राप्त दृष्टि संकेत।

नैतिक विकास (Moral development) : ऐसे नियमों और परंपराओं के परिप्रेक्ष्य में विकास कि एक व्यक्ति को दूसरे व्यक्तियों के साथ परस्पर किस तरह का व्यवहार करना चाहिए।

रूपिम (Morphemes) : किसी भाषा में सबसे छोटी अर्थपूर्ण इकाई।

अभिप्रेरणा (Motivation) : एक आवश्यकता अथवा इच्छा जो व्यवहार को शक्ति देती है और उसे निर्देशित करती है।

अभिप्रेरक (Motives) : व्यवहार को शक्ति देने वाले और निर्देशित करने वाले कारक।

पेशीय या गत्यात्मक विकास (Motor development) : शारीरिक क्रियाओं के लिए आवश्यक मांसपेशियों के समन्वयन की प्रगति।

प्रेरक तंत्रिका कोशिका (Motor neurons) : तंत्रिका कोशिकाएँ जो आवेगों को केंद्रीय तंत्रिका तंत्र से मांसपेशियों और ग्रंथियों की ओर ले जाती हैं।

तांत्रिका-संचारक या न्यूरोट्रांसमीटर (Neurotransmitter): वे रसायन जो अभिग्राही तंत्रिका-कोशिका के पार्श्वतंतु को तंत्रिका-कोष संधि की दिशा में संदेश देते हैं।

शोर (Noise) : एक अवांछित ध्वनि जो नकारात्मक भावात्मक अनुक्रिया उत्पन्न करती है।

प्रसामान्य संभाव्यता वक्र (Normal probability curve) : सममितीय, घंटाकार आवृत्ति वितरण। अधिकांश प्राप्तांक मध्य में पाए जाते हैं और दोनों छोर की ओर समानुपातिक ढंग से कम होते जाते हैं। बहुत सी मनोवैज्ञानिक विशेषताएँ इसी रूप में वितरित हैं।

मानक (Norms) : परीक्षण निष्पादन के मानक जो अन्य परीक्षार्थियों (उसी परीक्षण के) के प्राप्तांकों के साथ किसी एक परीक्षार्थी के प्राप्तांकों की तुलना का आधार प्रदान करते हैं।

प्राकृतिक वरण या चयन (Natural selection) : जीव विकासवादी प्रक्रिया जो किसी प्रजाति के उन व्यक्तियों का पक्ष लेती है जो जीवित रहने और पुनरुत्पादन के लिए सबसे अधिक अनुकूलित होते हैं।

आवश्यकता (Need) : शरीरक्रियात्मक (आंतरिक) अथवा पर्यावरणी (बाह्य) संबंधी असंतुलन जो किसी अंतर्नोद को जन्म देता है।

ऋणात्मक सहसंबंध (Negative correlation) : दो परिवर्त्यों के मध्य संबंध जिसमें एक परिवर्त्य जैसे ऊपर की ओर जाता है, दूसरा परिवर्त्य नीचे आ जाता है।

निषेधात्मक प्रबलक (Negative reinforcer) : एक अप्रिय उद्दीपक जिसको हटा देने से उसके बाद घटित होने वाली अनुक्रिया के भविष्य में घटने की संभावना बढ़ जाती है।

तंत्रिका आवेग (Nerve impulse) : यह तंत्रिका संवेदन का, तंत्रिका में संवहन के विद्युत-रासायनिक प्रक्रिया के माध्यम से, एक स्थान से दूसरे स्थान में गमन है।

आज्ञापालन (Obedience) : दूसरों के आदेशों की प्रतिक्रिया में व्यवहार की पुष्टि करना।

प्रेक्षण-प्रणाली (Observational method) : बिना किसी कारक को प्रहस्तित किए स्वाभाविक/सहज ढंग से घटित होने वाले गोचर का किसी शोधकर्ता द्वारा प्रेक्षण करने की विधि।

मनोग्रसित-बाध्यता विकार (Obsessive-compulsive disorder) : ऐसा विकार जिसमें बाध्यताओं या मनोग्रस्तियों के लक्षण पाए जाते हैं।

इडिपस मनोग्रंथि (Oedipus complex) : फ्रायड द्वारा प्रदत्त संप्रत्यय जिसमें किशोर अपने लिंग के माता-पिता का स्थान लेने की तथा विपरीत लिंग के माता-पिता का वही स्नेह पाने की उत्कट इच्छा विकसित कर लेता है।

आशावाद (Optimism) : सुखद अनुभवों को प्राप्त करने, याद रखने तथा उनकी प्रत्याशा करने की प्रवृत्ति।

बाह्य समूह (Outgroup) : व्यक्ति जिस समूह का सदस्य नहीं है, वह समूह।

शांति (Peace) : यह अपने संगी-साथी मनुष्यों और पर्यावरण के प्रति शत्रुता का अभाव तथा समरसता की अभिव्यक्ति है।

निष्पादन परीक्षण (Performance test) : ऐसा परीक्षण जिसमें भाषा की भूमिका न्यूनतम होती है क्योंकि उस कृत्य में वाचिक अनुक्रियाओं की अपेक्षा प्रकट गत्यात्मक या पेशीय अनुक्रियाओं की आवश्यकता पड़ती है।

व्यक्तिगत अनन्यता (Personal identity) : किसी व्यक्ति की सबसे अलग, सबसे भिन्न प्राणी के रूप में पहचान।

व्यक्तिगत स्थान (Personal space) : किसी व्यक्ति के आसपास का वह छोटा-सा स्थान, जिसे वह निजी या व्यक्तिगत समझता है और अतिक्रमण होने पर धमकी या अप्रसन्नता का अनुभव करता है।

अनुनयता (Persuasibility) : वह स्तर या मात्रा जहाँ तक लोगों को उनकी अभिवृत्तियों में परिवर्तन करने के लिए सहमत किया जा सकता है।

लैंगिक अवस्था (Phallic stage) : फ्रायड के मनोलैंगिक अवस्थाओं में तीसरी अवस्था (लगभग 5 वर्ष की आयु में) जब सुख का अनुभव जननांगों में केंद्रित होता है और बालक व बालिका दोनों ‘इडिपस मनोग्रंथि’ का अनुभव करते हैं।

वुर्भीति (Phobia) : जिससे व्यक्ति को अत्यंत कम या बिल्कुल खतरा नहीं रहता, ऐसी किसी विशेष वस्तु या स्थिति का प्रबल, सतत एवं तर्कहीन भय।

भौतिक पर्यावरण (Physical environment) : यह प्रकृति है जिसमें जलवायु, वायु, जल, तापमान, वनस्पतिजात और प्राणिजात सभी समाहित हैं।

योजना या नियोजन (Planning) : दास के बुद्धि के पास (PASS) मॉडल में, नियोजन में लक्ष्य निर्धारित करना, युक्ति का चयन तथा लक्ष्योन्मुखता का अनुवीक्षण आदि निहित हैं।

सकारात्मक स्वास्थ्य (Positive health) : इसमें एक स्वस्थ शरीर, अच्छे अंतर्वैयक्तिक संबंध, जीवन में सोद्देश्यता की भावना और दबाव, अभिघात तथा परिवर्तन के प्रति सह्यता निहित होते हैं।

अभिघातज उत्तर वबाव विकार (Post-traumatic stress disorder) : भूकंप या बाढ़ जैसी आपदा के पश्चात लोगों में उत्पन्न होने वाले लक्षणों के प्रतिरूप, जिनमें दुश्चिंता प्रतिक्रियाएँ, तनाव, दुःस्वप्न तथा अवसाद आदि सम्मिलित होते हैं।

निर्धनता (Poverty) : यह आर्थिक वंचन है। इसका संबंध कम आय, भूख, निम्न जाति या वर्ग, निरक्षरता, निम्न स्तर के आवास, भीड़-भाड़, सार्वजनिक सुविधाओं की कमी, कुपोषण और अल्प-पोषण तथा बीमारियों की प्रबल आशंका आदि से होता है।

निर्धनता उपशमन (Poverty alleviation) : निर्धनता को कम करने के लिए किए गए उपाय या कार्यक्रम।

पूर्वाग्रह (Prejudice) : सामान्यतः नकारात्मक अभिवृत्ति वाला ऐसा पूर्वनिर्णय, जो असत्यापित होता है और प्रायः किसी समूह के विरुद्ध होता है।

प्रथम प्रभाव (Primacy effect) : पहले प्राप्त होने वाली सूचना की प्रबल भूमिका।

प्राथमिक समूह (Primary group) : वह समूह, जिसके सदस्य व्यक्तिगत रूप से एक-दूसरे को जानते हैं और जिसमें सभी सदस्य कम-से-कम किसी अवसर पर आपस में मिलते रहते हैं।

समस्या समाधान व्यवहार (Problem solving behaviour): किसी प्राणी और उसके लक्ष्य की प्राप्ति के बीच आने वाली भौतिक या संप्रत्ययात्मक बाधाओं को दूर करने में निहित क्रियाकलाप और मानसिक प्रक्रियाएँ।

पर्यावरण-उन्मुख व्यवहार (Pro-environmental behaviour) : पर्यावरण की रक्षा के प्रति मनुष्यों की तत्परता और उनके क्रियाकलाप ही पर्यावरण-उन्मुख व्यवहार है।

प्रक्षेपण (Projection) : एक रक्षा युक्ति, स्वयं अपने विशेषकों, अभिवृत्तियों या आत्मनिष्ठ प्रक्रियाओं का अनजाने ही दूसरे पर गुणारोपण करने की प्रक्रिया।

प्रक्षेपी तकनीकें (Projective techniques) : किसी व्यक्ति का अपने संसार के प्रति क्या दृष्टिकोण है या वह उसमें रहकर किस प्रकार व्यवहार करता है, इस संबंध में उसकी लक्षण-विधाओं के विषय में जानकारी प्राप्त करने के लिए अस्पष्ट, अनेकार्थी, असंरचित उद्दीपक विषयों अथवा स्थितियों का उपयोग।

समाजोन्मुख या समाजोपकारी व्यवहार (Pro-social behaviour) : बिना किसी बाहरी दबाव के और बिना किसी पुरस्कार या प्रतिफल की प्रत्याशा के दूसरे की भलाई के लिए किया गया व्यवहार।

आद्यरूप (Prototype) : किसी श्रेणी के रूप में एक अन्विति योजना, जो किसी वस्तु या व्यक्ति की सभी संभावित गुणवत्ताओं का प्रतिनिधित्व करती हो।

सान्निध्य (Proximity) : गेस्टाल्ट मनोविज्ञान का एक सिद्धांत कि अत्यंत निकट रहने वाले उद्दीपक एक समूह के रूप में प्रत्यक्षित होते हैं।

मनोगतिक उपागम (Psychodynamic approach) : एक उपागम जो अभिप्रेरकों या अंतर्नोदों के अनुसार व्यवहार की व्याख्या करने का प्रयास करता है।

मनोगतिक चिकित्सा (Psychodynamic therapy) : सर्वप्रथम फ्रायड द्वारा प्रतिपादित। यह चिकित्सा इस आधारिका पर आश्रित है कि अपसामान्य व्यवहार के मूल स्रोत अनसुलझे विगत अंतर्द्वंद्व होते हैं और इसकी संभावना रहती है कि अस्वीकार्य अचेतन आवेग चेतना में प्रवेश करेंगे।

मनोवैज्ञानिक परीक्षण (Psychological test) : किसी व्यक्ति के मानसिक और व्यवहारपरक विशेषकों का मापन करने के लिए एक वस्तुनिष्ठ और मानकीकृत उपकरण। इसका उपयोग मनोवैज्ञानिकों द्वारा लोगों को अपने जीवन से संबंधित निर्णय लेने तथा अपने बारे में और अधिक जानकारी प्राप्त करने में सहायता करने के लिए किया जाता है।

मनस्तंत्रिका प्रतिरक्षा विज्ञान (Psychoneuroi mmunology): अनुकूलन की व्यवहारात्मक, तंत्रिका-अंत: स्रावी तथा प्रतिरक्षी प्रक्रियाओं के मध्य अंत:क्रियाएँ।

मनश्चिकित्सा (Psychotherapy) : मानसिक/मनोवैज्ञानिक विकार या कुसमायोजन के उपचार में किसी मनोवैज्ञानिक तकनीक का उपयोग।

संवेग तर्क चिकित्सा (Rational emotive therapy, RET): अल्बर्ट एलिस द्वारा विकसित एक चिकित्सा पद्धति। यह तर्कहीन, समस्या-उत्पादक दृष्टिकोणों के स्थान पर अधिक यथार्थवादी दृष्टिकोणों को प्रतिस्थापित करने का प्रयास करती है।

युक्तिकरण (Rationalisation) : एक रक्षा युक्ति जो तब घटित होती है जब व्यक्ति अपनी असफलताओं या कमियों की व्याख्या अधिक स्वीकार्य कारणों पर गुणारोपित करके करता है।

प्रतिक्रिया-निर्माण (Reaction formation) : एक रक्षा युक्ति जिसमें व्यक्ति किसी अननुमोदित अभिप्रेरक के प्रतिकूल अभिप्रेरक को सशक्त अभिव्यक्ति देकर उस अभिप्रेरक को नकारता है।

आसन्नता प्रभाव (Recency effect) : सबसे अंत में प्राप्त होने वाली सूचना की प्रबल भूमिका।

प्रतिगमन (Regression) : एक रक्षा युक्ति जिसमें व्यक्ति अपने जीवन की किसी पूर्व अवस्था के व्यवहार को अपना लेता है। यह पद सांख्यिकी में भी प्रयुक्त होता है, जहाँ सहसंबंधों की सहायता से पूर्वकथन किया जाता है।

पुन:स्थापन या पुनर्वास (Rehabilitation) : किसी बीमारी या आपराधिक घटना के उपरांत व्यक्ति को सामान्य या यथासंभव संतोषजनक स्थिति में स्थापित करना।

विश्रांति प्रशिक्षण (Relaxation training) : एक प्रक्रिया जिसमें सेवार्थी को अपने शरीर के सारे तनाव को निर्मुक्त करने का प्रशिक्षण दिया जाता है।

वमन (Repression) : एक ऐसी रक्षा युक्ति जिसमें व्यक्ति सभी अस्वीकार्य, दुश्चिंताकारी विचारों और आवेगों का प्रत्यक्ष सामना करने से बचने के लिए अचेतन में ढकेल देता है।

स्थिति स्थापन (Resilience) : चुनौतीपूर्ण जीवन दशाओं में भी सकारात्मक समायोजन बनाए रखना।

प्रतिरोध (Resistance) : मनोविश्लेषण में रोगी द्वारा उपचार को अवरुद्ध करने के लिए किया गया प्रयास।

भूमिकाएँ (Roles) : सामाजिक मनोविज्ञान में एक महत्वपूर्ण संप्रत्यय जो किसी व्यक्ति द्वारा समाज में अपनी स्थिति या हैसियत के अनुरूप लिए जाने वाले अपेक्षित व्यवहार को इंगित करता है।

बलि का बकरा बनाना (Scapegoating) : किसी गलत या अनुचित कार्य के लिए किसी समूह पर दोषारोपण करना क्योंकि वह समूह आरोप से अपना बचाव नहीं कर सकता।

अन्विति योजना (Schema) : एक मानसिक संरचना जो सामाजिक (तथा अन्य) संज्ञान को निर्देशित करती है।

मनोविदलता (Schizophrenia) : मनस्तापी प्रतिक्रियाओं का समूह जिसमें समाकलित व्यक्तित्व कार्यशीलता विघटित हो जाती है, वास्तविकता से विनिवर्तन, सांवेगिक अवरोध तथा विरूपण, एवं विचार व व्यवहार विक्षुब्ध हो जाता है।

आत्मसिद्धि (Self-actualisation) : आत्म-संपूर्णता की दशा जिसमें व्यक्ति अपने उच्चतम संभावित लक्ष्य को अपने-अपने विशिष्ट तरीके से प्राप्त कर लेते हैं।

आत्म-जागरूकता (Self-awareness) : अपने अभिप्रेरकों, विभवताओं और परिसीमाओं के प्रति अंतर्दृष्टि।

आत्म-सक्षमता (Self-efficacy) : अपनी निजी प्रभाविता के बारे में व्यक्ति के विश्वास के लिए बंदूरा द्वारा प्रयुक्त शब्द; यह प्रत्याशा कि कोई व्यक्ति किसी स्थिति पर पूर्ण आधिपत्य कर सकता है तथा सकारात्मक परिणाम प्राप्त कर सकता है।

आत्म-सम्मान (Self-esteem) : किसी व्यक्ति का अपनी निजी योग्यता के बारे में व्यक्तिगत निर्णय; एक सकारात्मक-नकारात्मक विमा पर अपने प्रति स्वयं की अभिवृत्ति।

स्वत: साधक भविष्योक्ति (Self-fulfilling prophecy) : इस ढंग से व्यवहार करना जो दूसरों द्वारा किए गए भविष्यकथन की पुष्टि करता हो।

आत्म-नियमन (Self-regulation) : यह स्वयं अपने व्यवहार का सुयोजन और अनुवीक्षण करने की हमारी योग्यता का उल्लेख करता है।

संवेदनशीलता (Sensitivity) : अत्यंत निम्न स्तर के भौतिक उद्दीपन पर अनुक्रिया करने की प्रवृत्ति।

अभिवृत्ति की सरलता या जटिलता (बहुविधता) (Simplicity or complexity (multiplexity) of attitude) : या तो संपूर्ण अभिवृत्ति में कोई अकेली या

बहुत कम उप-अभिवृत्तियाँ निहित होती हैं (सरल) या इसमें अनेक उप-अभिवृत्तियाँ निहित होती हैं (बहुविध)।

सहकालिक प्रक्रमण (Simultaneous processing) : 'पास' (PASS)मॉडल में संज्ञानात्मक प्रक्रमण, जिसमें उद्दीपक स्थिति के तत्वों का सम्मिश्र एवं सार्थक प्रतिरूपों में समाकलन निहित होता है।

स्थितिवाद (Situationism) : वह सिद्धांत, जिसके अनुसार व्यक्ति के बाहर की स्थितियों और परिस्थतियों में उसके व्यवहार को प्रभावित करने की शक्ति होती है।

सामाजिक संज्ञान (Social cognition) : वे प्रक्रियाएँ जिनके माध्यम से हम सामाजिक सूचनाओं से अवगत होते हैं, उसकी व्याख्या करते हैं, उसे याद रखते हैं और बाद में उसका उपयोग करते हैं। यह अन्य लोगों तथा स्वयं को ठीक से समझने में सहायता करती है।

सामाजिक सुकरीकरण (Social facilitation) : अन्य लोगों या श्रोतागण की उपस्थिति में अपने निष्पादन में सुधार करने की लोगों की प्रवृत्ति।

सामाजिक अनन्यता या अस्मिता (Social identity) : एक व्यक्ति की अपने बारे में यह परिभाषा कि वह कौन है। इसमें विभिन्न समूहों की सदस्यता के साथ-साथ व्यक्तिगत गुण (आत्म-संप्रत्यय) भी सम्मिलित होते हैं।

सामाजिक प्रभाव (Social influence) : वह प्रक्रिया, जिसके द्वारा किसी व्यक्ति या समूह के कार्य दूसरों के व्यवहार को प्रभावित करते हैं।

सामाजिक प्रावरोध (Social inhibition) : किसी आचरण पर सामाजिक संयम या नियंत्रण।

सामाजिक स्वैराचार (Social loafing) : किसी समूह में प्रत्येक अतिरिक्त व्यक्ति यह सोचकर कि दूसरे व्यक्ति कार्य में अपना आयास लगा ही रहे होंगे, स्वयं अपना आयास कम कर देता है।

सामाजिक अवलंब (Social support) : किसी व्यक्ति को दूसरे लोगों से यह ज्ञात होना कि लोग उससे प्रेम करते हैं, उसकी परवाह करते हैं, और उसका सम्मान करते हैं। यह जानकारी संचार के जालक्रम और पारस्परिक आभार का अंश होती है।

कायरूप विकार (Somatoform disorders) : किसी पहचानने योग्य आंगिक कारण के न रहते हुए भी शरीर में किसी बीमारी या अशक्तता के हो जाने की स्थिति।

आध्यात्मिक परिप्रेक्ष्य (Spiritual perspective) : ऐसा परिप्रेक्ष्य जो धर्मग्रंथों के अनुरूप किए जाने वाले कार्यों का विशेष रूप से उल्लेख करता है। यह मनुष्य एवं प्रकृति के बीच सामंजस्य की हिमायत करता है।

प्रतिष्ठा या हैसियत (Status) : किसी समूह में सामाजिक श्रेणीक्रम।

रूढ़धारणा (Stereotype) : किसी विशिष्ट समूह के बारे में अतिसामान्यीकृत और असत्यापित आदि प्ररूप।

दबाव (Stress) : ऐसी घटनाओं के प्रति हमारी अनुक्रिया जो हमारी शारीरिक एवं मनोवैज्ञानिक कार्यशीलता को विघटित कर देती है या विघटित करने की धमकी देती है।

दबावकारक (Stressors) : हमारे पर्यावरण में वे घटनाएँ या स्थितियाँ जो दबाव उत्पन्न करती हैं।

संरचना (Structure) : किसी जटिल तंत्र या गोचर का चिरस्थायी स्वरूप एवं संघटन। इसकी विपरीतार्थी संकल्पना 'प्रकार्य' है जो इसी संरचना से निःसृत अपेक्षाकृत कम अवधि की प्रक्रिया है।

मादक द्रव्यों का दुरुपयोग (Substance abuse) : भावदशा या व्यवहार में परिवर्तन करने हेतु किसी मादक द्रव्य या रसायन का उपयोग जिसका प्रतिफल हानिकारक होता है।

आनुक्रमिक प्रक्रमण (Successive processing) : 'पास' मॉडल में संज्ञानात्मक प्रक्रमण जिसमें उद्दीपक स्थिति के घटकों पर क्रमिक ढंग से अनुक्रिया की जाती है।

पराहम् (Superego) : फ्रायड के अनुसार मनुष्य में विकसित होने वाली अंतिम व्यक्तित्व-संरचना। यह समाज में सही और गलत के मानकों का प्रतिनिधित्व करता है जो उसे माता-पिता, शिक्षकों तथा अन्य महत्वपूर्ण व्यक्तियों से प्राप्त होते हैं।

पृष्ठ विशेषक या शीलगुण (Surface traits) : आर.बी. कैटल द्वारा वर्णित प्रेक्षण-योग्य विशेषक-घटकों के वे पुंज (अनुक्रियाएँ) जिनकी अवस्थिति साथ-साथ देखी जाती है। सहसंबंधों के कारक विश्लेषण से स्रोत विशेषक प्राप्त होते हैं।

संलक्षण (Syndrome) : किसी विकार के साथ-साथ प्रकट होने वाले लक्षणों का समूह या प्रतिरूप जो उस विकार के विशिष्ट चित्र का प्रतिनिधित्व करता है।

क्रमिक विसंवेदनीकरण (Systematic desensitisation): व्यवहार चिकित्सा का एक रूप जिसमें दुर्भीतिग्रस्त सेवार्थी पहले विश्रांत अवस्था की ओर प्रेरित होना सीखता है और तब उसके समक्ष भय या दुर्भीति उत्पन्न करने वाला उद्दीपक प्रस्तुत किया जाता है।

चिकित्सात्मक मैत्री या सौहार्व (Therapeutic alliance): चिकित्सक और सेवार्थी के मध्य स्थापित होने वाला विशिष्ट संबंध; संबंध का संविदागत या अनुबंधीय स्वरूप तथा चिकित्सा की सीमित अवधि इसके दो प्रमुख घटक होते हैं।

टोकन अर्थव्यवस्था (Token economy) : क्रियाप्रसूत अनुबंधन पर आधारित व्यवहार चिकित्सा का एक प्रकार जिसमें अस्पताल में भर्ती रोगी ऐसे टोकन उपार्जित करते हैं, जब वे वहाँ के कर्मचारियों के मनोनुकूल वांछित व्यवहार करते हैं। इन टोकनों का विनिमय मूल्यवान पुरस्कारों या वस्तुओं से किया जा सकता है।

विशेषक या शीलगुण (Trait) : अनेक प्रकार की परिस्थितियों में व्यक्त होने वाला अपेक्षाकृत सतत एवं संगत व्यवहार का स्वरूप।

विशेषक या शीलगुण उपागम (Trait approach) : व्यक्तित्व का ऐसा उपागम जो व्यक्तित्व का वर्णन करने के लिए उसके आधारभूत विशेषकों की पहचान व खोज करता है।

संव्यवहार उपागम (Transactional approach) : इसमें व्यक्ति और उसके पर्यावरण के मध्य की अंत:क्रियाएँ सम्मिलित हैं। मनुष्य पर्यावरण पर प्रभाव डालते हैं और बदले में पर्यावरण द्वारा प्रभावित भी होते हैं।

अन्यारोपण (Transference) : मनोविश्लेषण करने वाले व्यक्ति की चिकित्सक के प्रति प्रबल सकारात्मक या नकारात्मक भावनाएँ।

प्ररूपविज्ञान (Typology) : व्यक्तियों का अलग-अलग कोटियों या प्ररूपों में तर्कसंगत संवर्गीकरण, जैसे-टाइप 'ए' व्यक्तित्व।

अशर्त सकारात्मक आवर (Unconditional positive regard) : किसी प्रेक्षक की ओर से, बिना इस बात पर ध्यान दिए कि दूसरा व्यक्ति क्या कहता या करता है, उस व्यक्ति को स्वीकार करने और सम्मान करने की अभिवृत्ति।

अचेतन (Unconscious) : मनोविश्लेषण सिद्धांत में कोई भी ऐसी क्रिया या मानसिक संरचना जिसकी जानकारी व्यक्ति को नहीं होती।

अभिवृत्ति की कर्षणशक्ति (Valence of attitude) : किसी अभिवृत्ति के सकारात्मक या नकारात्मक होने की स्थिति।

मूल्य (Values) : व्यवहार के आदर्श तरीकों या अस्तित्व की अंत्य अवस्था के संबंध में अमिट विश्वास; वे अभिवृत्तियाँ जिनका मूल्यपरक और 'कर्तव्यता' पक्ष प्रबल होता है।

शाब्दिक परीक्षण (Verbal test) : ऐसा परीक्षण जिसमें अपेक्षित अनुक्रियाएँ करने के लिए परीक्षार्थी की शब्दों एवं संप्रत्ययों को समझने और उनका उपयोग करने की योग्यता महत्वपूर्ण होती है।